AF157244

Anonymus

Lesebuch für Evangelisch-Lutherische Schulen

Anonymus

Lesebuch für Evangelisch-Lutherische Schulen

ISBN/EAN: 9783743307612

Hergestellt in Europa, USA, Kanada, Australien, Japan

Cover: Foto ©Paul-Georg Meister /pixelio.de

Manufactured and distributed by brebook publishing software
(www.brebook.com)

Anonymus

Lesebuch für Evangelisch-Lutherische Schulen

Lesebuch

für

Evangelisch-Lutherische Schulen.

St. Louis, Mo.

Gedruckt bei Aug. Wiebusch u. Sohn.

Zu haben bei M. C. Barthel
Agent für die deutsche ev.-luth. Synode von Missouri, Ohio u. a. St.

1862.

Preis 35 Cents.

Vorerinnerung für Lehrer und Eltern.

Fibel und Bibel nebst Katechismus und Gesangbuch sind ohne Zweifel die allein unentbehrlichen Schulbücher. Gilt es schon von jedem Christenhause: „Wo keine Bibel ist im Haus, da sieht's gar öd und traurig aus," so gilt dies noch vielmehr von einer Schule. Luther, welcher durch Gottes Gnade der Reformator nicht nur der Kirche, sondern auch der Schule geworden ist, schreibt daher in seiner Reformationsschrift „Von des christlichen Standes Besserung" vom Jahre 1520: „Vor allen Dingen sollte in den hohen und niedrigen Schulen die fürnehmste und gemeinste Lection sein die heilige Schrift;" ja, er bezeugt daselbst: „Ich habe große Sorge, die hohen Schulen sind große Pforten der Höllen, so sie nicht emsiglich die heil. Schrift üben und treiben ins junge Volk."

Außer der Bibel und jenen genannten Büchern, die um der Bibel willen nöthig sind, gehört aber ohne Zweifel in eine gute Schule auch ein gutes Lesebuch, welches noch andere Sachen enthält, als in jenen Büchern enthalten sind. Kinder sollen ja erstlich, wo möglich, vollständig lesen lernen. Um diesen Zweck zu erreichen, ist aber durchaus die Uebung im Lesen auch in andern als religiösen Schriften nöthig. Hierzu kommt zum andern, daß jede Schule nicht nur den Zweck hat, die lieben Kinder den Weg zur Seligkeit und was damit zusammenhängt zu lehren, sondern auch sonst die Gaben zu wecken, welche Gott in die Seelen der Kinder gelegt hat, und sie theils in allerhand guten und nützlichen Künsten schon selbst zu unterrichten, theils sie zur späteren Erlernung derselben in Zeiten zuzubereiten.

Zwar hat es schon zu Luthers Zeiten auch wohlmeinende Leute gegeben, welche dachten, in einer christlichen Schule sollte nur Gottes Wort und gar nichts Weltliches gelehrt werden. Aber schon Luther hat gezeigt, daß dies ein

arger Irrthum sei. Er schreibt z. B. „im Unterricht der Visitatoren" ziemlich
am Schlusse: „Etliche lernen gar nichts aus der heiligen Schrift; etliche
lehren die Kinder gar nichts denn die heilige Schrift; welche beide nicht
zu leiden sind. Denn es ist vonnöthen, die Kinder zu lehren den Anfang eines
christlichen und gottseligen Lebens; so sind doch viel Ursachen, darum daneben ihnen auch andere Bücher sollen vorgelegt werden, daraus sie reden
lernen." Luther war kein Schwärmer. Ueber den Gaben Gottes im Reich
der Gnade vergaß er keinesweges die Gaben Gottes im Reich der Natur und
Macht. Er schreibt daher in der Vorrede zu seinem Gesangbüchlein vom
Jahre 1524: „Ich bin nicht der Meinung, daß durchs Evangelion sollten alle
Künste zu Boden geschlagen werden und vergehen, wie etliche Abergeist-
liche fürgeben, sondern ich wollte alle Künste, sonderlich die Musica, gern
sehen im Dienst deß, der sie geben und geschaffen hat." In seinen Tischreden
lesen wir ferner: „Ihr Eltern könnet euren Kindern keinen bessern noch ge-
wissern Schatz lassen, denn daß ihr sie lasset studiren und gute Künste
lernen. Haus und Hof verbrennet und gehet dahin, Kunst aber ist gut zu
tragen, und bleibt. Wenn man weit von einander ist mit dem Leibe, dennoch
kann man mit Briefen und Schreiben gegenwärtig sein und
Einer mit dem Andern reden und sein Herz anzeigen; ich kann hier mit Einem
zu Rom reden durch Briefe." Unter jene guten nützlichen Künste und Wissenschaften rechnet aber Luther nicht nur die Schreibekunst, sondern auch die
Geschichte und dergleichen. Er sagt in seiner Schrift „daß man christliche
Schulen aufrichten solle," ohne solchen Unterricht blieben die Kinder „eitel
Holzböcke, die weder hievon noch davon wissen zu sagen, niemand weder rathen
noch helfen können. Wo man sie aber lehrete und zöge in Schulen oder sonst,
da gelehrte und züchtige Meister und Meisterinnen wären, die da Sprachen und
andere Künste und Historien lehreten, da würden sie hören die Geschichte
und Sprüche aller Welt, wie es dieser Stadt, diesem Reiche, diesem
Fürsten, diesem Manne, diesem Weibe gegangen wäre, und könnten also in
kurzer Zeit gleichsam der ganzen Welt von Anbeginn Wesen, Leben, Rath und
Anschläge, Gelingen und Ungelingen vor sich fassen wie in einem Spiegel;
daraus sie denn ihren Sinn schicken und sich in der Welt Lauf richten können
mit Gottesfurcht, dazu witzig und klug werden aus denselben Historien, was zu
suchen und zu meiden wäre in diesem äußerlichen Leben, und Andern auch
darnach rathen und regieren." Endlich achtet Luther auch nicht nur die Betrachtung der Werke Gottes im Reich der Gnade, sondern auch im Reich der
Natur überaus hoch und straft es u. A. an dem gelehrten Erasmus, daß

dieser keinen Sinn dafür hatte und für die Herrlichkeit auch der Schöpfungs-
werke so blind war. Er spricht: „Wir beginnen von Gottes Gnaden seine
herrlichen Werke und Wunder auch aus den Blümlein zu erkennen, wenn wir bedenken, wie allmächtig und gütig Gott sei; darum loben
und preisen wir ihn und danken ihm. In seinen Creaturen erkennen wir
die Macht seines Worts, wie gewaltig das sei. Da er sprach, da stund es
da. Auch in einem Pfirsichkern; derselbige, obwohl seine Schale sehr hart ist,
doch muß sie sich zu seiner Zeit aufthun, und muß weichen dem sehr weichen
Kern, so drinnen ist. Dies übergehet Erasmus fein und achtet's nicht, siehet
die Creaturen an, wie die Kühe ein neu Thor.“

Gibt es aber nicht schon eine Menge von Lesebüchern, wozu also ein neues?
— Die Anzahl derselben ist allerdings Legion; aber ein solches, das unsern
Kindern ohne Gefahr oder doch mit dem gewünschten Nutzen in die Hände gegeben werden könnte, gibt es leider noch immer nicht. Die allermeisten sind
elende rationalistische Machwerke, angefüllt theils mit elendem Tugendgeschwätz
und anderen gefährlichen Irrthümern, theils doch mit geistlosen faden gemach-
ten Kindergeschichten, so daß es überaus gewissenlos wäre, solche heidnische
Scharteken den lieben Kindern in die Hände zu geben. Das hieße die Kinder
nicht unterweisen, sondern verderben, ja ihre Seelen vergiften und ermorden.
Zwar gibt es Viele, welche meinen, wenn in einem Lesebuch nur nicht offenbar
Lästerliches enthalten sei, so habe es keine Gefahr, Kinder darin im Lesen zu
üben, wenn das Lesebuch auch nur rationalistische Moral und nichtssagendes
Gewäsch enthalte; aber diese irren sehr. Wohl weckt dergleichen den Geist der
Kinder nicht, aber es tödtet ihn und legt vielfach für das ganze Leben den
Grund zu offenbar heidnischen Grundsätzen. Zwar gibt es nun auch eine An-
zahl Lesebücher, welche von Unirten und anderen Falsch- und Halbgläubigen
herausgegeben worden und etwas besser sind; aber nicht nur sind alle solche
Bücher natürlich von dem Sauerteig des Unionismus, das heißt, der Reli-
gionsmengerei durchsäuert, sondern es finden sich auch in den meisten von diesen allerlei gehalt- und gestaltlose Stücke, Geschicht- und Gedichtlein, in denen
sich sowohl ein ungesunder Glaube, als auch eine falsche Frömmigkeit und
Heiligkeit ausspricht, ja zuweilen offenbar rationalistisches Gerede. Daher ein
lutherischer Lehrer, der für die Seelen der ihm anvertrauten lieben Kinder eine
ernstliche Sorge in seinem Herzen trägt, auch solche Lesebücher unmöglich in
seiner Schule einführen kann. Außer diesen gibt es jedoch allerdings endlich
auch einige wenige Lesebücher, welche sich vor den beiden beschriebenen Arten
auszeichnen und namentlich die genannten groben Gebrechen nicht haben; aber

diese sind dann nicht nur für höhere Schulen berechnet, als unsere Gemeinde-
schulen sind, sondern sie haben auch den großen Fehler, daß darin eine Menge
Sachen aufgenommen sind, die zwar als Kunstwerke der Darstellung und
Dichtkunst einen gewissen Werth haben, aber die Dinge nicht darstellen, wie sie
sind, sondern wie sie einem überspannten Dichter oder Schreiber vorkommen.
Abgesehen daher selbst davon, daß diese Lesebücher, wie gesagt, fast für alle unsere
Elementarschulen zu hoch sind, so können wir sie auch wegen des weltlich
schwärmerischen Geistes, der in vielen darin enthaltenen Stücken weht, in un-
seren Gemeindeschulen um des Gewissens willen nicht einführen.

Ein Lesebuch für ev.-luth. Schulen ist daher noch immer ein
nicht befriedigtes Bedürfniß gewesen. Immer hoffte man zwar darauf, daß
ein tüchtiger lutherischer Pädagog vielleicht bald ein solches Schulbuch herausgeben werde, welches ebenso was Geist und Inhalt, als was Form
betrifft, seinem Endzwecke entspräche. Allein vergeblich! Schon wurden daher
manche eifrige Lehrer versucht, in Ermangelung eines besseren ein nicht ganz
reines in Gebrauch zu nehmen. Diese offenbar drohende Gefahr ist es denn
allein gewesen, welche die Glieder der hiesigen Schullehrerconferenz endlich bewogen hat, im Verein mit einem hiesigen Theologen, der zugleich im Lehrfach
arbeitet, in Gottes Namen an das Werk zu gehen und Sammlungen zu dem
Lesebuche zu machen, das nun in gegenwärtigem vorliegt.

Unser Zweck hierbei war nicht, ein Lehrbuch zum Unterricht in den sogenannten Realien zu liefern, welchem Zwecke die meisten neueren dienen wollen.
Wir sind vielmehr von der Ueberzeugung ausgegangen, daß die jetzt beliebte
Methode, schon die Kinder von allem Möglichen etwas zu lehren, nichts als
arge Oberflächlichkeit und jene aufgeblasene Vielwisserei erzeugt, bei welcher
junge Leute sich einbilden, alles zu wissen, und sich herausnehmen, über alles
zu reden und zu urtheilen, während sie doch gar nichts recht wissen und leeren
Kopfes und kalten Herzens bleiben. Unser Zweck und Plan war hingegen
einfach dieser, erstlich solchen Lesestoff zu geben, vermittelst dessen ein fertiges
Lesen aller Arten von Gedrucktem eingeübt werden kann. Der Inhalt ist daher
auch nicht nach den gleichartigen Materien geordnet, sondern in bunter Mischung
wechseln die verschiedenartigen Stücke von Anfang bis zu Ende. Die Reihen-
folge richtet sich nach der geringeren und größeren Schwierigkeit, dieselben zu
lesen und zu verstehen. Sodann richteten wir unser Augenmerk darauf, solche
Lesestücke auszuwählen, die geeignet sein möchten, das in unseren getauften
Kindern angezündete Glaubensleben zu stärken, sie wahre Lebensweisheit
und -Klugheit zu lehren, ihren Geist und Witz zu wecken, den rechten Sinn für

alle gute Künste, als Gottes Gaben, und für alles Nützliche und wahrhaft Schöne in ihnen zu fördern und die rechte Betrachtung aller Werke Gottes in der Natur in ihnen zu erzeugen.

Was den Inhalt betrifft, so stoßen sich vielleicht manche daran, daß wir auch Fabeln mit aufgenommen haben. Solche sollten aber bedenken, daß es zweierlei Fabeln giebt. Erstlich versteht man darunter lügenhafte Erdichtungen, welche die heilige Schrift ja freilich verwirft (1 Tim. 4, 7. 2 Tim. 4, 4.), zum andern versteht man aber auch darunter ein Lehrgedicht, in welchem die Menschen unter dem Bilde von Thieren oder Pflanzen dargestellt und so gewisse Wahrheiten auf eine anmuthige und eindringliche Weise mitgetheilt werden. Solche Fabeln verwirft die heilige Schrift nicht nur nicht, sondern es kommen dergleichen Lehrgedichte selbst darin vor, z. B. im Buch der Richter Cap. 9, V. 7—15. Zwar lehren die Fabeln freilich nicht, wie man selig werden und das ewige Leben erlangen könne, aber gute Fabeln enthalten oft Lehren großer Weisheit und Klugheit für dieses Leben. Wie hoch daher z. B. Luther die Lehrweise durch Fabeln für Jung und Alt gehalten hat, kann man schon daraus ersehen, daß er nicht nur wunderschöne Fabeln selbst gedichtet, sondern auch sogar die Fabeln des alten berühmten heidnischen Fabeldichters Aesop im Jahre 1530 übersetzt und herausgegeben hat. In seiner Vorrede zu diesem Büchlein spricht es Luther auch aus, was ihn dazu bewogen hat, dasselbe aufs neue zuzurichten und herauszugeben. Er schreibt: „Die Wahrheit zu sagen, von äußerlichem Leben in der Welt zu reden, wüßte ich außer der heiligen Schrift nicht viel Bücher, die diesem überlegen sein sollten, so man Nutz, Kunst und Weisheit und nicht hochbedächtig Geschrei wollt ansehen; denn man darin unter schlechten Worten und einfältigen Fabeln die allerfeineste Lehre, Warnung und Unterricht findet (wer sie zu brauchen weiß), wie man sich im Haushalten, in und gegen der Oberkeit und Unterthanen schicken soll, auf daß man klüglich und friedlich unter den bösen Leuten in der falschen argen Welt leben möge. Es haben weise hohe Leute die Fabeln erdichtet, und lassen ein Thier mit dem andern reden; als sollten sie sagen: Wohlan, es will niemand die Wahrheit hören noch leiden, und man kann doch der Wahrheit nicht entbehren; so wollen wir sie schmücken und unter einer lustigen Lügenfarbe und lieblichen Fabeln kleiden; und weil man sie nicht will hören durch Menschen Mund, daß man sie doch höre durch Thiere und Bestien Mund. So geschicht's denn, wenn man die Fabeln lieset, daß ein Thier dem andern, ein Wolf dem andern die Wahrheit sagt; ja zuweilen der gemalete Wolf und Bär oder Löwe im Buch dem rechten zweifüßigen Wolf und Löwen einen guten Text heimlich lieset, den ihm sonst kein Prediger, Freund noch Feind lesen dürfte. Also auch ein gemaleter Fuchs im Buch, so man die Fabel lieset, soll wohl einen Fuchs über Tisch also ansprechen, daß ihm der Schweiß möchte ausbrechen, und sollte wohl den Aesopum gern wollen erstechen oder verbrennen. Wie denn der Dichter des Aesopi anzeigt, daß auch Aesopus um der Wahrheit willen ertödtet sei, und ihn nicht geholfen hat, daß er in Fabelnweise als ein Narr, dazu erdichteter Aesopus, solche Wahrheit die Thiere hat reden lassen, denn die Wahrheit ist das unleidlichste Ding auf Erden. Aus der Ursachen haben wir uns dies Buch fürgenommen zu fegen und ihm ein wenig bessere Gestalt zu geben, denn es bisher gehabt, allermeist um der Jugend willen, daß sie solche feine Lehre und Warnung unter der lieblichen Gestalt der Fabeln, gleichwie in einer Mummerei oder Spiel, desto lieber lerne und fester behalte.“

Daß wir fast nur alte Fabeln aufgenommen haben, wie sie z. B. von Luther, Mathesius, Valerius Herberger erzählt werden, ist nicht geschehen, weil wir meinten, das Neue sei schlecht, weil es neu sei, das Alte gut, weil es alt sei, sondern weil wirklich die neueren Fabeln, sowohl was die darin enthaltenen Lebensregeln als was die Sprache und ganze Art der Darstellung betrifft, meist sehr elend, witzlos, trocken und langweilig sind, während die alten nach Inhalt und Form wahre Meisterstücke sind, in welchen alles Hände und Füße hat. Dem oberflächlichen Leser mag es wohl so vorkommen, als ob die neueren Fabeln, wenigstens was den Styl betrifft, den Vorzug haben, allein grade in Betreff der Sprache werden die meisten von Luther's, Mathesius', Herberger's Fabeln von keiner neueren erreicht. Was gemachte Blumen ohne Leben und Geruch gegen lebendige duftende Naturblumen sind, das ist die Sprache der Neueren gegen die Sprache der Alten, wie sie die genannten geredet und geschrieben haben.

Was nun den Gebrauch unseres Lesebuchs betrifft, so ist ein sehr vielfacher möglich; wir denken uns denselben hauptsächlich als einen fünffachen. Erstlich und vor Allem soll das Buch, wie sein Titel anzeigt, natürlich zu Leseübungen dienen. Der Unterste in der betreffenden Leseclasse fängt an und liest einen Abschnitt ganz vor und denselben Abschnitt alle Folgenden bis zum Obersten, wobei darauf zu sehen wäre, daß immer der Nächste die gerügten Lesefehler des Vorhergehenden vermeidet, bis eine gewisse Vollkommenheit im Lesen des gewählten Stückes sich darstellt; wenn es die Zeit zuläßt, wird in umgekehrter Reihe bis zu dem Untersten zurückgekehrt. Hierauf sollte der Lehrer, und das ist der andere Gebrauch, über den **Inhalt** des Gelesenen mit den Kindern ein **Gespräch** halten, zu dem Zweck, zu erfahren, ob sie das Gelesene richtig verstanden und den eigentlichen Punct, auf den alles ankommt, herausgefunden haben und das Ganze auch richtig anzuwenden wissen, sowie um die nöthigen Berichtigungen zu geben, wo Gelesenes mißverstanden worden ist, und um Uebersehenes zu ergänzen. Die **Fabeln** betreffend, so bemerkt **Luther** über diesen zweiten Gebrauch Folgendes: „Daß ich ein Exempel gebe, der Fabeln wohl zu gebrauchen: Wenn ein Hausvater über Tisch will Kurzweil haben, die nützlich ist, kann er sein Weib, Kind, Gesinde fragen: Was bedeutet diese oder diese Fabel? und beide, sie und sich, darin üben. Als, die Fabel vom Hund mit dem Stück Fleisch im Maul bedeutet: Wenn einem Knecht oder Magd zu wohl ist, und wills bessern, so gehet's ihm, wie dem Hund, daß sie das Gute verlieren und jenes Bessere nicht kriegen. Item, wenn sich ein Knecht an den andern hängt und sich verführen läßt, daß ihm gehe, wie dem Frosch an der Maus gebunden, die der Weihe alle beide fraß; und so fortan in den andern Fabeln mit Lieb, mit Leid, mit Dräuen und Locken, wie man vermag, ohne daß wir müssen das Unsere bei ihnen thun." Der Lehrer wird bald merken, daß, um nützliche Gespräche mit den Kindern anzuknüpfen, insonderheit die **Fabeln** und die **Sprüchwörter** eine vortreffliche Unterlage dazu darbieten. — Ein britter Gebrauch des Buches besteht darin, daß man die Kinder zuweilen Stücke, die nicht gelesen worden, **abschreiben** lasse oder dieselben ihnen **dictire** und auf diese Art die **Rechtschreibung** einübe. — Ein vierter Gebrauch ist, daß man sich das Gelesene **mündlich frei wiedergeben** lasse und die Kinder so im mündlichen Ausdruck und **freien Sprechen** übe. — Ein fünfter Gebrauch endlich ist, daß der Lehrer nach dem Lesen das Buch zuschlagen lasse oder, um sicher zu gehen, sämmtliche Bücher cassire und nun die Schreibschüler auffordere, das Gelesene auf der Schiefertafel **aus dem Gedächtniß niederzuschreiben** oder mit der Feder in ein Sammelbuch einzutragen, worauf der Lehrer das Geschriebene mit bemerkter genauer Vergleichung des Originals corrigirt, um auf diesem Wege neben der Rechtschreibung auch den **Styl** zu cultiviren. Zuweilen dürfte es gut sein, theils zur Schärfung des Gedächtnisses, theils zur Prüfung, ob das früher Gelernte festsitze, auch früherhin Gelesenes ohne Hülfe des Buches niederschreiben zu lassen. Ein kluger, erfahrener und eifriger Lehrer wird übrigens bald merken, daß das Buch sich zu noch manchem anderen nützlichen Gebrauche eignet, namentlich wird er fleißig Gelegenheit nehmen, aus dem Gelesenen in Bibel, Katechismus und Gesangbuch zurückzuweisen, Vergleichungen der Lesestücke in Absicht auf Aehnlichkeit und Verschiedenheit anzustellen, Geschichten zu Fabeln, Sprüchwörter zu Geschichten und umgekehrt, aufsuchen zu lassen, und dergleichen.

Zwar bildet unser Lesebuch ein Ganzes; um aber dem Bedürfnisse auch solcher Schulen zu entsprechen, in welchen die Kinder auf eine höhere Stufe geführt werden, als unser Lesebuch voraussetzt, so wird, so Gott will, bald als zweiter Theil desselben ein bereits im Manuscript fertiges „Buch der Geschichte für evangelisch-lutherische Schulen" im Druck erscheinen, welches das Wichtigste aus der Welt- und vaterländischen, das ist, americanischen Geschichte, sowie aus der Kirchen- und Reformationsgeschichte enthält.

Dem gnadenreichen Segen des HErrn sei denn das geringe Werklein in herzlicher Demuth empfohlen.

Die Herausgeber.

St. Louis, Mo., den 1. Nov. 1861.

Inhaltsverzeichniß.

(Die bloß mit „L" bezeichneten Stücke sind dem „Lutheraner" entnommen.)

1. Spruch.

Aller Anfang ist schwer,
Doch mit GOTT wird's gelingen.

---

2. Hirsch und Mücke.

Jüngst setzte eine Mücke dem Hirsch sich auf's Geweth;
„Wenn ich zu sehr dich drücke," sprach sie, „so rede frei."
„Ei," rief der Hirsch, „mein Liebchen, bist du auch in der Welt?"—
So ist's mit manchem Bübchen, das sich für wichtig hält.

---

3. Kommt her zu mir und hört mich an,
Was ich erzähl vom Reitersmann.

Es stieg ein Herr zu Rosse
Und ritt zu einem Schlosse;
Da schaut die Frau zum Fenster 'raus
Und spricht: „Der Mann ist nicht zu Haus;"

„Dahier ist nur zu finden
Die Frau mit ihren Kinden."
Antwortet ihr der Herr geschwind:
„Sind's gute Kind? sind's brave Kind?"

Da spricht die Frau mit Klagen:
„Ich wollt, ich könnt es sagen!
Allein es sind sehr böse Kind
Und sie gehorchen nicht geschwind."

Da sprach der Herr mit Dräuen:
„Das sollen sie bereuen.
Die Kinder, die nicht folgsam sein,
Zu denen mag ich nicht hinein,

Und mag mit schönen Sachen
Ihnen keine Freude machen;
Die bring ich nur für fromme Kind
Und nicht für die, so böse sind.“

So sprach der Reitersmann im Zorn,
Gab seinem Pferd den scharfen Sporn
Und ritt auf seinem Rosse
Weit, weit hinweg vom Schlosse.

---

4. Regel.

Weise Sprüche, gute Lehren
Soll man thun und nicht bloß hören.

---

5. Sprüchwörter.

1. Durch Schaden wird man klug.

2. Der Mensch denkt, Gott lenkt.

3. Ehrlich währt am längsten.

4. An Gottes Segen ist Alles gelegen.

5. Allzu viel ist ungesund.

6. Wie oft Gott zu danken sei.

Wie viel Sand in dem Meer,
Wie viel Sterne oben her,
Wie viel Thiere in der Welt,
Wie viel Heller unterm Geld,
In den Adern wie viel Blut,
In dem Feuer wie viel Glut,
Wie viel Blätter in den Wäldern,
Wie viel Gräslein in den Feldern,
In den Hecken wie viel Dörner,
Auf dem Acker wie viel Körner,
Auf den Wiesen wie viel Klee,
Wie viel Stäublein in der Höh,
In den Flüssen wie viel Fischlein,
In dem Meere wie viel Müschlein,

Wie viel Tropfen in der See,
Wie viel Flocken in dem Schnee,
So viel lebendig weit und breit,
So oft und viel sei Gott Dank in Ewigkeit. Amen!

7. Rabe und Fuchs.

Ein Rabe hatte einen Käse gestohlen und setzte sich auf einen hohen Baum und wollte zehren. Da er aber nach seiner Art nicht schweigen kann, wenn er isset, höret ihn ein Fuchs über dem Käse kecken und lief zu und sprach: O Rabe! nu hab ich mein Lebtag nicht schönern Vogel gesehen von Federn und Gestalt, denn du bist. Und wenn du auch so eine schöne Stimme hättest zu singen, so sollte man dich zum König krönen über alle Vögel.

Den Raben kitzelte solches Lob und Schmeicheln, fing an, wollte seinen schönen Gesang hören lassen, und als er den Schnabel aufthat, entfiel ihm der Käse. Den nahm der Fuchs behende, fraß ihn, und lachte des thörichten Raben.

Hüte dich, wenn der Fuchs den Raben lobt;
Hüte dich vor Schmeichlern, so schinden und schaben.

8. Räthsel.

Es sind zwei Fenster, die man trägt,
Wo jedes sich von selbst bewegt;
Man sieht durch sie recht in das Haus,
Jedoch noch mehr sieht man heraus.

9. „Wo ist Gott?“

So fragte, wie Albuin erzählt, ein Philosoph einst einen Christen. Dieser gab zur Antwort: „Sage mir zuvor, o Philosoph, wo Gott nicht ist, so will ich dir sagen, wo er sei.“

10. Das eilfte Gebot.

Ein Prediger besuchte seinen kranken Schulmeister, den er fragte, womit er sich denn tröstete? Dieser antwortete: „Mit dem eilften Gebot." „Wie?" sprach der Prediger, „mit dem eilften Gebot? Wie lautet denn das?" Der Kranke sagte hierauf den letzten Vers aus dem Liede Luthers „Dies sind die heil'gen zehn Gebot" her:

Das helf uns der HErr JEsus Christ,
Der unser Mittler worden ist,
Es ist mit unserm Thun verlor'n,
Verdienen doch nur eitel Zorn.
Kyrieleis.

11. Der Fuchs und die Weintraube.

Ein Fuchs, der auf die Beute ging, fand einen Weinstock, der voll rother Trauben an einem Ulmbaum hing. Sie schienen ihm ein köstlich Ding, allein beschwerlich abzuklauben. Er schlich umher, den nächsten Zugang auszuspähn; umsonst! kein Sprung war abzusehn. Sich selbst nicht vor dem Trupp der Vögel zu beschämen, der auf den Bäumen saß, kehrt er sich um und spricht, und zieht dabei verächtlich das Gesicht: „Was soll ich mir viel Mühe nehmen? sie sind ja herb und taugen nicht."

12. Sprüchwörter.

1. Gutes Wort findet guten Ort.
2. Gleich und Gleich gesellt sich gern.
3. Jung gewohnt, alt gethan.
4. Lerne was, so kannst du was.

13. Mit eigenen Waffen geschlagen.

„Ich glaube nichts, was ich nicht sehen kann," prahlte ein Bursch im Wirthshaus, wo es wider Kirche, Bibel und Prediger ging. Ein Bauer stand nicht weit, fragte ihn: „Glaubst du denn, daß du Verstand im Kopf hast?" — „Gewiß!" antwortete er.— „Nein," erklärte der Bauer, „ich glaube nicht, daß du Verstand hast, weil ich ihn nicht sehen kann."

14. Räthselfragen.

1. Welcher Buchstabe ist der mittelste im A B C?
2. Welche Lichter brennen länger, die von Wachs oder Unschlitt?
3. Welche Bärte wachsen nicht?
4. Wie weit geht der Hirsch in den Wald hinein?
5. Wie tief ist das Meer?
6. Wer ist meines Vaters Sohn und doch nicht mein Bruder?

15. Unnütze Künste.

Einst kam ein Mann zu dem berühmten König von Macedonien, Alexander dem Großen, und gab vor, daß er ein großer Künstler sei; er könne nämlich eine Erbse von weitem an eine Nadelspitze werfen. Alexander ließ den Mann seine Kunst beweisen; als aber derselbe meinte, er werde dafür reich belohnt werden, erhielt er von dem klugen König nichts weiter als einen Scheffel Erbsen mit dem Bescheid: „Nun so wirf alle deine Lebtage. Da hast du Vorrath, deine Kunst noch lange zu treiben."

16. Der Narren Streit.

Ochs und Esel zankten sich
Beim Spaziergang um die Wette,
Wer am meisten Weisheit hätte.
Keiner siegte, keiner wich.

Endlich kam man überein,
Daß der Löwe, wenn er wollte,
Diesen Streit entscheiden sollte;
Und was konnte klüger sein?

Beide treten tief gebückt
Vor des Thierbeherrschers Throne,
Der mit einem edlen Hohne
Auf das Paar hinunter blickt.

Endlich spricht die Majestät
Zu dem Esel und dem Farren:
„Ihr seid alle beide Narren!" —
Jeder gafft ihn an und geht.

17. Welches Herz Gott gefällt.

Zu Wittenberg besuchte der Herr Lutherus einen sehr kranken Studiosus, und fragte, was er Gott wollte mitbringen, wenn er würde von dieser Welt abfahren? Der junge Mensch sagte: „Alles Gutes, lieber Herr Vater, alles Gutes." Lutherus gab zur Antwort: „Wie kannst du ihm was Gutes bringen, bist du doch ein armer Sünder?" Da spricht der fromme Student: „Lieber Herr Vater, ich will Gott, dem himmlischen Vater, ein bußfertiges, demüthiges Herz bringen, das mit den theuren Blutströpflein JEsu Christi besprenget ist." Darauf sagte der Herr Lutherus: „So fahre hin, lieber Sohn, du wirst wohl ankommen und Gott, dem himmlischen Vater, ein willkommener Gast im Himmel sein."

18. Drei Paare und Einer.

Du hast zwei Ohren und einen Mund,
Willst du's beklagen?
Gar Vieles sollst du hören und
Wenig darauf sagen.

Du hast zwei Augen und einen Mund,
Mach dir's zu eigen!
Gar Manches sollst du sehen und
Manches verschweigen.

Du hast zwei Hände und einen Mund,
Lern es ermessen!
Zwei sind da zur Arbeit und
Einer zum Essen.

19. Luthers Name.

Als einst unser lieber Vater Luther bei dem kurfürstlichen Leibarzt, Matthäus Ratzenberger, Gevatter stand und ihm erlaubt ward, das junge Töchterlein nach seinem Gefallen zu nennen, sprach er: „Clara soll sie heißen, daß man daran gedenke, Dr. Luther sei ihr Pathe gewesen, denn „lauter" (Luther) und „klar" sind Geschwisterkinder."

20. Die Bibel.

Wo keine Bibel ist im Haus,
Da sieht's gar öd' und traurig aus,
Da kehrt der böse Feind gern ein,
Da mag der liebe Gott nicht sein.
Drum Menschenkind, drum Menschenkind,
Daß nicht der Böse Raum gewinnt,
Gieb deinen blankſten Thaler aus
Und kauf ein Bibelbuch ins Haus,
Schlags mit dem frühſten Morgen auf,
Hab all dein Sehnen und Sinnen drauf,
Fang drin die A B C = Schul an,
Und buchſtabir und lies ſodann,
Und lies dich immer mehr hinein.
Aufſchlag d̶a̶r̶i̶n̶ ̶d̶e̶i̶n̶ Kämmerlein
Und pflan̶̶̶̶̶̶ ben d'rauf
Die allerſ̶̶̶̶̶̶̶̶lein auf,
Hell laß ſie̶̶̶̶̶̶̶thig wehn,
Als deine ̶̶̶̶̶̶ſehn,
Als deinen ̶̶̶̶̶̶ an dein Herz
Und halt dich̶̶̶̶̶̶ in Freud und Schmerz.
O du mein liebes Menſchenkind,
Haſt du noch keins, ſo kaufs geschwind
Und ging dein letzter Groschen drauf,
Geh, eile, flieg und schlag es auf,
Lies mit Gebet und schlag es du
Nur mit des Sarges Deckel zu.
Des Lesens und des Lebens Lauf
Beginn und höre mit ihm auf.

21. Wie viel Ellen Tuch Gott zu einem Kleide bedürfe.

Als einſtmals ein sehr armer Bauersmann in den Ruf ge=
kommen war, daß er eine ausnehmende Beleſenheit in der heiligen
Schrift habe und daraus auch die schwersten Fragen schnell und
richtig beantworten könne, so ließ ihn eines Tages sein Landes=
fürſt, zu deſſen Ohren es ebenfalls gekommen war, daß der Bauer
ein so bibelfeſter Mann ſei, vor sich kommen und legte ihm, um
ihn zu probiren, die Frage vor, wie viel Ellen Tuch Gott wohl
zu einem Kleide bedürfe, da doch bei dem Propheten geschrieben

stehe, daß Gott Himmel und Erde erfülle? Der Bauer antwortete hierauf nach kurzem Besinnen, über vier oder höchstens fünf Ellen könne er schwerlich bedürfen. Erstaunt über diese Antwort, fragte der Fürst weiter, wie er dies doch mit der Bibel beweisen wolle? Der Bauer erwiderte, dies gehe klar daraus hervor, weil Christus ausdrücklich sage: „Was ihr gethan habt Einem unter diesen meinen geringsten Brüdern, das habt ihr mir gethan." — Ueber diesen echt biblischen Bescheid herzlich erfreut, entließ nun hierauf der Fürst den mit Gottes Wort wohl bewehrten Bauer, und verordnete zugleich, daß demselben von nun an alljährlich ein Kleid aus seiner Kammer gereicht werden solle.

22. Der Muth einer Katze und ihre Zärtlichkeit gegen i

In einem schottischen ~~S~~ einmal eine Katze mit ihren Jungen in der Frühl~~i~~ einer Stallthür. Ein großer Habicht schoß aus ~~ab~~ und ergriff eines der Kätzchen. Die Mutter sprang ~~grimmig~~ auf ihn los und wehrte sich für ihr Junges; der Habicht ließ es fahren, wendete sich nun aber gegen die große Katze und es entstand ein heftiger Kampf von beiden Seiten. Der Habicht behielt durch seinen mächtigen Flügelschlag, durch seinen spitzigen Schnabel und seine scharfen Klauen einige Zeit die Oberhand, zerfleischte jämmerlich die alte Katzenmutter und hackte ihr ein Auge aus. Sie verlor aber den Muth nicht, hielt ihren Gegner mit ihren Krallen fest und durchbiß ihm den rechten Flügel. Nun hatte sie zwar mehr Gewalt über ihn, aber der Habicht war noch immer sehr stark und der Streit dauerte fort. Die Katze war beinahe erschöpft; durch eine schnelle Wendung raffte sie sich aber nochmals auf und brachte den Habicht unter sich. Siegreich biß sie ihrem grimmigen Feinde den Kopf ab; dann lief sie, ohne den Verlust ihres Auges und ihre Wunden zu achten, zu ihrem übel zugerichteten Kätzchen, leckte ihm die von Blut triefenden Wunden, welche die Krallen des Habichts in die Seiten des Thierchens gehauen hatten, und schnurrte, es liebkosend, als wenn nichts vorgefallen wäre.

23. Räthsel.

Erst weiß wie Schnee,
Dann grün wie Klee,
Dann roth wie Blut,
Schmeckt allen Kindern gut.

———

Das Feuer löscht sonst Wasserflut,
Mich setzt Wasser erst in Glut.

———

24. Wie sich einer mit dem Türkenglauben herausreden wollte.

Als einst ein Dieb vor den Richter gebracht wurde, wollte jener sich damit entschuldigen, daß er dazu bestimmt gewesen sei, zu stehlen; der Richter antwortete ihm: „Bist du dazu bestimmt gewesen, zu stehlen, bist du nun auch dazu bestimmt, gehängt zu werden."

———

25. Die drei Feste.

O du fröhliche,
O du selige,
Gnadenbringende Weihnachtszeit!
Welt ging verloren,
Christ ist geboren:
Freue, freue dich, o Christenheit!

O du fröhliche,
O du selige,
Gnadenbringende Osterzeit!
Welt lag in Banden,
Christ ist erstanden:
Freue, freue dich, o Christenheit!

O du fröhliche,
O du selige,
Gnadenbringende Pfingstenzeit!
Christ unser Meister
Heiligt die Geister:
Freue, freue dich, o Christenheit!

———

26. Strafe der Unverschämtheit.

Ein Vater brachte seinen Sohn nach Wittenberg, daß er allda studiren sollte. Er kommt mit dem Sohne zu Luther, denn er wünschte, daß dieser sich des jungen, unerfahrenen Menschen etwas annehmen möge. Luther ist freundlich und bittet den Vater sammt dem Sohne zum Essen. Da nun eine gebratene Gans aufgetragen worden und Luther mit dem Vater im lebhaften Gespräch ist, zieht der Junge von der gebratenen Gans ein Stück Haut nach dem andern ab und läßt es sich schmecken. Luther bemerkt es, schweigt aber anfänglich dazu. Da jener aber fortfährt in seiner Ungeschliffenheit, bricht Luther das Gespräch ab und fragt den Vater: „Lieber, wenn Ihr Euren Sohn nicht studiren ließet, welches Gew̶e̶r̶b̶e̶ würdet Ihr ihn dann ergreifen lassen?" „Dann sollte er ̶ ̶ ̶ ̶n werden," war die Antwort des Mannes. Luther abe̶r̶ ̶ ̶ ̶te: „Nein, dann solltet Ihr ihn Gerber werden lassen, ̶ ̶ ̶ ̶ ̶, er weiß schon mit Häuten umzugehen."

27. Sprüchwörter.

1. Alles hat seine Zeit.
2. Unverhofft kommt oft.
3. Junger Lügner, alter Dieb.
4. Junger Müssiggänger, alter Bettler.
5. Wer etwas kann, den hält man werth;
   Den Ungeschickten Niemand begehrt.
6. Ein Mann, ein Wort; ein Wort, ein Mann.
7. Der Horcher an der Wand
   Hört seine eigne Schand.

28. Die beiden Ziegen.

Zwei Ziegen begegneten sich auf einem schmalen Stege, der über einen reißenden Waldstrom führte; die eine wollte herüber, die andere hinüber.

„Geh mir aus dem Wege!" sagte die eine. „Das wäre mir schön!" rief die andere. „Geh du zurück und laß mich hinüber, ich war zuerst auf der Brücke."

„Was fällt dir ein?" versetzte die erste. „Ich bin so viel älter als du und soll dir weichen? Nimmermehr!"

Beide bestanden immer hartnäckiger darauf, daß sie einander nicht nachgeben wollten; jede wollte zuerst hinüber und so kam es vom Zank zu Streit und Thätlichkeiten. Sie hielten ihre Hörner vorwärts und rannten zornig gegen einander. Von dem heftigen Stoße aber verloren beide auch das Gleichgewicht; sie stürzten und fielen mit einander über den Steg hinab in den reißenden Waldstrom, aus welchem sie nur mit großer Anstrengung sich an das Ufer retteten.

29. Die zween Blinden.

Es waren einmal in Rom zwei Blinde. Der eine derselben rief täglich in den Straßen der Stadt: „Dem ist geholfen, dem Gott hilft;" der andere hingegen rief: „Dem ist geholfen, dem der Kaiser hilft." — Da sie dies täglich thaten, und der Kaiser es oft hörte, so ließ er ein Brod backen und es mit vielen Goldstücken füllen. Dieses mit Geld gefüllte Brod ließ er dem einen Blinden geben, der sich auf des Kaisers Hülfe berief. Da er das schwere Gewicht des Brodes fühlte, so verkaufte er es dem andern Blinden, als er ihm begegnete. Der Blinde, der das Brod gekauft hatte, trug es nach Hause, und da er es gebrochen hatte und das Geld darin fand, so dankte er Gott und hörte von nun an auf zu betteln. Da aber der andere immer noch in der Stadt Brod bettelte, so rief ihn der Kaiser zu sich und fragte ihn: „Was hast du mit dem Brode gemacht, das ich dir neulich habe geben lassen?" Er antwortete: „Ich habe es an meinen Freund verkauft, weil es mir teigig zu sein schien." Der Kaiser aber sagte: „In der That, wem Gott hilft, dem ist geholfen," und trieb den Blinden von sich.

30. Weihnachts-Gespräch.

Was, liebes Kind, freut heut dich so?
    O, heute bin ich herzlich froh!
Sag mir, was deine Freude ist?
    Heut ist geboren JEsus Christ.
Hat man das heute erst erfahren?
    Nein, schon vor achtzehnhundert Jahren.
Wo wurde dies zuerst bekannt?
    Zu Bethlehem im jüd'schen Land.
Wem wurde diese Freude kund?
    Den Hirten durch der Engel Mund.
Gehört sie ihnen nur allein?
    Nein, allen Menschen insgemein.
Was sagten denn die Engel dort?
    Ein ewig großes Freudenwort!
Wie hieß es? — war es freudenreich?
    Der Heiland ist geboren euch.
Wer ist der Heiland? kennst du's schon?
    Der eingeborne Gottes-Sohn.
Wozu ist Gottes Sohn geboren?
    Um hier zu suchen, was verloren.
Wer ist verloren? weißt du dies?
    Wir Sünder, das ist zu gewiß.
So geht er doch auch uns was an?
    Ei wohl, Er nimmt die Sünder an.
Wie, würd auch ich wohl angenommen?
    Heut kannst du noch zu JEsu kommen.
Wie, wenn ich wagte diesen Schritt?
    Bring du nur Buß und Glauben mit.
Hat JEsus auch mit mir Geduld?
    Er nahm ja auf sich deine Schuld.
Und werd denn ich auch selig sein?
    Er führt dich in den Himmel ein.

---

31. Die Ameise und die Heuschrecke.

Die Heuschrecke kam im Winter vor die Thür der Ameise und bettelte um Körnlein. Die Ameise bot ihr vier Körnlein an. Die Heuschrecke sagt: „Was ist mir das nütze? Wie lange soll ich davon zehren?" Die Ameise spricht: „Es sind noch viele

Ameisenhaufen in diesem Walde, geben sie dir alle vier Körnlein, so wirst du reicher sein als ich. Warum hast du dir im Sommer nicht selber gesammelt?" Die Heuschrecke sagte: „Ei, ich hatte nicht die Weile, ich mußte singen und meine jungen Heuschrecklein in schöne Röcklein kleiden." Da sprach die Ameise: „Hast du im Sommer gesungen, so magst du nun im Winter tanzen und deine Jungen mit Hüpfen ernähren."

---

32. Sprüchwörter.

1. Der Krug geht so lange zu Wasser, bis er bricht.
2. Besser Unrecht leiden, als Unrecht thun.
3. Mitgegangen, mitgefangen, mitgehangen.
4. Wem nicht zu rathen ist, dem ist auch nicht zu helfen.
5. Bet und arbeit,
   Dann hilft Gott allezeit.
6. Es ist nichts so fein gesponnen,
   Es kommt doch endlich an die Sonnen.

---

33. Die Einkehr.

Bei einem Wirthe, wundermild,
Da war ich jüngst zu Gaste,
Ein goldner Apfel war sein Schild
An einem langen Aste.

Es war der gute Apfelbaum,
Bei dem ich eingekehret;
Mit süßer Kost und frischem Schaum
Hat er mich wohl genähret.

Es kamen in sein grünes Haus
Viel leichtbeschwingte Gäste,
Sie sprangen frei und hielten Schmaus
Und sangen auf das Beste.

Ich fand ein Bett zu süßer Ruh
Auf weichen, grünen Matten;
Der Wirth, er deckte selbst mich zu
Mit seinem kühlen Schatten.

Nun fragt ich nach der Schuldigkeit;
Da schüttelt er den Wipfel.
· Gesegnet sei er allezeit
Von der Wurzel bis zum Gipfel!

34. Räthsel.

Der es macht, der will es nicht;
Der es trägt, behält es nicht;
Der es kauft, gebraucht es nicht;
Der es hat, der weiß es nicht.

35. „Einen fröhlichen Geber hat Gott lieb.“

Ein um des Glaubens willen Vertriebener sprach Dr. Lu=
ther um eine Gabe an. Da er selbst nur einen Joachims=Thaler
in seiner Kasse hatte, den er lange aufgespart, rief er fröhlich
nach kurzem Bedenken: „Joachim heraus, der Heiland ist da!“

36. Der Hund vom St. Bernhard.

Ueber den großen St. Bernhard führt ein sehr betriebener
Bergpaß aus Wallis nach Italien. In dem öden, hohen Felsen=
thale, von Bergen umschlossen, die ewiger Schnee bedeckt, steht
die höchste menschliche Wohnung in der alten Welt, das Kloster
des heiligen Bernhard. Hier wohnen zehn bis zwölf Mönche,
deren einziges Geschäft es ist, die Reisenden unentgeldlich zu
bewirthen und ihnen alle Hülfe angedeihen zu lassen. In den
acht oder neun Monaten des Jahrs, wo Schnee, Nebel, Unge=
witter und Schneelawinen den Weg sehr gefährlich machen, strei=
fen diese Ordensleute oder ihre Diener täglich umher, um Ver=
irrte aufzusuchen oder Versunkene zu retten und bedienen sich
schon seit vielen Jahren zur Rettung der Verunglückten auch
besonders dazu abgerichteter großer Hunde. Diese gehen ent=
weder allein aus oder werden von den Mönchen mitgenommen.
Sobald der Hund einen Verunglückten ausgewittert hat, kehrt
er in pfeilschnellem Laufe zu seinem Herrn zurück und giebt durch
Bellen, Wedeln und unruhige Sprünge seine Entdeckung kund.

Dann wendet er um, immer zurücksehend, ob man ihm auch nach= folge und führt seinen Herrn nach der Stelle hin, wo der Ver= unglückte liegt. Oft hängt man diesen Hunden ein Fläschchen mit Branntwein oder andern stärkenden Getränken, und Körbchen mit Brod um den Hals, um es einem ermüdeten Wanderer zur Erquickung darzubieten. Einer von diesen Hunden hat zwölf Jahre lang diesen beschwerlichen Dienst verrichtet und mehr als vierzig Menschen das Leben gerettet. Der Eifer, den er dabei bewies, war außerordentlich. Nie ließ er sich an seinen Dienst mahnen. Sobald der Himmel sich bedeckte, Nebel sich einstellte oder die gefährlichen Schneegestöber sich von weitem zeigten, so hielt ihn nichts mehr im Kloster zurück. Nun strich er rastlos und bellend umher und ermüdete nicht, immer und immer wieder nach den gefährlichen Stellen zurückzukehren und zu sehen, ob er nicht einen Sinkenden halten oder einen Vergrabenen hervor= scharren könne, und konnte er nicht helfen, so setzte er in unge= heuren Sprüngen nach dem Kloster hin und holte Hülfe.

37. Der Löwe und der Hase.

Ein Löwe würdigte einen drolligen Hasen seiner näheren Be= kanntschaft. „Aber ist es denn wahr," fragte ihn einst der Hase, „daß euch Löwen ein elender, krähender Hahn so leicht ver= jagen kann?"

„Allerdings ist es wahr," antwortete der Löwe, „und es ist eine allgemeine Bemerkung, daß wir großen Thiere durchgängig eine gewisse kleine Schwachheit an uns haben. So wirst du zum Exempel von dem Elephanten gehört haben, daß ihm das Grun= zen eines Schweines Schauder und Entsetzen erweckt."

„Wahrhaftig?" unterbrach ihn der Hase. „Ja, nun begreife ich auch, warum wir Hasen uns so entsetzlich vor den Hunden fürchten."

38. Feuriges Wasser.

Was nicht dein ist, Kind, das rühre nicht an, denn es brennt, und einmal hat es sogar einem Knaben das Herz abge=

brannt, weil es demselben sein unrechtmäßiges Verlangen stets allzu dienstfertig gestillt hat. Der nahm alles, was ihm gefiel, heimlich weg, obgleich er wußte, daß das eine Sünde ist, die Gott im siebenten Gebote verboten hat und die schon von der Obrig= keit hier auf Erden auf Gottes Befehl gestraft wird. Diesmal hat das kalte Wasser die Stelle der Obrigkeit vertreten und den Jungen so nachdrücklich gestraft, daß ihm der Athem seiner bösen Begierden freilich zugleich mit seinem Lebensathem ausgegangen ist. Er hatte nämlich einmal ein paar Stücke ungelöschten Kalks gestohlen und sie in seinem Busen versteckt. Gleich darauf be= gegnete ihm ein Kamerad, der zwei Pferde in die Schwemme ritt und — hast du nicht gesehen? saß unser Diebsjunge oben auf dem andern Pferde und nun ging es im vollen Jagen nach der Schwemme. Mitten im Wasser aber fiel es dem Pferde ein, sich zu legen, und der Spitzbube fiel herunter. Weil er aber schwimmen konnte, so schwamm er eine gute Strecke fort. Auf einmal aber fing er jämmerlich an zu schreien: „Helft, helft, ich verbrenne!" Aber die Leute, die ihn schwimmen sahen, meinten, er habe sie zum Besten, weil kaltes Wasser ja nicht brenne. Der Junge sank ein paarmal unter und kam ein paarmal wieder her= auf, einmal mit dem Kopfe, das andre Mal mit den Beinen und das dritte Mal ganz — aber auch ganz todt. Der brennend ge= wordene Kalk hatte durch die Haut bis in's Innere gefressen. Hörst du? was nicht dein ist, das rühre auch nicht an, denn es brennt — zum wenigsten auf dem Gewissen.

---

39. Sprüchwörter.

1. Kunst macht Gunst.
2. An vielem Lachen erkennt man einen Narren.
3. Ein fauler Apfel steckt den andern an.
   Ein böser Gesell
   Führt den andern in die Höll.
4. Was Hänschen nicht lernt, lernt Hans nimmermehr.

---

40. Karl der Große.

Kaiser Karl, der vor 1000 Jahren in Deutschland und Frankreich regierte und den man seiner Heldenthaten wegen den Großen nennt, war wohl in der Schlacht ein gewaltiger Held, aber in den Künsten und Wissenschaften unerfahren, wie freilich damals sein ganzes Volk. Selten fand sich jemand, der lesen konnte; schreiben konnte der Kaiser selbst nicht und vermochte es auch nicht mehr zu lernen; seine Finger, die nur das Schwert geführt hatten, waren zu steif und ungelenkig dazu. Aber er dachte nicht: was schadet es? sondern er wollte wenigstens das, was er selbst nicht gelernt hatte, andere lehren lassen, baute Schulen und schickte die Kinder vornehmer und geringer Leute hinein. Da dachten denn jene, am Lernen liege nichts, sie hätten Geld und Gut und würden, weil ihre Eltern vornehme Leute wären, vom Kaiser doch angesehen und vorgezogen werden. Aber es kam anders. Karl kam selbst eines Tages in die Schule zu Paris, und als er nun fand, daß die adeligen Kinder von den Bürger= und Bauersöhnen weit übertroffen würden, ließ er jene zu seiner Linken, diese zu seiner Rechten treten, und redete zuerst zu den letzteren: „Wohlan ihr Jünglinge, die ihr uns gehorsam gewesen seid, fahret fort, wie ihr angefangen, euch des Fleißes Lob und Lohn zu erwerben. Euch will ich Geld und Gut ver= schaffen und vor Andern werth halten, aus euch will ich große, vornehme Herren machen, ihr sollt Land und Leute regieren und die Ehre haben, zu dieser meiner Rechten zu sitzen. Ihr übrigen Zärtlinge aber (und damit wandte er sich zu den jungen Adeli= gen zu seiner Linken), die ihr also mit gezierten, aufgepufften Haaren hereinziehet, euch auf eurer Eltern Reichthum, Ehre und Stand verlasset, dem Müßiggang und den Wollüsten nachhän= get, eines römischen Kaisers Befehl und Majestät weder achtet noch folget: ihr sollt mir nicht gut genug sein, daß ich mich eurer annehmen sollte. Und sollen die Armen und Geringen euch an allen Ehren vorgezogen werden, weil ihr die Studien hintansetzt und aus Anderer Exempel und guten Lehren euren Verstand nicht zu Lob, Tugend und Weisheit unterrichten lassen wollt."

41. Alles schon voraus bezahlt.

Jemand, der einem Armen eine Gabe reichte, sprach dabei zum nebenstehenden Dr. Luther: „Wer weiß, wo mir Gott solches dereinst vergilt?" — „Warum denn erst dereinst?" erwiderte Luther, „hat euch Gott denn nicht schon alles längst voraus bezahlt?"

Wenn uns nun Gott, der HErr, alles schon vorausbezahlt hat, und doch endlich jedes im Glauben vollbrachte Liebeswerk dereinst belohnen will, so muß er wohl ein gnädiger Gott sein.

42. Räthsel.

Während du mich ausgesprochen,
Hast du mich auch schon gebrochen.

Gott sieht es nie, der Kaiser selten,
Doch alle Tage Bauer Velten.

Ich werde gestern sein, bin morgen da gewesen.

Es hat keinen Körper und ist doch sichtbar.

43. Thatsächlicher Beweis, daß das Hören des göttlichen Wortes nicht vergeblich ist.

Zwischen Kopenhagen und der Insel Saltholm waren in der ersten Hälfte des sechszehnten Jahrhunderts am Tage vor Mariä Verkündigung ungefähr 80 Fischer auf dem Eise versammelt, um Aale zu fangen. Das Eis brach unter ihnen, so daß sie bis an die Hüften ins Wasser kamen und das sich spaltende Eis sie forttrieb, bis sie zuletzt von einander getrennt wurden; acht oder neunundzwanzig von ihnen verloren das Leben. Aber während sie noch beisammen waren, hatte einer von den Fischern, Hans Bentsen, zugleich mit einigen andern ihren Gefährten zugerufen: „Lieben Brüder, lasset uns nicht in Verzweiflung fallen, weil wir im Wasser umkommen müssen, sondern lasset uns durch die That beweisen, daß wir das Wort Gottes gehört haben." Sie hatten darauf den Gesang „Nun bitten wir den heiligen

Geist" und dann das Sterbelied „Mit Fried und Freud ich fahr' dahin" mit einander gesungen. Nach der Beendigung dieses Gesanges fielen sie auf die Kniee, so daß das Wasser ihnen bis unter die Arme ging, und baten Gott, daß er sie durch einen seligen Tod hinweg nehmen möchte.

44. Der Adler, die Katze und das wilde Schwein.

Auf einer Eiche im Walde lebten ein Adler, ein Schwein und eine Katze. Der Adler nistete auf dem Wipfel, die Katze in der Mitte des Baumes und das Schwein hatte unten am Fuße desselben sein Lager. Das bösartigste Geschöpf unter allen dreien war die Katze. Sie sann unaufhörlich auf das Verderben der andern und wandte sich zuerst an den Adler.

„Sei auf deiner Hut, König der Vögel," sprach sie. „Es ist ein verrätherischer Anschlag gegen dich und nebenbei auch gegen mich armes Thier im Werke. Unaufhörlich wühlt das Schwein da unten an den Wurzeln des Baumes. Sicherlich wird es nicht eher nachlassen, bis die Eiche stürzt und dann ist es um deine und meine Jungen geschehen."

Kaum war es ihr auf diese Weise gelungen, den Adler miß= trauisch zu machen, als sie sich zu dem Schweine verfügte. „Du träumst dir wohl kaum," sprach sie, „die Gefahr, in welcher du dich befindest? Da oben auf dem Wipfel des Baumes lauert ein Adler; raubgieriger als er, war gewiß noch keiner. Nur allzu= gern möchte er unsere Jungen erbeuten. Entferne dich nur ein einziges Mal und er hat sie."

Von Stund an wich der Adler nicht mehr von seinem Neste und das Schwein nicht mehr von seinem Lager. Jedes fürchtete sich vor dem andern. Die anscheinende Sorgfalt der Katze, die nur des Nachts ausschlich, um sich Futter zu holen, vergrößerte die Besorgniß ihrer Nachbarn. Beide waren so lange auf ihrer Hut, bis sie endlich verhungerten und ihre Jungen nun eine Beute der räuberischen Katze wurden.

Hüte dich, auf Zwischenträger und Verleumder zu hören.

45. Vom Bäumlein, das andere Blätter hat gewollt.

Es ist ein Bäumlein gestanden im Wald
Bei gutem und schlechtem Wetter,
Das hat von unten bis oben
Nur Nadeln gehabt statt Blätter.
Die Nadeln, die haben gestochen,
Das Bäumlein hat gesprochen:

„Alle meine Kameraden
Haben schöne Blätter an,
Und ich hab nur Nadeln,
Niemand rührt mich an;
Dürft ich wünschen, wie ich wollt,
Wünscht ich mir Blätter von lauter Gold."

Wie's Nacht ist, schläft das Bäumlein ein,
Und früh ist's wieder aufgewacht:
Da hatt es goldne Blätter fein;
Das war eine Pracht!
Das Bäumlein spricht: „Nun bin ich stolz;
Goldne Blätter hat kein Baum im Holz."

Aber wie es Abend ward,
Ging der Jude durch den Wald
Mit großem Sack und langem Bart,
Der sieht die goldnen Blätter bald;
Er steckt sie ein, geht eilends fort
Und läßt das leere Bäumlein dort.

Das Bäumlein spricht mit Grämen:
„Die goldnen Blätter dauern mich;
Ich muß vor den andern mich schämen,
Sie tragen so schönes Laub an sich.
Dürft ich mir wünschen noch etwas,
So wünsch ich mir Blätter von hellem Glas."

Da schlief das Bäumlein wieder ein,
Und früh ist's wieder aufgewacht:
Da hatt es gläserne Blätter fein;
Das war eine Pracht!
Das Bäumlein spricht: „Nun bin ich froh;
Kein Baum im Walde glitzert so."

Da kam ein großer Wirbelwind
Mit einem argen Wetter,
Der fährt durch alle Bäum geschwind

Und kommt an die gläsernen Blätter:
Da lagen die Blätter von Glase
Zerbrochen in dem Grase.

Das Bäumlein spricht mit Trauern:
„Mein Glas liegt in dem Staub;
Die andern Bäume dauern
Mit ihrem grünen Laub.
Wenn ich mir noch was wünschen soll,
Wünsch ich mir grüne Blätter wohl."

Da schlief das Bäumlein wieder ein,
Und früh ists wieder aufgewacht:
Da hatt es grüne Blätter fein.
Das Bäumlein lacht
Und spricht: „Nun hab ich doch Blätter auch,
Daß ich mich nicht zu schämen brauch."

Da kommt mit vollem Euter
Die alte Geis gesprungen,
Sie sucht sich Gras und Kräuter
Für ihre Jungen.
Sie sieht das Laub und fragt nicht viel,
Sie frißt es ab mit Stumpf und Stiel

Da war das Bäumlein wieder leer.
Es spricht nun zu sich selber:
„Ich begehr nun keine Blätter mehr,
Weder grüner, noch rother, noch gelber;
Hätt ich nur meine Nadeln,
Ich wollte sie nicht tadeln."

Und traurig schlief das Bäumlein ein,
Und traurig ist es aufgewacht:
Da besieht es sich im Sonnenschein
Und lacht und lacht.
Alle Bäume lachens aus;
Das Bäumlein macht sich aber nichts daraus.
Warum hat das Bäumlein denn gelacht?
Und warum seine Kameraden?
Es hat bekommen in einer Nacht
Wieder alle seine Nadeln,
Daß Jedermann es sehen kann.
Geh hinaus, siehs selbst, doch rührs nicht an!
Warum denn nicht?
Weils sticht.

———————

46. Sprüchwörter.

1. Der Hehler ist so gut als der Stehler.
2. Wer Gott vertraut, hat wohl gebaut.
3. Der Klügste giebt nach.
4. Der Schein trügt.
5. Lust und Liebe zum Dinge
   Macht Mühe und Arbeit geringe.
6. Tadeln ist leichter als besser machen.

47. „Einmal ist keinmal.“

Dies ist das erlogenste und schlimmste unter allen Sprüch=
wörtern, und wer es gemacht hat, war ein schlechter Rechenmei=
ster oder ein boshafter. Einmal ist wenigstens einmal und
davon läßt sich nichts abmarkten. Wer einmal gestohlen hat,
kann sein Lebenlang nimmer in Wahrheit sagen: Ich habe mich
nicht an fremdem Gute vergriffen, und wenn der Dieb erhascht
und gehenkt wird, alsdann ist Einmal nicht Keinmal. Aber das
ist noch nicht alles, sondern man kann meistens mit Wahrheit
sagen: Einmal ist zehnmal und hundert= und tausendmal. Denn
wer das Böse einmal angefangen hat, der setzt es gemeiniglich
auch fort. Wer A gesagt hat, der sagt dann auch meistens B,
und alsdann tritt ein anderes Sprüchwort ein: „Der Krug geht
so lange zu Wasser bis er bricht.“

48. Das Gewissen.

In Wien lebte ein überaus reicher Bäcker, der hatte einen
bösen Gesellen. Als derselbe ausgekundschaftet hatte, wo der
Meister sein Geld aufbewahre, bittet er ihn um Entlassung und
um seinen Lohn. Nachdem er beides erhalten hat, geht er hin=
weg. In der folgenden Nacht aber schleicht er sich in das Haus,
ermordet zuerst seinen gewesenen Mitgesellen und die Mägde,
geht hierauf in das Schlafgemach seines Herrn und seiner
Herrin und ermordet auch diese; als er aber an das nebenste=

hende Bett des einzigen Töchterleins der zuletzt Ermordeten
kommt, trifft er das Mägdlein wachend. Zitternd und flehentlich ruft es ihm zu: „Ach, lieber Parve, laß mich leben, ich will
dir alle meine Puppen geben." Vom Höllengeist erfüllt, durchbohrt er aber ohne Erbarmen das um sein Leben flehende Kind,
nimmt so viel Gold und Silber, als er tragen kann, mit sich,
geht davon und begiebt sich nach Regensburg. Unentdeckt von
der Obrigkeit, wird er nun von seinem eigenen Gewissen Tag
und Nacht gequält; immer steht das flehende und blutende
Mägdlein vor seiner Seele; um Ruhe zu finden, giebt er sich
daher endlich selbst als den Mörder bei den Gerichten an. So
wird er denn verurtheilt, lebendig mit Spießen zerstochen zu
werden. Als dies geschieht, ruft er aus: „Ach, nichts peinigt
noch jetzt mich so sehr, als jene Stimme des Mägdleins: Ach, lieber Parve, laß mich leben, ich will dir alle meine Puppen geben."

49. Der kleine Glaubensheld.

Bald nach einem entsetzlichen Nordwest-Sturme lief ein
Schiff in den Hafen von Tönningen ein, das ganz entsegelt und
alles nöthigen Schiffgeräths beraubt war. Der Schiffer, ein
Norweger, hatte auf seinem Schiffe eine Frau mit zwei Knäblein, deren eines sieben, das andere vier Jahre alt war. Sie
wollten nach Holland, wurden aber verschlagen, und kamen halb
todt und von den Wellen aller ihrer Kleider und Wäsche beraubt
in diesem Hafen an. Als der Schiffer mit seinen Reisenden
austrat, wies er vor allen Umstehenden auf den siebenjährigen
Knaben hin, und sagte: „Dieses Kind hat mein Schiff gerettet.
Denn als der Sturm heftig und die Gefahr groß ward, sagte
ich: „Unser Herrgott ist todt!" Worauf der Knabe versetzte:
„Nein, nicht todt, sondern Er schläft; Er wird wohl aufwachen."
Der Sturm warf darauf das Schiff um, daß es mehr unter als
über dem Wasser ging, und ich alle ermahnte, daß sie sich zum
Sterben bereit machen sollten, denn hier sei ihr Grab. Der
Knabe antwortete: „Nein, so weit ist es noch nicht, der HErr

JEsus ist noch im Schiffe." Gleich darauf warf eine Welle das Schiff wieder herum, und gerade auf die Höhe in's Wasser, und es ward in die Eider und in den Tönningschen Hafen hineingetrieben."

---

50. Stadt- und Feldmaus.

Eine Stadtmaus ging spazieren und kam zu einer Feldmaus, die that ihr gütlich mit Eicheln, Gerste, Nüssen und womit sie konnte. Aber die Stadtmaus sprach: „Du bist eine arme Maus, was willst du hier in Armuth leben, komm mit mir, ich will dir und mir genug schaffen von allerlei köstlicher Speise." Die Feldmaus zog mit ihr hin in ein herrlich schön Haus, darin die Stadtmaus wohnte, und sie gingen in die Kemnoten *), da war vollauf von Brod, Fleisch, Speck, Würste, Käse und alles. Da sprach die Stadtmaus: „Nun iß und sei guter Dinge; solcher Speise habe ich täglich überflüssig." Indeß kam der Kellner und rumpelte mit den Schlüsseln an der Thür, die Mäuse erschraken und liefen davon. Die Stadtmaus fand bald ihr Loch, aber die Feldmaus wußte nirgends hin, lief die Wand auf und ab und hatte sich ihres Lebens erwogen.

Da der Kellner wieder hinaus war, sprach die Stadtmaus: „Es hat nun keine Noth, laß uns guter Dinge sein." Die Feldmaus antwortete: „Du hast gut sagen, du wußtest dein Loch fein zu treffen, dieweil bin ich schier vor Angst gestorben. Ich will dir sagen, was die Meinung ist: bleibe du eine reiche Stadtmaus und friß Würste und Speck, ich will ein armes Feldmäuslein bleiben und meine Eicheln essen; du bist keinen Augenblick sicher vor dem Kellner, vor den Katzen, vor so viel Mäusefallen und dir ist das ganze Haus feind, solches alles bin ich frei und sicher in meinem armen Feldlöchlein."

In großen Wassern fängt man große Fische,
Aber in kleinen Wassern fängt man gute Fischlein.
Wer reich ist, hat viel Neider, Sorge und Gefahr.

---

*) d. h. Kammer.

51. Räthsel.

Mein Erstes ist nicht wenig, mein Zweites ist nicht schwer,
Mein Ganzes läßt dich hoffen, doch traue nicht zu sehr.

---

52. Freuet euch.

Freut euch an der schönen Erde,
Denn sie ist wohl werth der Freud;
O, was hat für Herrlichkeiten
Unser Gott da ausgestreut!

Und doch ist sie seiner Füße
Reich geschmückter Schemel nur,
Ist nur eine schön begabte,
Wunderreiche Creatur.

Freuet euch an Mond und Sonne
Und den Sternen allzumal,
Wie sie wandeln, wie sie leuchten
Ueber unserm Erdensaal.

Und doch sind sie nur Geschöpfe,
Von des höchsten Gottes Hand
Hingesä't auf seines Thrones
Weites glänzendes Gewand.

Wenn am Schemel seiner Füße
Und am Throne solcher Schein,
O, was muß an seinem Herzen
Erst für Glanz und Wonne sein!

---

53. Segen des Sprüche- und Liederlernens in der Jugend.

Im Jahre 1755 wurde eine fromme deutsche Familie in Amerika von den Wilden überfallen. Vater und Sohn wurden erschlagen. Die Mutter war nicht zu Hause, das war ihre Rettung. Eine Tochter von neun Jahren, Namens Regina, ward mit andern Kindern tief in die Wälder des Landes hineingeschleppt. Neun Jahre wurde sie dort festgehalten und mußte unter harten Mißhandlungen die schwersten Dienste thun. Sie vergaß ihre Muttersprache und wurde in Sprache, Tracht und Haltung eine Wilde. Nur die Lieder und Bibelsprüche, die sie in der Kindheit gelernt hatte, betete sie in der Waldeseinsamkeit in deutscher Sprache fort. Nach neun Jahren (1764) schlug ein englischer Oberst die Wilden aufs Haupt. Sie mußten alle ihre Gefangenen herausgeben. An 400 von diesen kehrten in dem elendesten Zustande aus den Wäldern zurück. Da war guter Rath theuer, wie man die Kinder, die Sprache und Namen vergessen hatten, wieder an die Ihrigen bringen sollte. Unter den Eltern, die verlorene Kinder suchten, fand sich auch Regina's Mutter ein, aber sie erkannte ihr Kind nicht; es war ihren Augen entwachsen und zur Wilden geworden. Als sie mit Thränen durch die Reihen ging und vergeblich forschte, fragte sie der Oberst, ob sie kein Kennzeichen wüßte, daran sie ihre Tochter erkennen könnte? und als sie antwortete, sie wisse nichts, als ein deutsches Lied, welches das Kind fleißig gesungen habe, so forderte er sie auf, dasselbe laut vor der Schaar der Befreieten zu singen. Es war das schöne Lied:

Allein und doch nicht ganz alleine
Bin ich in meiner Einsamkeit,
Denn wenn ich ganz verlassen scheine,
Vertreibt mein JESus mir die Zeit, u. s. w.

Kaum hatte sie die ersten Zeilen gesungen, so sprang ihre Tochter aus dem Haufen heraus, trat neben die Mutter und stimmte mit Freudenthränen ein. Die Mutter hatte ihr Kind wieder.

Sie hatte es wieder durch ein liebliches Erkennungszeichen. Wehe dagegen dem, den wir nach langer Frist wiedersehen und als den Alten wiedererkennen an altem Unglauben, **an altem** Spotte, an alten Flüchen, an alter Sünde und Schande.

---

54. „An Mitteln fehlts ihm nicht.“

In dem schrecklichen Hungerjahre 1771 lebte zu Coburg eine Wittwe mit ihrem Sohne in großer Dürftigkeit. Sie galt aber früher nicht für arm, und nur die anhaltende Theurung setzte sie in große Noth und Verlegenheit. Daher dachte Niemand daran, dieser Wittwe Unterstützung geben zu sollen, und sie selbst schämte sich, ihre Noth nur einem Menschen zu klagen. Aber sie kannte den Vater, der im Himmel wohnt, der keines seiner Kinder verläßt, der nahe ist allen denen, die ihn anrufen, die ihn mit Ernst anrufen, und thut, was die Gottesfürchtigen begehren und ihnen hilft. Zu diesem wandte sie sich mit ihrem Sohne täglich.

Einmal war die Noth sehr groß geworden: kein Nahrungs= mittel im Hause; die Stunde des Mittagessens vorüber, aber keine Speise war auf dem Tisch gewesen. Da ging der Sohn mit kummervollem Herzen zur Stadt hinaus, um im Freien, ungesehen von seiner Mutter, damit er ihren Schmerz nicht noch vermehre, seinen Schmerz auszuweinen, und die Noth, die so groß geworden war, dem Vaterherzen Gottes zu klagen. Und wie er so an den Ufern des Itzflusses wandelte und betete, da hörte er mehrere Male im Wasser einen Fisch in die Höhe schnalzen, und siehe da, plötzlich über die Ufer herüber — ans Land. Da lag ein mehrpfündiger Hecht vor seinen Füßen, den er schnell ergriff, in sein Sacktuch wickelte, und der Mutter dan= kend und frohlockend heimbrachte. Ein wenig Salz fand sich noch vor, und so ward durch diesen Fisch für mehrere Tage der Hunger gestillt, bis Gott weitere Hülfe sandte.

55. Sprüchwörter.

1. Lügen haben kurze Beine.
2. Böses Beispiel verdirbt gute Sitten.
3. Wie die Arbeit, so der Lohn; wie die Saat, so die **Ernte.**
4. Morgenstunde hat Gold im Munde.
5. Versprechen und auch halten
   Steht fein bei Jung und Alten.
6. Wer zuerst kommt, mahlt zuerst.
7. Der ist klug und wohlgelehrt,
   Wer alle Ding zum Besten kehrt.
8. Uebung macht den Meister.

56. Die Kinderprocession.

Am 3. December 1800 Morgens haben die Bewohner in der Gegend von St. Wolfgang bei Hohenlinden nicht vermuthen können, daß es Mittags um ihre ruhigen Hütten herum so stürmisch hergehen werde zwischen den Kaiserlichen und den Franzosen; sie schickten daher, wie gewöhnlich, ihre Kinder in die Schule zum Küster, welcher von ihren einsamen Höfen zwei bis drei Stunden Weges entfernt im Walde wohnte. Nach gehaltener Morgenschule saßen die Kinder ganz ruhig in der Stube und verzehrten mit gutem Appetit ihr Mittagsbrod, das sie vom Hause mitgenommen hatten, und dachten an nichts. Da hörte man auf einmal den Lärm des Gewehrfeuers und den Donner der Kanonen. Und der Küster, der gleich vermuthete, was das bedeute, ging hinaus und sah und hörte nun zu seinem Schrecken, daß das Treffen schon nahe sei. Er holte nach dortiger Sitte das Krucifix aus dem Kirchlein, stellte die Kinder Paar um Paar auf, und so zog er mit den Kleinen, ein geistliches Lied singend, über das Schlachtfeld, an den Panduren und Sansculotten vorüber. Und die wilden Menschen thaten den Kindlein nichts zu Leide, und ließen sie fürder ziehn in Frieden. So kamen sie glücklich in St. Wolfgang an, wo die armen Waislein von den Einwohnern freundlich aufgenommen und verpflegt wurden, bis gegen Abend ihre Eltern kamen und sie heimführten. Und die Eltern vergaßen des Jammers, den sie hatten, daß ihre Hütten geplündert waren, über der Freude, daß Keines von ihren Lieben verloren gegangen sei.

57. Der HErr ist König.

Der Landgraf Philipp von Hessen ritt einst über Feld, saß stattlich zu Pferde mit Schwert und mit Panzer, und hinter ihm ritten seine Begleiter. Da zog ein Gewitter am Himmel auf, und als die Reiter an einen Wald kamen, schlug der Blitz vor dem Landgrafen krachend in eine Eiche und zerschmetterte sie. Das Roß des Landgrafen sank in die Kniee und er selbst fiel zu Boden. Da sprengten die Diener heran und riefen: „Ach, Ihr seid doch nicht beschädigt, gnädiger Herr? Ihr habt doch kein Unglück erlitten, gnädigster Herr?" Aber der fromme Landgraf stand auf, deutete mit der Hand gen Himmel und sprach: „Was nennt ihr mich Herr? Der da oben donnert, der ist der HErr und er ging im Wetter gnädig an mir vorüber."

58. Räthsel um Räthsel.

Ei Knabe, ich will dir
Was zu rathen aufgeben,
Und wenn du es rathest,
So kriegst du es eben.

Was für eine Straße
Ist ohne Staub?
Welcher grüne Baum
Ist ohne Laub?

Die Milchstraße
Ist ohne Staub;
Der grüne Tannenbaum
Ist ohne Laub.

Was für ein König
Ist ohne Land?
Was für ein Wasser
Ist ohne Sand?

Der Zaunkönig
Ist ohne Land;

Das Wasser in dem Auge
Ist ohne Sand.

Welches schöne Haus
Hat weder Holz noch Stein?
Welcher große Strauß
Hat keine Blümelein?

Das kleine Schneckenhaus
Hat weder Holz noch Stein;
Der große Vogel Strauß
Hat keine Blümelein.

Was für ein Herz
Thut keinen Schlag?
Und was für ein Tag
Hat keine Nacht?

Das todte Herz
Thut keinen Schlag;
Der jüngste Tag
Hat keine Nacht.

59. Christliche Fassung.

Als A. Tillemann, ein Messerschmidt, der als ein Vater der Armen bekannt war, im Winter des Jahres 1541 zu Brüssel um seines lutherischen Glaubens willen verbrannt wurde, fragte er noch auf dem Scheiterhaufen die Umstehenden: „Warum schleppt Ihr doch so viel Holz zusammen, meinen elenden Leib zu verbrennen, und lasset die Leiber so vieler Armen frieren?" — Vergl. Matth. 5, 13. —

60. Gebetserhörung.

Der Kirchenvater Augustinus erzählt folgende merkwürdige Geschichte von einer herrlichen Gebetserhörung, wovon er selbst Augenzeuge war.

Ein Beamter zu Carthago, Namens Innocenz, litt an einem schweren Fistelschaden. Schon hatte er viele schmerzhafte und gefährliche Operationen glücklich überstanden und glaubte sich geheilt, als es sich fand, daß eine verborgene Vertiefung den Aerzten entgangen war. Es wurde ihm endlich angekündigt, daß er keine Rettung zu erwarten habe, wenn er sich nicht einer neuen Operation unterwerfe. Diese Nachricht brachte ihn und das ganze Haus der Verzweiflung nahe. Des Abends vor dem zur Operation bestimmten Tage kamen, wie gewöhnlich, die Kirchendiener zu ihm. Er bat sie mit Thränen, am andern Morgen dabei gegenwärtig zu sein, wenn er unter den Händen der Aerzte sterben werde, denn dies erwartete er. Die Kirchendiener verhießen ihm nicht ein Wunder zu seiner Rettung, aber sie ermahnten ihn, auf Gott zu vertrauen, und was Gottes Wille sei, männlich zu ertragen. Da sie zum Gebet niedergekniet waren, warf auch Innocenz, wie von einer höhern Gewalt fortgerissen, sich plötzlich zur Erde nieder, und betete mit einem solchen Ergusse von Thränen, solcher Inbrunst, daß Augustinus sagt: „Es läßt sich nicht mit Worten beschreiben. Ich konnte nicht beten, ich sagte nur die Worte in meinem Herzen: Herr, welches Gebet der Deinen erhörst du, wenn du dies nicht erhörst?" Am andern Morgen fanden sich alle in gespannter Erwartung wieder ein. Nachdem die Prediger dem Kranken Muth eingesprochen hatten, schickten die Aerzte sich zur Operation an — aber wie erstaunten sie, als sie nichts mehr zu operiren fanden! „Jene Freude," sagt Augustinus, „jene Lobpreisung und jene Ergüsse des Dankes gegen den barmherzigen und allmächtigen Gott aus dem Munde Aller — begleitet mit Freudenthränen — kann ich durch meine Worte nicht auszusprechen wagen."

61. Joachim von Ziethen.

Joachim von Ziethen, nachmals ein berühmter General, war in seinem eilften Jahre Page oder Edelknabe an dem Hofe des Königs Friedrich Wilhelm I. von Preußen, des Vaters Friedrichs des Großen. Die Edelknaben mußten wechselsweise des Nachts in einem Zimmer neben des Königs Schlafgemach wachen und dem König aufwarten, wenn er es verlangte. Das war nun Manchem zu beschwerlich, und er bezahlte es gern von seinem Taschengelde, wenn ein Anderer es für ihn thun wollte. Unser guter Joachim hatte kein Taschengeld, denn er hatte keinen Vater mehr, und seine Mutter war eine arme Wittwe. Er hätte aber doch auch gern ein Taschengeld gehabt, und so erbot er sich denn, ums Geld für Andere zu wachen. Das wäre ihm aber fast schlimm bekommen. Einst konnte nämlich der König nicht schlafen und wollte ein Buch aus einem andern Zimmer haben; er klingelte dem Pagen, aber der rührte sich nicht. Er klingelte noch einmal und zum dritten Male, aber es kommt kein Page. Endlich steht der König auf, geht in's Vorzimmer, um zu sehen, ob denn keiner da sei. Hier findet er Ziethen, aber schlafend am Tische sitzen. Das ist ein sauberer Wächter, mochte er denken; und ihr werdet sagen: Der hatte wohl Ursache, sich auch noch für Andere anzubieten! Allein hört erst! Der König tritt näher und sieht nun, daß er einen Brief vor sich hat, über dem er einge= schlafen ist. Er nimmt den Brief und lies't: „Meine beste, ge= liebteste Mutter! Jetzt ist nun schon die dritte Nacht, da ich für Geld die Wache habe. Beinahe kann ichs nicht mehr aushalten. Indessen freue ich mich, daß ich nun wieder zehn Thaler für Sie verdient und gespart habe, und diese schicke ich Ihnen hierbei." Da seht ihr, wozu Joachim ein Taschengeld haben wollte.

Der König sah es auch, und dachte: er hat Recht; legte ihm also seinen Brief wieder hin, ging in seine Kammer, holte zwei Rollen mit Dukaten, steckte ihm in jede Tasche eine, und legte sich wieder zu Bette. Wie erschrak aber der Page beim Aufwachen, als er seine Taschen fühlte und aus dem Gelde merkte, der König habe ihn schlafend gefunden! Sobald er ihn am Morgen sah, bat er ihn demüthigst um Verzeihung, und dankte ihm für das gnädige Geschenk. Der König lobte seine kindliche Liebe und Dankbarkeit, ernannte ihn bald darauf zum Offizier, und schenkte ihm noch eine Summe Geldes, um sich dafür alles, was er zu seiner neuen Stelle brauchte, anzuschaffen.

Da ging die Verheißung des vierten Gebots „auf daß dir's wohl gehe" recht in Erfüllung.

62. Vom Schriftlesen.

Fürwahr, du kannst nicht zu viel in der Schrift lesen, und was du liesest, kannst du nicht zu wohl verstehen, und was du wohl verstehest, kannst du nicht zu wohl lehren, und was du wohl lehrest, kannst du nicht zu wohl leben. Glaube dem, der es erfahren hat.

63. Vom Hunde im Waſſer.

Es lief ein Hund durch einen Wasserstrom, und hatte ein Stück Fleisch im Maule. Als er aber den Schemen vom Fleisch im Wasser sieht, wähnt er, es wäre auch Fleisch, und schnappt gierig darnach. Da er aber das Maul aufthat, entfiel ihm das Stück Fleisch, und das Wasser führte es weg. Also verlor er beide, das Fleisch und den Schemen.

Man soll sich begnügen lassen, an dem, das Gott giebt. Wer das Wenige verschmähet, dem wird das Größere nicht; wer zu viel haben will, behält zuletzt nichts. Mancher verliert das Gewisse über dem Ungewissen.

64. Sprüchwörter.

1. Traue, schaue, wem?
2. Nach gethaner Arbeit ist gut ruhen.
3. Müſſiggang ist aller Laster Anfang
   Und des Teufels Ruhebank.
4. Wer nicht hören will, muß fühlen.

65. Die halbgefüllte Flasche.

In der ersten Hälfte des vorigen Jahrhunderts diente ein Kaufmann aus Flensburg als gemeiner Soldat im dänischen Heere und machte als solcher einen der damals zwischen Schweden und Dänemark häufigen Kriege mit. Nach einem Siege, welchen die Dänen über die Schweden erfochten hatten, wurde er auf einen Wachtposten gestellt. Von brennendem Durste gequält, gelang es ihm erst nach längerer Zeit mit vieler Mühe, eine Flasche Bier zu erhalten.

Als er sie eben an den Mund setzen will, ertönt nicht weit von ihm der bittende Ruf eines Schweden, der, beider Beine beraubt, sehnsüchtig um einen Trunk bittet. Mitleidig beugt sich der Däne über den Flehenden hin und reicht ihm, seinen eigenen Durst vergessend, die volle Flasche.

Aber in demselben Augenblicke feuert der heimtückische Schwede, um noch einmal seinen Volkshaß gegen die Dänen zu befriedigen, eine Pistole auf den milden Geber ab — doch Gott der HErr ist dessen Schild; der Schuß geht fehl. Ruhig ergriff der Däne die Flasche, trank sie halb aus und reichte sie dann dem waffenlos Daliegenden mit den Worten: „Nun erhältst du nur die Hälfte." — Die Nachkommen des edlen Mannes leben noch als angesehene Leute in Flensburg.

---

66. Aufgestanden!

Steht auf, ihr lieben Kinderlein!
Der Morgenstern mit hellem Schein
Läßt sich frei sehn, gleich wie ein Held,
Und leuchtet in die ganze Welt.

Biß willkommen, du schöner Stern,
Du bringst uns Christum unsern HErrn,
Der unser lieber Heiland ist,
Darum du hoch zu loben bist.

Ihr Kinder sollt bei diesem Stern
Christum erkennen, unsern HErrn,
Marien Sohn, den treuen Hort,
Der uns leuchtet mit seinem Wort.

Gott's Wort, du bist der Morgenstern,
Wir können dein gar nicht entbehr'n,
Du mußt uns leuchten immerdar,
Sonst sitzen wir im Finstern gar.

Leucht uns mit deinem Glänzen klar
Und JEsum Christum offenbar,
Jag aus der Finsterniß Gewalt,
Daß nicht die Lieb in uns erkalt.

Biß willkommen, du lieber Tag,
Vor dir die Nacht nicht bleiben mag,
Leucht uns in unsre Herzen fein
Mit deinem himmlischen Schein.

O JEsu Christ, wir warten dein,
Dein heil'ges Wort leucht uns so fein,
Am End der Welt bleib nicht lang aus
Und führ uns in dein's Vaters Haus.

Du bist die liebe Sonne klar,
Wer an dich glaubt, der ist fürwahr
Ein Kind der ew'gen Seligkeit,
Die deinen Christen ist bereit.

Wir danken dir, wir loben dich
Hier zeitlich und dort ewiglich
Für dein große Barmherzigkeit
Von nun an bis in Ewigkeit.

---

67. Wolf und Lämmlein.

Ein Wolf und ein Lämmlein kamen ungefähr beide an einen
Bach zu trinken; der Wolf trank oben am Bach, das Lämmlein aber
fern unten. Da der Wolf des Lämmleins gewahr ward, lief er
zu ihm und sprach: „Warum trübst du mir das Wasser, daß ich
nicht trinken kann?" Das Lämmlein antwortete: „Wie kann ich
dir das Wasser trüben? trinkst du doch über mir und möchtest es
mir wohl trüben." Der Wolf sprach: „Wie, fluchst du mir noch
dazu?" Das Lämmlein antwortete: „Ich fluche dir nicht." Der
Wolf sprach: „Ja, dein Vater that mir vor sechs Monaten auch
ein Solches, du willst dich vätern." *) Das Lämmlein antwor=

---

*) d. h. nach deinem Vater arten.

tete: „Bin ich doch dazumal noch nicht geboren gewesen; wie soll ich meines Vaters entgelten?" Der Wolf sprach: „So hast du mir aber meine Wiesen und Aecker abgenagt und verderbet." Das Lämmlein antwortete: „Wie ist das möglich? hab ich doch noch keine Zähne." „Ei," sprach der Wolf, „und wenn du gleich viel ausreden und schwätzen kannst, will ich dennoch heunt nicht ungefressen bleiben." Und würgte also das unschuldige Lämmlein und fraß es.

Der Welt Lauf ist: Wer fromm sein will, der muß leiden, sollte man auch eine Sache vom alten Zaun brechen, denn Gewalt geht vor Recht. Wenn man dem Hunde zu Leibe will, so hat er das Leder gefressen; wenn der Wolf will, so ist das Lamm unrecht.

---

68. „Seid Thäter des Worts und nicht Hörer allein."

Zu Eimbeck im Hannoverschen las an einem Sonntage ein Hausvater in der Bibel, und da er an die Worte des Heilandes kam: „Wer ein solches Kind aufnimmt in meinem Namen, der nimmt mich auf" (Luc. 9, 48.) — siehe, da stand auch ein armer achtjähriger Knabe, der weder Vater noch Mutter mehr hatte, und sein Brod vor fremden Thüren suchen mußte, gerade in derselben Minute vor seiner Thür, und bat um ein Almosen. Der Mann hielt sogleich inne mit Lesen, sah seine Frau an, und rief ihr zu: „Frau, hörst du?" — damit wollte er sagen: Laß uns nicht nur Gottes Wort hören oder lesen, sondern auch darnach thun! — Die Frau verstand ihn sogleich, und gab zur Antwort: „Ja, lieber Mann, ich bin völlig deiner Meinung; wir wollen thun, was geschrieben steht." — Alsbald riefen sie den Knaben in's Haus herein, nahmen ihn mit Freuden auf, hielten ihn wie ihr eigenes Kind, und führten ihn zu allem Guten an.

---

69. Klein und groß.

In Asien in dem Gebirge Taurus und an andern Orten lebt eine Art von wilden Schafen, Argali genannt, die sind sehr groß, stark, scheu und haben sehr große Hörner. Wenn ein solches Thier im Kampf oder durch ein anderes Unglück ein Horn verliert, was je zuweilen geschieht, so kommt es den dortigen Füchslein zu gut. Diese haben dann nicht nöthig, einen Bau in die Erde zu graben, meinen, das Horn sei ihretwegen da, schlüpfen hinein und wohnen darin. Worüber muß man sich mehr wundern, über die großen Hörner oder die kleinen Füchse?

Die kleinsten Vögel, die man kennt, heißen Kolibri. Sie sind in Südamerika daheim, haben wunderschöne Farben von Gold= und Silberglanz, legen Eilein, so nicht größer sind als eine Erbse und werden nicht mit Schroten geschossen, sondern mit kleinen Sandkörnlein, weil sonst nichts Ganzes an ihnen bliebe. Neben ihnen wohnt eine Spinne, die ist so groß, daß sie diese armen Thierchen wie Mücken fängt und aussaugt.

Andern Respect flößt der Herr Lämmergeier seiner Nach= barschaft ein, der in den Tyroler= und Schweizergebirgen zu Hause ist. Mit seinen ausgespannten Flügeln bedeckt er eine Länge von acht bis neun Fuß und ist stark genug, Gemsen, Ziegen und Kinder anzupacken, zu überwältigen und davon zu tragen.

Der größte unter allen Vögeln, die fliegen können, ist der Kondur, ein Landsmann des Kolibri. Dieser mißt mit ausge= spannten Flügeln sechszehn Fuß, seine Flügelfedern sind vorne fingersdick, so daß man schön Fractur damit schreiben könnte, und das Rauschen seiner Flügel gleicht einem fernen Donner.

Aber der allergrößte Vogel ist der Strauß in den Wüste= neien von Asien und Afrika, der aber wegen der Schwere und der Kürze seiner Fittige gar nicht fliegen kann, sondern immer unten auf der Erde bleiben muß. Doch trägt er seinen Kopf neun bis zehn Fuß hoch in der Luft, kann weit herumschauen und könnte, wie ein guter Freund, neben einem Reiter auf seinem Rosse herlaufen und mit ihm reden, wenn ihm nicht Vernunft und Sprache versagt wäre.

In Asien lebt eine Art von Hirschen, Zwerghirschlein ge= nannt, deren Füße sind fingerslang und so dünn wie der Stiel einer kölnischen Tabackspfeife. Das Spitzmäuslein, ebenfalls in Asien, wiegt ein halbes Quentlein und ist das kleinste unter allen

bekannten Thieren, die auf vier Beinen gehen und ihre Jungen
säugen. Der Elephant aber ist zwölf bis vierzehn Fuß hoch, funf=
zehn bis siebenzehn Fuß lang, wiegt seine 7000 Pfund, und ein flei=
ßiger Schüler soll mir ausrechnen: Wie viel Spitzmäuslein müßte
man haben, die zusammen so schwer sind als ein einziger Elephant?

Das kleinste Thierlein auf der Erde hat auch mit dem stärk=
sten Vergrößerungsglase wohl noch kein Mensch gesehen. Aber
das größte Thier ist der Walfisch, der bis zu einer Länge von
einhundert und zwanzig Fuß wachsen kann und seine tausend
Centner und darüber wiegt.

Vor Zeiten hat man die Fabel geglaubt, daß es eine ganze
Nation von Menschen gebe, die vom Boden weg nur zwei Fuß
hoch seien. Der Lügenprophet Mahomed aber behauptete ein=
mal, er habe den Erzengel Gabriel gesehen und es sei von seinem
rechten Auge über den Nasenwinkel bis zum linken ein Zwischen=
raum von 70,000 Tagereisen.

---

70. Räthsel.

Rathe, was ich habe vernommen:
Es sind fremde Gesellen in's Land gekommen,
Achtzehn Mann, alle säuberlich;
Doch keiner einer dem andern glich.
All ohne Fehler und Gebrechen,
Nur konnte keiner ein Wort sprechen.
Und damit man sie sollte verstehn,
Hatten sie fünf Dolmetscher mit sich gehn,
Das waren hochgelehrte Leut!
Der erst erstaunt, reißt den Mund auf weit,
Der zweite wie ein Kindlein schreit,
Der dritte wie ein Mäuslein pfiff,
Der vierte wie ein Fuhrmann rief,
Der fünfte gar wie Uhu thut,
Das waren ihre Künste gut.
Damit erhoben sie ein Geschrei,
Füllt noch die Welt, ist nicht vorbei.

---

71. „**Ein Jeglicher sehe nicht auf das Seine, sondern auf das, das des Andern ist.**" Phil. 2, 4.

Im siebenjährigen Kriege wurde ein Rittmeister befehligt, zu fouragiren (auf Fütterung auszugehen). Er reitet an der Spitze seiner Compagnie ab, und begiebt sich in die Gegend, die ihm angewiesen war. Dies war ein einsames Thal, worin man nichts als Holz und Gesträuch erblickte. Er wird da eine arm= selige Hütte gewahr, klopft an, es kommt ein alter Mann mit weißem Bart aus derselben heraus. „Vater," sagt der Officier zu ihm, „kommt mit und zeigt mir ein Feld, wo meine Leute Futter für die Pferde kriegen können." — „Gleich den Augen= blick," erwiederte der Alte. Und nun ging er mit ihnen ins Thal hinab. Nachdem sie eine Weile marschirt sind, kommen sie zu einem schönen Gerstenfelde. „Nun, da haben wir ja, was wir suchen," sagt der Rittmeister. „Warten Sie nur noch einen Augenblick," sagt sein Führer zu ihm, „Sie werden gewiß zufrieden sein." — Sie marschiren noch weiter und kommen an ein anderes Gerstenfeld. Die Reiter steigen ab, mähen das Getreide, binden es in Bündel und setzen sich wieder zu Pferde. Hierauf sagt der Rittmeister zu seinem Führer: „Guter Alter, Ihr habt uns ohne Noth so weit reiten lassen, das erste Feld war besser als dies." „Das ist wohl wahr," antwortete der Greis, „aber das gehörte ja nicht mir, wohl aber das, wohin ich Sie geführt habe."

---

72. So viel als ich bedarf.

Der berühmte Hebräer und Theolog, Dr. Bernhard Ziegler, bat Gott, als er aus dem Kloster ging, er wolle ihm ein ehr= liches Amt und etwa 40 Gulden dazu bescheren, damit er Gott und Menschen ehrlich dienen, und sich ernähren könnte. Das geschah. Da er nun gefreiet, wills nicht zureichen; da bittet er Gott um 60 Gulden. Gott gab sie ihm auch. Da die Kinder erwachsen, bittet er um 80 Gulden. Gott gab sie ihm desglei= chen. Da er nun alt wird, will es abermals nicht zureichen.

Da kommt er zu Gott und spricht: „Lieber Vater, ich habe von Abraham gehöret, daß er etlichemal mit Dir geredet, und Du hast ihn in Gnaden erhöret; das habe ich auch erfahren. Ach, zürne nicht mit mir, ich will nur noch einmal mit Dir reden. Gieb mir, was ich bedarf, so will ich alle Zeit genug haben, ich will dir nichts mehr vorschreiben." Darauf bescheret ihm Gott jährlich 150 Gulden; und da solches der ehrliche Churfürst zu Sachsen erfährt, daß er also gebetet, schenkt er ihm noch 200 Gulden dazu, daß er in seinem Alter ein Labe = Trünklein habe.

---

73. Die feierliche Betstunde.

Magister Martin Rinkart, der Verfasser des herrlichen Gesanges: „Nun danket alle Gott 2c." war Archidiakonus in seiner Vaterstadt Eilenburg. Die Stürme des dreißigjährigen Krieges, welche Deutschland verheerten, hatten sich auch dieser Stadt genähert. Schon waren die Bürger derselben durch Pest, Hungersnoth, feindliche Durchmärsche und Plünderung in Elend gestürzt, als am 21. Februar 1639 der schwedische Oberstlieutenant von Dörfling vor die Thore Eilenburg's rückte, und 30,000 Thaler mit der Bedingung forderte, daß, wenn die Stadt diese Summe nicht zahlen würde, sämmtliche Bürger mit weißen Stäben herausgehen sollten. Der fromme Rinkart, welcher in diesen harten Prüfungen schon oft durch sein kräftiges Verwenden seine Vaterstadt vom gänzlichen Untergange gerettet hatte, nahte sich in Begleitung von Abgeordneten der Bürgerschaft dem Quartiere Dörflings, um eine Fürbitte zu wagen. Allein, so demüthig und eindringend er selbige auch stellte, so wurde sie dennoch von Dörfling kalt abgeschlagen. Tief betrübt, doch im Hinblick zum HErrn wieder muthig erhoben, wendet er sich zu den ihm folgenden Bürgern mit den Worten: „Kommt meine lieben Kinder, wir haben bei den Menschen kein Gehör noch Gnade mehr, wir wollen mit Gott reden!" Er ließ zur Betstunde läuten; klagend und jammernd strömte die Gemeinde dem Gotteshause zu und bald waren die Räume desselben gefüllt.

Da trat Rinkart vor den Altar, stimmte mit freudigem Vertrauen das Lied an: „Wenn wir in höchsten Nöthen sein 2c.," kniete nach Beendigung desselben mit seiner Gemeinde nieder, betete das Vater Unser und legte mit inbrünstigem Flehen und vielen Thränen das Schicksal der unglücklichen Bürger in die Hand des Allmächtigen. Noch war nicht das Amen dieses heißen Flehens in den angefüllten Räumen des Gotteshauses verhallt, als die Kunde von dieser feierlichen Betstunde zu dem schwedischen Befehlshaber kam. Tief erschütterte sie das Herz des Kriegers; Dörfling ließ von seinen Forderungen so viel herunter, daß die schon sehr schwer gedrückte Bürgerschaft im Stande war, die Zahlung zu leisten, ohne daß die Stadt dem gänzlichen Untergange preis gegeben wurde.

Kann ein einziges Gebet	Was wirds thun,
Einer gläub'gen Seelen	Wenn sie nun
Wenns zum Herzen Gottes geht,	Alle vor ihn treten
Seines Zwecks nicht fehlen:	Und zusammen beten!

---

74. Die Weiber von Weinsberg.

Als Kaiser Konrad von Deutschland Krieg führte mit Herzog Welf von Baiern und der Herzog mit aller seiner Macht sich in die Stadt Weinsberg begab, belagerte ihn der Kaiser so lange darin, daß die Weinsberger sich vor Hungersnoth ergeben mußten und der Herzog sammt den andern Herren und Obersten sich zu des Kaisers Händen stellen sollten auf Gnade und Ungnade. Ehe nun das geschah, ließen die Weiber eine Bitte thun an den Kaiser, er wolle ihnen vergönnen, sicher aus der Stadt zu ziehen und mit sich zu tragen, was ihnen lieb wäre. Da nun der Kaiser darein willigte, vermeinend, sie würden ihre Kleider, Gelder, Schmuck und Kleinodien mitnehmen, da huckete eine jede ihren Ehemann auf den Rücken, faßte ihre Kinder unter die Arme und in den Schoß, und gingen also zur Stadt hinaus. Ob nun wohl des Kaisers Obersten dawider murrten, die Zusage wäre nicht also gemeint, so ließ sich doch der fromme Kaiser die Treue der Weiber gegen ihre Männer und Kinder also wohl

gefallen, weil die Herzogin mit ihrem Manne voranging, daß er
seine Zusage hielt, dem Herzog und allen den Seinen Gnade
erzeigte, sie sammt den Weibern zu Gaste lud und einen bestän=
digen Frieden mit ihm und den Seinen aufrichtete.

75. Sprüchwörter.

1. **Noth** lehrt beten.
2. **Was** einer einbrockt, das muß er auch ausessen.
3. **Wer** Pech angreift, besudelt sich.
4. **Salz** und Brod
   Macht die Wangen roth.
5. **Womit** man sündigt, damit wird man gestraft.
6. **Das** Werk lobt den Meister.
7. **Wer** Andern eine Grube gräbt, fällt selber hinein.
8. **Die** Zunge hat kein Bein
   Und schlägt doch Manchem den Rücken ein.

76. Der fromme Knecht.

Ein frommer Knecht zu dieser Frist
Ein Wunderthier auf Erden ist,
Er fürchtet Gott und glaubet frei,
Daß er im Dienst des Höchsten sei
Und von demselben auf der Erde
Auch seinen Lohn empfangen werde.
Deßhalb hat er vor Gott stets Scheu,
Ist seinem lieben Herrn getreu
Und lebt, so lang er hier muß wallen,
Zum Nutzen ihm und Wohlgefallen.

Er thut die Arbeit ohn Geheiß
Mit Ernst und einem solchen Fleiß,
Als ob die Sachen seines Herrn
In allen Punkten seine wär'n.
Zum Fleiße treibt an jedem Ort
Er auch die andern Knechte fort,
Und giebt der Herrschaft gleich Bericht,
Wo Schad und Unrecht ihr geschicht.

Er säufet sich auch niemals voll,
Bedenket seine Worte wohl,
Man hört nie, daß er schilt und flucht,
Denn er hält stets auf Ehr und Zucht.
Dazu ist er auch fein verschwiegen
Und mag die Herrschaft nie belügen;
Er nimmt vorlieb mit Speis' und Trank,
Empfängt den Lohn mit warmen Dank.

Ein solcher Knecht und frommer Held,
Der seine Arbeit wohl bestellt
Und auf den Herrn wohl Achtung giebt,
Ist allenthalben sehr geliebt.
Ein Jeder ist ihm wohlgeneigt,
Ihm Förd'rung, Gunst und Ehr erzeigt
Mit Worten, Werken und mit Gaben,
So daß er nie darf Mangel haben.

77. Die fromme Magd.

Ein fromme Magd in gutem Stand
Geht ihrer Frauen fein zur Hand,
Hält Schüssel, Tisch und Teller weiß
Zu ihrem und der Frauen Preis.
Sie trägt und bringt nicht neue Mähr,
Geht still in ihrer Arbeit her,
Ist treu und eines keuschen Muths
Und thut den Kindern alles Guts.

Sie ist auch munter, hurtig, frisch,
Vollbringet ihr Geschäfte risch,
Und hälts der Frauen wohl zu gut,
Wenn sie um Schaden reden thut.
Sie hat dazu ein fein Geberd,
Hält alles sauber an dem Herd,
Verwahrt das Feuer und das Licht,
Und schlummert in der Kirche nicht.

78. Mancher hebt den Löffel auf, und zertritt dabei die Schüssel.

Luther erzählt hiezu folgende Geschichte: Ein Herr sendet
seinen Knecht aus, eine verlorne Kuh zu suchen. Der Knecht

bleibt aber so lange aus, daß sein Herr ihm nachläuft, zu sehen, wo er bleibe. Als er ziemlich nahe zu ihm kommt, fragt er den Knecht: „Hast du die Kuh gefunden?" „Nein," spricht der Knecht, „aber ich habe ein Besseres gefunden." „Was hast du denn gefunden?" Der Knecht antwortet: „Drei Amseln." „Wo hast du sie denn?" Der Knecht spricht: „Eine sehe ich, die andere höre ich, die dritte jage ich." — Ist das nicht ein kluger fleißiger Knecht? Sollte ein Hausherr mit solchem Gesinde nicht reich werden?

79. Das Nützlichste, was ein Geiziger thun kann.

Ein Geiziger kann nichts nützer und besseres thun, denn wenn er stirbt; denn im Leben ist er weder Gott noch andern Menschen, ja ihm selbst kein nütz. Er kann sonst nichts anderes, denn sündigen wider Gott, wider Menschen, und auch wider sich selbst; denn er thut auch seinem eigenen Leibe nimmer nichts zu gute.

80. Kircheneramina mit der Jugend.

Der ehemalige preußische Minister und Erzieher des Königs Friedrichs II., Herr von Prinz, hatte ein Dorf in der Gegend von Berlin, wo Johann Porst, damals noch ein junger Mann, Prediger war. In dieser Gegend sollte eine Katechismuslehre eingeführt und nicht nur die Kinder, sondern auch die Alten gefragt werden. Als Porst deswegen seinem Kirchenpatron Vorstellung that, und behauptete, daß Eltern und Eheleute sich aus falschem Ehrgeize schämen würden, auf seine Fragen zu antworten, gab ihm der Minister zur Antwort: „Auf den Nachmittag halten Sie Kinderlehre. Ich werde in die Kirche kommen, und dann fragen Sie mich selbst; ich will antworten, dann will ich sehen — und fragen Sie mich nur recht viel — und hierauf Andere — und dann wieder mich." Das geschah wirklich, und Niemand hielts für Schande, von seinem Glauben Rechenschaft zu geben.

81. Schuhe vom Bäcker.

Der Prediger Dr. Lysius, ein durch Glaubensfestigkeit und Gebetseifer ausgezeichneter Christ, war einst so in Mangel, daß er in zerrissenen Schuhen gehen mußte, und um seiner Frau dies zu verbergen, putzte er sie sich selbst, und behielt sie immer auf seinem Studierzimmer. Da schickte ihm ein Bäcker ein Paar neue Schuhe. Seine Frau wunderte sich nicht wenig, daß vom Bäcker nicht Brod komme, sondern Schuhe. Der gläubige Beter aber antwortete: „Unser himmlische Vater wußte wohl, daß noch Brod im Schranke, aber kein ganzer Schuh an meinen Füßen ist." Hiemit wies er seiner Frau seine Füße, und sie erstaunte über diesen Beweis der väterlichen Liebe Gottes.

---

82. Ein christlicher Gläubiger.

Ein Knopfmacher zu Stadthagen in Westphalen, Wiebe war sein Name, pflegte sich immer einen Vorrath von Kamelgarn und andern Arten von Garn kommen zu lassen, um manchem seiner Mitmeister für einen kleinen Gewinn damit aushelfen zu können. Auf solche Weise hatte er einem Knopfmacher in Lübbecke einige Jahre her Garn geliefert, aber von demselben keine Bezahlung erhalten. In der Folge blieb dieser Mann ganz von ihm weg, ohne die Schuld zu berichtigen, die sich auf etwas über funfzig Thaler belief. Wiebe, der zwar nicht arm, aber doch auch kein reicher Mann war, machte sich endlich selbst auf den Weg nach Lübbecke, um das Geld einzufordern. Er tritt in die Stube des Schuldners, und findet überall Spuren des höchsten Elends; besonders aber fällt ihm ein Knabe auf, der in der äußersten Rohheit aufgewachsen war. Wiebe, der sich vorgenommen hatte, im äußersten Falle obrigkeitliche Hülfe in Anspruch zu nehmen, wurde durch die drückend kümmerliche Lage seines Schuldners erweicht, und sprach zu ihm: „Lieber Meister, ich sehe wohl, Geld wird Er mir nicht geben können, ich will also hier Seinen Sohn an Zahlungsstatt annehmen." Der arme Mann wußte zuerst gar nicht, was er aus diesem Antrage machen follte, und war dann ganz freudig erstaunt, als sein Gläubiger ihm die Schuld erließ, und sein verwahrlos'tes Kind in Pflege und Erziehung nahm.

---

83. Die Kartoffel.

Dieses nützliche Gewächs kam erst vor etlichen hundert Jahren aus Amerika nach Europa und zwar zuerst nach England. Und fast hätte sie der Freund von Franz Drake, dem dieser aus Amerika Kartoffeln zur Aussaat schickte und dazu schrieb, die Frucht dieses Gewächses sei so trefflich und nahrhaft, daß er ihren Anbau für sein Vaterland für höchst nützlich halte, aus seinem Garten wieder herausreißen und wegwerfen lassen. Denn er dachte, Franz Drake habe mit dem Worte „Frucht" die Samenknollen gemeint, die oben am Kraute hängen. Da es nun Herbst war und die Samenknollen waren gelb, lud er eine Menge vornehmer Herren zu einem Gastmahle ein, wobei es hoch herging. Am Ende kam auch eine zugedeckte Schüssel und der Hausherr stand auf und hielt eine schöne Rede an die Gäste, worin er diesen sagte, er habe hier die Ehre, ihnen eine Frucht mitzutheilen, wozu er den Samen von seinem Freunde, dem berühmten Drake, mit der Versicherung erhalten habe, daß ihr Anbau für England höchst wichtig werden könne. Die Herren kosteten die Frucht, die in Butter gebacken und mit Zucker und Zimmet bestreut war, aber sie schmeckte abscheulich und es war nur Schade um den Zucker. Darauf urtheilten sie alle, die Frucht könne wohl für Amerika gut sein, aber in England werde sie nicht reif. Da hieß denn der Gutsherr einige Zeit nachher die Kartoffelsträuche herausreißen und wollte sie wegwerfen lassen. Aber eines Morgens im Herbste ging er durch seinen Garten und sah in der Asche eines Feuers, das sich der Gärtner angemacht hatte, schwarze runde Knollen liegen. Er zertrat einen, und siehe, der duftete so lieblich, wie eine gebratene Kartoffel, und als er den Gärtner fragte, was das für Knollen wären? sagte ihm dieser, daß sie unten an der Wurzel des fremden amerikanischen Gewächses gehangen hätten. Nun ging dem Herrn erst das rechte Licht auf. Er ließ die Knollen sammeln, zubereiten und lud dann die Herren wieder zu Gaste, wobei er wohl wieder eine Rede gehalten haben mag, von der der Inhalt der gewesen sein wird, daß der Mensch manchmal gar sehr irren könne, wenn er bloß nach dem urtheile, was oben an der Oberfläche ist, und nicht auch tiefer gräbt.

84. Räthsel.

Auf dem Schnabel läufts,
Schwarze Farbe säufts,
Viel Tausenden verdients das Brod:
Lernst du's gebrauchen, dann hats nicht noth.

85. Herzensgespräch mit dem Christkindlein.

Die Kaiserin Helena, Mutter des Kaisers Constantin des Großen, hat auf der Stelle wo das Kripplein Christi in Bethlehem gestanden, eine prächtige Kirche gebaut. Nicht weit davon wohnte der Kirchenvater Hieronymus (gest. 420) in seinem hohen Alter. Als er hier einen Ruf erhielt, anderwärts ein hohes Bischofsamt zu bekleiden, antwortete er: „Man bringt mich nicht vom Kripplein Christi, mir ist nirgends besser. Eben an dem Orte, da mir Gott seinen Sohn vom Himmel gegeben, will ich meine Seele hinauf zum Himmel schicken."

Kurz vor seinem Ende schreibt er: „So oft ich diesen Ort anschaue, hat mein Herz ein süßes Gespräch mit dem Kindlein JEsu. Ich sage: Ach, HErr JEsu, wie zitterst du, wie hart liegst du um meiner Seligkeit willen, wie soll ich dirs jemals vergelten? — Da dünkt michs, wie mir das Kindlein antworte: Nichts begehre ich, lieber Hieronymus, als daß du singest: Ehre sei Gott in der Höhe. Laß dirs nur lieb sein; ich will noch viel dürftiger werden im Oelgarten und am heiligen Kreuz. — Ich spreche weiter: Liebes JEsuskindlein, ich muß dir etwas geben, ich will dir all mein Gold geben. — Das Kindlein antwortet: Ist doch zuvor Himmel und Erde mein, ich bedarfs nicht, giebs armen Leuten, das will ich annehmen, als wäre mirs selber widerfahren. — Ich rede weiter: Liebes JEsuskind= lein, ich wills gerne thun, aber ich muß dir auch für deine Per= son etwas geben, oder ich muß vor Leid sterben. Das Christ= kindlein spricht: Lieber Hieronymus, weil du ja so kostfrei *) bist, so will ich dir sagen, was du mir sollst geben: Gieb her deine Sünde, dein böses Gewissen und deine Verdammniß. — Ich spreche: was willst du damit machen? — Das JEsuskind= lein sagt: Ich wills auf meine Schultern nehmen, das soll meine Herrschaft und herrliche That sein, wie Jesaias vor Zeiten ge= redet hat, daß ich deine Sünde will nehmen und wegtragen (Jes. 9, 6. 53, 4—12). — Da fange ich an, spricht Hieronymus, bitterlich zu weinen und sage: Kindlein, liebes Kindlein, wie hast du mir das Herz gerührt! Ich dachte, du wolltest etwas Gutes haben, so willst du alles, was bei mir böse ist, haben. Nimm hin, was mein ist; gieb mir, was dein ist; so bin ich der Sünde los und des ewigen Lebens gewiß."

---

86. Sprüchwörter.

1. Böser Vogel, böses Ei.
2. Auf einen Hieb fällt kein Baum.
3. Eintracht giebt große Macht.
4. Junges Blut, spar dein Gut, Armuth im Alter wehe thut.
5. Guter Rath ist Goldes werth.
6. Ein verbranntes Kind scheut das Feuer.
7. Friede ernährt, Unfriede verzehrt.
8. Mit Vielem hält man Haus, mit Wenigem kommt man aus.
9. Unkraut vergeht nicht.
10. Wer schimpft, hat verloren.

---

*) d. h. freigebig.

87. Magdalena Luther.

Da Luthers Tochter, Magdalena, sehr krank lag, sprach er: „Ich habe sie sehr lieb, aber lieber Gott, so es dein Wille ist, daß du sie dahin nehmen willst, so will ich sie gern bei dir wissen." Und da sie also im Bette lag, sprach er: „Magdalenchen, mein Töchterchen, du bleibst gern hier bei deinem Vater und ziehst auch gern zu jenem Vater." Da sprach sie: „Ja, Herzensvater, wie Gott will."

In der Nacht aber hatte Katharina, Luther's Frau, einen Traum gehabt, daß sie gedäucht hätte, es wären zwei junge geschmückte Gesellen gekommen und hätten ihr Töchterlein wollen zur Hochzeit führen. Da nun Philippus Melanchthon des Morgens kommt in das Kloster und fragt, was ihre Tochter mache, da hat sie ihm den Traum erzählt. Aber er war darüber erschrocken und hat zu andern gesagt: „Die jungen Gesellen sind die lieben Engel, die werden kommen und diese Jungfrau in das Himmelreich zu der rechten Hochzeit führen."

Da nun Magdalenchen in den letzten Zügen lag und jetzt sterben wollte, fiel der Vater vor dem Bette auf seine Kniee, weint bitterlich und betet, daß sie Gott wolle erlösen. Da verschied sie und entschlief in des Vaters Händen. Die Mutter war auch wohl in derselben Kammer, doch weiter vom Bette um der Traurigkeit willen. Luther wiederholte oft: „Ich wollte gerne meine Tochter behalten, denn ich habe sie ja sehr lieb, wenn sie mir unser HErrgott lassen wollte; doch geschehe sein Wille. Ihr zwar kann nichts Besseres geschehen."

Da sie nun in den Sarg gelegt war, sprach er: „Du liebes Lenichen, du wirst wieder aufstehen und leuchten wie die Sterne; ja wie die Sonne." Da man ihr aber den Sarg zu eng und zu kurz gemacht hatte, sprach er: „Das Bett ist ihr zu klein; weil sie nun gestorben ist, bin ich ja fröhlich im Geist, aber nach dem Fleisch bin ich sehr traurig, das Fleisch will nicht heran. Das Scheiden betrübt einen über die Maßen sehr. Ein wunderbar Ding ist's, zu wissen, daß sie gewiß im Frieden und ihr sehr wohl ist, und doch noch so traurig sein."

Und da das Volk kam, die Leiche zu bestatten, und den Doctor nach gemeinem Gebrauch anredeten und sagten, es wäre ihnen seine Betrübniß leid, sprach er: „Es soll Euch lieb sein, ich habe einen Heiligen geschickt, ja einen lebendigen Heiligen, o hätten wir einen solchen Tod! einen solchen Tod wollte ich in dieser Stunde annehmen." Da sagte einer: „Ja, es ist wohl wahr, doch behält ein Jeder gern die Seinen." Dr. Luther antwortet: „Fleisch ist Fleisch und Blut ist Blut; ich bin froh, daß sie hinüber ist, keine Traurigkeit ist da, denn des Fleisches." Da man sie begrub, sprach er: „Es ist eine Auferstehung des Fleisches." Und da man zurück vom Begräbniß kam, sprach er: „Meine Tochter ist nun geschickt, beides an Leib und Seele. Wir Christen haben nicht zu klagen, denn wir sind des ewigen Lebens auf das aller-gewisseste, denn Gott, der es uns durch und um seines lieben Sohnes willen hat zugesagt, der kann ja nicht lügen." — Auf eine andere Zeit sagte Luther: „Wenn meine Tochter Magda-lena wieder sollte lebendig werden und sollte mir das türkische Königreich mitbringen, so wollte ichs nicht thun; sie ist wohl gefahren: Selig sind die Todten, die in dem HErrn sterben."

Dann hat Dr. Luther ihr diese Grabschrift setzen lassen:

Hie schlaf ich, Lenichen, Doctor Luthers Töchterlein,
Ruh mit allen Heiligen in meinem Bettelein,
   Die ich in Sünden war geborn,
   Hätt ewig müssen sein verlorn;
Aber ich leb nun und habs gut,
HErr Christe, erlöst mit deinem Blut.

88. Geiz ist eine Wurzel alles Uebels.

Die Jahre 1779, 1780 und 1781 stehen uns noch als Wasser- und Hungerjahre im Gedächtniß; uns freilich nur durch Hören-sagen, unsern Großeltern aber standen sie aus Erfahrung darin. In jenen Jahren lebte in den Odergegenden ein Mann, deß Feld war Höhenland und hatte gut getragen. Und sein Feld war groß, so daß er eine gewaltige Menge Roggen in der Scheune und endlich auf dem Boden hatte. Hoch waren die Preise schon im Herbste. Mit dem Winter und Frühjahr stiegen sie immer höher. Mancher Handelsmann klopfte an die Thür des Reichen, mancher Handwerker bat, er möchte ihm doch für gutes Geld ein Scheffelchen ablassen; alle aber wurden abgewiesen mit der Antwort: „Ich habe mir einen Satz gemacht, der Boden wird nicht eher geöffnet, als bis der Scheffel acht Thaler kostet. Dabei bleibe ich." Und zum Zeichen hatte er an die Bodenthür eine große schwarze 8 mit Kohle gemalt. Der Winter verging, der Mai kam heran und die Preise stiegen hoch, denn die gewaltigen Fluten hatten großen Schaden gethan. Am 7. Mai kam ein armer Leineweber, ein ehrlicher Mann aus dem Orte. Sein Gesicht sah vor Hunger und Grämen selber aus wie greise Leinewand. Er zahlte, damit der reiche Mann Geld sähe, für einen halben Scheffel 3 Thaler 22 Gutegroschen auf den Tisch.*) Die 22 Gutegroschen bestanden aus Dreiern, Vierlingen, Groschen und Sechsern vom alten Fritz, die man sonst wohl Stiefelknechte nannte, denn der Mann hatte alles zusammengesucht. Aber der Bauer sprach: „Euer Aufzählen hilft euch nichts, der Scheffel kostet 8 Thaler, das ist mein Satz. Eher thue ich meinen Boden nicht auf. Und dann muß es ordentlich Courant sein."

Des Bauern Söhnchen, ein Bürschchen von 10 Jahren, zupfte den Alten am Rocke: „Vater, gebt's ihm doch!"

Aber der Vater gab ihm einen Rippenstoß, um ihm andere Grundsätze einzuprägen. Der Weber mußte sein Geld zusammenstreichen und heimwandern. Am 8. Mai in der Abenddämmerung kam die Zeitung. Der Bauer warf einen Blick hinein und fand, was er finden wollte: „Roggen, 8 Thaler." Da zitterten ihm die Glieder vor Freude. Er nahm ein Licht, ging auf den Boden und wollte übersehen, wie viel er wohl verfahren könnte, und überschlagen, wie groß seine Einnahme wäre. Indem er so durch die Haufen und gefüllten Säcke hinschreitet, strauchelt er an einem umgefallenen, fällt selber, das Licht fliegt ihm aus der Hand und in einen Haufen Stroh, der daneben

---

*) Es fehlten also noch 2 Gutegroschen an 4 Thaler.

liegt. Ehe er sich aber aufraffen kann, steht das Stroh in hellen Flammen; ehe an Hülfe zu denken ist, hat das Feuer Dachstuhl und Dielen ergriffen. Um Mitternacht an demselben Tage, wo der Scheffel Roggen 8 Thaler galt, wo er auf seinen Satz gekommen war, wo er seinen Boden geöffnet hatte, stand er am Schutthaufen seines ganzen Gutes als ein armer Mann.

89. Sei mit deinem Stande zufrieden.

Ein Esel war bei einem Kohlgärtner in Dienst. Er meinte, der Dienst wäre ihm zu schlecht; Kohlgärtner wären geringe Leute. So begab er sich denn bei einem Töpfer in Dienst. Da wollte es ihm aber auch nicht gefallen, denn er mußte in Thon und Leimen schwere Arbeit thun und hatte keine so gute Kräuter zu fressen, wie bei dem Kohlgärtner. Eilends machte er sich auf, bei einem reichen Gerber unterzukommen. Da ging aber erst seine Noth an. Hier mußte er nicht nur blutsaure Arbeit thun, sondern auch zusehen, wie die Häute seiner Brüder und anderer Thiere gegerbt wurden. Er erschrak und wünschte, daß er in seinem ersten Dienste geblieben wäre, denn hier war er seines Lebens nicht sicher, sondern mußte alle Tage in Furcht stehen, er würde endlich auch die Haut im Stiche lassen müssen. So kommt mancher Unzufriedene oft aus dem Rauch in das Feuer und aus dem Regen in die Traufe.

90. Der schwarze und der braune Bär.

Der kleine, schwarze Bär hält sich mehr im Norden auf und lebt von Pflanzenkost und Honig; der braune, der auch noch in den südlichen Alpen der Schweiz und bis ins südliche Europa und westliche Asien vorkommt, frißt lieber Fleisch. Beide haben indessen vieles ganz Uebereinstimmende in ihrer Lebensart. Sie wohnen gern in einsamen Wäldern; beide, besonders aber den kleinen, schwarzen, führt die Liebhaberei zum Honig auch häufig zu den Wohnungen der Menschen, wo man sie gar oft und auf allerhand Weise beim süßen Honig fängt, noch ehe sie ihn ge-

koſtet haben. Nach ſeinem Aufenthaltsorte im Gebirge führt
ordentlich ein betretener Fußſteig, auf welchem man dem Bären
gewöhnlich mancherlei Fallſtricke legt, unter andern ihn auch
durch ſeinen dummen Jähzorn fängt. Denn am Bären ſieht
man recht, wie der Jähzorn ganz blind und dumm macht, wenn
derſelbe manchmal einen ſchweren Klotz, an dem er ſich gefangen
hat, zornig von einem Felſen hinunterſtürzt und ſich ſelber, weil
er ja daran hängt, auch mit, und die Sache doch nicht merkt,
ſondern zornig brummend den Klotz noch einmal hinaufſchleppt,
ihn wieder ſammt ſich ſelber hinunterwirft, bis er ſich zerſchmet‑
tert oder ſo matt gemacht hat, daß er nicht weiter kann. Der
Bär hält einige Monate lang Winterruhe, das Weibchen und
die Jungen in Höhlen, die alten Männchen in einem Moos‑
und Reiſigbette im Walde, das ſie ſich ſelber zuſammengetragen
haben. In dieſem Lager ſchlafen ſie zwar nicht immer, aber ſie
liegen doch ganz träge, an ihren Tatzen, die ſich dann häuten,
ſaugend da, ohne Nahrung zu nehmen, und die Bärin bekommt
auch im Winterlager ihre Jungen. Man jagt den Bären wegen
ſeines Fleiſches und Felles und er iſt in manchen Gegenden von
Sibirien ſo hoch geachtet, daß der Menſch für ganz beſonders
artig gehalten wird, der die Manieren des Bären am meiſten
(beim Tanzen und ſo weiter) an ſich genommen hat, und daß die
Leute dort, wenn ſie einen Bären erlegt und aufgezehrt haben,
zuletzt noch den Kopf, in welchem, wie ſie glauben, die vernünf‑
tige Seele des Thieres wohnt, ordentlich bewirthen und ihn bit‑
ten, er ſolle doch ſeinen Verwandten auf den Bergen und im
Walde ſagen, wie hoch ſie ihn geehrt hätten, damit mehrere ſich
von ihnen fangen ließen, dann aber doch auch den Kopf mit
ſammt den Früchten eſſen, die ſie ihm in den Rachen geſteckt
hatten. Der Bär hat aber auch manchmal in ſeinem Anſtande
etwas ſo menſchenähnliches, daß einmal Einer einen Bären, dem
er den Kopf etwas barbiert hatte, für einen wilden Menſchen
ausgab, der nicht ſprechen, ſondern bloß brummen könne, wie
ein Bär, auch faſt am ganzen Leibe ſo behaart ſei, wie ein Bär.
Der Mann ließ dieſen Menſchen, dem er einen rothen Rock und

eine rothe Weste angezogen hatte, für Geld sehen und es liefen viele Leute hin, die den Spaß glaubten und sich von dem wilden braunen Manne, der auf einem Stuhle saß und Thee aus einer Tasse trank, gleich jedem andern Menschen, die Hand (Tatze) geben ließen und seine große Bärenähnlichkeit bewunderten. Einige glaubten wohl gar, es sei ein reisender Gelehrter, der sich nur gleich einem Bären anstelle, bis endlich ein feiner Kopf bemerkte, daß dieser Reisende nicht sowohl ein Mensch sei, der einige Bärenart und Manieren an sich genommen, als vielmehr ein Bär, der einige Hofmanieren gelernt hatte. Der Mann, dem dieser höfliche Bär gehörte, hatte übrigens bereits gar vieles Geld daraus gelös't.

91. Die sechs undankbaren Kinder.

Es ist recht und wohl gesagt von alten weisen Leuten: „Gott, den Eltern und Lehrern kann man nimmer genugsam danken noch vergelten."

Leider wird aber gar oft erfüllt das gemeine Sprüchwort, daß ein Vater leichter sechs Kinder ernähren kann, als sechs Kinder einen Vater. Man sagt ein Exempel von einem Vater, der übergab seinen Kindern alle seine Güter, Haus, Hof, Aecker und alle Bereitschaft, versah sich dessen zu seinen Kindern, sie würden ihn ernähren. Da er nun bei seinem ältesten Sohn eine Zeitlang war, wurde der Sohn seiner überdrüssig und sprach: „Vater, mir ist diese Nacht ein Knäblein geboren, und wo Euer Armstuhl steht, soll die Wiege stehn; wollt Ihr nicht zu meinem Bruder ziehen, der eine größere Stube hat?" Da er nun eine Zeitlang bei dem andern Sohne gewesen war, wurde der auch sein müde und sprach: „Vater, Er hat gern eine warme Stube und mir thut der Kopf davon weh; will Er nicht zu meinem Bruder ziehen, der ein Bäcker ist?" Der Vater ging und da er nun eine Zeitlang bei seinem dritten Sohne gewesen war, wurde er auch diesem zur Last, daß er sprach: „Vater, bei mir geht es aus und ein, wie in einem Taubenschlage und Du kannst Dein Mittagsschläfchen nicht machen; willst du nicht zu meiner Schwester, der Käthe?

die wohnt an der Stadtmauer." Und der Alte merkte, wie viel
es geschlagen hatte und sprach bei sich selbst: „Wohlan, das will
ich thun, ich will mich aufmachen und es bei meinen Töchtern
versuchen; die Weiber haben ein weicheres Herz." — Da er
nun eine Zeitlang bei seiner ältesten Tochter gewesen war, wurde
sie seiner überdrüssig und meinte, ihr sei immer todesangst, wenn
der Vater zur Kirche oder sonst wohin gehe und die hohe Treppe
hinunter müsse; bei der Schwester Lisabeth brauche er keine
Treppen zu steigen, die wohne zu ebener Erde. Damit er in
Frieden wegkäme, mußte der Alte ihr Recht geben und zog zu seiner
andern Tochter. Und da er eine kurze Zeit bei ihr gewesen war,
wurde sie sein müde und ließ ihm durch einen dritten zu Ohren
kommen, ihr Quartier an der Pegnitz sei zu feucht für einen
Mann, der mit der Gicht geplagt sei; ihre Schwester, die Todten=
gräberin bei St. Johannis, hätte eine überaus trockne Wohnung.
Der Alte glaubte selbst, sie könnte Recht haben, und begab sich
vor das Thor zu seiner jüngsten Tochter Lena. Und als er zwei
Tage bei ihr gewesen war, sagte ihr Söhnlein zu seinem Groß=
vater: „Die Mutter sprach gestern Abend zur Base Elisabeth,
für Dich gäbe es kein besseres Quartier, als in einer Kammer,
wie sie der Vater macht." — Ueber diese Rede brach dem Alten
das Herz, daß er in seinen Armstuhl zurücksank und starb. St.
Johannis*) nahm ihn auf und ist barmherziger als seine Kinder,
denn er läßt ihn in seiner Kammer ungehindert schlafen seit dieser
Zeit. Darum sagt man im Sprüchwort, daß ein Vater leichter
kann sechs Kinder ernähren, denn sechs Kinder einen Vater.

92. Gottesdienst geht vor Herrendienst.

Johannes Weller, der Vater des bekannten Hieronymus
Weller zu Freiberg in Sachsen, war, wie mit anderen Tugenden,
so vornämlich mit der der Mäßigkeit und Nüchternheit rühmlichst
geschmückt. Als ihn einstmals Herzog Georg von Sachsen über
das Maß zu trinken nöthigen und bei ihm alles Vorbitten nichts

---

*) d. h. der Gottesacker zu St. Johannis.

mehr helfen wollte, brach endlich unser Johannes Weller unwillig in die Worte aus: „Und wenn drei Herzöge über einander stän= den, wollte ich doch nicht über mein Vermögen trinken; ist es denn dem Menschen oder dem Vieh von Gott gesagt: Saufet euch nicht voll Weins, daraus ein unordentliches Wesen folget?" (Eph. 5, 18). Betroffen ließ der Herzog mit dem Zunöthigen nach.

---

93. Der Hirtenhund.

Ein alter Hirtenhund, der seines Herrn Vieh treulich be= wachte, geht Abends heim. Da kläffen ihn die Polsterhündlein auf der Gasse an. Er trabt vor sich hin und sieht sich nicht um. Als er vor die Fleischbank kommt, fragt ihn ein Fleischerhund, wie er das Gebell leiden könne, und warum er nicht einen beim Kamm nehme? „Nein," sagt der Hirtenhund, „es zwackt und beißt mich keiner; ich muß meine Zähne für die Wölfe haben."

---

94. Sprüchwörter.

1. Wie mans treibt, so gehts.
2. Eine Krähe hackt der andern die Augen nicht aus.
3. Wenn man vom Rathhause kommt, ist man klüger, als da man hingegangen.
4. Wer leicht glaubt, wird leicht betrogen.
5. Träume sind Schäume.
6. Wohlschmack bringt Bettelsack.
7. Gelegenheit macht Diebe.
8. Wenn die Noth am größten,
   Ist Gott am nächsten.

---

95. Die vier Sperlinge.

Ein Sperling hatte vier Junge in einem Schwalbenneste. Wie sie nun flügge waren, stoßen böse Buben das Nest ein, sie kommen aber alle im Windbraus davon. Nun ist dem Alten

leib, weil feine Söhne in die Welt kommen, daß er fie nicht zu=
vor vor allerlei Gefahr gewarnt und ihnen etliche gute Lehren
gefagt hat.

Im Herbft kommen auf einem Weizenacker viele Sperlinge
zufammen; allda trifft der Alte feine vier Jungen an, die führet
er mit Freuden mit fich heim. „Ach meine lieben Söhne," fprach
er, „was habt ihr mir den Sommer über für Sorge gemacht, die=
weil ihr ohne Lehre von mir im Winde davon kamet. Höret
mein Wort und folget eurem Vater, und fehet euch wohl vor;
kleine Vöglein haben auch große Gefährlichkeit auszuftehen."
Darauf fragte er den Aelteften, wo er fich den Sommer über auf=
gehalten und wie er fich ernährt hätte? „Ich habe mich in den
Gärtlein aufgehalten, Räuplein und Würmlein gefucht, bis die
Kirfchen reif worden." — „Ach mein Sohn," fagt der Vater,
die Schnabelweid ift nicht bös, aber es ift große Gefahr dabei.
Darum habe deiner forthin wohl acht, fonderlich, wenn Leute in
den Gärten umhergehen, die lange grüne Stangen tragen, fo
inwendig hohl find und oben ein Löchlein haben." — „Ja, mein
Vater, wenn denn ein grün Blättlein aufs Löchlein mit Wachs
geklebt wäre?" fpricht der Sohn. — „Wo haft du das gefehen?"
fpricht der Vater. — „In eines Kaufmanns Garten," fpricht der
Junge. — „O mein Sohn," fpricht der Vater, „Kaufleut, ge=
fchwinde Leut; bift du um diefe Weltkinder gewefen, fo haft du
Weltgefcheidtigkeit genug gelernt. Siehe und brauchs nur recht
und wohl und traue dir nicht zu viel."

Darauf befragte er den andern: „Wo haft du dein Wefen
gehabt?" — „Zu Hofe," fpricht der Sohn. — „Sperlinge und
alberne Vöglein," fagte der Vater, „dienen nicht an diefem Orte,
da viel Gold, Sammet, Seide, Wehr, Harnifch, Käuze und
Blaufüße find; halte du dich zum Roßftall, da man den Hafer
fchwingt oder da man drifchet, da kann dir das Glück mit gutem
Frieden auch dein täglich Körnlein befcheren." — „Ja Vater,"
fagte diefer Sohn, „wenn aber die Stalljungen Hebritzen*) machen
und Mafchen und Schlingen ins Stroh binden, da bleibt auch

*) d. h. Netze.

mancher hängen." — „Wo hast du das gesehen?" sagte der Alte. —„Zu Hofe, bei den Roßbuben," antwortet der Sohn.—„O mein Sohn, Hofbuben, böse Buben," sagte der Vater darauf; „bist du zu Hofe und um die Herren gewesen und hast keine Federn da gelassen, so hast du ziemlich viel gelernt; du wirst dich in der Welt wohl wissen herauszureißen. Doch siehe dich um und auf; die Wölfe fressen auch oftmals die gescheiten Hündlein."

Der Vater nimmt den dritten auch vor sich: „Wo hast du dein Heil versucht?" — „Auf den Fahrwegen,"antwortet er „und Landstraßen habe ich Kübel und Seil eingeworfen und da bis= weilen ein Körnlein oder Gräuplein angetroffen." — „Dies ist ja," antwortet der Vater, „eine feine Nahrung, aber merke gleich= wohl auf deine Schanz und siehe fleißig auf, sonderlich, wenn sich einer bücket und einen Stein aufheben will, da ist dir nicht lange zu bleiben." — „Wahr ist's," sagt der Sohn. — „Wenn aber," sagt er ferner, „einer zuvor einen Wand= oder Handstein im Busen oder in der Tasche trüge?" — „Wo hast du dies gesehen?" sprach der Vater. — „Bei den Bergleuten, lieber Vater; wenn sie ausfahren, führen sie gemeiniglich Handsteine bei sich." — „Bergleut, Werkleut, anschlägige Leut," sagte der Vater. „Bist du um Bergburschen gewesen, so hast du was gesehen und erfah= ren; fahr hin und nimm deiner Sachen gleichwohl gut in Acht. Bergbuben haben manchen Sperling mit Kobalt umgebracht."

Endlich kommt der Vater an den jüngsten Sohn: „Du, mein liebes Gackenestel, du warst allezeit der albernste und schwächste, bleib du bei mir, die Welt ist voll grober und böser Vögel, die krumme Schnäbel und lange Krallen haben und nur auf arme Vöglein lauern und sie verschlingen. Halte dich zu deinesgleichen und lies die Spinnlein und Räuplein von den Bäumen oder Häuslein, so bleibst du lange mit Frieden." — „Du, mein lieber Vater," sagte der Sohn, „wer sich nährt ohn anderer Leute Schaden, der kommt lange hin und kein Sper= ber, Habicht, Aar oder Weihe wird ihm schaden, wenn er zumal sich und seine ehrliche Nahrung dem lieben Gott alle Abend und Morgen treulich anbefiehlt, welcher aller Wald= und Dorfvöglein

Schöpfer und Erhalter ist, der auch der jungen Räblein Geschrei und Gebet höret, denn ohne seinen Willen fällt auch kein Sperling auf die Erde." — „Wo hast du dies gelernt?" sprach der Vater. — „Wie mich die große Windbraus von dir wegriß," antwortete der Sohn, „kam ich in eine Kirche; da las ich den Sommer über die Fliegen und Spinnen von den Fenstern ab und hörte diese Worte. Da hat mich der Vater aller Sperlinge den Sommer über ernährt und behütet vor allem Unglück und grimmigen Vögeln." — „Traun, mein Sohn," sagte der Vater, „fleugst du in die Kirche und hilfst die Spinnen und die sumsenden Fliegen aufräumen, und zirpst zu Gott wie die jungen Räblein, und befiehlst dich dem ewigen Schöpfer, so wirst du wohl bleiben und wenn die ganze Welt voll wilder und tückischer Vögel wäre."

Denn wer dem HErrn befiehlt sein Sach,
Schweigt, leidet, betet, braucht Glimpf, thut gemach,
Bewahrt Glauben und Gewissen rein,
Deß will Gott Schutz und Helfer sein.

---

96. Die Schlangen.

Die Schlangen sind unter allen Amphibien mit Recht für den Menschen die ekelhaftesten und zugleich auch die gefährlichsten. Denn außerdem, daß es unter ihnen welche giebt, die ganze Stiere, wie viel mehr Menschen verschlingen können, sind auch viele von ihnen so giftig, daß ihr Biß nach wenigen Minuten tödten kann. Dieses Gift ist in eigenen Bläschen oben oder hinter den hohlen, wie Katzenkrallen gebogenen, vorschiebbaren und zurückschiebbaren Giftzähnen enthalten. Die Schlangen, besonders die giftigen, haben meist einen häßlichen, zum Theil etwas moschusartigen Geruch. Sie sind mit mehr oder minder großen Schuppen bedeckt.

Von der Klapperschlange braucht hier nichts gesagt zu werden, sie ist bei uns bekannt genug. Die Riesenschlange ist viel buntfarbiger, auch nicht giftig wie die Klapperschlange, aber ich möchte doch keine in meinem Hause haben, noch weniger eine anbeten, wie manche abgöttische Völker thun, die grade nur das sklavisch ehren, was sie fürchten müssen, nicht wie wir, einen Gott, der uns liebt und den wir wieder lieben. Denn sie wird in den heißen Ländern, in denen ihre Heimath ist, manchmal über zwanzig Ellen lang und so dick, daß schon Reisende, die durch Grasgegenden kamen, wo eine solche Schlange in der kühlen Zeit der Regenmonate erstarrt da lag, sie für einen dicken Baumstamm hielten, aber freilich erschrocken genug davon flohen, wenn sie bemerkten, daß sich der vermeintliche Baumstamm zu bewegen anfing. Denn diese gefräßige Schlange frißt nicht bloß Menschen, sondern nimmt es auch mit dem großen afrikanischen Büffel und mit starken Tigern auf, und wenn sie solche Thiere, die ihren Durst an den Wassern zu löschen suchen, in deren Nähe die furchtbare Schlange lauert, erpackt und einmal mit ihren Windungen umschlungen hat, da hört man jene nur kurze Zeit dumpf brüllen und mit den Füßen um sich stampfen; dann wird aber gleich alles still und man hört nur das Krachen der Rippen, die ihnen die große Schlange zerbricht wie Rohrstäbchen und dann das länglich zusammengequetschte Thier hinunterschlingt. Colonisten, die ihre kranke zwölfjährige Tochter herausgelegt hatten in die Abendsonne, während sie drinnen das Abendessen zubereiteten, hörten das Kind auch dumpf schreien, liefen heraus und sahen nun, wie eine solche, noch nicht so sehr große Schlange, das Kind schon im Rachen hatte. Der Vater zerhieb die Schlange mit dem Beil, aber das Kind war von den Umschlingungen und den Zähnen derselben so übel zugerichtet, daß es doch sterben mußte. Wenn sich aber eine solche Schlange recht satt gefressen hat, dann liegt sie einige Zeit ganz still und kann sich, wie gelähmt, gar nicht bewegen. Dann suchen sie die Neger oder Indianer auf und schlagen sie todt, ziehen ihr das bunte Fell ab und genießen das Fleisch, das so fett sein und so schmecken soll wie Schweinefleisch.

Die Brillenschlange in Indien hat an dem Ichneumon, einem Thierchen von der Größe eines Eichhörnchens, ihren gefährlichsten Feind. Treffen sich diese beiden Thiere im Walde oder auf dem Felde, so weichen sie sich nicht aus: die Schlange richtet sich auf ihrem Schweife empor, um ihren Feind zu beobachten. Ihre Augen, glänzend wie zwei Rubinen, scheinen aus dem Kopfe hervorzutreten. Der Ichneumon läuft, durch diese drohende Stellung eingeschüchtert, mehrere Male in der Entfernung von zwei oder drei Schritten um seinen Gegner her, während die Schlange, ihn stets starr ansehend, sich auf ihrem Schweife wie auf einem Zapfen herumdreht, zischt und aus ihrem schäumenden Munde die spitzige Zunge hervorstreckt. Ermüdet legen sich endlich die Kämpfer nieder, springen dann plötzlich auf einander los und nun beginnt der Kampf mit Erbitterung. Der Ichneumon wird gebissen und von diesem Augenblick an scheint er gar nicht mehr an den Feind zu denken, der ihn nur schwach umstrickt. Er läuft fort und schleppt ihn mit sich; plötzlich aber hält er an, frißt einige nur ihm bekannte Kräuter, die ihm gegen den giftigen Biß der Schlange dienen und beginnt den Kampf aufs neue: er wälzt sich auf dem Boden, macht dadurch die Schlange müde, die ihn losläßt, und zerbeißt ihr dann den Kopf.

97. Räthsel.

Es ist die wunderschönste Brück,
Darüber noch kein Mensch gegangen;
Doch ist daran ein seltsam Stück,
Daß über ihr die Wasser hangen
Und unter ihr die Leute gehn
Ganz trocken und sie froh ansehn,
Die Schiffe segelnd durch sie ziehn,
Die Vögel sie durchfliegen kühn.
Doch stehet sie im Sturme fest,
Kein Zoll noch Weggeld zahlen läßt.

98. Tischgebet.

Ein alter Töpfermeister befand sich einst auf einer Hochzeit in der Gesellschaft von vielen lustigen jungen Leuten; ehe er sich aber zu Tische niedersetzte, verrichtete er still sein Gebet. Nach=

her sagt einer der Gäste spottend zu ihm: „Nicht wahr, bei Ihnen zu Hause betet wohl Alles?" „Alles? das wüßte ich nicht!" „Wie, nicht Alles?" „Nein, ich habe unten im Stalle zwei Schweine, die beten nie, wenn sie fressen wollen." Da verstummte der junge Mann, und redete kein Wort mehr mit dem alten Christen.

---

99. Wie einmal kleine Kinder eine Stadt gerettet haben.

Als die Hussiten unter Anführung des Procopius in Meißen eingefallen und gegen die Deutschen Sieger geblieben waren, zogen sie plündernd und verheerend gegen Naumburg. Die Einwohner in Naumburg, weil sie wußten, daß Procop einen besondern Haß auf sie geworfen hatte, beschlossen, sich zu wehren, und machten eilends Anstalten zur Vertheidigung. Als Procop vollends durch zwei gefangene Bauern einen Zettel in die Stadt schickte, worauf geschrieben stand: „Die zu Naumburgk soll keine Gnade zukommen und angedeihen," machten sie sich gefaßt darauf, durch den zornigen Feind mit Feuer und Schwert vertilgt zu werden, und dachten nur daran, ihr Leben so theuer als möglich zu verkaufen.

Damals lebte ein Schlosser in Naumburg, Wilhelm Wolf genannt, ein Mann, bei Allen wohlgelitten. Der war damals grade Viertelsmeister und ersann folgenden Plan: die Eltern sollten ihren Kindern folgenden Tages weiße Sterbehemden anthun, und sie dann in das feindliche Lager gehen lassen, damit sie vor dem Heerführer einen Fußfall thäten. Die Kindlein werde Gott beschirmen, und es könne sein, daß durch sie der ganzen Stadt Gnade widerfahre. Nachdem die Bürger eingewilligt, begab sich der Viertelsmeister selbst zu Procop, um für einen Tag Aufschub des Sturmes zu erwirken, und brachte auch einen Zettel von ihm mit zurück, auf welchem stand: „Dir ist bis morgen um diese Zeit Bedenk gebt."

An dem folgenden Tage mußten nun alle Kinder in der Stadt, welche nicht über 14 und nicht unter 7 Jahren waren, sich vor dem Rathhause versammeln, 238 Knaben und 321 Mädchen. Den Kindern wurde aufgegeben, daß sie, sobald sie ins Lager gekommen, mit gen Himmel gehobenen Händen niederfallen und Gnade! Gnade! rufen sollten. Damit sollten sie so lange anhalten, bis man sich ihrer erbarmen würde. Wenn aber die Feinde grausam sein würden, dann sollten sie ihre langen, weißen Sterbehemden aufmachen, ihre Hälslein hinhalten und sich willig umbringen lassen. So gingen sie hin und ihre Engel gingen auch mit.

Die Eltern waren inzwischen in großer Sorge um die Kinder. Die Mütter folgten ihnen bis an einen Ort, wo sie Augenzeugen von ihrem Schicksal sein konnten. Als nun die Kinder unaufgehalten in das feindliche Lager gekommen und vor des Anführers Zelt gebracht worden waren, wußte sich dieser die Sache anfangs gar nicht zu erklären. Die Kinder thaten, wie verabredet worden, sie fielen auf die Knice und riefen: Gnade! Gnade! Davon ward Procop betroffen, hieß sie stille sein, hielt einen Kriegsrath und gab ihnen nach einer halben Stunde die freundliche Zusicherung, es solle ihnen kein Leid geschehen. Dann ließ er Musikanten kommen, dazu Wein, Kirschen und dergleichen bringen und setzte sich mit den andern Befehlshabern mitten unter die Kinder, die nun ganz fröhlich um ihn herumtanzten und sangen. Abends zogen die Kinder wieder ab. Am Thore mußten sie rufen Victoria Hussiata (d. h. Sieg über die Hussiten)! Den Bürgern ließ er durch sie sagen, er wolle ihnen kein Gut nehmen lassen. In der Nacht brannte er sein Lager ab und am andern Morgen war kein Feind mehr zu sehen.

Nun war große Freude in der Stadt. Der Viertelsmeister erhielt ein Geschenk von 200 Gulden und man beschloß, zur Erinnerung an diese Rettung, jährlich den 28. Juli feierlich zu begehen. Die Kinder mußten in Procession alljährlich an diesem Tage an den Ort des Lagers ziehen und wurden mit Obst und allerlei Belustigung erfreut. Sie bekamen die Erlaubniß, bei klingendem Spiel und mit grünen Zweigen Aus- und Eingang zu halten unter dem Rufe „Victoria Hussiata!"

100. Einer ist nicht Alle.

Ein Bäcker kam einst zu einem Pfarrer und erkundigte sich bei ihm nach etwas, das er gern wissen wollte. Als ihm nun der Pfarrer Bescheid gegeben, fragte ihn dieser, in welche Kirche er ginge? Dieser antwortete, er sei sonst in die und die Kirche gegangen, aber seit langer Zeit gehe er in gar keine Kirche mehr. Der Pfarrer fragte: „Warum?" „Je nun," antwortete der Bäcker, „ich traue keinem Pfarrer mehr, denn ich bin einmal angeführt worden." „Da geht es Ihnen," sagte der Pfarrer, „grade so mit den Pfarrern, wie es mir mit den Bäckern geht; ich traue auch keinem Bäcker mehr, denn es hat mich einmal einer mit einem Laib Brod angeführt, das sollte neubacken sein und war doch knochenhart." „Es sind aber doch nicht alle Bäcker so," erwiderte der Bäcker, worauf der Pfarrer versetzte: „So sind auch nicht alle Pfarrer so, wie der, welcher Sie angeführt hat." Damit schied der Bäcker.

---

101. „Weisheit ist besser denn Stärke." Spr. Sal. 9, 16.

Kaiser Ferdinand I. wußte, daß sein Jägermeister und die Hofjunker unwissend waren, sich hoffärtig gegen gelehrte Leute benahmen und daran einen Spott hatten. Davon brachte er sie aber auf eine feine und höfliche Weise ab. Als ihm nämlich auf der Jagd ein großes Packet Briefe überantwortet war, ruft er den Jägermeister, giebt ihm das Packet, befiehlt ihm, die Briefe aufzumachen, zu lesen, einen Extract daraus zu machen und, wenn das geschehen, ihm zu zeigen. Aber der Jägermeister entschuldigte sich, er verstände sich darauf nicht, wüßte wohl viel, was ein Extract wäre. Da begehrte der Kaiser dasselbe von etlichen Hofjunkern. Da sie nun auch ihre Unwissenheit verwandten, sprach er zu allen: „Weil ihr denn das nicht wisset noch könnet, so lasset mir meine Schreiber, Schösser und Secretaire zufrieden, die solches gelernt haben und mir darin dienen. Ein Herr und Regent muß nicht eitel Jäger und Reiter halten; er muß auch Schreiber und Gelehrte haben."

---

102. Sprüchwörter.

1. **Wer** viel anfängt, endigt wenig.
2. **Es** ist kein Meister vom Himmel gefallen.
3. **Der** grade Weg ist der nächste.
4. **Dein** eigen Hand dich nähren soll,
   So lebst du recht und geht dir wohl.
5. **Wer** zuletzt lacht, lacht am besten.
6. **Hunger** macht rohe Bohnen süß.
7. **Nachher** ist jeder klug.

103. Rom ist nicht an einem Tage erbaut.

Damit entschuldigen sich viele fahrlässige und träge Menschen, welche ihr Geschäft nicht treiben und vollenden mögen und schon müde sind, ehe sie recht anfangen. Mit dem Rom ist es aber eigentlich so zugegangen. Es haben viele fleißige Hände viele Tage lang vom frühen Morgen bis zum späten Abend unverdrossen daran gearbeitet und nicht eher abgelassen, als bis es fertig war und der Hahn auf dem Kirchthurm stand. So ist Rom entstanden. Was du zu thun hast, machs auch also.

104. Frosch und Maus.

Eine Maus wäre gern über ein Wasser gewesen, konnte aber nicht und bat einen Frosch um Rath und Hülfe. Der Frosch war ein Schalk und sprach zur Maus: „Binde deinen Fuß an meinen Fuß, so will ich schwimmen und dich hinüber ziehen." Da sie aber aufs Wasser kamen, taucht der Frosch unter und wollte die Maus ertränken; indem aber die Maus sich wehret und arbeitet, fleucht ein Weihe daher und erhaschet die Maus, zeucht den Frosch auch mit heraus und frisset sie beide.

Siehe dich vor, mit wem du handelst, die Welt ist falsch und Untreue voll, denn welcher Freund den andern vermag, der steckt ihn in den Sack; doch schlägt die Untreue allezeit ihren eigenen Herrn, wie dem Frosch hier geschieht.

105. Wo kein Gott, da kein Gewissen.

I.

Vor nicht langer Zeit kam in die Apotheke einer pfälzischen Stadt, in der seit lange der frechste Unglaube Mode geworden ist und die einfachste Aeußerung der Gottesfurcht als Muckerthum gebrandmarkt wird, ein Bauersmann, um für seine schwer kranke Frau Arzenei zu holen. Auf die Frage des Apothekers: „Nun, wie gehts bei Eurer Frau?" antwortete der Bauer: „Es geht etwas besser, und ich hoffe, daß sie es, wenn der HErr hilft, durchmacht." „Was," sagte der Apotheker, „seid Ihr auch noch so einfältig? der Doctor muß helfen; wenn Doctor und Apotheker nicht helfen, so hilft kein Gott."

Der Bauer schweigt; der Apotheker bereitet die Arzenei. Als dieselbe fertig ist, greift der Bauer in seine Tasche und sagt: „Machen Sie mir meine Rechnung, Herr ...., Alles zusammen, was ich schuldig bin." Der Apotheker erwidert: „Das hat ja keine Eile, Ihr werdet noch mehr als einmal in die Apotheke müssen, bis Eure Frau wieder ganz gesund ist, und dann zahlt Ihr auf einmal." „Nein," sagte der Bauer, „ich will jetzt meine Schuldigkeit bezahlen, denn in Ihrer Apotheke bin ich heute zum letzten Male gewesen. Ein Apotheker, der nicht an Gott glaubt, hat auch kein Gewissen, und zu einem Apotheker, der kein Gewissen hat, habe ich kein Vertrauen." So spricht der Bauer. Der Apotheker verstummt. Der Bauer bezahlt seine Rechnung und hat Wort gehalten.

II.

Ein Seitenstück hiezu ereignete sich unlängst in der Stadt Chicago im Staate Illinois. Vor dem dortigen Gerichte schwebte ein Proceß gegen eine lutherische Gemeinde der Nachbarschaft, durch den sie ihres liegenden Eigenthums beraubt werden sollte. Viele Glieder der Gemeinde hatten sich in der Stadt eingefunden, um den Gang der Dinge zu beobachten und nahmen in einem deutschen Gasthause, in welchem sie der guten Stallung wegen immer einzukehren pflegten, wenn sie ihre Producte auf

den Markt brachten, ihr Mittagsmahl ein. Der älteste dieser
Leute sagte während des Essens zu seinen Nachbarn: „Nu schall
mi doch wunnern, wat use lewe Herrgott ut usen Proceß maken
ward." Der Wirth, ein Ungläubiger, der aber sonst seine Zunge
gar klug zu zügeln wußte, konnte sich diesmal nicht enthalten, in
die Worte auszubrechen: „Ja, de lewe Gott ward sick vel um
ehren Proceß bekümmern." Augenblicklich legte der Greis Messer
und Gabel hin und sagte, zu seinen Begleitern gewendet: „Kamt,
Jungens, laht us betalen unn weggahn; wie hewt hier nix mehr
to dohn" und damit steht er vom Tische auf und geht der Thür
zu, gefolgt von seinen Freunden. In großer Aufregung versucht der Wirth sein Möglichstes, die Gäste zu beschwichtigen,
aber vergebens. Er mußte seine Gesellschaft, deren Kundschaft
er hiermit wohl für immer verlor, von sich scheiden sehn, wobei
ihm der redliche Bauer zum Abschied den Bescheid gab: „Mit
mi magst du dinen Spott driwen, so lange as du wullt, aber up
minen lewen Herrgott laht ick nix kamen."

---

106. Kannitverstan.

Der Mensch hat wohl täglich Gelegenheit, Betrachtungen
über den Unbestand aller irdischen Dinge anzustellen, wenn er
will, und zufrieden zu werden mit seinem Schicksal, wenn auch
nicht viel gebratene Tauben für ihn in der Luft herumfliegen.
Aber auf dem seltsamsten Umwege kam ein deutscher Handwerksbursche in Amsterdam durch den Irrthum zur Wahrheit und zu
ihrer Erkenntniß. Denn als er in diese große und reiche Handels-
stadt voll prächtiger Häuser, wogender Schiffe und geschäftiger
Menschen gekommen war, fiel ihm sogleich ein großes und schönes Haus in die Augen, wie er auf seiner ganzen Wanderschaft
von Tuttlingen bis nach Amsterdam noch keines erlebt hatte.
Lange betrachtete er mit Verwunderung dieses kostbare Gebäude,
die Kamine auf dem Dache, die schönen Gesimse und die hohen
Fenster, größer als an des Vaters Haus daheim die Thür.
Endlich konnte er sich nicht enthalten, einen Vorübergehenden an-

zureden. „Guter Freund,“ redete er ihn an, „könnt Ihr mir nicht sagen, wie der Herr heißt, dem dieses wunderschöne Haus gehört mit den Fenstern voll Tulipanen, Sternblumen und Levkojen?“ Der Mann aber, der vermuthlich etwas Wichtigeres zu thun hatte, und zum Unglück gerade so viel von der deutschen Sprache verstand, als der Fragende von der holländischen, nämlich nichts, sagte kurz und schnauzig: „Kannitverstan;“ und schnurrte vorüber. Dies war ein holländisches Wort oder drei, wenn mans recht betrachtet, und heißt auf deutsch so viel als: Ich kann euch nicht verstehen. Aber der gute Fremdling glaubte, es sei der Name des Mannes, nach dem er gefragt habe. Das muß ein grundreicher Mann sein, der Herr Kannitverstan, dachte er, und ging weiter. Gass' aus, Gass' ein, kam er endlich an den Meerbusen, der da heißt: „Het Ey,“ oder auf deutsch: „Das Ypsilon.“ Da stand nun Schiff an Schiff, und Mastbaum an Mastbaum; und er wußte anfänglich nicht, wie er es mit seinen zwei einzigen Augen durchfechten werde, alle diese Merkwürdigkeiten genug zu sehen und zu betrachten, bis endlich ein großes Schiff seine Aufmerksamkeit an sich zog, das vor Kurzem aus Ostindien angelangt war, und jetzt eben ausgeladen wurde. Schon standen ganze Reihen von Kisten und Ballen auf- und nebeneinander am Lande. Noch immer wurden mehrere heraufgewälzt, und Fässer voll Zucker und Kaffee, voll Reis und Pfeffer. Als er aber lange zugesehen hatte, fragte er endlich einen, der eben eine Kiste auf der Achsel heraustrug, wie der glückliche Mann heiße, dem das Meer alle diese Waaren an das Land bringe. „Kannitverstan,“ war die Antwort. Da dachte er: Haha, schauts da heraus? Kein Wunder! wem das Meer solche Reichthümer an das Land schwemmt, der hat gut solche Häuser in die Welt stellen, und solcherlei Tulipanen vor die Fenster in vergoldeten Scherben. Jetzt ging er wieder zurück und stellte eine recht traurige Betrachtung bei sich selbst an, was er für ein armer Mensch sei, unter so viel reichen Leuten in der Welt. Aber als er eben dachte: wenn ichs doch nur auch einmal so gut bekäme, wie dieser Herr Kannitverstan es hat, kam er um eine

Ecke, und erblickte einen großen Leichenzug. Vier schwarz ver=
mummte Pferde zogen einen ebenfalls schwarz überzogenen
Leichenwagen langsam und traurig, als ob sie wüßten, daß sie
einen Todten in seine Ruhe führten. Ein langer Zug von Freun=
den und Bekannten des Verstorbenen folgte nach, Paar und Paar,
verhüllt in schwarze Mäntel, und stumm. In der Ferne läutete
ein einsames Glöcklein. Jetzt ergriff unsern Fremdling ein
wehmüthiges Gefühl, das an keinem denkenden Menschen vor=
übergeht, wenn er eine Leiche sieht, und er blieb, mit dem Hute in
den Händen, andächtig stehen, bis Alles vorüber war. Doch
machte er sich an den Letzten vom Zuge, der eben in der Stille
ausrechnete, was er an seiner Baumwolle gewinnen könnte, wenn
der Centner um zehn Gulden aufschlüge, ergriff ihn sachte am
Mantel, und bat ihn treuherzig um Entschuldigung. „Das muß
wohl auch ein guter Freund von Euch gewesen sein," sagte er,
„dem das Glöcklein läutet, daß Ihr so betrübt und nachdenklich
mitgeht." „Kannitverstan!" war die Antwort. Da fielen unserm
guten Tuttlinger ein paar große Thränen aus den Augen, und
es ward ihm auf einmal schwer und wieder leicht ums Herz.
„Armer Kannitverstan," rief er aus, „was hast du nun von
allem deinem Reichthum? Was ich einst von meiner Armuth
auch bekomme: ein Todtenkleid und ein Leichentuch, und von
allen deinen schönen Blumen vielleicht einen Rosmarin auf die
kalte Brust, oder eine Raute." Mit diesen Gedanken begleitete er die
Leiche, als wenn er dazu gehörte, bis ans Grab, sah den ver=
meinten Herrn Kannitverstan hinabsenken in seine Ruhestätte,
und ward von der holländischen Leichenpredigt, von der er kein
Wort verstand, mehr gerührt, als von mancher deutschen, auf
die er nicht Acht gab. Endlich ging er leichten Herzens mit den
Andern wieder fort, verzehrte in einer Herberge, wo man deutsch
verstand, mit gutem Appetit ein Stück Limburger Käse, und
und wenn es ihm wieder einmal schwer fallen wollte, daß so viele
Leute in der Welt so reich seien, und er so arm, so dachte er nur
an den Herrn Kannitverstan in Amsterdam, an sein großes Haus,
an sein reiches Schiff und an sein enges Grab.

107. Kranich und Wolf.

Da der Wolf einmal ein Schaaf geiziglich*) fraß, blieb ihm ein Bein im Halse überzwerch stecken, davon er große Noth und Angst hatte, und erbot sich, groß Lohn und Geschenke zu **geben**, wer ihm hülfe. Da kam der Kranich und stieß seinen langen Kragen dem Wolf in den Rachen, und zog das Bein heraus. Da er aber den verheißenen Lohn forderte, sprach der Wolf: „Willst du noch Lohn haben? danke du Gott, daß ich dir den Hals nicht abgebissen habe; du solltest mir schenken, daß du lebendig aus meinem Rachen gekommen bist."

Wer den Leuten in der Welt will wohl thun, der muß sich erwägen, Undank zu verdienen. Die Welt lohnt nicht anders, denn mit Undank, wie man spricht: Wer einen vom Galgen erlöset, dem hilft derselbige gern dran.

108. Die schwere Katechismusfrage.

Als Luther auf seiner Kirchenvisitationsreise Bürger und Bauern bisweilen selbst examinirte, und ihm da einmal ein Bauer die Glaubensartikel aufsagte und sprach: „Ich glaube an Gott, den allmächtigen," fragte Luther, was allmächtig bedeute? Der gute Mann antwortete: „Ich weiß nicht." — „Ja, mein lieber Mann," erwiderte Luther, „ich und alle Gelehrte wissens auch nicht, was Gottes Kraft und Allmächtigkeit ist. Glaub aber du in Einfalt, daß Gott dein lieber, treuer Vater ist, der will und kann, als der weiseste Herr, dir, deinem Weibe und deinen Kindern in allen Nöthen helfen."

109. Wir werden gerecht allein durch den Glauben.

Als einst im Jahre 1540 der Kurfürst von Brandenburg, Joachim mit Namen, mehrere seiner Theologen zu einem Religionsgespräch mit den Papisten nach Worms sendete, gab er ihnen die Instruction mit: Sie sollten das Wörtlein Sola (allein, nämlich durch den Glauben) wieder mitbringen, oder selbst nicht wiederkommen.

---

*) so viel als: gierig.

110. Sprüchwörter.

1. Borgen macht Sorgen.
2. An den Federn erkennt man den Vogel.
3. Böser Gewinn ist schnell dahin.
4. Mit Harren und Hoffen
   Hat's Mancher getroffen.
5. Wer viel fragt, kriegt viel Antwort.
6. Freunde in der Noth
   Geben fünf und zwanzig auf ein Loth;
   Sollt's aber ein harter Stand sein,
   So gehen fünfzig auf ein Quentlein.
7. Viel Köpfe, viel Sinne.
8. Naschen macht leere Taschen.

111. Das Federspiel, A B C mit Flügeln.

Wohlauf, ihr klein Waldvögelein, die ihr in Lüften schwebt,
Stimmt an, lobt Gott den HErren mein, singt all, die Stimm erhebt!
Denn Gott hat euch erschaffen, sich selbst zu Lob und Ehr,
Sang, Feder, Schnabel, Waffen, kommt alles von ihm her.

* * *

Adler.

Der aller Vögel König ist, macht billig den Anfang,
Komm Adler! komm hervor, wo bist? stimm an den Vogelsang.
Der Vorzug dir gebühret, kein Vogel ist dir gleich,
Drum dich im Wappen führet der Kaiser und das Reich.

Amsel

Die Amsel dicht am Morgen in ihrem grünen Haus,
Ihr HErr thut sie versorgen, er wart ihr fleißig aus,
Er läßt ihr täglich bringen ihr Trank und frische Speis',
Sie darf nichts thun als singen zu Gottes Ehr und Preis.

Bachstelze.

Die Bachstelz thut oft schnappen und fängt der Mücken viel,
Es hört nicht auf zu knappen ihr langer Pfannenstiel,
Den Schweif thut sie stets schwingen, sie läßt ihm niemals Ruh,
Wenn andre Vögel singen, schlägt sie den Tact dazu.

Canarienvogel.

Das lieb Canarivögelein kommt her aus fremden Land,
Es singt gar schön, zart, hell und rein, wie allen ist bekannt;
Den Zucker frißt es gerne, doch nimmt es auch vorlieb,
Wenn man ihm Hanffamkerne und Rübesamen giebt.

Distelfink.

Merk auf, wie lockt so lieblich mit der schöne Distelfink,
Beißt Distel auf und sticht sich nit, sein Witz ist nicht gering.
Gar wohl ist er gezieret, schön gelb und roth bekleid't,
Sein Stimm er nie verlieret, singt fröhlich alle Zeit.

Emmerling.

Der Emmerling bis zum Abend spat singt übel, übel hin,
Er sagt: wenns Feld nur Aehren hat, ich auch ein Schnitter bin.
Im Feld thut er sich nähren, bleibt Tag und Nacht darauf,
Was Gott ihm thut bescheren, das klaubt er fleißig auf.

Fink.

Des Morgens früh, des Abends spat der Fink hat keine Ruh,
Die Musen er in's Grüne lab't mit seinem: Reit herzu!
Früh ist gar gut stubiren, wenns kühl, still, ruhig ist:
Steh auf und thu's probiren, du fauler Grammatist!

Fröhlich der Fink im Frühling singt: sa, sa, sa, sa, hui Dieb!
Im ganzen Wald sein Stimm erklingt, wenn's Wetter nicht zu trüb.
Die Dieb will er verjagen, die rund heraus er schilt,
Dem Sperling thut er sagen, daß er viel Weizen stiehlt.

Grasmücke.

Die Grasmück aus der Maßen ziert den schönen Vogelg'sang,
Wenn d' Nachtigall ihr Stimm verliert, singt sie hinaus noch lang.
Sie hupft allzeit herummer, sie springt und wird nie müd,
Sie singt den ganzen Sommer ihr schön holbselig Lied.

Hahn und Henne.

Die Henne fröhlich gaggagagt und macht ein groß Geschrei,
Die Bäurin weiß wohl, was sie sagt, und geht und holt das Ei.
Der Hahn thut früh aufwecken den Knecht und faule Magd,
Sie thun sich erst recht strecken und schlafen bis es tagt.

Imme (Biene.)

Das honigsüße Immelein sich spät und früh bemüht,
Es sitzt auf allen Blümelein, versuchet alle Blüt,
Sehr emsig fliegts herummer, trägt ein mit großem Fleiß,
Und sucht den ganzen Sommer auch für den Winter Speis'.

Königlein (Zaunkönig.)

Das winzigkleine Königlein, wie macht es sich so groß,
Wie zwitzerts mit sein'm Stimmelein und ist so schlau und los'!
Wie lieblich thut es singen nach Wunsch und nach Begehr!
Wie lustig thut es springen, wie hüpft es hin und her!

Lerche.

Die Lerche in den Lüften schwebt und singt den Himmel an,
Vom grünen Feld es sich erhebt und tröst den Ackermann.
Gar hoch thut es sich schwingen, daß mans kaum sehen mag,
Im Kreis herum thuts singen, lobt Gott den ganzen Tag.

Meise.

Die Meise hängt am Tannenast, als ob sie sich verberg,
Singt allezeit: was giebst? was hast? singt ewig Zizerberg.
Man thut sie freundlich locken, bis sie zum Kloben springt,
Da hüpft sie unerschrocken, bis man sie gar umbringt.

Nachtigall.

O Nachtigall, dein edler Schall bringt uns sehr große Freud,
Dein Stimm durchstreift all Berg und Thal zur schönen Sommerzeit.
Wenn du fängst an zu zücken, die Böglein schweigen still,
Es läßt sich keiner blicken, keiner mehr singen will.

Omeis (Ameise.)

Du fauler Tropf, der müssig ist, die Ameis' schau wohl an!
Dein Meisterin sie worden ist, die dich viel lehren kann.
Schau, wie sie ist ergeben der Arbeit Tag und Nacht,
Schäm dich, der du dein Leben mit Faulheit zugebracht.

Papagei.

Du Vogel auserlesen, der Federn hast du viel,
Wo bist so lang gewesen? warum schweigst du so still?
Papagei, Zuckerfresser! ruft dir der Schulknab zu;
Geh in die Schul und lern besser! giebst ihm zur Antwort du.

Kukuk.

Qu, Qu! der Kukuk immer schreit, das ist an ihm das Best;
Sonst legt er andern allezeit sein Eier in ihr Nest.
Sein Ruf bringt allen Bangen, drum will kein Vögelein
Mit einem Q anfangen den edlen Namen sein.

Rabe.

Der Rab thut täglich singen sein'n groben rauhen Baß,
Heut will ihm nichts gelingen, drum singt er cras, cras, cras! *)
Wer alles schiebt auf morgen und nichts ausrichtet heut,
Der muß stets sein in Sorgen, daß es ihm fehle weit.

Rothkehlchen.

Das Rothkehlchen gar früh aufsteht, und wenn ich dann erwach,
Grüßt es die liebe Morgenröth hoch oben auf dem Dach.
Wie lieblich ist sein Zücken, wie röthlich seine Kehl!
Mein Herz thut es erquicken, ermuntern meine Seel.

Schwalbe.

Schwätzerlein, wie schwätzt so toll und plauderst hin und her,
Früh hast du Kisten und Kasten voll und Abends ist alles le, le, leer;
Zu Morgen, eh die Sonn aufsteht, erzählst du deinen Traum,
Und Abends, wenn sie niedergeht, hast du geendet kaum.

Staar.

Der Staar schwatzt, pfeift und singet, er ists, der alles kann,
In Kopf er alles bringet, nimmt, was er höret an,
Er ist gar schlau und lose und merket auf mit Fleiß,
Wäscht oft sein schwarze Hose und bringt sie nimmer weiß.

Turteltaube.

Die Turteltaub ohn allen Trost will nicht mehr fröhlich sein,
Wenn ihren Gesell der Habicht stoßt, trau'rt sie und bleibt allein.
Wenn dir das Liebste, was du hast, der Tod nimmt mit Gewalt,
So traure, sei kein frecher Gast, vergiß es nicht so bald.

Uhu.

Der Uhu sieht gar ernsthaft aus, als hätt er hoch studirt,
Geht nicht aus seiner Höhl heraus, bis Nacht und finster wird;
All Dunkelheit ist ihm ganz hell, doch sieht er nichts bei Tag,
Drum ist er auch ein solch Gesell, den nie kein Vogel mag.

---

*) cras heißt: morgen.

Vogel Strauß.

Der Vogel Strauß hat große Bein, doch klein ist sein Verstand,
Es brütet ihm der Sonnenschein die Eier aus im Sand.
Oft Stein und Eisen er verschluckt, sein Magen der ist gut,
Sein Federn sind der Weiber Schmuck, sie steckens auf den Hut.

Wiedehopf.

Der Wiedehopf ist sehr wohl geziert, doch hat er keine Stimm,
Sein Krönlein er stets mit sich führt, steckt doch nichts hinter ihm.
Wie Mancher hat viel Kleider, als wäre er ein Graf,
Sein Vater ist ein Schneider, sein Bruder hüt die Schaf.

Zeisig.

Komm her du schönes Zeiselein, komm, fliege her bebend,
Sing, spring auf grünem Reiselein und mach dem Lied ein End,
Lob Gott den HErren mein und dein, thu fröhlich singen ihm,
Ihn preisen alle Vögelein mit ihrer süßen Stimm.

* * *

Wohin geht all dies Dichten, du edles Federspiel,
Als daß wir alles richten zu gutem End und Ziel,
Daß wir im Herzen sorgen für einen guten Klang?
Wer weiß, ob heut, ob morgen uns rührt der letzte G'sang!

O sagt ihr lieben Vögelein, wer ists der euch erhält?
Wo fliegt ihr hin, wo kehrt ihr ein, wenn Schnee im Winter fällt?
Wo nehmt ihr eure Nahrung, so viel als ihr begehrt?
Es zeigt ja die Erfahrung, daß Gott euch all ernährt.

Ihr habt kein Feld, kein Heller Geld, nichts, das die Tasche füllt,
Der Tannenbaum ist euer Zelt, trotz dem, der euch was stiehlt!
Euer Pflug ist lustig singen, stets lobt ihr Gott den HErrn,
Die Töne thut ihr schwingen bis zu dem Abendstern.

Ihr habt nicht Koch nicht Keller und seid so wohlgemuth,
Ihr trinkt nicht Muskateller und habt so freudig Blut,
Nichts haben, nichts begehren ist eure Liverei:
Ihr habt ein'n guten Herren, er hält euch alle frei.

Gott sei mein Herz auch heimgestellt, was Er thut, ist gethan:
Wenn Sonn und Mond vom Himmel fällt, Er ists der helfen kann,
Was lebt auf Erd, in Lüften schwebt, was sich im Wasser rührt,
Gott all mit einem Finger hebt, ohn alle Müh regiert.

Kein Sperling von dem Dache fällt, von meinem Haupt kein Haar,
Es sei denn, daß Ihms wohlgefällt der ewig ist und war;
Er ruft dem Storch zu seiner Zeit, der Lerch, der Nachtigall,
Er führ uns all zur Seligkeit, bewahr uns vor dem Fall!

Dort singt die rechte Nachtigall den rechten Vogelsang,
Den ganzen weiten Himmelssaal durchstreicht ihr Freudenklang,
Mit Freud dort ewig singen die Englein auf neun Chör,
Vor Freud thut ewig singen das ganze Himmelsheer.

Musik dort ewig währet, zu lang doch keinem währt,
Je mehr sie wird gehöret, je mehr sie wird begehrt,
Wer Gott hier thut verehren, ihm dient mit Sang und Klang,
Der wird dort ewig hören himmlischen Vogelsang.

---

112. Die Taufe.

König Ludwig IX. von Frankreich, der Heilige genannt,
war in der kleinen Stadt Poissy getauft und zu St. Denis ge=
krönt. Er unterzeichnete sich gewöhnlich: Ludwig von Poissy.
„Denn,“ sagte er, „zu St. Denis erhielt ich eine irdische Krone;
zu Poissy aber eine himmlische.“

---

113. Der Löwe.

Der Löwe erhascht, wie alle Katzenarten, seine Beute im
Sprunge und greift einen Menschen oder ein Thier, das nicht
vor ihm flieht, nie an, ohne sich vorher in einer Entfernung von
zehn bis zwölf Schritten niedergelegt und seinen Sprung gemes=
sen zu haben. Dieser Umstand wird von den Jägern benutzt und
es ist zur Regel geworden, nie auf einen Löwen zu schießen, als
bis er sich legt und man in der kurzen Entfernung so sicher zielen
kann, daß man ihn vor den Kopf trifft. Begegnet man einem
Löwen unbewaffnet, so ist Muth und Gegenwart des Geistes das
einzige Rettungsmittel. Wer entflieht, ist unrettbar verloren;
wer ruhig stehen bleibt, den greift der Löwe nicht an. Man
muß es sich nicht irren lassen, wenn er auch nahe heran kommt
und sich wie zum Sprunge niederlegt: er wird diesen Sprung

nicht wagen, wenn man nur Muth genug hat, unbeweglich wie
eine Bildsäule stehen zu bleiben und ihm ruhig ins Auge zu
schauen. Die erhabene Gestalt des Menschen flößt dem Löwen,
vorausgesetzt, daß er den leichten Kampf mit dem Menschen noch
nicht versucht hat, Ehrfurcht und Mißtrauen in seine eigene
Kraft ein und eine ruhige Haltung des Körpers verstärkt diesen
Eindruck mit jedem Augenblick. Man würde ihn stören, sobald
man durch eine unbedachtsame Bewegung entweder dem Löwen
die eigene Furcht verriethe oder ihn zur Vertheidigung aufzu-
fordern schiene. Der Ausgang beweis't, daß er selbst sich nicht
minder gefürchtet hat als der Mensch; denn nach einiger Zeit
erhebt er sich langsam, geht unter beständigem Umsehen einige
Schritte zurück, legt sich wieder, entfernt sich abermals in immer
kürzeren Zwischenräumen, und nimmt endlich, wenn er ganz außer den Gesichtskreis des Menschen gekommen zu sein glaubt, in
vollem Laufe die Flucht. So einstimmig nun auch diese That-
sache von Landleuten aus allen Theilen der Capcolonie in Süd-
Afrika versichert wird, so mag dennoch dieser Versuch eben nicht
oft angestellt sein.

Vormals, als es der Löwen dort noch mehr gab und die
Colonisten noch nicht auf seine Jagd eingelernt waren, stellte
man große gemeinschaftliche Jagden auf einen Löwen an, suchte
ihn in die Ebene zu locken und schloß einen großen Kreis um
ihn her. So wie er an einer Seite durchbrechen wollte, ward
von der entgegengesetzten auf ihn geschossen und indessen er sich
nun zornig dorthin wandte, trafen ihn von der Rechten und Linken so viele Kugeln, daß er fiel. Jetzt aber geht man selten anders als selbander auf die Löwenjagd und recht fertige Schützen,
die ihres Schusses gewiß sind und sich darauf verlassen können,
daß ihr Gewehr nicht versagt, wagen es auch wohl, ganz allein
die Spur eines Löwen zu verfolgen und ihn in seinem Schlupf-
winkel aufzusuchen. Gefährlich bleibt ein solches Unternehmen
allerdings und man erlebt häufige Unglücksfälle. Hier ein paar
Beispiele. Der Feldcommandant Tjaard van der Wald und sein
Bruder Johannes verfolgten nicht weit von ihren Wohnplätzen,

am östlichen Abhange der Schneeberge, die Spur eines großen
Löwen, der unter ihren Heerden großen Schaden angerichtet
hatte, und fanden ihn endlich in einer mit rauhem Gebüsche be=
wachsenen Schlucht. Sie nahmen ihre Stellung zu beiden Sei=
ten des Ausganges und schickten ihre Hunde hinein, um den
Löwen herauszujagen. Das glückte denn auch; der Löwe stürzte
nach der Seite des letztgenannten Bruders hervor, legte sich zum
Sprunge und ward von ihm geschossen. Unglücklicherweise hatte
aber der Schuß nicht recht getroffen, sondern nur das Ohr und
die eine Seite der Brust gestreift. Nach einer kurzen Betäubung
von wenigen Secunden erholte sich das Thier und stürzte nun
wüthend vor Schmerz mit solchem Grimm auf den Jäger, daß
er kaum Zeit hatte, sich aufs Pferd zu werfen und noch einen
Versuch zum Entfliehen zu machen. Aber in wenigen Sätzen
hatte ihn der Löwe ereilt, war dem Pferde auf den Rücken ge=
sprungen, das nun, niedergedrückt von der Last, nicht mehr aus
der Stelle kommen konnte, und schlug seine Tatzen dem Unglück=
lichen in die Schenkel, mit den Zähnen zugleich ihn an den Un=
terkleidern packend. Indessen er sich mit aller Kraft an das
Pferd klammert, um nicht heruntergerissen zu werden, hört er
seinen Bruder hinter sich heran galloppiren und ruft ihm zu, nur
um Gottes willen loszuschießen, möge es treffen, wen es wolle.
Der wackere Tjaard springt vom Pferde, legt ruhig an und
schießt den Löwen durch den Kopf, und wunderbar glücklich
schlägt die Kugel durch den Sattel, ohne weder Roß noch Reiter
zu verletzen.

Nicht so glücklich war ein anderer, Namens Rendsburg, der
mit einem Vetter eben dieses Namens auf die Löwenjagd ging.
Das Abentheuer nahm ganz denselben Gang, aber der Löwe
sprang von der Seite auf den Reiter los und packte mit den
Zähnen dessen linken Arm. Der feige Gefährte, statt dem Un=
glücklichen-beizustehen, entfloh, um ein paar Hottentotten zu
Hülfe zu rufen, die nicht weit von da an einem andern Ausgange
des Gebüsches angestellt waren. Indessen hatte Rendsburg das
letzte Rettungsmittel versucht und, während das Thier mit wü=

thenden Biffen feinen linken Arm zerfleifchte und zerfplitterte,
mit der rechten ein Meffer aus der Tafche gezogen und damit
der grimmigen Katze die Bruft an mehreren Stellen durchbohrt.
Die Herbeieilenden fanden ihn vom Pferde geriffen, in feinem
Blute fchwimmend, den Arm und die ganze linke Seite aus ein=
ander geriffen, auf ihm den todten Löwen, das Meffer noch im
Herzen. Nach wenigen Minuten gab auch der muthige Kämpfer,
erfchöpft von dem Blutverlufte, feinen Geift auf.

----

114. Fortfetzung.

Ein Colonift in der Capcolonie, Namens van Wyk, erzählte
einft befuchenden Freunden, welche mit ihm vor der Thür feines
Haufes faßen, folgende Gefchichte: „Es ift jetzt etwas über zwei
Jahre her, daß ich auf der Stelle, wo wir hier ftehen, einen
fchweren Schuß gewagt habe. Hier im Haufe neben der Thür
faß meine Frau. Die Kinder fpielten neben ihr und ich war
draußen zur Seite des Haufes an meinem Wagen befchäftigt,
als plötzlich am hellen Tage ein großer Löwe erfcheint und fich
ruhig auf der Schwelle in den Schatten legt. Die Frau, vor
Schrecken erftarrt oder mit der Gefahr des Entfliehens bekannt,
bleibt ruhig auf ihrem Platze; die Kinder fliehen in ihren
Schoß. Ihr Gefchrei macht mich aufmerkfam; ich eile nach
der Thür und man denke fich mein Erftaunen, als ich mir den
Zugang auf diefe Weife verfperrt fah. Obgleich das Thier mich
nicht gefehen hatte, fo fchien doch, unbewaffnet wie ich war, alle
Rettung unmöglich; doch bewegte ich mich faft unwillführlich
nach der Seite des Haufes zu dem Fenfter des Zimmers, in
welchem mein geladenes Gewehr ftand. Glücklicherweife hatte
ich es zufällig in die nächfte Ecke geftellt und konnte es mit der
Hand erreichen, denn zum Hineinfteigen ift die Oeffnung zu
klein, und zu noch größerem Glücke war die Thür des Zimmers
offen, fo daß ich die ganze drohende Scene zu überfehen im
Stande war. Jetzt machte der Löwe eine Bewegung, es war
vielleicht zum Sprunge, da befann ich mich nicht länger, rief der

Mutter leise Trost zu und schoß in Gottes Namen, hart an den Locken meines Knaben vorbei, den Löwen über die funkelnden Augen in die Stirn, daß er weiter sich nicht regte."

Nicht selten wird der Löwe, wenn er schläft, von den Hunden geweckt, welche stets die Begleiter der Karavanen sind. So erzählt ein Reisender einen hieher gehörigen Fall: „Es war ein heiterer Mittag, als unsere Hunde sich gefielen, das schilfreiche Ufer eines Flusses zu durchspüren, und plötzlich ein ganz eigenthümliches und bestimmtes Bellen anschlugen; wir forschten der Sache weiter nach und wurden bald überzeugt, daß sie einen Löwen erblickt hatten. Wir trieben sie an und bald hatten wir den vollen Anblick eines großen mit schwarzen Mähnen behangenen Löwen und einer Löwin. Die letztere sahen wir jedoch kaum eine Minute, so schnell verschwand sie in den Binsen. Der Löwe hingegen stand still und faßte uns scharf in das Auge. Unsere Lage war nicht ohne Gefahr, denn er war nur wenige Schritte von uns entfernt und schien einen Sprung auf uns vorzubereiten. Die meisten von uns waren zu Fuß und ohne die gehörigen Waffen. Indessen hatten wir keine Zeit zur Flucht und die Nothwendigkeit verlangte einen Angriff, um ihm zu entgehen. Ich war wohl auf meiner Hut, hielt meine Pistole in der Hand, den Finger auf dem Drücker, und ebenso vorbereitet hielten sich andere, welche mit Flinten versehen waren. Allein gar bald begannen die Hunde sich zwischen uns und den Löwen zu stellen, umzingelten ihn und unterhielten ein heftiges Bellen. Der Muth dieser Thiere war wahrhaft bewundernswürdig; immer näher rückten sie von der Seite auf das mächtige Thier und droheten ihm dann ins Gesicht mit heftigem Bellen, ohne die geringste Spur von Furcht zu verrathen. Der Löwe, seiner Kraft bewußt, blieb ruhig und wendete sein Auge nur gegen uns. Die Hunde wurden nun immer dreister und wagten sich bis zu den gewaltigen Tatzen heran. Da ward ihm ihr Treiben zu bunt — eine kleine Bewegung mit der Tatze und todt lagen zwei von ihnen auf der Erde. Es geschah dies ohne alle Anstrengung und so schnell, daß man kaum den Erfolg davon begreifen konnte.

Wir feuerten auf ihn und eine Kugel traf ihn unter die kurzen Rippen, so daß das Blut hervorquoll. Er blieb in derselben ruhigen Stellung und ging hierauf weiter.

115. Schluß.

Von dem Edelmuth und der Anhänglichkeit des Löwen an Menschen, die ihm Wohlthaten erwiesen und an welche er sich gewöhnt, mögen noch ein paar Beispiele hier folgen. Bekannt ist die Geschichte des französischen Ritters Walther von Thurn. Als dieser im ersten Kreuzzuge einst von seinen Gefährten getrennt allein durch die öde syrische Wüste ritt, hörte er von fern ein langes klägliches Gestöhn, und in der Meinung, daß räuberische Araber einen armen Wanderer angefallen, spornte er sein Roß jener Gegend zu, aus welcher die Töne kamen. Er gelangte vor eine enge finstere Kluft, an deren Eingang sein Roß stutzte, sich bäumte und ins Gebiß schäumte. Die funkelnden Augen eines großen Löwen blitzten ihm entgegen. Dieser lag im Kampfe mit einer ungeheuren Schlange, welche sich schon um seinen Leib geschlungen hatte. Ohne sich zu besinnen, schwang Walther sein mächtiges, scharfes Schwert, und mit einem Hiebe spaltete er der greulichen Schlange den Leib. Als der Löwe sich von der furchtbaren, wüthenden Feindin erlös't sah, erhob er sich, brüllte laut, schüttelte die Mähnen, streckte den Leib und nahete sich dann seinem Retter. Sanft schmeichelnd kroch er zu dem jungen, unerschrockenen Helden und leckte ihm Schild und Hand, verließ ihn von nun an nicht mehr, sondern folgte ihm, wie ein Hund, auf dem Marsche über Flüsse und in den Streit. So vergingen mehrere Jahre; Walther's Name wurde seiner tapfern Thaten wegen im ganzen Morgenlande berühmt und wo er genannt ward, wurde auch der Löwe mit genannt. Endlich erwachte in ihm die Sehnsucht nach dem fernen theuren Vaterlande, er fand in Joppe Schiffe, welche zur Abreise gerüstet und ihn aufzunehmen bereit waren, aber den Löwen wollte kein Schiffsherr in sein Fahrzeug aufnehmen, obgleich Walther doppelten, ja vierfachen Lohn bot. Traurig ließ ihn der Ritter am Ufer zurück und bestieg allein ein Schiff, welches alsbald abfuhr. Da erhob der Löwe ein langes, klägliches Gebrüll, lief ängstlich am Strande auf und ab, stand dann still, schaute dem Schiffe nach und stürzte sich endlich in das Meer. Diese Treue rührte den Schiffsherrn. Er ließ das Schiff wenden, um das edle Thier aufzunehmen. Schon war es dem Schiffe nahe, da schwand ihm die Kraft, es blickte noch einmal mit hellen, treuen Augen nach dem Ritter und versank.

Zu Anfang des vorigen Jahrhunderts war in der Menagerie zu Cassel ein Löwe, der gegen seine Wärterin und Pflegerin in hohem Grade zahm war. Dies ging so weit, daß sie, um die Bewunderung der Zuschauer auf sich zu ziehen, es nicht selten wagte, nicht nur ihre Hand, sondern selbst ihren Kopf in den ungeheuren Rachen des Thieres zu stecken. Oft war es vollkommen glücklich abgelaufen, und doch ging endlich das alte und wahre Sprüchwort in Erfüllung: „Wer sich ohne Noth in Gefahr begiebt, kommt darin um." Einst als sie wiederum ihren Kopf seinem Rachen zur Hälfte anvertraut hatte, schnappte der Löwe zu und riß ihr das Genick aus, so daß sie auf der Stelle ihren Geist aufgab. Ohne Zweifel geschah dieser Mord von Seiten des Löwen unwillführlich, indem ihn unglücklicherweise grade die Kopfhaare der Wärterin kitzelten und zum Niesen reizten. Wenigstens scheint der Erfolg diese Voraussetzung vollkommen zu rechtfertigen, denn kaum hatte der Löwe bemerkt, daß er seine Pflegerin getödtet hatte, als er äußerst traurig wurde, sich neben den Leichnam legte, ohne sich denselben nehmen lassen zu wollen, alles ihm dargebotene Futter verschmähete und nach einigen Tagen vor Gram starb.

Am Ende des vorigen Jahrhunderts brachte ein Mann, Namens Felix, zwei Löwen, ein Männchen und ein Weibchen, in die Menagerie zu Paris. Gegen den Anfang des Juni wurde Felix krank, und da er die Thiere nicht ferner warten konnte, so übernahm ein anderer dies Geschäft. Das Männchen war von dem Augenblick an traurig, blieb einsam in einem Winkel seines Behältnisses sitzen und wollte durchaus nichts von dem Fremden annehmen, die Gegenwart desselben war ihm sogar verhaßt und er drohete ihm oft durch sein Brüllen. Ja selbst die Gesellschaft des Weibchens schien ihm zu mißfallen; er zeigte ihm gar keine Beachtung. Man glaubte, das Thier wäre krank; niemand aber wagte sich an dasselbe heran. Endlich wurde Felix wieder ge= sund, schlich sich leise nach dem Behälter hin, um den Löwen zu überraschen, und ließ sich bloß durch die Gitterpfähle sehen. Der Löwe machte augenblicklich einen Sprung an dem Gitter hinauf, schlug ihn sanft mit seinen Tatzen, beleckte ihm Hände und Ge= sicht und zitterte vor Freuden. Das Weibchen kam auch herbeige= laufen, allein der Löwe schien ärgerlich darüber und trieb es zurück, da er zu fürchten schien, es möchte irgend eine Gunstbezeugung von Felix erhalten. Schon wollte sich ein Kampf zwischen bei= den entspinnen, als Felix in den Käfig trat, um Frieden zu stif= ten. Er liebkosete beide und man sah ihn nachmals oft zwischen ihnen stehen. Seine Gewalt über sie war so groß, daß, wenn er sie trennen und in ihre Behälter sperren wollte, er nur die Worte, die dies andeuteten, aussprechen durfte. Wenn er wünschte, daß sie sich niederlegen und Fremden ihre Tatzen oder Rachen zeigen möchten, so legten sie sich auf das geringste Zeichen auf den Rücken, hielten ihre Tatzen, eine nach der andern, in die Höhe, öffneten ihren Rachen und freueten sich augenscheinlich, wenn sie ihm zur Belohnung dafür die Hand lecken durften. Diese Thiere waren damals sechstehalb Jahr alt.

Der Löwe erreicht ein bedeutendes Alter. Im Jahre 1760 starb in London ein Löwe, welcher über 70 Jahre im Tower ein= gesperrt gewesen war, und ein anderer starb ebendaselbst in einem Alter von 63 Jahren.

116. Wunderbare Erhaltung zweier Brüder, die in großer Noth ihre einzige Zuflucht zu Gott genommen.

Oluf und Andreas Engelbrechtsen, geboren auf dem Hofe Toren im Kirchspiele Guldsdalen in Norwegen, beide Brüder und Studenten, gingen am 1. August 1652 von dem väterlichen

Hofe in das Gebirge, um sich dort einige Tage mit Jagen und Fischen zu vergnügen. Am 2. August kamen sie, nachdem sie vier Meilen zurückgelegt hatten, zu einem großen Wasser, Ressön genannt, wo sie vier Tage blieben. Am 6. August wollten sie die Rückreise antreten, ruderten aber zuvor nach einer kleinen, nur 16 Schritt breiten Insel im Ressön, um ein Fischernetz, welches sie dort aufgestellt hatten, mitzunehmen. Während sie noch damit beschäftigt waren, erhob sich ein heftiger Wind von Osten her, riß ihr kleines Boot fort und brachte sie, da sie nicht schwimmen konnten, so in die äußerste Bedrängniß. Ohnehin waren sie an diesem Morgen nüchtern ausgegangen, hatten auch ihre Reisekleider am Lande zurückgelassen, so daß sich bald der empfindlichste Hunger einstellte, dazu bitterliche Kälte, namentlich in der Nacht sie plagte. Gegen die Kälte suchten sie sich am andern Morgen zu schützen, indem sie Steine zusammenlasen und daraus sich eine kleine Hütte erbaueten; dann fingen sie an, nach eßbaren Wurzeln oder Beeren zu suchen, um den immer stärker werdenden Hunger zu stillen. Lange Zeit blieb ihr Suchen vergeblich, endlich fanden sie eine Art von Gras mit breiartigen Blättern, und genossen zweimal des Tages davon, aber niemals ohne Gebet. Die Blätter des Buschwerks, welches auf der Insel wuchs und welches sie zu essen versuchten, fanden sie zu bitter; durch den Genuß jenes Grases aber wurden die brennenden Schmerzen, die sie im Magen empfanden und die heftigen Stiche, die sie in den Armen und Schultern fühlten, gestillt. Merkwürdigerweise fanden sie an einem Tage nie mehr, als für jeden etwa zwei Löffel voll, aber am andern Tage war es wieder gewachsen, wenn sie auch Tags zuvor alles Gras und selbst das Moos bis auf die schwarze Erde aufgerissen hatten, um es in ihrer elenden Steinhütte als Kopfkissen zu gebrauchen. Aber am zwölften Tage nahm dieses Nahrungsmittel doch auch ein Ende und schon glaubten sie jetzt dem sichern Hungertode preisgegeben zu sein, als sie plötzlich etwas fanden, was sie trotz der genauen und bei dem kleinen Umfange ihrer Insel leichten Nachforschungen doch noch nicht entdeckt hatten, nämlich ein ganz mit Sauerampfer bewachsenes Plätzchen. Fröhlich verzehrten sie das heilsame Kraut bis auf die letzte Pflanze; nichts desto weniger war am Abend, als Andreas Engelbrechtsen wieder mit Aufbietung aller Kräfte dorthin kroch, der Platz ganz grün mit Sauerampfer bewachsen. Und dies waren nicht etwa, wie er selbst in seiner Erzählung dieser Begebenheit ausdrücklich hinzusetzt, früher noch nicht bemerkte Pflanzen, oder gar ein neuer Platz, sondern eben neue, die Gott ihnen hatte wachsen lassen, denn er hatte sich Morgens die Stelle durch ein Stück Holz bezeichnet.

Aber auch dieses Nahrungsmittel hörte auf; die Hoffnung, durch vorübergehende Jäger oder Fischer bemerkt zu werden, schwand auch immer mehr, und am 17. August glaubten sich beide Brüder dem Tode so nahe, daß sie an keine Rettung des Lebens mehr dachten. Der ältere, Oluf, war schon völlig entkräftet; Andreas, der sich noch etwas rüstiger fühlte, schnitt mit seinem Messer auf einige umherliegende Baumäste, die, wie er hoffte, am leichtesten gefunden werden würden, eine kurze Nachricht von ihrem kläglichen Schicksale, und die Schriftstelle, die sie sich zu ihrem Leichentext ausersehen hatten: Ps. 73, 23—26. Dann trösteten sie sich einander mit der Gewißheit der durch Christum erworbenen Seligkeit, ermunterten sich zu Geduld und Glauben, beteten noch einmal nach ihrer Gewohnheit herzlich zusammen und befahlen sich in der Voraussicht des Todes dem HErrn.

Aber jetzt war ihnen die Hülfe nahe. Als sie von dem Lande zur Insel hinübergesetzt waren, war ihr kleiner Hund am Ufer bei ihrem Geräth zurückgeblieben, obwohl sie ihn gelockt und gerufen hatten. Acht Tage hatte das treue Thier dort gelegen, dann war es fortgelaufen und hatte den langen Weg bis zu der Wohnung der Eltern der unglücklichen Brüder glücklich gefunden und zurückgelegt. Aus dem kläglichen Winseln und Heulen des Thieres hatten die Eltern geschlossen, daß ihren Söhnen ein Unglück zugestoßen sein müsse und einen Mann in das Gebirge gesandt, um sie aufzusuchen. Dieser fand nur Spuren und Reste ihrer Geräthschaften, eilte, ohne weitere Nachforschungen anzustellen, wieder zurück und brachte den Eltern die Nachricht, daß ihre Söhne wahrscheinlich im Wasser umgekommen seien. Dabei beruhigte sich das Elternherz jedoch nicht. Zum zweiten Male wurden Boten zu Pferde ausgesendet und in der Nacht vom 17. auf den 18. August kamen diese an der Stelle an, wo das Gewässer am schmalsten war und die Insel dem festen Lande ziemlich nahe lag. Von dem Geräusche, welches die Hufe der Pferde auf den harten Felsboden verursachten, erwachten die beiden Brüder aus ihrem Schlummer, riefen mit schwacher, sterbender Stimme so laut sie konnten, und siehe! man hörte sie. Ihr Boot lag noch unbeschädigt am Lande, ihre Retter fuhren damit über und brachten sie glücklich zurück. Als man versuchte, sie mit Speise zu stärken, war die Schwachheit des älteren Bruders so groß, daß er fast nicht das Geringste genießen konnte und es bedurfte langer Zeit, ehe er seine völlige Kraft wieder erlangte. Der jüngere erholte sich schneller. Wenn sie nachher die Geschichte ihrer wunderbaren Rettung erzählten, vergaßen sie nie, es als eine besondere Gnadenführung Gottes hervorzuheben, daß ihr Hund ihnen trotz ihres Rufens und Lockens nicht auf die Insel gefolgt war. Sie würden, wenn er nicht zurückgeblieben wäre und also hätte zurücklaufen können, ohne Zweifel nicht entdeckt sein und ihr Leben auf elende Art haben enden müssen.

> Wenn die Noth am größten,
> Ist Gott am nächsten.

und:

> Hülfe, die Er aufgeschoben,
> Hat Er drum nicht aufgehoben.

---

117. Die Eiche und das Rohr.

Die Eiche ward vom Sturm mit der Wurzel ausgerissen, das schwache Rohr erhielt sich. Da fragte der Eichbaum das Rohr, wie sich es denn hätte bei dem großen Sturm erhalten mögen? Das Rohr gab zur Antwort: „Durch Weichen und Nachgeben.“ — Derohalben duck dich und laß vorübergahn, das Wetter will seinen Willen ha'n.

---

118. Regeln.

Befiehl dich Gott,
Sei stark in Noth,
Bedenk den Tod,
Gieb Armen Brod.

Erduld und leid,
Und Keinen neid,
Fleuch Krieg und Streit,
Hab Acht der Zeit.

Auf dich selbst schau,
Nicht Allen trau,
Auf Gunst nicht bau,
Sei nicht genau.

Halt deinen Bund,
Regier den Mund,
Hüt dich vor Sünd
Und bösem Fund.

Der Welt Geschmeiß
Dich stets entreiß,
Mit höchstem Fleiß
Den HErren preis'.

In Freud und Schmerz
In Leid und Scherz
Dein Sinn und Herz
Gedenk aufwärts.

Halt dich fein rein,
Sei gern allein,
Laß Andre sein,
Getreu es mein.

Wer solches liebt,
Daran sich übt,
Wird nicht betrübt,
Gott Freude giebt.

Schweig, leid, meid und vertrag,
Dein Noth Niemand klag,
An Gott nicht verzag,
Sein Hülf kommt alle Tag'.

----

119. Rechte Weise zu helfen.

In Buchholz bei Burg in Holstein wohnte ein Mann, Namens Claus Kruse, der das Evangelium vom barmherzigen Samariter nicht bloß hörte, sondern auch übte, und das Wort Christi, daß die Linke nicht wissen soll, was die Rechte thut, wohl verstand.

In einem Jahre war der Preis des Korns und namentlich des Buchweizens ungeheuer gestiegen und die Nachfrage nach diesen beiden Artikeln sehr stark. Da kommt denn zu Claus Kruse auch sein Schwager, Hans Sierk, und will Buchweizen von ihm kaufen; Kruse aber meint, er werde ihm nichts abstehen können. Als aber Tags darauf ein anderer Einwohner des Dorfes, Heinrich Lahann, ein so genannter „kleiner Mann" bei ihm anfragt, ob er wohl Buchweizen zur Aussaat von ihm erhalten könne, giebt ihm Kruse gleich so viel er haben will. Wie nun seine Frau ihm Vorwürfe machen will, daß er dem Schwager nichts gegeben, antwortet er: „Siehst du denn das nicht ein? Sierk hat Geld und kann allenthalben Korn bekommen; was soll aber aus Lahann werden? Wenn er sein Feld in diesem Frühjahr nicht bestellen kann, so muß er ja ganz verarmen." Die Frau schwieg beschämt stille und wußte auch wohl, daß ihr Mann sich in solchen Fällen nicht irre machen lasse, denn sie kannte ihn ja nicht erst seit gestern.

120. Der Wind Samum.

Der pestartige Wind, welcher sich in den Wüsten Arabiens zeigt und den Tod so vieler Pilger veranlaßt, die nach Mekka ziehen, heißt im Arabischen buchstäblich Samum, welches einen brennenden Wind bedeutet, der in Zwischenräumen und des Nachts weht; man nennt ihn auch Harrur oder brennender Nacht= wind. Er zeigt sich in der Wüste ungefähr von der Mitte Juni bis zum 21. September. Man empfindet ihn während eines sehr heftigen Südwest = Windes und in den Tagen, an welchen die Sonne sehr glühend ist. Er ist brennend und weht in mehr oder weniger heißen, mehr oder weniger langen Stößen; doch übersteigt jeder derselben, auch der kürzeste, die Zeit, während welcher ein Mensch den Athem anhalten kann. Dabei hat er einen faulen, schweflichten Geruch, ist dick und schwer, und wenn er an Hitze zunimmt, wird man davon fast erstickt. Um sich da= vor zu bewahren, verhüllt man sich das Gesicht mit einem Tuche; alsdann verliert er, indem er durch dieses Gewebe geht, einen Theil seiner schädlichen Wirkung. Die Araber haben daher die Gewohnheit, so groß auch immer die Hitze sein mag, selbst im Schatten, den ganzen Leib und auch den Kopf in ihren Mantel zu hüllen, wenu sie schlafen wollen. Der Samum bringt im Allgemeinen zwei sehr auffallende Wirkungen auf den Menschen hervor. Er trifft ihn entweder auf eine tödtliche Weise durch eine Art von Todtenohnmacht, oder verursacht eine außerordent=

liche Schwäche. Der Leichnam eines Erstickten bietet eine be=
sondere Erscheinung dar. Nach Verlauf einiger Tage und selbst
einiger Stunden lösen sich bei der geringsten Gewalt die Glieder
aus den Knochenfügungen; so schrecklich wirkt das pestartige
Gift dieses Windes. Nie weht der Samum länger als sieben
Tage nach einander.

---

121. Das Hühnerei.

Als der Reformator von Würtemberg, Johann Brenz,
kaum von seiner Flucht vor den kaiserlichen Abgeordneten nach
Stuttgart zurückgekehrt war, ließ Herzog Ulrich ihn in später
Nacht einmal rufen, und zeigte ihm an, daß seine Rückkehr ver=
rathen, und eine spanische Reiterschaar beordert und schon auf
dem Wege sei, ihn aufzusuchen. Auf dem Heimwege erhob der
erschütterte Glaubensmann Augen und Herz zum HErrn, warf
sich, als er nach Hause gekommen war, auf die Kniee nieder,
und empfahl sich Gott in ernstlichem Flehen. Als er aufstand,
war es ihm, als spräche Jemand zu ihm: „Nimm einen Laib
Brod und gehe den Birkenwald (die jetzige obere Stadt in
Stuttgart) hinauf, und wo du die Hausthüre offen findest, da
gehe hinein, und verbirg dich unter dem Dache." Er nahm dieses
als eine göttliche Weisung an, nahm einen Laib Brod unter den
Arm und ging hin. Er fand alle Hausthüren verschlossen, bis
auf die letzte. Hier ging er hinein und, ohne von Jemand be=
merkt zu werden, bis unter das Dach, wo er zwischen einer Holz=
beuge und dem Dache sich versteckte.

Schon am andern Tage rückte der kaiserliche Oberst ein,
und stellte vierzehn Tage eine genaue Hausdurchsuchung an.
Brenz hörte täglich von der Straße herauf, aus dem Gespräche
der Leute, den Gang der Untersuchung, bis sie am letzten Tage
auch in seine Nähe und zu dem Hause kamen, wo er verborgen
war. Auf den Knieen liegend und betend, hörte er das Waffen=
geflirr, bis sie sich zuletzt seinem Bergungsorte näherten. Er
hörte die Klingen durch die Holzbeuge stoßen, und mußte sogar

einem Stiche, der von oben herab kam, ausweichen. Endlich vernahm er zu seiner Freude: „Geht, auch da ist er nicht!" Den andern Tag zogen sie ab.

Aber wie konnte Brenz vierzehn Tage von einem Laib Brod leben? Gott hatte einer Henne geboten, ihn zu versorgen. Am ersten Vormittage schlich sich diese Henne zwischen die Holzbeuge und das Dach, und legte ein Ei, nahe zu seinen Füßen; dann ging sie, gegen die Gewohnheit der Hühner, ganz stille wieder weg. Brenz nahm das Ei, schnitt sich ein Stück Brod dazu, und dankte Gott herzlich für diese Mahlzeit. Am andern Tage kam die Henne wieder, und so die vierzehn Tage hindurch immer zu der nämlichen Zeit, daß er täglich sein gutes Mahl genoß. Merk-würdig war es, daß die Henne am funfzehnten Tage nicht mehr kam, wo denn auch Brenz von den Leuten auf der Straße sagen hörte: „Jetzt sind sie fort!" Er blieb der Sicherheit wegen noch bis zum Abend, und feierte den Rest des Tages mit Danken und Loben.

---

122. Sprüchwörter.

1. **W**er hoch steigt, fällt leicht.
2. Spare in der Zeit, so hast du in der Noth.
3. Heute roth, morgen todt;
   Heute stark, morgen im Sarg.
4. Was vom Herzen kommt, das geht zum Herzen.
5. Einigkeit, ein festes Band,
   Hält zusammen Leut und Land.
6. Eine Schwalbe macht noch keinen Sommer.
7. Kommt Zeit, kommt Rath.
8. Keine Regel ohne Ausnahme.
9. Viel Geschrei, wenig Wolle.
10. Vorher gethan, hernach bedacht,
    Hat Manchen in groß Leid gebracht.

---

123. Wie schön leuchtet der Morgenstern.

Im siebenjährigen Kriege waren Schlesien, die Mark und das Sachsenland ganz besonders arg heimgesucht. In vielen Dörfern gab es weder Pferd noch Kuh, weder Milch noch Brod mehr. Die Häuser waren zum Theil niedergebrannt, und in denen, welche noch standen, hatte man weder Ruhe noch Schlaf. Eben hatte ein armer Schulmeister in Schlesien eine solche schlaflose Nacht verbracht und der Gemeinde das Glöckchen zum himmlischen Morgengruße in ihrer Betrübniß geläutet, da stürmte ein schwarzer Husar, mehr Greis als Mann, an sein Haus heran, band sein Pferd an den Fensterladen und forderte die Kirchenschlüssel.

Der Schulmeister und sein Weib, beides treue, fromme Leute, dachten, der Besuch gelte dem silbernen Kelche und den Treffen, die noch um das Altartuch waren. Mit bangem Herzen und schweren Füßen stiegen sie mit dem Kriegsmanne über den Friedhof weg hinauf zur Kirche.

Als sie aber hinein kamen, stieg der Husar, so schnell es sein Alter erlaubte, die Chortreppe hinauf, setzte sich auf eine Bank und befahl dem Schulmeister: „Mache Er die Orgel auf und gebe Er mir ein Gesangbuch!" Der Husar schlug sein Buch auf und befahl weiter, aber in milderem Tone: „Wie schön leuchtet der Morgenstern. Spiel Er das, lieber Schulmeister, aber so recht fein und ordentlich; Er versteht mich wohl."

Das Weib trat die Bälge, der Schulmeister spielte und der Husar sang mit tiefer Baßstimme. Der Schulmeister und seine Frau hinter der Orgel fielen auch mit ein, und so sangen die drei das ganze Lied fertig. Der Husar aber sang so aus Herzensgrunde, daß sich unwillkürlich dazu seine Hände falteten und die hellen Thränen ihm auf seinen grauen Knebelbart fielen.

Als er fertig war, schüttelte er dem Orgelspieler treuherzig die Hand und sagte: „Großen Dank, Herr Cantor! Wo ist der Gotteskasten?" Dem Schulmeister war aller Argwohn verschwunden. Er holte die Armenbüchse. Der Husar steckte ein

Achtgroschenstück hinein, zog dann noch zwei aus der Tasche und sagte: „Darein wollen wir uns theilen; nehme Er eins und eins will ich behalten." Der Cantor schlug es aus, aber der Husar drängte so ungestüm, daß keine Weigerung half: „Nehm Er, nehm Er, es klebt kein Blut daran." Darauf erzählte er dem Schulmeister, er habe in dieser Nacht mit seinen drei Söhnen auf einem verlornen Posten gestanden. Ihm sei bange geworden, nicht um sich, wohl aber um seine Jungen. Da habe er zum HErrn emporgeseufzt: „HErr, erhalte uns!" Kaum habe er dies heraus gehabt, da sei die Dämmerung am Morgenhimmel heraufgezogen und der Morgenstern habe ihm in die Augen geblitzt. Plötzlich sei ihm aus der Jugend das Lied in die Seele gekommen: „Wie schön leuchtet der Morgenstern," und zugleich sei ihm eingefallen, wie lange er sich um den rechten Morgenstern nicht gekümmert, wie lange er keine Kirche betreten habe. Seine Sünden seien ihm lebendig geworden und wie eine Bleilast auf sein Herz gefallen. Das alles habe ihn getrieben, diese Morgenandacht vor dem HErrn zu halten. — Als er das gesagt, bestieg er sein Pferd und ritt davon.

124. Was Vater und Mutter nicht ziehen kann, das zieht der Henker.

Am 23. August 1813, in der Schlacht bei Groß-Beeren rückte ein preußisches Regiment dem Feinde entgegen. Noch war es ziemlich fern vom Kampfplatze, die feindlichen Kugeln gingen alle zu hoch, noch war kein Mann verwundet. Da hob ein Soldat — ich weiß nicht wozu — die rechte Hand in die Höhe, und in demselben Augenblicke ist sie von einer Kanonenkugel weggerissen. Als er sich besann, rief er: „Mit der Hand hab ich heute früh — er stammte aus der Nähe — meinen Vater geschlagen. Ich zankte mit ihm um fünf Thaler, die er mir noch geben sollte." Da lag die Hand sammt den fünf Fingern. — — Luther sagt: „Was Vater und Mutter nicht ziehen kann, das zieht der Henker."

125. Böse Gedanken.

Böse Gedanken sind den Vögeln gleich, die in der Luft umher-
fliegen. Man kann ihnen nicht wehren, daß sie über den Kopf
hinfliegen, wohl aber, daß sie sich auf dem Kopfe ein Nest machen.

126. Der beste Prediger.

Einst schrieb Markgraf Johann von Küstrin an Luther und
forderte von ihm, daß er ihm einen tüchtigen Prediger schicken
sollte. Luther schlug ihm zwei Männer vor; von dem einen
schrieb er, er sei ein sehr gelehrter und in den Wissenschaften
wohlerfahrener Mann; der andere, schrieb er, lese viel in der
Bibel und wisse sie fast auswendig. Johann antwortete, Luther
solle den schicken, der die Bibel auswendig wisse.

127. Das Finkennest.

Wenn der geneigte Leser ein Finkennest in die Hand nimmt
und betrachtet es, was denkt er dazu? Getraut er sich auch, so
eins zu stricken und zwar mit dem Schnabel und mit den Füßen.
Ich glaubs schwerlich. Ja, ich will zugeben, der Mensch vermag viel. Ein geschickter Künstler mit zwanzig feinen Instru-
menten kann nach vielen mißlungenen Versuchen zuletzt etwas
herausbringen, das einem Finkennest gleich sieht und alle, die es
sehen, können es von einem wirklichen Nest, das der Vogel gebaut hat, nicht unterscheiden. Alsdann bildet sich der Künstler
etwas ein und meinet, jetzt sei er auch ein Fink. Guter Freund,
dazu fehlt noch viel. Und wenn ein wahrer Fink, wie du jetzt
einer zu sein glaubst, dazu käme und könnte dein Machwerk durch-
mustern, wie der Zunftherr ein Meisterstück, so würde er den
Kopf ein wenig auf die Seite drücken und dich mit den Augen
kurios ansehen, und so er menschlich mit dir reden könnte, würde
er sagen: „Lieber Mann, das ist kein Finkennest. Ich mags betrachten, wie ich will, so ists gar kein Vogelnest. So einfältig
und ungeschickt baut kein Vogel. Was gilts, du Pfuscher hasts
selber gemacht." Das wird zu dem Künstler sagen der Fink.

Eben so ist es mit einem verachteten Spinnengewebe. Der Mensch kann kein Spinnengewebe machen. Eben so ist es mit dem Gespinnst, worin sich ein Raupenwurm einkleidet. Ein Mensch kann kein Raupengespinnst machen.

Ich will ein Wort mehr sagen. Alle Finkennester in der Welt sehen sich einander gleich, vom ersten im Paradiese an, bis zu dem letzten in diesem Frühlinge. Kein Vogel hats von dem andern gelernt; jeder kanns selber. Die Mutter legt ihre Kunst schon in das Ei. Eben so alle Spinnengewebe, ein jedes nach seiner Art. Man weiß es wohl, aber man denkt nicht daran. Noch ein Wort mehr. Das erste Nest eines Finken ist schon so künstlich wie sein letztes. Er lernts nie besser. Ja manches Thierlein braucht sein Gespinnst nur einmal in seinem Leben und braucht nicht viel Zeit dazu. Es wäre übel, wenn es zuerst eine ungeschickte Arbeit machen müßte und denken wollte: „Für dieses Jahr ists gut genug, übers Jahr mache ich es besser." Noch ein Wort. Jedes Vogelnest ist ganz vollkommen und ohne Tadel. Nicht zu groß und nicht zu klein, nicht zu wenig daran und nicht zu viel, dauerhaft für den Zweck, wozu es da ist. In der ganzen Natur ist kein Lehrplatz, lauter Meisterstücke. Aber der Mensch, was er zur Geschicklichkeit bringen soll, das muß er mit vieler Zeit und Mühe lernen, und bis ers kann, bekommt er manche Ohrfeige vom Meister, der selber keiner ist. Denn kein menschliches Werk ist vollkommen. Hat dein Vater noch nie eine Uhr gekauft und wenn er meinte: jetzt geht sie am besten, so blieb sie stehen? Oder ein Paar Stiefel: einmal sind sie zu eng, ein andermal zu weit, oder in den ersten acht Tagen wird ein Absatz rebellisch und will desertiren?

Was sagst du dazu? Also ist ein Mensch noch weniger als ein Fink? Nichts da!

Denn erstlich: nicht der Vogel baut sein Nest und nicht das Würmlein bettet sein Schlafbett, sondern der liebe Gott thuts durch seine unbegreifliche Allmacht und Weisheit und der Vogel muß nur das Schnäblein und die Füßlein und, so zu sagen, den Namen dazu hergeben. Deswegen kann auch jeder Vogel nur einerlei Nest bauen, wie jeder Baum nur einerlei Blüten und Früchte bringt. Deswegen kann auch der Mensch kein Vogelnest und kein Spinngewebe machen. Gotteswerke macht niemand nach.

Zweitens: wie der liebe Gott an seinem Orte jedem genann= ten Geschöpfe seine Wohnung bereitet, aber nicht alle auf gleiche Art, dem einen so, dem andern anders, wie es nach seinem Be= dürfnisse und Zwecke recht ist, also hat er dem Menschen etwas von dem göttlichen Verstande lassen in die Seele träufeln, daß er ebenfalls für mancherlei Zwecke bauen und handthieren kann, wie er selber glaubt, daß es recht sei. Der Mensch kann ein Schilderhäuslein verfertigen, ein Waschhaus, eine Scheune, ein Wohnhaus, einen Palast, eine Kirche, jedes nach anderer Weise, item eine Kirchenuhr, item eine Orgel, item einen Kalender, was auch etwas heißt. Ein Fink kann nicht zweierlei Nester bauen, er kann auch keinen Kalender schreiben, noch viel weniger drucken.

Drittens hat der liebe Gott dem Menschen die Gnade ver= liehen, daß er in allen seinen Geschäften unten anfangen und sie durch eigenes Nachdenken, durch eigenen Fleiß und Uebung im= mer vollkommener machen kann, wenn schon nie ganz vollkommen. Das ist seine Ehre und sein Ruhm.

-----

128. Was trauerst du doch?

Ein frommer und gottesfürchtiger Mann wußte, daß einer seiner vertrauten Freunde wegen Mangel an Nahrung, sehr be= kümmert war. Er besuchte ihn deshalb, stellte sich traurig und sagte: „Ich weiß nicht, was wir endlich anfangen und wo wir Wasser zum Brauen und anderer Nothdurft hernehmen werden?" „Wie so?" erwiederte der Betrübte, „habt Ihr denn Sorge ums Wasser?" „Freilich", sprach der Erste, „denn ich sehe, daß man's nicht allein mit Eimern aus der Elbe herauf trägt, sondern auch mit großen Fässern, daran vier starke Pferde zu ziehen haben, herauf fährt: wo will endlich alles Wasser herkommen?" Der Andere lächelte und antwortete: „Ich weiß nicht, was ich denken soll, daß Ihr so sonderbare Gedanken habt; die Elbe hat bisher

Waſſer genug gehabt, nicht allein für unſere Stadt, ſondern für ſo viele andere Städte, Flecken und Dörfer, da ſie vorbeifließt, ſie wird auch ferner genug haben." "Wohl," ſagte der Erſte, "ich gebe Euch Recht, ich bekenne, daß ich mir unnöthige Sorge gemacht habe; allein womit wollt Ihr beweiſen, daß Eure Sorgen beſſer ſind, als die meinigen? Ihr ſorgt, wie Ihr Euch und die Eurigen ferner ehrlich ernähren und durchbringen möget, und weil Ihr Abgang an Eurer Nahrung merkt, meint Ihr, Ihr habt Urſache, Euch deshalb zu bekümmern und zu betrüben. Wer hat Euch aber bisher ſo viele Jahre, ja wer hat Eure Eltern und Großeltern ernährt und verſorgt? Hats nicht Gott gethan? Kann ers nicht auch ferner thun? Oder iſt ſeine Segensquelle vertrocknet? Seht doch, wie unnöthig und unnütz unſere Sorgen ſind! Es iſt möglich, daß der Elbſtrom vertrockne, nicht aber, daß Gottes Segen und väterliche Fürſorge für die Seinigen aufhöre. Darum

Was trau'rſt du doch?
Gott lebet noch.
Sorge nicht und halt Gott ſtill,
Es geht doch, wie's Gott haben will.
Laß es gehen, wie es geht,
Wenn es nur zum Himmel geht!"

"Ich danke Euch," ſprach der Bekümmerte, "für die gute Erinnerung; ich bekenne, daß ich meinem lieben Gott unrecht thue, wenn ich durch meine Sorgen mich verſorgen will. Ich will mich befleißigen, daß ich mich der unnützen Sorgen entſchlagen möge. Gott helfe meiner Schwachheit!"

---

129. Fahre nicht zu hoch, halte dich zu deinesgleichen.

Es geſellten ſich ein Rind, eine Ziege und ein Schaf zu einem Löwen, und zogen mit einander auf die Jagd in einen Forſt. Da ſie nun einen Hirſch gefangen und in vier Theile getheilt hatten, ſprach der Löwe: "Ihr wiſſet, daß ein Theil mein iſt, als eures Geſellen; das andere aber gebührt mir als einem

König unter den Thieren; das dritte will ich haben, darum, daß ich stärker bin, und mehr darnach gelaufen und gearbeitet habe, denn ihr alle drei; wer aber das vierte haben will, der muß mirs mit Gewalt nehmen." — Also mußten die drei für ihre Mühe das Nachsehen und den Schaden zu Lohn haben.

Es ist mit Herren nicht gut Kirschen essen, sie werfen einen mit den Stielen. Das ist eine Gesellschaft mit dem Löwen, wo einer allein den Genieß, der andere allein den Schaden hat.

---

130. Sprüchwörter.

1. Steter Tropf höhlt den Stein.
2. In viel Worten ist viel Sünde
3. Wer ein gläsern Dach hat, muß nicht werfen.
4. Strenge Herren regieren nicht lange.
5. Glück und Glas
   Wie bald bricht das!
6. Undank ist der Welt Lohn.
7. Rathen ist leichter als helfen.

---

131. Klageschrift der Vögel an Luthern über seinen Diener Wolfgang Sieberger.

Unserm günstigen Herrn Doctori Martino Luther, Prediger zu Wittenberg.

Wir Drosseln, Amseln, Finken, Hänfling, Stieglitzen, sammt andern frommen, ehrbarn Vogeln, so diesen Herbst über Wittenberg reisen sollen, fügen euer Liebe zu wissen, wie wir gläublich berichtet werden, daß einer, genannt Wolfgang Sieberger, euer Diener, sich unterstanden habe einen großen, frevenlichen Thurst*), und etliche alte verdorbene Netze aus großem Haß und Zorn über uns theuer gekauft, damit einen Finkenherd anzurichten, und nicht allein unsern lieben Freunden und Finken, sondern auch uns allen die Freiheit, zu fliehen in der Luft und auf Erden Körnlin

---

*) so viel als Kühnheit.

zu lesen, von Gott uns gegeben, zu wehren fürnimmet, dazu uns nach unserm Leib und Leben stellet, so wir doch gegen ihm gar nichts verschuldet, noch solche ernstliche und geschwinde *) Thurst umb ihn verdienet. Weil denn das Alles, wie ihr selbs könnt bedenken, uns armen freien Vogeln (so zuvor weder Scheune noch Häuser noch etwas drinnen haben), eine fährliche und große Beschwerung, ist an euch unser demüthige und freundliche Bitte, ihr wollet euren Diener von solcher Thurst weisen, oder wo das nicht sein kann, ihn doch dahin halten, daß er uns des Abends zuvor straue Körner auf den Herd, und Morgens für acht Uhr nicht aufstehe und auf den Herd gehe, so wollen wir dann unsern Zug über Wittenberg hinnehmen. Wird er das nicht thun, sondern uns also frevenlich nach unserm Leben stehen, so wollen wir Gott bitten, daß er ihm steuere und er des Tages auf dem Herde Frösche, Heuschrecken und Schnecken an unser Statt fahe und zu Nacht von Mäusen, Flöhen, Läusen, Wanzen überzogen werde, damit er unser vergesse und den freien Flug uns nicht wehre. Worumb gebraucht er solchen Zorn und Ernst nicht wider die Sperling, Schwalben, Elstern, Dolen, Raben, Mäuse und Ratten? welche euch doch viel Leids thun, stehlen und rauben und auch aus den Häusern Korn, Hafern, Malz, Gersten u. s. w. enttragen; welchs wir nicht thun, sondern allein das kleine Bröckelin und einzelen verfallen Körnlin suchen. Wir stellen solche unsere Sachen auf rechtmäßige Vernunft, ob uns von ihm nicht mit Unrecht so hart wird nachgestellet; wir hoffen aber zu Gott, weil unser Brüder und Freunde so viel diesen Herbst für ihm blieben und ihm entflohen sind, wir wollen auch seinen losen und faulen Netzen, so wir gestern gesehen, entfliehen. Gegeben in unserm himmlischen Sitz unter den Bäumen, unter unserm gewöhnlichen Siegel und Federn.

Sehet die Vögel unter dem Himmel an: sie säen nicht, sie ernten nicht, sie sammeln nicht in die Scheuren und euer himmlischer Vater nähret sie doch. Seid ihr denn nicht viel mehr denn sie? Matth. 6.

*) d. h. ungestüm.

132. Wie man nicht in der Schrift suchen soll.

Es hatte ein sonst christlich gesinnter Mann die Gewohnheit, in Fällen, in welchen er nicht sogleich wußte, was er thun sollte, die Bibel aufzuschlagen; den ersten Spruch, der ihm in die Augen fiel, nahm er dann als die göttliche Antwort und Entscheidung an. Als er dies einstmals bei einer sehr wichtigen Angelegenheit wieder that, kam er auf die Stelle Hesek. 20, 31: „Ich sollte mich euch vom Hause Israel fragen lassen? So wahr ich lebe, spricht der HErr HErr, ich will von euch ungefragt sein." Erschrocken schlug er seine Bibel wieder zu, und erkannte nun, daß ein solches Loosen mit Bibelstellen eine gewisse Versuchung Gottes sei. Von nun an hielt sich der Mann nach dem Befehle Christi: „Suchet in der Schrift." Joh. 5, 39.

133. Obrigkeit ändern und Obrigkeit bessern ist zweierlei.

Man lieset von einer Wittwe, die stund und betete für ihren Tyrannen aufs allerandächtigste, daß ihn Gott ja wollte lange leben lassen ꝛc. Der Tyrann hört's und verwundert sich, weil er wohl wußte, daß er ihr viel Leids gethan hatte, und solch Gebet seltsam war. Denn das gemeine Gebet für die Tyrannen pflegt nicht so zu lauten. Er fragte sie, warum sie so für ihn betete? antwortete sie: „Ich hatte zehen Kühe, da dein Großvater lebete, der nahm mir zwo; da betete ich wider ihn, daß er stürbe, und dein Vater Herr würde. Da das geschah, nahm mir dein Vater drei Kühe. Abermal betete ich, daß du Herr würdest, und er stürbe. Nun hast du mir vier Kühe genommen, darum bitte ich nun für dich, denn ich sorge, wer nach dir kommt, nimmt mir die letzte Kuh auch, mit allem, das ich habe."

Verstehest du diese Fabel? Obrigkeit ändern und Obrigkeit bessern, sind zwei Dinge, so weit von einander, als Himmel und Erden. Aendern mag leichtlich geschehen; bessern ist mißlich und gefährlich. Warum? Es stehet nicht in unserm Willen oder Vermögen, sondern allein in Gottes Willen und Hand.

134. Sprüchwörter.

1. **Es** geschieht nichts Neues unter der Sonne.
2. Ein Schelm giebt mehr, als er hat.
3. Ein magerer Vergleich ist besser als ein fetter Proceß.
4. Die kleinen Diebe hängt man auf, die großen läßt man laufen.
5. Man soll den Tag nicht vor dem Abend loben.
6. Hochmuth kommt vor den Fall.
7. Gut Ding will Weile haben.
8. Keine Rosen ohne Dornen.
9. Wer seine Schulden bezahlt, vermehrt sein Vermögen.
10. Unversucht, unerfahren.

135. Ein Narr fragt viel, worauf kein Weiser antwortet.

Das muß zweimal wahr sein. Fürs erste kann gar wohl der einfältigste Mensch eine Frage thun, worauf der Weiseste keinen Bescheid zu geben weiß. Denn Fragen ist leichter als Antworten, wie Fordern oft leichter ist als Geben, Rufen leichter als Kommen. Fürs andere könnte manchmal der Weise wohl eine Antwort geben, aber er will nicht, weil die Frage einfältig oder vorwitzig ist, oder weil sie zur Unzeit kommt. Gar oft er= kennt man ohne Mühe den einfältigen Menschen am Fragen und den Verständigen am Schweigen. Da heißt es denn mit Recht: „Keine Antwort ist auch eine Antwort."

Den Doctor Luther fragte einst jemand, was wohl der liebe Gott vor Erschaffung der Welt gemacht habe? Da antwortete Luther, er habe in einem Birkenwäldchen gesessen und Ruthen geschnitten für die unnützen Frager.

136. Die Sünden der Väter heimgesucht an den Kindern.

Merkwürdig ist die Geschichte eines angesehenen Bürgers, eines Vaters sieben wohlgewachsener Söhne, die aber sämmtlich stumm waren. Der Kummer über das Unglück seiner Kinder nagte dem Vater beständig am Herzen, und er konnte es nicht begreifen, wie ihn Gott vor andern Vätern heimsuche. Einst führte er seine stummen Söhne auf einen benachbarten Meierhof, wo man bei einem alten Schweizer frische Milch, Butter und Käse aß. Der bedrängte Vater warf mitleidige Blicke auf seine Söhne, die gesund und rosenwangig um den Tisch saßen, aber — stumm waren. Thränen träufelten über seine Wangen, und er ächzte gen Himmel: „O Gott, womit habe ich das verdient!"— Der alte Schweizer, der dies alles bemerkte, nahm den Vater auf die Seite, und sagte mit deutscher Treuherzigkeit zu ihm: „Ich sehe wohl, es kränkt Euch, daß Eure Söhne stumm sind: aber mich wunderts nicht! Wißt Ihr noch—ich kenne euch ja von Jugend auf—wie Ihr als Knabe den Vögeln Schlingen legtet, und wenn Ihr sie finget, ihnen die Zunge aus dem Halse rißet, und sie mit boshafter Freude wieder fliegen ließet? — O, die Vöglein unter dem Himmel, die nun mit ihrem Gesang Gott nicht mehr preisen konnten, haben Euch verklagt, und es scheint, Ihr sollt aus dem Munde Eurer Kinder nie den süßen Vaternamen hören."

137. Räthsel.

Ohne Schiff und ohne Mast,
Ohne Segel, ohne Brücken
Trag ich deines Körpers Last'
Schnell auf blauer Fluten Rücken.
Nicht zum Sitzen, nein, zum Stehen
Ist mein Fahrzeug nur gemacht,
Du mußt stehen, schweben, gehen,
Sonst nimm deinen Kopf in Acht.

138. Die Christenverfolger und die Christen in Bithynien.

In dem Lande Bithynien war eine Christengemeinde, die von den Heiden hart verfolget wurde, also, daß sie nur bei Nacht in Wäldern und Klüften sich versammeln konnte, den HErrn zu preisen. Es war aber allda ein Mann, Namens Milas, der ging umher und spähete, wo Christen waren, und zeigte sie an

bei dem Landpfleger aus Bosheit und um schnöden Gewinnst.
Und wenn die Christen gepeinigt wurden, höhnete er sie. Aber nach
einiger Zeit, da er Hader bekommen hatte mit seinen Gesellen
um den Lohn, brachen diese in sein Haus und schlugen ihm viele
Wunden, und ließen ihn für todt in seinem Blute liegen; aber alle
seine Habe nahmen sie mit sich. Also war er so arm, als er nim=
mer gewesen, noch je gedacht hatte, zu werden, und sein Weib und
Kinder seufzten in Hunger und Kummer, also, daß sie mit dem
Vater zu sterben gedachten. Denn Niemand erbarmte sich ihrer.

Als nun solches der Christengemeinde bekannt wurde, sam=
melten sie eine Beisteuer, und ein jeglicher gab reichlich von seiner
Armuth, nach dem er hatte. Und sie sandten am Abend einen
aus ihrer Mitte, daß er ihnen brächte. Da er nun in ihr Haus
trat, jammerte die Mutter, und die Kinder schrieen und wehklag=
ten vor Hunger und Elend. Als sie aber den Fremdling sahen,
erschracken sie und verstummten. Da that der Fremdling seinen
Mund auf und sprach mit sanfter Stimme: „Fürchtet Euch nicht;
ich bringe Euch einigen Trost und Erquickung, Eure Noth zu mil=
dern." Darauf reichte er dar einen Vorrath von Lebensmitteln
und die Beisteuer, hinreichend für viele Tage. Als nun das
heidnische Weib den Fremdling ansah, da rief sie laut auf mit
Schrecken: „O ihr Götter! Du bist einer von denen, die wir
verfolgten!" Denn das Weib hatte auch heimlich verkundschaf=
tet, und dem Manne bedeutet, wo Christen wären. „Uns, Dei=
nen Feinden," sagte sie, „erweisest Du solches Erbarmen!" Ihr
Mann aber stöhnte, denn er war voller Schmerzen. Da sprach
der Abgesandte: „Danket mir nicht. Ich komme in dem Namen
des HErrn, den Ihr verfolget und der uns gelehret hat, unsere
Feinde zu lieben, und denen wohlzuthun, die uns hassen und ver=
folgen." Darauf sagte er: „Jetzt pfleget des Kranken, und wol=
let Ihr dankbar sein, so verschweiget, was Euch hier widerfahren
ist, damit Euch ferner geholfen werde." Als er hinweg war,
ward eine Stille in der Kammer; das Weib aber weinte mit vie=
len Thränen, und sagte mehrmals: „Ist das der Herr, den
wir verfolget haben?" Und sie pflegte ihres Mannes und

seiner Wunden mit Binden und Salben, die auch zu der Beisteuer gelegt waren, und sagte einmal über das andere: „Ist das der Herr, den wir verfolget haben?" Nach etlichen Tagen starb Milas und ward begraben. Da kam am Abend der Fremdling in das Haus und brachte der Wittwe die Steuer der Gemeinde. Da fiel sie auf ihr Angesicht und weinte bitterlich und sprach: „O Herr, was soll ich thun? und wie soll ich danken? und wie soll ich meine Sünde bedecken?" — Da hob er sie auf und sprach: „Glaube an den Herrn Jesum, so wirst Du und Dein Haus selig." Und sie ward gläubig mit ihrem ganzen Hause; und nachdem sie mit dem Schwerte enthauptet worden, hat sie die Krone des Lebens empfangen, die der Herr geben wird Allen, die ihn lieb haben.

---

139. Alles was wir haben, das sind Gottes Gaben.

Als einst ein Soldat sah, daß in Kaiser Siegismunds Gegenwart Wasser in einen Strom gegossen wurde, wagte er es, den Kaiser also anzureden: „So machts Ew. Majestät auch und pflegt Wasser in den Strom zu tragen. Den Reichen, die schon genug haben, gebt Ihr alle Tage; meiner aber, als eines armen Soldaten, wollt Ihr nicht gedenken." Der Kaiser sprach: „Fürwahr, ich weiß mich selbst nicht zu besinnen, daß ich Dir viel Gutes gethan hätte, und ich bin Dir doch allezeit von Herzen günstig gewesen; Du bist mir aber nicht eingefallen. Es muß Dir nicht von Gott bescheret sein." „Ja, beschert," sagte der Soldat, „so sprechen die Leute, die nicht gern geben. Wenn mir Ew. Majestät nur etwas verehrte, es würde mir von Gott wohl beschert sein." „Wohlan," sprach der Kaiser, „wir wollens versuchen, ob die Ursache bei mir oder bei Gott stehe." Hierauf ließ er zwei Büchsen füllen, eine so schwer, als die andere, eine mit Blei, die andere mit Gold, und sprach zum Soldaten: „Versuche denn, ob Du die Goldbüchse erwählen kannst." Der Soldat hatte die Wahl, besann sich, griff endlich zu und — erwischte die Bleibüchse. „Da siehest Du," sprach der Kaiser, „daß alle Gaben von Gott kommen; wer etwas in der Welt will haben, muß es von Gott erbetteln."

---

140. Schreckliche Unglücksfälle in der Schweiz.

Hat jede Gegend ihr Liebes, so hat sie auch ihr Leides, und wer manchmal erfährt, was an andern Orten geschieht, findet wohl Ursache, zufrieden zu sein mit seiner Heimath. Hat zum Beispiel die Schweiz viel heerdenreiche Alpen, Käse und Butter und Freiheit, so hat sie auch Lawinen. Der zwölfte December des Jahres 1809 brachte für die hohen Bergthäler dieses Landes eine fürchterliche Nacht und lehrt uns, wie ein Mensch wohl täg= lich Ursache hat, an das Sprüchlein zu denken: „Mitten wir im Leben sind mit dem Tod umfangen." Auf allen hohen Bergen lag ein tiefer, frisch gefallener Schnee. Der zwölfte December brachte Thauwind und Sturm, also daß jedermann wohl an gro= ßes Unglück denken mußte. Wer sich und seine Wohnung für sicher hielt, schwebte in Betrübniß und Angst für die Armen, die es treffen werde, und wer sich nicht für sicher hielt, sagte zu sei= nen Kindern: „Morgen geht uns die Sonne nimmer auf," und wenn er fromm war, bereitete er sich zu einem seligen Ende. Da rissen sich auf einmal und an allen Orten von den Firsten der höchsten Berge die Lawinen oder Schneefälle los, stürzten mit entsetzlichem Tosen und Krachen über die langen Halden herab, wurden immer größer und größer, schossen immer schneller und schneller, toseten und krachten immer fürchterlicher und jagten die Luft vor sich hin und so durcheinander, daß im Sturm, noch ehe die Lawine ankam, ganze Wälder zusammenkrachten und Ställe, Scheuern und Walbungen wie Spreu davon flogen, und wo die Lawinen sich in den Thälern niederstürzten, da wurden stunden= lange Strecken mit allen Wohngebäuden, die darauf standen, und mit allem Lebendigen, was darin athmete, erdrückt und zerschmet= tert, wenn es nicht wie durch ein göttliches Wunder gerettet wurde. So ging es in Sturnen im Kanton Uri. Nach dem Abend= segen sagte der Vater zu der Frau und den drei Kindern: „Wir wollen doch auch noch ein Gebet verrichten für die armen Leute, die in dieser Nacht in Gefahr sind." Und während sie beteten, donnerte schon aus allen Thälern der ferne Wiberhall der La=

winen und während sie noch beteten, stürzte plötzlich sogar das eigene Haus und der Stall zusammen. Der Vater wurde vom Sturmwinde hinweggeführt hinaus in die fürchterliche Nacht, unten am Berge abgesetzt und von dem nachwehenden Schnee begraben. Noch lebte er; als er aber den andern Morgen mit unmenschlicher Anstrengung sich hervorgegraben und die Stätte seiner Wohnung wieder erreicht hatte und sehen wollte, was aus den Seinigen geworden sei: da war nur Schnee und Schnee und kein Zeichen einer Wohnung, und keine Spur des Lebens mehr wahrzunehmen. Doch vernahm er nach langem, ängstlichem Rufen, wie aus einem tiefen Grabe, die Stimme seines Weibes unter dem Schnee herauf. Und als er sie glücklich und unbeschädigt hervorgegraben hatte, da hörten sie plötzlich noch eine bekannte und liebe Stimme: „Mutter, ich wäre auch noch am Leben,‟ rief ein Kind, „aber ich kann nicht heraus.‟ Nun arbeiteten Vater und Mutter noch einmal und brachten auch das Kind hervor; ein Arm aber war ihm abgebrochen. Da ward ihr Herz mit Freuden und Schmerzen erfüllt und von ihren Augen flossen Thränen des Dankes und der Trauer. Denn die zwei andern Kinder wurden auch noch herausgegraben, aber todt.

In Pilzeig, ebenfalls im Kanton Uri, wurde eine Mutter mit zwei Kindern fortgerissen und unten in der Tiefe vom Schnee verschüttet. Ein Mann, ihr Nachbar, den die Lawine ebenfalls dahin geworfen hatte, hörte ihr Wimmern und grub sie hervor. Aber als sie umherschauten, kannten sie die Gegend nicht mehr, in der sie waren. Ihr Retter selbst war ohnmächtig niedergesunken. Neue Hügel und Berge von Schnee, und ein entsetzlicher Wirbel von Schneeflocken erfüllete die Luft. Da sagte die Mutter: „Kinder, hier ist keine Rettung möglich; wir wollen beten und uns dem Willen Gottes überlassen.‟ Und als sie beteten, sank die siebenjährige Tochter sterbend in die Arme der Mutter, und als die Mutter mit gebrochenem Herzen ihr zusprach und ihr Kind der Barmherzigkeit Gottes empfahl, da verließen sie ihre Kräfte auch und sie sank, mit der Leiche ihres Kindes im Schoße, ebenfalls leblos danieder. Die andere eilfjährige Tochter drückte weinend der Mutter und Schwester die Augen zu und arbeitete sich mit unsäglicher Mühe und Gefahr erst zu einem Baume, dann zu einem Felsen hinauf und kam gegen Mitternacht endlich an ein Haus, wo sie zum Fenster hinein aufgenommen und mit den Bewohnern des Hauses erhalten wurde.

---

141. „Der Gottlose fleucht und niemand jagt ihn." Spr. 28, 1.

Es kommt ein Wanderer am späten Abend in ein Wirths= haus und setzt sich still hinter den Tisch in eine Ecke; der Wirth sitzt auf der Ofenbank und nickt, der Knecht mitten in der Stube und macht eine Schnur an seine Peitsche. Da schreit auf ein= mal der Wirth: „Hans Jörg, siehst du denn nicht? Ein Räu= ber *)!" Und der Knecht fährt auf, will das Licht auf dem Tische putzen, das stark geschmolzen war wegen eines Knotens im Dochte. Aber auch der Gast fährt auf und hinter dem Tische hervor, mit zwei Sprüngen zur Thür hinaus. Darüber fällt ihm eine Pi= stole aus der Tasche und der Wirth sah nun, daß er zwei Räu= ber in der Stube gehabt, einen auf dem Tische und einen hinter demselben. — Also läuft das böse Gewissen vor einem Knoten im Dochte davon.

---

142. Christlicher Sieger.

Als Karl XII., König von Schweden, einen großen Sieg über die Russen erfochten hatte und seine Generäle fragte, was er mit den Gefangenen machen sollte? antwortete einer: „Pfannkuchen backen!" — womit er zu erkennen gab, daß der König sie niedersäbeln lassen sollte. „Ja," erwiderte Karl, „Pfannkuchen backen!" — Er ließ diese auch wirklich backen, speisete und tränkete die Gefangenen, und schickte sie frei dem Feinde zurück. „Hat uns der HErr," sagte er, „zehntausend Pfund erlassen, so können wir unsern Mitmenschen wohl hun= dert Groschen schenken" — denn kurz vorher hatte er sich das Evangelium vom Schuldknechte, nebst der Erklärung, aus einer Postille vorlesen lassen.

---

*) So nennt man nämlich ein zurück bleibendes, ausgebranntes Stück Docht.

143. Kleider machen Leute.

Zu Marburg im Lande Hessen lebte einst ein vornehmer Professor, mit Namen Hermann Busch. Der ging eines Tages in seinen Alltagskleidern über den Markt. Niemand beachtete und grüßte ihn. Er ging heim, zog sein Festtagskleid an, welches ein schöner Sammtpelz war, und ging wieder über den Markt. Da grüßte ihn und bückte sich vor ihm Jedermann. Das verdroß ihn, er ging nach Hause, warf den Sammtpelz auf den Boden und sprach: „Pelz, bist du der Doctor Busch oder bin ich's?"

144. Sprüchwörter.

1. Wer bald giebt, giebt doppelt.
2. Jeder fege vor seiner Thür.
3. Groß sein thut es nicht allein,
   Sonst holte die Kuh den Hasen ein.
4. Heute mir, morgen dir.
5. Mit der Zeit pflückt man Rosen.
6. Neue Besen kehren gut.
7. Ein Sperling in der Hand ist besser als zehn auf dem Dache.
8. Besser des Freundes Wunden als des Feindes Kuß.
9. Wie der Herr, so der Knecht.
10. Wer Recht nicht leiden will, darf über Gewalt nicht klagen.

145. Der Katechismus-Doctor.

Kurfürst August von Sachsen (gest. 1586), jener gottesfürchtige Fürst, der sich das Zustandekommen der Concordienformel so angelegen sein ließ, daß er darauf über 80,000 Reichsthaler gewendet, redete einmal einen seiner Hofprediger an mit der Frage: „Wie studirt mein Sohn?" Als nun derselbe antwortete: „Wohl! Gott dem Herrn ist zu danken," hielt der Kurfürst weiter an: „Ei, sagt mir recht zu!" Er aber replicirte wieder demüthigst: „Gnädigster Kurfürst, ich danke zu Gott, es läßt sich alles wohl an, ob er gleich studirt, wie ein Herr." Worauf der höchlöbliche Regent angefangen zu lachen und ge= sagt: „Das ist eine gute Antwort, wohlan, er soll kein großer Doctor werden. Er soll mir aber gleichwohl ein Katechismus= Doctor werden, sonst töchte (taugt) er nichts zum Herrn."

146. Pipin der Kleine.

„Der Stärkste soll König der Starken sein,
Der größte Herrscher der Großen!
Nicht ziemts, daß Jenem, so schwach als klein,
Die mächtigen Recken Gehorsam weih'n;
Zu Childerich sei er verstoßen!"

So murmelts frecher und frecher im Heer,
So höhnen die kecken Vasallen.
„O seht auf die Franken, ihr Völker her,
Der Kleine, der Kurze — ihr Fürst ist er,
Wohl wirds euch herrlich gefallen!"

„Seht, wenn er reitet auf mächtigem Gaul,
— Ein Aefflein auf hohem Kameele —
Reicht just sein Helmbusch dem Marschall ans Maul;
Doch ist er auch klein, so ist er nicht faul
Zu trotzigem, stolzen Befehle."

Und wohl vernimmts der wackre Pipin,
Bemerkt, wie die Grollenden flüstern,
Mit Murren folgend nach Welschland ziehn,
Ihm säumig gehorchen und frevelhaft kühn
Sich mürrischer täglich verdüstern.

Und stark im Geiste gewaltig und klug
Erwägt ers mit weisen Gedanken:
„Sei heut des Weges, der Mühe genug,
Gehemmt der Schaaren gewaltiger Zug!
Errichtet zum Festspiel die Schranken!"

„Herbei werd gebracht der gewaltige Leu!
Den Kämpfer will ich ihm stellen!" —
Wohl seltsam scheint die Bestellung und neu,
Und mit Neugier murmeln, es murmeln mit Scheu
Die trotzigen, stolzen Gesellen.

Rings wird der Platz mit Gittern umhegt,
Dahinter die Sitze der Ritter,
Erhaben des Königs Balkon. — Da frägt
Wohl Jeder, zu Unmuth und Sorgen erregt:
„Wie schwach doch, wie schwankend das Gitter!"

„Ein Ruck mit der mächtigen Tatz, und es fällt,
Und das Ungethüm sitzt uns im Nacken.
Doch der dort oben, der winzige Held,
Wohl hat er sich trefflich sicher gestellt,
Zu schaun, wie die Krallen uns packen!"

Und der Leu wird gebracht im vergitterten Haus,
An der Schranke geöffnet das Pförtchen,
Und der Thiere König, er schreitet heraus,
Und die Ritter erfasset nun Schrecken und Graus,
Und keiner redet ein Wörtchen.

Doch zweifelnd sieht sich der Löwe befrei'n
Und reckt in der Freiheit die Glieder,
Und schreitet getrost in die Schranken hinein,
Und zeigt der Zähne gewaltige Reih'n,
Laut gähnend, und strecket sich nieder.

Vom Balkon ruft Pipin mit donnerndem Laut:
„Ihr männlichen, trotzigen Krieger,
Da schaut ein Kampfspiel, ein würdiges, schaut!
Wer sich zu messen mit diesem getraut,
Den nenn ich den ersten der Sieger."

Und ein Zischeln, ein Murmeln, ein Murren erklingt
Dumpf nur im Beginnen und leise,
Bald, wie wenn, stärker und stärker beschwingt,
Mit wogenden Fluthen die Windsbraut ringt,
So sauset's und brauset's im Kreise.

Und kecklich hervor tritt Gerhard vom Stern,
Der frechste der frechen Kumpane:
„Der Vortanz verbleibe dem König und Herrn!
Auf, tanze denn Hoheit, wir lassen dir's gern,
Herab vom sichern Altane!"

„So sei's!" spricht Pipin, und sich schwingend im Satz
Springt der Kurze, doch markig und sehnig,
Vom Balkon herab auf den sandigen Platz:
„Auf Bruder Leu, auf, wetze die Tatz!
Auf König! dich fordert ein König!"

Und schlägt ihn mit flacher Kling auf den Bug
Und erregt ihm den Grimm in der Seele.
Auf schnellt der Leu, wuthschnaubend im Flug,
Doch dringt, eh die Tatze, die zuckende schlug,
Das Schwert durch den Rachen zur Kehle.

Und das Blut entsprudelt dem grausigen Schlund,
Und über sich stürzt er und wendet
Drei, viermal die Augen, rollend im Rund,
Drei, viermal geißelt der Schweif den Grund
Und er streckt sich und zuckt und verendet.

Stolz schaut der König im Kreise herum,
Und die Ritter athmen beklommen
Und blicken zu Boden erstaunt und stumm,
Und der Hohe dreht still verachtend sich um —
Kein Murren war weiter vernommen.

---

147. Der Maulwurf.

Unter allen Thieren, die ihre Jungen säugen, ist der Maul=
wurf das einzige, das seiner Nahrung allein in dunkeln Gängen
unter der Erde nachgeht. Und an dem einen ists schon zu viel, wird
Mancher sagen, der an seine Wiesen und Aecker denkt, wie sie mit
Maulwurfshügeln bedeckt sind, wie der Boden zerwühlt und durch=
löchert wird, wie die Gewächse oben absterben, wie das heimtücki=
sche Thier unten an den Wurzeln gräbt. Nun, so wollen wir denn
Gericht halten über den Missethäter. Wahr ists und nicht zu leug=
nen, daß er durch seine unterirdischen Gänge hin und wieder den
Boden durchwühlt und ihm etwas von seiner Festigkeit raubt.
Wahr ist es ferner, daß durch die herausgestoßenen Grundhaufen
viel fruchtbares Land bedeckt und die darunter liegenden Keime
im Wachsthum gehindert, ja erstickt werden können. Dafür ist
jedoch in einer fleißigen Hand der Rechen gut. Aber wer hats
gesehen, daß der Maulwurf die Wurzeln abfrißt? Wer kanns
behaupten? Nun, man sagt so: „Wo die Wurzeln abgenagt
sind und die Pflanzen sterben, wird man auch Maulwürfe fin=
den; und wo keine Maulwürfe sind, geschieht das auch nicht.
Folglich thuts der Maulwurf.“ Der das sagt, ist vermuthlich

der Nämliche, der einmal so behauptet hat: „Wenn im Früh=
ling die Frösche zeitig quacken, so schlägt auch das Laub bei
Zeiten aus. Wenn aber die Frösche nicht zeitig quacken wollen,
so will auch das Laub nicht heraus. Folglich quacken die Frösche
das Laub heraus." — Seht doch, wie man sich irren kann! Aber
da kommt ein Advocat des Maulwurfs, ein erfahrener Farmer
und Naturbeobachter, der sagt so: „Nicht der Maulwurf frißt
die Wurzeln ab, sondern die Butten, Quaden und Engerlinge,
die unter der Erde sind, aus welchen nachher die Maikäfer und
anderes Ungeziefer kommen. Der Maulwurf aber frißt die
Engerlinge und reinigt den Boden von diesen Feinden." Jetzt
also wird es begreiflich, warum der Maulwurf immer da ist, wo
das Gras und die Pflanzen krank sind und absterben, weil die
Engerlinge da sind, denen er nachgeht und die er verfolgt. Und
dann muß er es gethan haben, was diese anstellen, und bekommt
für eine Wohlthat, die er euch erweisen will, des Henkers Dank.
„Das hat wieder einer in der Stadt erfunden, oder aus Büchern
gelernt," werdet ihr sagen, „der noch keinen Maulwurf gesehen
hat." Halt, guter Freund! der das sagt, kennt den Maulwurf
besser als ihr alle; ihr könnt zweierlei Proben anstellen, ob er
die Wahrheit sagt. Erstlich, wenn ihr dem Maulwurf in den
Mund schaut. Denn alle vierfüßigen oder Säugethiere, welche
zum Nagen am Pflanzenwerk bestimmt sind, haben in jeder Kinn=
lade, oben und unten, nur zwei einzige und zwar scharfe Vor=
derzähne und gar keine Eckzähne, sondern eine Lücke bis zu den
Stockzähnen. Alle Raubthiere aber, welche andere Thiere fan=
gen und fressen, haben sechs und mehrere spitzige Vorderzähne,
dann Eckzähne auf beiden Seiten und hinter diesen zahlreiche
Stockzähne. Wenn ihr nun das Gebiß eines Maulwurfs be=
trachtet, so werdet ihr finden: er hat in der obern Kinnlade sechs
und in der untern acht spitzige Vorderzähne und hinter denselben
Eckzähne auf allen vier Seiten, und daraus folgt: er ist kein
Thier, das an Pflanzen nagt, sondern ein kleines Raubthier,
das andere Thiere frißt. Zweitens, wenn ihr einem getödteten
Maulwurf den Bauch aufschneidet und in den Magen schaut.

Denn was er frißt, muß er im Magen haben, und was er im Magen hat, muß er gefressen haben. Nun werdet ihr, wenn ihr die Probe machen wollt, nie Wurzelfasern oder so etwas in dem Magen des Maulwurfs finden, aber immer die Häute von Engerlingen, Regenwürmern und anderm Ungeziefer, das unter der Erde lebt.

Den großen Nutzen erkennend, den der Maulwurf gewährt, hat man im Osten der Vereinigten Staaten angefangen, ihn von Europa einzuführen, da er hier nicht heimisch ist.

Wie siehts nun aus? Wenn ihr nun, wie manche Leute in Europa, den Maulwurf recht fleißig verfolgt und mit Stumpf und Stiel vertilgen wollt, so thut ihr euch selbst den größten Schaden und den Engerlingen den größten Gefallen. Da können sie alsdann ohne Gefahr eure Wiesen und Felder verwüsten, wachsen und gedeihen und im Frühjahr kommt alsdann der Maikäfer und frißt euch die Bäume kahl, wie Besenreis. So siehts aus! — Und so siehts aus mit manchem Thiere, das die Unkunde für schädlich hält.

---

148. Der gute Rechenschüler.

Ende vorigen Jahrhunderts lebte in einem hannoverschen Städtchen die Wittwe eines Rechtsgelehrten mit ihrem eilfjährigen Sohne. Der Vater hatte wenig hinterlassen. So nährte sie sich zum größten Theil von ihrer Hände Arbeit und ihres freudigen Gottvertrauens. Ihr Philipp aber war in der Schule und bei dem Pfarrer in der Kinderlehre immer der Erste, auch frisch und gesund und bei Allen wohlgelitten. Wider seine Gewohnheit kehrt er eines Tages ganz langsam und betrübt aus der Schule heim. Gefragt, was ihm fehle, antwortet er bloß: „Ach, Mutter, es ist alles vorbei!" Nach längerem, freundlichem Zureden bringt sie endlich Folgendes heraus: „Ich wollte doch gern Kaufmann werden und gab mir recht Mühe, gut rechnen zu lernen. Vorigen Herbst war ich mit dem ersten Hefte des Rechenbuches fertig. Da bat ich den Lehrer, er solle mich nun

Brüche rechnen laſſen. Er aber ſagte, beim Rechnen komme es
hauptſächlich auf Schnelligkeit an, und ich ſolle zur Uebung noch
einmal von vorn anfangen. Das that ich auch, und heute kam
ich zum zweiten Male durch. Als ich ihm wieder in den Ohren
liege, mich nun die Bruchrechnung anfangen zu laſſen, nimmt
er mich mit in ſeine Wohnſtube und ſpricht: „Höre, Philipp,
ich bin nun ſchon 40 Jahre hier Schulmeiſter, und es iſt mir
noch nicht vorgekommen, daß einer hat wollen Brüche rechnen
lernen; das iſt eine ſchwierige und verwickelte Rechnung, ich
verſtehe ſie ſelber nicht, bin auch die 75 Jahre meines Lebens
ganz gut ohne ſie durchgekommen, und du wirſt ſie gleichfalls
nicht ſo nöthig haben. Sei nur ein braver Junge und — rede
nicht zu den andern Kindern davon, was ich dir jetzt geſagt
habe.“ Dabei gab er mir freundlich die Hand und ging. Aber
ich bitte dich, Mutter, wie ſoll ich wohl ein Kaufmann werden,
wenn ich keine Brüche rechnen kann?“ — Während dies zwiſchen
Mutter und Sohn noch verhandelt wird, tritt der Poſtbote herein
mit einem Briefe an Wittwe Hardt. Er iſt vom Vetter in
Hamburg, der nach ſeinem Pathen Philipp fragt, und wenn der-
ſelbige Luſt habe, ſo wolle er ihn zu ſich nehmen und noch ein
paar Jahre in die Schule ſchicken, um darnach, wills Gott,
einen tüchtigen Kaufmann aus ihm zu machen. Bald iſt das
kleine Bündel geſchnürt und Abſchied genommen. Das wird
ihm am ſchwerſten von Vaters Grabe und von der Mutter. Im
Geleite eines Fuhrmanns kommt er am dritten Tage glücklich
nach Hamburg. Weil jener vor der Stadt ausſpannt, muß er
ganz allein in das Gewühl von Menſchen und Gaſſen hinein.
Eine große Kirche zieht vor allem ſeine Blicke auf ſich. Er
bleibt ſtehen, faltet unwillkürlich die Hände und ſieht mit ehr-
furchtsvollem Staunen zu dem hohen Thurme hinauf. Als er
weitergehen will, ſieht er vor der Kirche einen feſtgemachten
Kaſten mit der Ueberſchrift „Was ihr gethan habt einem unter
dieſen meiner geringſten Brüder, das habt ihr Mir gethan.“
Ohne ſich lange zu beſinnen, ſteckt er ſeine letzten zwei Groſchen
Reiſegeld hinein. Bei dem Vetter wird er liebreich aufgenom-

men. Es ist sein zweites Vaterhaus geworden. Er hat auch
Brüche rechnen gelernt und mehr noch. — Seit jener Zeit sind
etliche 60 Jahre vergangen, und schon viermal haben die Blu=
men auf Herrn Philipp Hardt's Grabe geblüht. Er ist ein ge=
schickter und wohlhabender Kaufmann geworden und was mehr
noch ist: ein frommer Christ.

Seiner Mutter hat er einen heitern, sorgenfreien Lebens=
abend bereitet, wie er sich gewünscht, als er mit Kaufmannsge=
danken umging in seinen Kinderjahren, hat überhaupt wohlzu=
thun und mitzutheilen nicht vergessen, so daß sein Andenken bei
Vielen im Segen bleiben wird.

---

149. Hund und Schaf.

Der Hund sprach ein Schaf vor Gericht an um Brod, das
er ihm geliehen hätte. Da aber das Schaf leugnete, berief sich
der Hund auf Zeugen, die mußte man zulassen. Der erste Zeuge
war der Wolf, der sprach: „Ich weiß, daß der Hund dem Schaf
Brod geliehen hat;" der Weihe sprach: „Ich bin dabei gewesen;"
der Geier sprach zum Schaf: „Wie darfst du das so unverschämt
leugnen?" Also verlor das Schaf seine Sache und mußte mit
Schaden zur unebenen Zeit seine Wolle angreifen, damit es das
Brod bezahlte, das es nicht schuldig geworden war.

Hüte dich vor bösen Nachbarn oder schick dich auf Geduld,
willst du bei Leuten wohnen. Denn es gönnet Niemand dem
Andern etwas Gutes, das ist der Welt Lauf.

---

150. „Was hülfe es dem Menschen, so er die ganze Welt gewönne, und nähme doch Schaden an seiner Seele." Matth. 16, 26.

Ein reicher Mann in Paris hatte sich zu einem Keller, in
welchem er seine Schätze verwahrte, eine eiserne Thüre machen
lassen, welche mit einem überaus künstlichen Schlosse versehen
war. Der Meister, welcher dasselbe ausgesonnen hatte, warnte
ihn gleich, als er es anbrachte, und bat ihn, bei dem Hinein=
gehen nie die Befestigung der Springfeder zu vergessen, da er,

wenn dieselbe abschnappe, unfehlbar in dieselbe Falle fallen
würde, die er etwaigen Dieben legen wolle, denn das Schloß
dann von innen zu öffnen, würde unmöglich sein.

Mehrere Jahre hindurch beobachtete der Mann pünktlich diese
Weisung. Er stieg täglich in den Keller hinab, von dem Niemand
außer ihm und jenem Schlosser etwas wußte; nicht einmal seiner
Gattin, welcher er, wenn er dorthingeben wollte, vorlog, daß er
spazieren gehe, war der Ort bekannt. War er dort angekommen,
so mochte er sich wohl gar auf den vollen Geldsäcken herumwälzen;
seine Wonne wird gewesen sein, sie immer von neuem zu zählen,
sie anders zurechtzustellen; und konnte er gar den schon da stehen-
den einen neuen hinzufügen, so wird seine götzendienerische Freude
keine Grenzen gekannt haben. Es ist ja das die Art der Mam-
monsdiener.

So war er denn auch eines Tages hinabgestiegen, um sich
an dem Anblicke seines Götzen zu erfreuen, öffnete die Thür, sah
seine Geldsäcke der Reihe nach da stehen und in der Aufregung
über diesen Anblick vergißt er die Springfeder festzubinden. Sie
springt ab — und nun ist er eingeschlossen, alles Rütteln an der
Thür, alles Brechen an dem Schlosse ist vergeblich: das harte
Metall spottet seiner ohnmächtigen Anstrengungen. Er ist umgeben von seinen Schätzen, aber alles Gold vermag nicht, das
Eisen zu sprengen, oder ihm einen Bissen Brod und einen Trunk
Wasser zu verschaffen, um ihn von dem Hungertode zu retten.
Was der unglückliche Mann dort unten ausgehalten, welche
Kämpfe er hat durchmachen müssen, das weiß Gott allein. Aus
seinem Kerker konnte kein Ruf, kein Schrei zu den Menschen
gelangen; Niemand wußte, wo er war. An allen Orten, wo man
ihn nur irgend vermuthen konnte, wurde er gesucht, aber vergebens. Endlich, nach Verlauf mehrerer Tage, hörte der Schlosser
von diesem plötzlichen Verschwinden. Er muthmaßte den schrecklichen Vorgang, ging und zeigte den geheimen Ort an. Mit
Gewalt wurde die Kellerthür erbrochen — mit wundgeriebenen
Händen und den Spuren eines furchtbaren Todeskampfes im Gesichte lag der reiche Mann auf seinen Geldsäcken verhungert da!

151. Sprüchwörter.

1. Stille Wasser sind tief.
2. Wer muß, hat keine Wahl.
3. Jedem das Seine.
4. Fliege nicht eher, als bis du Federn hast.
5. Ende gut, Alles gut.
6. Der ungerechte Heller frißt den gerechten Thaler.
7. Wie gewonnen, so zerronnen.
8. Scham verhindert Schande.
9. Gewohnheit lindert alle Ding.

152. Mit den Wölfen muß man heulen.

Dies Sprüchwort heißt nach der Meinung vieler Leute: wenn du zu unvernünftigen gottlosen Leuten kommst, so mußt du eben so thun wie sie. Nein! sondern: du sollst dich hüten, daß du nicht unter die Wölfe kommst, und ihnen aus dem Wege gehn. Kannst du ihnen aber nicht entweichen, so sollst du doch nicht mit= heulen, sondern gradezu es sagen: ich bin ein Christ und kein Wolf. Sonst darfst du dich nicht wundern, wenn du sammt ihnen todt= geschossen wirst, denn mitgegangen, mitgefangen, mitgehangen.

153. Geschlagener Unglaube.

Der berühmte Astronom Athanasius Kirchner überzeugte einen seiner Bekannten, der an dem Dasein Gottes zweifelte, von diesem recht schlagend. Er setzte zu einer Zeit, da sein Freund zu ihm kommen wollte, einen schönen Himmels=Globus in einen Winkel seines Zimmers. Dieser kam, indem Kirchner sich eben mit astronomischen Berechnungen zu beschäftigen schien, welches jenen nöthigte, sich während der Zeit in dem Zimmer umzusehen. Er bemerkte bald den Globus und fragte Kirchnern nach einer kleinen Pause, ob er ihm gehöre? wer ihn gemacht habe? u. s. w. Kirchner antwortete, er gehöre ihm nicht, es habe ihn Niemand gemacht, und er müsse von ungefähr dahin gekommen sein. — „Sie scherzen," sagte der Freund, und schien unwillig zu werden, als Kirchner bei seinen Behauptungen blieb. Sogleich ergriff Kirchner diese Gelegenheit, und sagte: „Sie wollen nicht glauben, daß dieser kleine und schlechte Körper von selbst entstanden sei, wie können Sie denn glauben, daß das viel größere und schönere Original, der Himmel mit allen seinen Planeten und Sternen, von selbst, durch einen bloßen Zufall so geworden sei, wie wir es jetzt sehen?" — Der Ungläubige schwieg.

---

154. Wenn die Noth am größten, ist Gott am nächsten.

Das Handelshaus Gruit van Steen war im Anfange des siebenzehnten Jahrhunderts eines der angesehensten und reichsten in Hamburg. Aber der verheerende dreißigjährige Krieg machte seine traurigen Folgen zuletzt auch ihm fühlbar, und zwar um so mehr, je ausgebreiteter die Geschäfte des Hauses früher gewesen waren. Städte und Dörfer waren zu Hunderten verheert und verlassen, und bei der Unsicherheit der Straßen war es kein Wunder, daß der Handel stockte und vorzüglich der Absatz in das Innere von Deutschland gering war. Ein Kaufmann nach dem andern ward unfähig zu zahlen, und zog auch jenes Handelshaus in seine Verluste mit hinein. Dagegen wagte das große Seeschiff, welches als sein Eigenthum an der Mündung der Elbe lag, des Krieges wegen nicht auszulaufen, und die gangbarsten Waaren mußten von Holländern zu außerordentlich hohen Preisen aus der zweiten Hand erkauft werden.

Hermann Gruit, der Besitzer der Handlung, saß mit dem alten Jansen, einem erfahrenen Diener des Hauses, ums Jahr 1638 in der Schreibstube, und verglich mit ihm die großen Bücher. „So thut es nicht länger gut," sagte dieser endlich, „wir müssen es anders anfangen. Ueberlaßt mir auf ein Jahr das Schiff und so viel Geld und Nürnberger Waaren, als möglich, und laßt mich damit selbst in die neue Welt (Amerika) segeln. Ihr wißt, ich bin in jüngeren Jahren schon zweimal dort gewesen, und verstehe das Geschäft; mit Gott wird es mir gelingen."

Die beiden Männer berathſchlagten mit einander über die=
ſen Einfall, und nachdem ſie die mögliche Gefahr und den mög=
lichen Vortheil auf das Beſte erwogen hatten, kamen ſie dahin
überein, daß Janſen reiſen ſolle. Vier Wochen ſpäter ſchritt
Herr van Steen in ſeinem Rathsherrngewande, den alten Buch=
halter neben ſich, dem Hafen zu, wo eine große Menſchenmenge
der Abfahrt des ſtattlichen Schiffes harrte. Einige Handels=
freunde traten grüßend auf ſie zu, und äußerten bedenklich, ſie
wünſchten, Herr Hermann möge bei dieſer Ausrüſtung nicht zu
viel gewagt haben. Aber Janſen antwortete: „Laßt es euch
nicht anfechten, ihr Herren; ich hoffe feſt, wir ſehen uns geſund
und freudig wieder, denn ich traue auf das gute Sprüchwort:
Gott verläßt keinen Deutſchen.“

Da donnerte der erſte Signalſchuß zur Abfahrt, und das
Boot, welches den alten Janſen zum Schiffe führen ſollte, hatte
eben gelandet. Noch einmal drückte er ſeinem Herrn die Hände,
dann ſtieg er ſchnell ein, und ſchiffte hinüber. Jetzt wurde der
große Anker aufgewunden, der letzte Kanonenſchuß ward gelöſet,
alle Wimpel flaggten, und mit vollen Segeln flog das Schiff
dahin, dem Meere entgegen.

Drei Vierteljahre gingen vorüber, und kein Janſen kehrte
zurück oder ließ auch nur etwas von ſich hören; wohl aber ver=
breiteten ſich dunkle Gerüchte von deutſchen Handelsſchiffen, die in
der Gegend von Neu=Amſterdam *) geſcheitert ſeien. Die Miene
des Herrn Hermann Gruit ward immer bedenklicher. Einen
großen Verluſt nach dem andern erlitt er durch den Fall mehrerer
Handlungshäuſer zu Braunſchweig, Nürnberg, Augsburg und
Ulm, und täglich noch trafen neue Unglücksbriefe ein. Am Jah=
resſchluſſe verglich er ſeine Bücher — und ſiehe da, was er ge=
fürchtet hatte, erwies ſich als Wahrheit: die Schulden überſtiegen
ſein Vermögen. Da legte er langſam die Feder weg, klappte
leiſe das Buch zu, und ging, ſchwer ſeufzend, aus der Schreib=
ſtube hinauf in das Familienzimmer. Dort kleidete er ſich in
ſeine volle Amtstracht als Rathsherr, küßte ſeine Frau und ſeine

*) jetzt New-York.

drei Knaben, und ging mit der Aeußerung, daß heute Sitzung sei, hinunter. Die grüne Gasse entlang schritt er dem Rathhause zu; ein Diener trug ihm das schwere Hauptbuch nach. Im Rathhause legte er vor den erstaunten Amtsgefährten die Ehrenzeichen seiner Würde ab und erklärte seine Zahlungsunfähigkeit.

Man kann denken, wie groß das Staunen Aller war, daß das große Haus Gruit van Steen zu zahlen aufhören müsse. Indeß überzeugten sie sich aus der genauen Ansicht der Bücher, daß Herr Hermann an seinem Unglücke nicht schuld sei, und beschlossen, ihm noch eine halbjährige Frist zu gestatten als die äußerste Zeit, in welcher man Jansen noch zurückerwarten könne, wenn das Schiff nicht verunglückt wäre. Aber das halbe Jahr verfloß; es vergingen zwei Monate darüber — und Jansen war nicht gekommen. Herrn Hermanns Umstände aber hatten sich noch verschlimmert.

Da drangen die schon durch die bewilligte Frist erbitterten Gläubiger so ungestüm auf die strengste Vollziehung des Gesetzes und die Versteigerung aller ihrem Schuldner gehörigen Sachen, daß die Obrigkeit dem Rechte seinen Gang lassen mußte. Alles wurde unter Siegel gelegt und dem armen Gruit nebst seiner Familie blieb nur das kleine Stübchen, wo sonst der Hausknecht geschlafen, links am Haupteingange des Hauses.

Die Versteigerung begann; sie geschah in dem geräumigen Schreibzimmer, jenem Stübchen gegenüber; man konnte hier die laute Stimme des Ausrufers deutlich hören. Mit jedem Niederfallen des Hammers fuhr es dem Herrn Hermann wie ein Schwert durchs Herz. Er saß tiefsinnig am Fenster und starrte das Schild seines Nachbars, des Wirths zum Westindienfahrer, an. Die Frau saß in der Tiefe der Stube mit rothgeweinten Augen, die Knaben aber spielten mit dem großen Hunde.

Da trat der Rathsdiener herein, und sagte mitleidig: „Herr Senator, den Lehnsessel soll ich holen.“

Herr Hermann seufzte, und Thränen traten in seine Augen; in diesem mit grünem Sammet beschlagenen Lehnsessel war sein seliger Vater sanft entschlafen, und er war darum als ein Heiligthum im Hause gehalten. Doch er wurde nun hinausgetragen, und die ganze Familie folgte nach, als könnte sie sich nicht von ihm trennen.

Der Versteigerer rief: „Ein noch guter Lehnsessel, mit Sammet beschlagen" — und eine lange Pause folgte, weil sich alle Blicke nach den jammernden Hausbewohnern wandten. Endlich bot jemand darauf mit vier Mark, und der Auctionator rief mißmuthig: „Also vier Mark zum ersten!"

In diesem Augenblick rief eine starke Baßstimme zum offenen Fenster herein: „Vierhundert Mark zum ersten!"

Alles staunte; der Hund drängte sich gewaltsam und freudigbellend vor das Haus. Jetzt trat ein Mann in Schiffertracht ins Zimmer, und rief nachdrücklich, indem er mit seinem spanischen Rohre auf den Tisch schlug: „Vierhundert Mark zum andern, zum dritten und letzten Mal!"

„Unser Jansen," rief Herr Hermann — und fiel ihm um den Hals. Der aber fuhr fort: „Ja, ich bins, und unser Schiff liegt voll Gold und Waaren im Hafen. Die Auction ist aus! Fort jetzt, ihr alle; morgen kommt aufs Rathhaus; da soll alles sammt den Interessen bezahlt werden. Denn wissen sollt ihr: unser Herrgott lebt noch, und das Haus Hermann Gruit van Steen steht noch — und nun erst seid freudig gegrüßt in der Heimath, mein Herr Hermann und Frau Elisabeth, von eurem alten Jansen!"

Pf. 37, 5. Befiehl dem HErrn deine Wege und hoffe auf ihn; er wird's wohl machen.

---

155. Die Gottesmauer.

Drauß vor Schleswig an der Pforte
Wohnen armer Leute viel;
Ach! des Feindes wilder Horde
Werden sie das erste Ziel.
Waffenstillstand ist gekündet,
Dänen ziehen aus zur Nacht,
Russen, Schweden sind verbündet,
Brechen ein mit wilder Macht.
Drauß vor Schleswig weit von allen
Steht ein Hüttlein ausgesetzt.

Drauß vor Schleswig in der Hütte
Singt ein frommes Mütterlein:
„HErr, in deinen Schoß ich schütte
Alle meine Sorg und Pein."
Doch der Enkel ohn Vertrauen,
Zwanzigjährig, neuster Zeit,
Hat den Bräutigam zu schauen
Seine Lampe nicht bereit.
 Drauß vor Schleswig in der Hütte
 Singt das fromme Mütterlein.

 „Eine Mauer um uns baue,"
Singt das fromme Mütterlein,
„Daß dem Feinde vor uns graue,
Nimm in deine Burg uns ein."
„Mutter," spricht der Weltgesinnte,
„Eine Mauer uns ums Haus
Kriegt fürwahr nicht so geschwinde
Euer lieber Gott heraus."
 „Eine Mauer um uns baue"
 Singt das fromme Mütterlein.

Enkel, fest ist mein Vertrauen.
Wenns dem lieben Gott gefällt,
Kann er uns die Mauer bauen,
Was Er will, ist wohlbestellt.
Trommeln rum didum rings prasseln,
Die Trompeten schmettern drein,
Rosse wiehern, Wagen rasseln:
Ach, nun bricht der Feind herein!
 „Eine Mauer um uns baue"
 Singt das fromme Mütterlein.

Rings in alle Hütten brechen
Schwed' und Russen mit Geschrei,
Fluchen, lärmen, toben, zechen,
Doch dies Haus gehn sie vorbei.
Und der Enkel spricht in Sorgen:
„Mutter, uns verräth das Lied."
Aber sieh! das Heer vom Morgen
Bis zur Nacht vorüber zieht.
 „Eine Mauer um uns baue"
 Singt das fromme Mütterlein.

Und am Abend tobt der Winter
Um die Fenster stürmt der Nord.
„Schließt die Laden, lieben Kinder!"
Spricht die Alte und singt fort.
Aber mit den Flocken fliegen
Nur Kosackenpulke 'ran;
Rings in allen Hütten liegen
Sechszig, auch wohl achtzig Mann.
        „Eine Mauer um uns baue"
        Singt das fromme Mütterlein.

„Eine Mauer um uns baue"
Singt sie fort die ganze Nacht.
Morgens wird es still: „O schaue,
Enkel, was der Nachbar macht."
Auf nach innen geht die Thüre,
Nimmer käm er sonst hinaus;
Daß er Gottes Allmacht spüre,
Liegt der Schnee wohl haushoch drauß.
        „Eine Mauer um uns baue"
        Sang das fromme Mütterlein.

„Ja, der HErr kann Mauern bauen!
Liebe, gute Mutter komm,
Gottes Wunder anzuschauen"
Spricht der Enkel und ward fromm.
Achtzehnhundert vierzehn war es,
Als der HErr die Mauer baut,
In der fünften Nacht des Jahres
Hat's dem Feind davor gegraut.
        „Eine Mauer um uns baue"
        Sang das fromme Mütterlein.

---

156. Das letzte Brod.

Als die große Theuerung war, theilte der selige Flattich Jedem, der kam und um Brod bat, reichlich aus, und an seinem kleinen, damals nur spärlich gedeckten Tische wurden durch Gottes Segen täglich Hungernde gesättigt. Freilich ging denn dabei auch der Getreidevorrath auf dem Oberboden viel eher zu Ende als die Theuerung. Da nun der letzte Rest davon bereits in die Mühle und von da in den Backofen und in die **Vorraths-**

kammer, und auch aus dieser meistens schon in die Hände der Hungernden gegeben war, kam eines Morgens die schon erwachsene Tochter zum Vater hinauf und sagte: „Lieber Vater! es sind schon wieder arme Kinder da, die Brod haben wollen. Aber wie soll ich jetzt thun, soll ich denn immer noch weggeben? wir haben ja selber keins mehr.“

„Wie,“ sagt der Pfarrer, „es ist gar kein Brod mehr im Hause?“ „Ja,“ sagt die Tochter, „nur noch ein Restchen von dem gestern angeschnittenen Laib und dann noch ein einziger ganzer. Aber das langt ja kaum bis morgen früh in den Haushalt und Getreide ist gar nicht mehr da.“

„Ei,“ sagt der Pfarrer, „du hast noch einen ganzen Laib und auch noch ein Restlein von einem, und sprichst schon, es sei kein Brod mehr da? Geh nur, meine Tochter, und schneide den Kindern getrost herunter und so viel wie sonst. Steht es doch geschrieben: „Siehe, des Herrn Auge siehet auf die, so ihn fürchten, die auf seine Güte hoffen, daß er ihre Seele errette vom Tode, und ernähre sie in der Theuerung. Unsere Seele harret auf den Herrn; er ist unsre Hülfe und Schild.“ Harren wir ja auch auf den Herrn, und so wird das auch wahr werden, daß er uns ernähret in der Theuerung.“

Die gute Tochter geht, und giebt (denn das war ihre Freude) gern. Kann sich aber freilich wohl bei jedem Bissen, den sie herunter schneidet, kaum der Sorge erwehren: wo wird aber der Vater, bei dem großen Mangel der überall ist, neues Getreide auftreiben?

Und siehe, der Vater sitzt ganz ruhig in seinem Zimmer, bei den Arbeiten seines Berufes, da kommt eine reiche Nachbarin zu ihm. „Herr Pfarrer,“ sagt die, „bei Ihnen wird nun auch wohl das Getreide, das Sie sich hingelegt, ziemlich zu Ende gehen. Denn ich hab oft mit Verwunderung zugesehen, wie Sie von Bettelleuten überlaufen werden und da geht keiner davon aus Ihrem Hause, ohne ein Stück Brod. Da hab ich denn schon immer zu meinem Manne gesagt: „Mann, wir müssen für unsern Herrn Pfarrer auch einige Scheffel Getreide aufheben, denn bei dem wirds bald fehlen." Wenn Sie nun Getreide brauchen, so schicken Sie nur herüber und lassen holen, so viel Sie wollen. Und wenn Sie einmal wieder einernten, geben Sie es uns wieder."

Der Pfarrer dankt der guten Nachbarsfrau herzlich und sagt dann zur Tochter, „Darum steht geschrieben: „Er hat beide, die Kleinen und die Großen gemacht, und sorget für alle gleich." Für die Kleinen, die heute Morgen um Brod baten, hat er durch uns Große gesorgt, und hättest Du zu den Bettelbuben gesagt: „ihr Leute, ich kann euch wirklich heute kein Brod geben, denn wir haben selber keins mehr," so wären die doch nicht abgegangen, denn sie hätten Dirs gar nicht geglaubt, daß ein Pfarrer für hungrige, arme Kinder kein Brod im Hause haben sollte, und hätten auch recht daran gehabt. So kann auch ich es nimmermehr glauben, daß unser Gott, der ein so reicher gnädiger Herr ist, einmal kein Brod mehr für einen armen Pfarrer haben sollte, der auf ihn trauet und der auf sein Geheiß den Leuten alle Tage vom Glauben an ihn prediget. Denn es stehet nicht geschrieben: er sorget für die Kleinen allein, indem er mir und andern Christen ein mitleidiges Herz giebt gegen die armen Buben; sondern „für Alle gleich," für Große wie für Kleine, und hätte er nicht selber ein mitleidiges Herz, so könnte er mir auch keins geben."

157. Sprüchwörter.

1. Wer zween Hasen zugleich hetzt, fängt gar keinen.
2. Handwerk hat einen goldenen Boden.
3. Wie man in den Wald ruft, so tönt es wieder heraus.
4. Allzuscharf macht schartig.
5. Erst wiegs, dann wags.
6. Thorheit und Stolz wachsen auf einem Holz.
   Neid und Haß wohnen in einem Faß.
7. Stillestehn ist zurückegehn.
8. Redet Geld, so schweigt die Welt.
9. Was einmal unrecht gewesen ist,
   Das bleibt unrecht zu aller Frist.

158. Undank ist der Welt Lohn.

Eine große Schlange fiel in eine Höhle und schrie jämmer=
lich. Ein Bauer kommt zur Höhle und fragt, was da sei? Die
Schlange bittet, er wolle ihr heraushelfen. „Traun, nein!" sprach
der Mann, „an bösen Thieren ist nichts Gutes zu verdienen; ich
mag keine Schlange an meinem Busen auferziehen." Die
Schlange hielt an mit Bitten und verspricht dem Bauer, sie wolle
ihm bei ihrem Gott, der einmal durch sie geredet, den besten Lohn
geben, den die Welt zu geben pflege. Gabe und große Verhei=
ßung bethören auch die Weisen; der Bauer hilft dem bösen und
listigen Wurme heraus. Darauf will sie ihn zum Lohn fressen.
„Habe ich das um dich verdient? ist das deiner Zusage ge=
mäß?" fragte der Bauer. „Ich bin zweizüngig," antwortete die
Schlange, „die Welt lohnt nicht anders."

Wie der Bauer in Aengsten steht, sagt die Schlange: „Da
du mir nicht glauben willst, so wollen wir es auf die nächsten
Zwei ankommen lassen, die uns begegnen; was die in der Sache
sprechen, das soll uns beiden recht sein." Alsbald kommt ein al=
tes Pferd, dem legen sie die Sache vor. Dieser Schiedmann
spricht: „Ich habe einem Kärner fünfzehn Jahre gedient, morgen
will er mich dem Schinder geben; die Welt lohnt nicht anders."
Darauf kommt ein alter Hund, den sie auch fragen; dieser
spricht: „Ich habe zehn Jahre Tag und Nacht meinem Junker
jagen und viel Füchse und Hasen fangen helfen; jetzt hat er sei=
nem Waidmann befohlen, er solle mich an eine Weide henken;
das ist der Welt Lohn."

Dem Bauer wird bang zu Muthe. In dem trabte ein Füchs=
lein daher; dem legte der Bauer seine Sache auch vor und ver=
heißt ihm alle seine Hühner, er solle ihm von dem bösen Wurme
helfen. Der Fuchs unterwindet sich des Handels, beredet die
Schlange, sie solle ihm die Höhle zeigen, und was ihre Gefahr
und des Bauern Dienst gewesen sei. Man kommt zum Loch,
der Fuchs fährt hinein, die Schlange hinten nach und zeigt ihm,
wie sie gelegen. Indeß wischt der Fuchs heraus und ehe sich die

Schlange umwendet, wälzt der Bauer auf des Fuchses Rath einen Stein vor das Loch.

Als nun der Bauer befreiet war, fordert der Fuchs, er solle ihm auf den Abend das Hühnerhaus offen lassen. Der Bauer kommt heim, erzählt seinem Weibe, was ihm begegnet und wozu er sich gegen den Fuchs verpflichtet. Die Bäuerin sagt, Hühner und Gänse seien ihre, er habe deren nicht zu vergeben. Der Bauer aber will seinen Worten nachkommen und läßt dem Fuchs das Hühnerhaus offen. Wie es die Frau gewahr wird, wartet sie mit ihrem Knecht die Nacht auf den Fuchs; als der im guten Vertrauen geschlichen kommt, verrennen sie ihm die Thür und bläuen auf ihn zu, bis sie ihn ergreifen. „Ach," sagt der Fuchs, „wenn das Recht ist, und der Welt höchster Lohn für die größte Wohlthat,

So bestätige ich heut, ich armer Schalk,
Dies Weltrecht mit meinem Leben und Balg."

---

159. Berufstreue.

„Herr Kapitän," sagte James Marwell, der Steuermann, „Herr Kapitän, mir kommts vor, als röch ich Feuer, aber ich kann nicht finden, wo es ist." Der Kapitän zieht den Athem an sich und riechts auch; aber bald ists ihm wieder als wäre es nichts, bald riecht ers wieder. Er sucht Alles durch und kann nichts finden. Aber je länger, je ärger wird der Brandgeruch, und endlich in der Nacht, da schon das ganze Dampfschiff voll des angsterregenden Gestankes ist, ruft er: „Marwell, ich habs gefunden; die Flammen brechen bei dem Rade durch!" „Dann wende ich das Schiff dem Ufer zu," rief dieser entgegen, und schlug sich vor die Stirn, denn er kannte deutlich die furchtbare Gefahr. Aber er faßte sich, und als er sich allein sieht, fällt er auf seine Kniee und ruft Gott an und betet: „O allmächtiger Gott, verleih mir Stärke, jetzt treulich meine Pflicht zu erfüllen, und werde du selbst Tröster meiner Wittwe und Vater meiner acht Waisen." Darauf ergreift er wieder das Steuerruder, und steht unbeweglich, das Angesicht der nächsten Landspitze zuge=

kehrt, und das Schiff fliegt darauf los wie ein Pfeil. Die Ma=
trosen wenden alle ihre Kräfte an, das Feuer zu dämpfen, aber
die Wuth der Flammen wächs't mit jeder Minute und treibt die
Maschine mit grausenerregender Gewalt, und das Schiff schießt
durch die Wellen hin, wie ein Sturmvogel. Alle Reisenden
hatten sich auf dem Vordertheile zusammengedrängt, denn der
gewaltige Luftzug ließ keinen Rauch dorthin kommen, sondern
trieb denselben rückwärts. Da stand aber nun der arme Mar=
well an seinem Steuerruder in dem erstickenden Qualme wie ein
Märtyrer auf dem rauchenden Scheiterhaufen. Der Kapitän
und die Matrosen thaten zwar, was sie konnten, um das Hinter=
theil mit Wasser zu begießen, aber das that dem wüthenden
Brande keinen Einhalt. Schon fängt der Boden unter Mar=
well's Füßen an, sich zu entzünden; aber er weicht nicht von
seinem Posten, denn an seiner Hand hängt jetzt das Leben von
achtzig Personen. Immer geradehin nach dem Lande schaut sein
Blick, immer rasender treibt die Flamme das Schiff, immer un=
beweglicher hält seine Hand das Ruder.

Die Leute am Ufer sehen das brennende Schiff und richten
Feuerzeichen auf, um den Unglücklichen zu zeigen, wo sie landen
sollen. Marwell verstehts; seine Füße fangen an zu braten,
aber er bleibt; so sturmschnell das Schiff dahin saus't — er möchte
ihm noch Flügel dazu geben, denn er merkt, es kann kaum einige
Minuten mehr dauern, so sinkt es; und jetzt—jetzt ists daran—
da rückt sein Steuerruder und rutsch — rutsch! da sitzt das bren=
nende Schiff auf dem Sande. Alle werden gerettet, und Mar=
well wird auch ans Land getragen: aber wie sieht er aus!
Seine Kleider fallen ihm wie Zunder vom Leibe, seine Füße sind
ganz verbrannt. Doch Gott segnete die Hand des Arztes, und
nach mehreren Wochen kann Marwell das Bett wieder verlassen.
Aber seine hohe Gestalt ist gekrümmt, seine Haare sind ganz ge=
bleicht, seine Füße bleiben schwach, und er hat daran seiner Leb=
tage zu leiden. Er ist Krüppel um Gottes willen, und seine Fa=
milie hat ihren Ernährer verloren. Doch hat Gott Herzen erweckt,
die sich seiner und der Seinigen treulich angenommen haben.

160. Räthsel.

Ohne Zunge,
Ohne Lunge,
Bin ich drum
Doch nicht stumm,
Denn zur rechten Zeit geschlagen
Weiß ich Tausenden zu sagen,
Was sie sollen,
Wenn sie wollen.

Ohne Streben,
Ohne Leben,
Ohne Schmerz,
Ohne Herz,
Stimm ich dennoch mit der Menge
Ein in ihre Chorgesänge
Bald in Leiden,
Bald in Freuden.

---

161. Sprache eines christlichen Helden.

Als der König Gustav Adolph von Schweden im dreißig=
jährigen Kriege nach Deutschland kam, um den bedrängten Luthe=
rischen, seinen Glaubensbrüdern, gegen die katholischen Fürsten
Beistand zu leisten, war er der erste, welcher an der pommerschen
Küste an das Land stieg. Sobald er das Ufer betreten hatte,
fiel er auf seine Kniee, dankte Gott für die Erhaltung seiner Per=
son und seiner Armee und flehete ihn um Segen zu seinem Vor=
haben an. Es war ein beweglicher Anblick für seine Officiere,
die, wie sie an das Land stiegen, sich um ihn herumstellten, und
nun ihren König auf den Knieen liegen sahen und beten hörten:
„Gott, der du über Himmel und Erde, über Wind und Meere
herrschest, wie soll ich dich preisen, daß du mich auf dieser gefähr=
lichen Reise so gnädig beschützt hast. O, ich danke dir von Grund
meines Herzens, und bitte dich, zu dieser Unternehmung, die ich
nicht zu meiner, sondern allein zu deiner Ehre, zur Vertheidigung
deiner Kirche und zum Trost der Gläubigen angefangen habe,
deinen Segen zu geben. Du HErr, der du Herzen und Nieren

prüfest, kennest die Lauterkeit meiner Absichten. Du wollest auch gut Wetter und günstigen Wind verleihen, damit ich meine noch zurückgelassene Armee mit fröhlichen Augen bei mir sehen und dein heiliges Werk fortsetzen möge." Seine Officiere konnten dabei die Thränen nicht zurückhalten, und als er ihre Rührung wahrnahm, sagte er: „Weinet nicht, meine Freunde, sondern betet mit aufrichtigem Herzen. Je mehr Betens, desto mehr Sieges, denn fleißig gebetet ist halb gesiegt; der beste Christ ist immer der beste Soldat." — Auf seinem Zuge durch Deutschland ließ er eine Fahne vor sich hertragen, auf der mit goldenen Buchstaben die Worte standen: Ist Gott für uns, wer mag wider uns sein? (Röm. 8, 31). Nicht nur, wenn er im Kriege etwas Wichtiges vornehmen wollte, sondern auch im Frieden pflegte er oft aus dem 90. Psalm zu beten: „Herr, kehre dich wieder zu uns und sei deinen Knechten gnädig. Fülle uns frühe mit deiner Gnade, so wollen wir dich rühmen und fröhlich sein unser Leben lang." Als er nach Sachsen kam und hier als der lang ersehnte Retter aus den größten Nöthen vom Volke mit unbeschreiblichem Jubel und den größten Ehrenbezeugungen aufgenommen wurde, sprach er sich gegen seinen Hofprediger Fabricius darüber mit Miß= fallen aus: „Unsere Sachen stehen auf gutem Fuße, allein ich fürchte, daß mich Gott wegen der Thorheit des Volkes strafen werde. Hat es nicht das Ansehen, daß mich diese Leute recht zu ihrem Abgott machen? Wie leicht könnte der Gott, der sich den eifersüchtigen nennt und der seine Ehre keinem andern lassen will, sie sowohl als mich selbst empfinden lassen, daß ich nichts als ein schwacher sterblicher Mensch sei? Großer Gott, du bist mein Zeuge, wie sehr mir dies alles mißfällt! Ich überlasse mich deiner Vor= sehung. Ich hoffe, du werdest es nimmer zugeben, daß das an= gefangene gute Werk der Befreiung deiner wahren Knechte un= vollendet bleibe." Nach der Schlacht bei Leipzig, wo er über Tilly einen glänzenden Sieg erfochten hatte, warf er sich mitten unter den Todten und Verwundeten auf seine Kniee und dankte Gott für den Sieg. Vor der Schlacht bei Lützen, wo er sein Leben verlor, hielt er noch mit seiner ganzen Armee eine Mor=

genandacht. Es wurden dabei die Lieder gesungen: „Eine feste Burg ist unser Gott," „Es wolle Gott uns gnädig sein" und „Verzage nicht, du Häuflein klein," welches letztere nach einem Worte, welches der König oft im Munde führte, von M. Alten= burg, einem Prediger in Thüringen, verfaßt war. Der König warf sich dabei auch wieder auf die Kniee und betete mit inniger Andacht. Am Tage dieser seiner letzten Schlacht gab er zum Loosungsworte: „Gott mit uns!" Kurz vor Anfang des Tref= fens ritt er noch einmal vor seiner in Schlachtordnung aufge= stellten Armee hin und rief den Soldaten laut zu: „Nun wollen wir daran, das walte der liebe Gott! JEsu, JEsu, hilf mir heute streiten zu deines heiligen Namens Ehre!" So ging er in die Schlacht, in der er die Todeswunde empfing. Er fiel sterbend vom Pferde mit dem Seufzer: „Mein Gott! Mein Gott!"

162. Die drei Pforten der Unkeuschheit.

Der Mensch hat an seinem Haupte, gleichsam als an einem Schlosse, drei Pforten, die muß er wohl verwahren, wenn er nicht will zur Unkeuschheit verführt werden. Das sind die Augen, der Mund und die Ohren.

163. Das Erdbeben von Caracas.

Die Stadt Caracas in Südamerika liegt in dem Staate Venezuela, nur einige Meilen vom Antillen=Meere, an dessen Ufern sich der Hafen der Stadt befindet. Die ganze Nord= küste von Südamerika ist häufigen Erdbeben ausgesetzt, und schon manchmal haben die zahlreichen Vulkane, welche sich auf den westindischen Inseln befinden, ihren verderblichen Einfluß bis nach der Küste des festen Landes ausgedehnt.

Heftige Erderschütterungen hatte Caracas schon in früheren Jahren erlitten. Die Einwohner der Stadt lebten in Sicherheit dahin, aber im December 1811 sollten sie aus ihrer Sorglosigkeit durch einen Erdstoß von beträchtlicher Heftigkeit aufgeschreckt werden. Drei volle Monate gingen hin, ohne daß eine neue Er=

schütterung erfolgt wäre. Nur eine außerordentliche Trockenheit und Dürre herrschten in dieser Zeit und einige Meilen um Caracas herum fiel während der Zeit kein Tropfen Regen. Bei ruhiger Luft und wolkenlosem Himmel stieg die Sonne am Gründonnerstage den 26. März 1812 über Caracas empor; aber die Stadt sollte den Untergang derselben nicht mehr sehen. Das Volk, welches am Morgen noch zu den Gotteshäusern geeilt war, ahnete nicht das schreckliche und nahe Ende, als um 4 Uhr Nachmittags plötzlich die an diesem Tage verstummten Glocken ertönten. Es war Gottes, nicht Menschen Hand, die sie zum Grabgeläute der ganzen Stadt ertönen ließ. Eine 10 bis 12 Sekunden lange Erschütterung schreckte das Volk auf. Bald glaubte man, die Gefahr sei vorüber, als sich plötzlich ein heftiger, unterirdischer Donner, stärker und anhaltender als das Rollen der Gewitter in dieser Jahreszeit, hören ließ. Die Erde schien zu kochen und flüssig zu werden. Stöße erfolgten auf Stöße in sich durchkreuzenden Richtungen von Norden nach Süden, von Osten nach Westen, von unten nach oben.

Diesen gleichzeitig sich durchkreuzenden Bewegungen konnte nichts widerstehen; in einer Viertelminute war Caracas ein Schutthaufen, der 9 bis 10,000 seiner Bewohner begraben hatte. Zwei Kirchen, die mehr als 150 Fuß Höhe hatten und deren Schiffe durch 12 bis 15 Fuß dicke Pfeiler getragen wurden, lagen in einen Trümmerhaufen verwandelt, und die Zermalmung war so beträchtlich, daß von den Pfeilern und Säulen auch kein Stück mehr kenntlich war. Das Hinströmen der Menge zur Kirche war so groß gewesen, daß 4 bis 5000 Personen unter ihrem eingestürzten Gewölbe begraben lagen. Furchtbar mag das Loos derer erscheinen, die so plötzlich vom Tode überfallen wurden; furchtbarer aber war dennoch das der Menge von Unglücklichen, die, verwundet, an ihren Gliedern zerschmettert, die Ihrigen überleben mußten und dann aus Mangel an Nahrung und Pflege dennoch umkamen. Eine Kaserne war beinahe vom Erdboden verschwunden. Es stand ein Regiment Linientruppen unter den Waffen, das sich zur Procession begeben wollte; nur einzelne

Soldaten retteten sich), die andern wurden unter den Trümmern begraben, worin sich das große Gebäude so plötzlich verwandelt hatte. Neun Zehntheile der Stadt waren gänzlich zerstört. Die Häuser, welche nicht einstürzten, waren so zerrissen, daß sie nicht mehr bewohnt werden konnten. Etwas weniger verheerend zeigten sich die Wirkungen des Erdbebens im südlichen und westlichen Theile der Stadt. In diesem blieb die Kathedralkirche stehen.

Eine finstere dicke Staubwolke, die sich anfangs über der Stadt erhoben und die Luft gleich einem dicken Nebel erfüllt und verdunkelt hatte, schlug sich gegen Abend zur Erde nieder; die Luft wurde rein, die Erde ruhig und die Nacht so still und schön wie zuvor. Der fast volle Mond beleuchtete diese Schreckensscene, und der heitere, wolkenlose Himmel bildete einen furchtbaren Abstand gegen die mit Trümmern und Leichen bedeckte Erde und den namenlosen Jammer der Menschen. Mütter trugen die Leichen ihrer Kinder in den Armen, in der Hoffnung, sie wieder ins Leben zu bringen; jammernde Familien durchwühlten die Schutthaufen, die am Morgen noch eine Stadt waren, reich, blühend, belebt, um einen Bruder, einen Freund zu suchen, dessen Schicksal unbekannt war. Die unter dem Schutte begrabenen Verwundeten riefen die Vorübergehenden laut flehend um Hülfe an; über 2000 wurden herausgezogen. Nie hat wohl das Mitleid sich rührender, erfinderischer gezeigt, als in den Anstrengungen, diesen Unglücklichen, deren Seufzer man hörte, Hülfe zu verschaffen. Man mußte sie mit den Händen herausgraben, denn es mangelte an allen Werkzeugen zur Hinwegräumung des Schuttes. Betten, Leinwand zum Verbinden der Wunden, Arzeneien, Nahrungsmittel, alle Gegenstände der ersten Bedürfnisse waren verschüttet. Sogar das Wasser im Innern der Stadt war selten geworden; die Erdstöße hatten theils die Brunnenleitungen zerschlagen, theils waren durch das eingestürzte Erdreich die Quellen verstopft. Um Wasser zu bekommen, mußte man an den der Stadt vorbeifließenden Fluß hinabsteigen, wo es wieder an Gefäßen zum Schöpfen fehlte. Es war unmöglich, so viele Tausende von Todten zu begraben, deshalb wurde verordnet, für deren Verbrennung zu sorgen. Mitten zwischen dem Schutte der Häuser wurden Scheiterhaufen für dieselben errichtet und dieses Geschäft dauerte mehrere Tage. — Wer denkt bei dieser furchtbaren Begebenheit nicht an das Wort der Schrift: Wie gar nichts sind alle Menschen, die doch so sicher leben. (Pf. 39, 6.)

164. Der Bergmann und der Spötter.

Es ging ein frommer Bergmann mit einem gelehrten Spötter in einen tiefen Schacht. „Wir sind jetzt 1000 Ellen unter der Erde" sprach der Spötter und stellte sich bei diesen Worten auf eine Klippe. Lächelnd setzte er hinzu: „Wie tief mag nun wohl die Hölle sein?" Ruhig antwortete der Bergmann: „Wenn der Stein, worauf Sie stehen, einstürzt, so sind Sie in einer Minute darin."

165. Sprüchwörter.

1. Was dich nicht brennt, das blase nicht.
2. Trink und iß, des Armen nicht vergiß.
3. Von Worten bis zu Werken ist oft ein weiter Weg.
4. Kluge Hühner legen auch in die Nesseln.
5. Je lieber Kind, desto schärfer Ruthe.
6. Es ist nöthiger, den Mund zu bewahren als die Kiste.
7. Besser allein, als in böser Gemein.
8. Muß ist eine harte Nuß.
9. Reiner Mund und treue Hand
   Gehen durch das ganze Land.
10. Geduld behält das Feld.

166. Es ist nicht alles Gold, was glänzt.

Mancher, der nicht an dieses Sprüchwort denkt, wird betrogen. Aber eine andere Erfahrung wird noch öfter vergessen: Manches glänzt nicht und ist doch Gold; und wer das nicht glaubt und nicht daran denkt, der ist noch schlimmer daran. In einem

wohlbestellten Acker, in einem gut eingerichteten Gewerbe ist viel
Gold verborgen und eine fleißige Hand weiß es zu finden, und
ein ruhiges Herz und ein gutes Gewissen glänzt auch nicht und
ist doch noch mehr als Goldes werth. Oft ist grade da am wenigsten Gold, wo der Glanz und die Prahlerei am größten ist.
Wer viel Lärm macht, hat oft wenig Muth.

167. Der kleine-Prediger.

Das Sprüchwort sagt: „Was ein Häkchen werden will,
krümmt sich bei Zeiten." Damit will man zwar gewöhnlich sagen, daß sichs gemeiniglich bald in der Jugend offenbart, wenn
aus einem Menschen später ein Taugenichts wird. Allein das
Sprüchwort kann auch in einem bessern Sinne genommen werden.
Häufig zeigt es sich nämlich auch gar bald in der Jugend, ob
Jemand später ein tüchtiger Mann werden wird. So konnte
man es wohl bald an dem kleinen Luther merken, daß er einst ein
tüchtiger Theolog werden würde, da er schon als Knabe nicht nur
so fleißig lernte und Fortschritte machte, sondern auch das Sprüchlein immer im Munde führte: „Fleißig gebetet, ist über die
Hälfte studirt." Ein anderes Beispiel hierzu, von dem ich hier
erzählen will, ist der alte Theolog Johannes Heinrich Feustking.

Dieser war der Sohn eines im 17. Jahrhundert lebenden
gottseligen lutherischen Predigers zu Stellau in Holstein. Schon
in der Wiege hatten ihn seine lieben Eltern zu einem Diener
Gottes in seiner heiligen Kirche bestimmt. Und siehe! gar bald
zeigte es sich, daß es auch wirklich Gottes gnädiger Wille sei, der
kleine Heinrich solle einst einmal sein Prediger werden. In der
Bibel las er nämlich so gern und eifrig, daß er, als er das zehnte
Jahr seines Alters erreicht hatte, die ganze heilige Schrift schon
fünfmal ganz durchgelesen hatte. Zwar starb ihm sein lieber
Vater bald, so daß es schien, er werde doch wohl noch ein Handwerk lernen müssen. Aber seine fromme Mutter Dorothea, eine
geborene von Molsdorf, meinte, der rechte Vater lebe ja noch,
und der werde schon helfen, daß ihr liebes Söhnlein, welches

einmal dem HErrn geweiht worden sei, noch sein Diener werden könne. Und Gott ließ ihre Hoffnung auch nicht zu Schanden werden. Mit Hülfe frommer Christen brachte sie es nach des Vaters Tode dahin, daß der hoffnungsvolle Waisenknabe auf die lateinische Schule in Itzehoe und später auf das Gymnasium zu Krempe kam. Die Hauptsache aber, die die verwittwete fromme Mutter hiebei that, waren die Gebete, die sie unablässig für das Schülerlein zu Gott sendete, und die herzlichen, mütterlichen Ermahnungen, die sie fort und fort an ihn richtete. Daher er selber, als er später ein Mann geworden war, von seiner Mutter geschrieben hat, daß sie mit mehr Sorgfalt und Mühe an seiner geistlichen Geburt gearbeitet, als an seiner leiblichen. Ihre mütterliche Sorge und Treue, ihre stillen Thränen und Gebete waren aber auch nicht verloren. Unser Johannes Heinrich Feustking machte bald auf der Schule so große Fortschritte, daß er schon als sechszehnjähriger Knabe — es war im Jahre 1688 — die Universität zu Rostock und ein Jahr darauf die zu Wittenberg beziehen konnte, wo er seine theologischen Studien glücklich und gesegnet vollendete. Er war nun ein so guter Prediger geworden, und sein Ruf so weit hin erschollen, daß man ihn an mehrere große Gemeinden berief. Sein Leben war zwar nach Gottes unerforschlichem Rathe ein kurzes: er starb schon im zwei und vierzigsten Jahre seines Alters; aber nachdem er durch seine herrlichen Predigten und schönen Schriften einen großen Segen in der Kirche gestiftet hatte.

Die Ursache aber, warum ich gesagt habe, daß an ihm das Sprüchwort in Erfüllung gegangen sei: „Was ein Häkchen werden will, krümmt sich bei Zeiten," ist eigentlich folgende. Als unser Heinrich erst neun Jahr alt war, wurde sein Vater einstmals so unwohl, daß er sah, er werde wohl am nächsten Sonntag — es war der Sonntag Misericordias Domini — nicht predigen können. Im Scherz sagte daher der Vater zu dem Kleinen, da er nächsten Sonntag selbst nicht predigen könne, werde er wohl die Predigt übernehmen und seine Stelle vertreten müssen. Stillschweigend hört dies der Knabe, und in der Meinung, der

Vater habe die Sache ernstlich gemeint, geht er auf dessen Stu=
birstube und lernt hier heimlich eine Predigt aus der Postille des
alten Dillherr vom guten Hirten auswendig.   Der Sonntag
kommt.   Der Schulmeister, dem aufgetragen worden war, eine
Predigt zu lesen, geht in die Kirche, um den Gottesdienst zu be=
ginnen; findet aber den kleinen Pfarr=Heinrich schon in der Sa=
cristei, im Begriff, dasselbe zu thun.   Der Knabe erklärt dem
Schulmeister mit ernster Miene, der Herr Vater habe es so be=
fohlen.   Mit Befremden hört dies der Lehrer, stimmt das Lied:
„Nun bitten wir den heiligen Geist" an und eilt nun während
des Gesanges in die Pfarre, um hier den Eltern des Knaben
Vorgeben zu hinterbringen.   Kaum ist aber der Schulmeister
fort, so tritt der Knabe heraus an den Altar, und da die Ge=
meinde nach Beendigung des ersten Verses zu singen aufhört,
fängt er auch alsobald an, seine memorirte Predigt herzusagen.
Unterdessen war aber der Schulmeister in Begleitung des Vaters
zurückgekehrt.   Mit Erstaunen hören diese schon vor der Thür,
daß der Kleine bereits mitten im Predigen sei, und da der Vater
bald merkt, daß die Predigt aus Dillherr's Postille ist und der
Knabe sie Wort für Wort ohne Anstoß vorträgt, wagt er nicht,
die andächtige Versammlung zu stören, sondern wartet vor der
Thür, bis der kleine Prediger alles glücklich zu Ende gebracht hat.

---

168. Der Bischof Martin.

Tausend vier hundert drei und achtzig Jahr,
Als unser Heiland geboren war,
Da in der Christenheit man zählt,
Kam Doctor Martin auf die Welt;
Herr Martin Luther hoch gelahrt,
Desgleichen nie erfunden ward!
Zu Eisleben, wo Bergleut schön,
In tiefen Schacht hinunter gehn,
Und fördern edles Erz zu Tag,
Mit ihrem fleiß'gen Hammerschlag,
Hat Gott es weislich so geschickt,
Daß er das Licht der Welt erblickt.

Zur Mutter hat ihm Gott beschert
Frau Margarethen, ehrenwerth;
Sein Vater aber, Herr Johann,
Ein ehrlich, alt und fromm Bergmann,
Der ihn gar streng, nach Brauch der Alten,
Zu Kirch und Schulen angehalten.
Den Namen Martin, den er trägt,
Hat ihm ein Heil'ger beigelegt,
Weil grad auf den St. Martinstag
Das Kindlein in dem Taufstein lag.
Nun fragt ihr, wer St. Martin war?
Die Mähr ist alt und wunderbar:
Ein fromm und ehrbar Reitersmann,
Dazu ein Bischof; höret an!

Als Julian im Abendland
Dem Reich des HErrn noch widerstand,
Einem Reiter aus Pannonia,
Mit Namen Martin, dies geschah:
Er kam in Sturm und Schnee einst mitten
Zu einem Ort hineingeritten.
Da fleht alsbald ein armer Mann
Um eine kleine Gab ihn an.
Der Mann war elend, nackt und bloß,
Der Wind ging auf die Haut ihm bloß;
Herr Martin hätt ihm für sein Leben
Gern Koller, Rock und Wamms gegeben,
Allein ihr wißt wohl: ein Soldat
Sehr wenig zu verschenken hat.
Doch hielt er an auf hohem Roß,
Worauf der Regen niederfloß,
Und sprach: „Der Mann ist nackt und bloß;
Es muß ja grad auch Geld nicht sein,
Ich will ihm dennoch was verleihn."
Sein Schwert drauf mit der Faust gefaßt,
Haut er von seinem Mantel fast
Des einen Zipfels Hälft herab,
Das er dem armen Manne gab.
Der Arme nimmt das Stück sogleich,
Und wünscht dafür das Himmelreich
Dem guten, frommen Reitersmann,
Der sich nicht lang darauf besann.

Wie der gesagt sein Gratias,
So reitet dieser auch fürbaß
Zu einer armen Wittwe Thür,
Und legt daselbst sich ins Quartier,
Nimmt Speis' und Trank ein wenig ein;
Es wird nicht viel gewesen sein.
Nachdem er also trunken, gessen,
Und das Gebet auch nicht vergessen,
Legt er sich nieder auf die Streu;
Obs eins gewesen oder zwei,
Das hat die Chronik nicht gemeldt,
Drum laß' ichs auch dahin gestellt.
Alsbald begiebt sichs in der Nacht,
Daß er von einem Glanz erwacht;
Das zwingt das Aug ihn aufzuschließen.
Da steht ein Mann zu seinen Füßen,
Sein Haupt trägt eine Dornenkron:
Er ists! Er ists! Der Menschensohn!
Mit tausend Engeln, die ihm dienen,
Ist plötzlich unser HErr erschienen
In aller seiner Herrlichkeit;
Und mit dem Mantel, welchen heut
Der Martin aus Pannonia,
Der dessen gar sich nicht versah,
Geschenkt dem armen Bettelmann,
Ist unser Heiland angethan.
Und so der HErr zu Petrus spricht:
„Siehst du den neuen Mantel nicht,
Den ich hier auf den Schultern trage?"
Auf des Apostels weitere Frage,
Wer ihm den Mantel denn geschenkt?
Das Aug auf Martin hingesenkt,
Mit einem sanften Himmelston
Fährt also fort der Menschensohn:
„Der Martin hier, der ist es eben,
Der diesen Mantel mir gegeben.
Ermuntre dich, steh auf, mein Knecht,
Den ich erwählt, du bist gerecht!
Du warst bisher ein blinder Heide.
Das Schwert, das steck nur in die Scheide!
Ein Streiter Gottes soll auf Erden
Mein frommer Bischof Martin werden."

Als dieses Wort der HErr gesagt,
So kräht der Hahn, der Morgen tagt,
Ein Engel küßt des Mantels Saum,
Und Martin ist erwacht vom Traum,
Denkt nach, klopft an ein Kloster an,
Und ist, getreu nach Christi Worten,
Aus einem wilden Reitersmann
Ein großer, frommer Bischof worden.

* * *

Nun, da ich dieses euch vermeldt,
Was für ein frommer Liebesheld
Der Taufe Luthern muß entheben
Und ihm den Namen Martin geben,
So nimmt euch, hoff ich, auch jetzunder
Des Doctor Martins Thun nicht Wunder,
Der beides lernte: muthig reiten,
Und für die Kirche tapfer streiten,
Von jenem heil'gen Reitersmann,
Ders in der Tauf ihm angethan
Zugleich mit seinem frommen Namen,
Daß er in Liebe mußt entflammen,
So, daß der Luther, gut und groß,
Ein Stück von seinem Rock nicht bloß
Und seines Regenmantels Schoß,
Nein, auch mit Freuden Leib und Leben
Für seine Brüder hinzugeben,
Zu jeder Stunde war bereit,
Wie solcher edlen Freudigkeit
Stadt Worms ein ewger Zeug uns ist:
Gelobt dafür sei JEsus Christ!

---

169. Des Vaters Zucht.

Der Erzähler hat einmal in seiner frühen Kindheit eine Reise gemacht, die ihm anfangs sehr leicht und lustig vorkam, nachher aber sehr schwer und sauer wurde. Eines Sonntags Nachmittags stand er, etwa gegen Ende seines sechsten Jahres, auf dem kleinen Berge vor der Kirche; da zog ein Schwarm fröhlich schwatzender Buben an ihm vorüber, welche sagten: „Komm, Pfarr=Heinrich, geh mit uns, wir holen uns Narciß sen." Das ließ ich mir nicht zweimal sagen, ich lief, von einem der größern an der Hand geführt, mit den Buben fort. Wir zogen von einem Garten in den andern; endlich, durch eine Oeffnung im Zaune kriechend, gelangte der schreiende Zug in den Garten des Seilers, worin hie und da unter den Aepfel= bäumen die schöne gelbe Narcisse in Menge wuchs. Wir pflück= ten uns ab nach Herzenslust, und da einige der Buben .mit für mich abpflückten, andere mir von ihrem Strauße schenkten, kam ich, fröhlich wie ein Sieger über Zehntausend, gegen Abend mit einem Büschel Blumen, den ich kaum tragen konnte, wieder im Pfarrhause an.

Die Mutter sah mich ernst an: „Wo hast du die Blumen her, Heinrich?" — „Wir haben sie in Seilers Garten geholt." Sie schwieg und schien sich gar nicht über die Blumen zu freuen.

Etwas betroffen ging ich in das Zimmer; da saß der Vater und las. Er sah vom Buche hinweg, mich und meine Narcis= sen ernsthaft an. Mir war auf einmal mein ganzer Strauß verleidet; er roch mich an wie Sünde, gern hätte ich ihn wegge= worfen, ich wagte das aber nicht vor solchen Blicken des Vaters. Ich legte die Blumen auf meinen kleinen Tisch, ganz in die Ecke hinein. Der Vater sah mir zu. — „Komm zu mir her, Heinrich!" — Ich kam. „Wo hast du die Narcissen her?" — Ich schwieg, hocherröthend. Endlich stotterte ich die Antwort her: „Aus unserm Garten." — „In unserm Garten wachsen keine Narcissen," sagte der Vater sehr ernst, „wo hast du sie her?" — „Der Herr Nachbar Bahrd hat sie mir gegeben." — Der Vater erfaßte mich bei der Hand, womit ich verlegen mit einem Messer oder Löffel spielte, die auf dem Tische lagen, zog mich näher an sich hin, sahe mir sehr ernst ins Gesicht und sagte: „Nachbar Bahrd hat keine Narcissen; sage die Wahrheit, Hein= rich, wo hast du die Blumen her?" — Ich gestand nun ein, mit verhaltenen Thränen. — „Als dir neulich der Nachbars Karl deinen Ball weggetragen hatte, war dir das recht?" — „Nein." — „Als er, da du ihn darum fragtest, es leugnete, daß er ihn habe, und dir einreden wollte, du habest ihn in den Teich fallen laſſen, und du dann doch am andern Tage den Ball bei ihm ſaßeſt, gefiel dir das?" — „Nein." — „Nein," ſagte der Vater weiter, „es gefiel dir ſo übel, daß du ganz roth im Geſichte zu mir kamſt und mir ſagteſt, ich ſolle den Nachbars Karl mit dem Stocke ſchlagen, denn er ſei ein ſehr gottloſer Junge und habe gelogen. Ich aber ſagte zu dir: „Heinrich! nimm dich in Acht und bitte Gott, daß du nicht ſelber in eine ſolche Sünde fällſt." Du haſt mir ja erſt vorgeſtern erzählt, der Herr Kantor habe geſagt, du hätteſt die zehn Gebote recht ſchön gelernt, bete mir doch einmal das ſiebente." Ich betete mein: „Du ſollſt nicht ſtehlen" ſammt der lutheriſchen Auslegung ohne Anſtoß her. Der Vater wiederholte mir noch einmal das Gebot ſammt der Auslegung, welche er mir mit andern für dieſen Augenblick noch leichter anzueignenden Worten umſchrieb; dann ſprach er weiter: „Der Ball, den dir des Nachbars Karl nahm, der gehörte dein und nicht dem Karl; als er dir ihn heimlich nahm, ſag, was hat er da gethan?" Ich antwortete ziemlich kleinlaut: „Er hat geſtohlen." — „Die Narciſſen in des Seilers Garten gehörten dem Seiler und nicht dein; als du ſie heimlich, ohne des Seilers Wiſſen und Willen nahmſt, was haſt du da gethan?" Ich erſchrak über des Vaters Art, vom Fernen auf's Nahe zu ſchließen, und mit Mühe ſtotterte ich die Antwort: „Ich habe geſtohlen." — „Als neulich des Nachbars Karl ſagte, er hätte deinen Ball nicht, du habeſt ihn in den Teich fallen laſſen, und er hatte ihn doch, da war das gelogen. Du warſt ſehr böſe darüber und hatteſt recht, denn das Lügen iſt eine große Sünde und Schande. Unſer HErr JEſus nennt auch den Teufel einen Vater der Lügen. Der kleine Karl hat gegen dich, ſeinen kleinen ungezogenen Kameraden eine Lüge geſagt, das war ſehr böſe; aber ich weiß nicht, ob er nicht, wenn ihn ſein Vater darum gefragt hätte, würde geſagt haben: Ja, Vater, ich habe den Ball genommen. Als du vorhin, da ich dich wegen der Narciſſen fragte, zu mir ſagteſt, du hätteſt ſie aus unſerm Garten; dann, der Nachbar Bahrd habe ſie dir gegeben; was haſt du da geſagt?" Ich wollte nicht gerne mit dem rechten Worte heraus. Ich hätte so gerne in meinem kindlichen Sinne ein wohllautenderes gefunden, aber der Vater drang und die Antwort mußte heraus: „Eine Lüge." Der Vater sprach weiter: „Du hast vor mir, deinem Vater, der dich so lieb hat, gelogen, aber weißt du nicht, wo wir auch sind und was wir auch thun, da ist Gott um uns und siehet uns, und die Augen seiner heiligen Engel sind auf mich und dich gerichtet. Du hast also nicht nur vor mir, deinem Vater, sondern auch vor Gott und seinen heiligen Engeln gestohlen und gelogen. Darum, ehe du heute Abend dich zu Bette legst und morgen früh, und gebe Gott noch manchen Tag, bete zum HErrn JEsus: Ach, lieber HErr JEsus, ich habe sehr an dir gesündigt. Ich habe gestohlen und meinen Vater belogen. Vergieb du mir meine Sünde und schaffe in mir, Gott, ein reines Herz, und gieb mir einen neuen gewissen Geist, damit ich nicht mehr solche Sünde thue." — Ich weinte nun sehr.

Der Vater sagte: „Siehe, du weinst nun bitterlich. Du thust recht daran. Die Sünde ist bitter; das zeigt uns Gott durch die Strafe, welche er auf die Sünde gelegt hat. Junge Kinder, wenn sie gesündigt haben, straft Gott durch den Arm ihrer Väter, damit sie daran gedenken, wie bitter die Sünde sei. Dort bei der Wanduhr steht mein Stock, geh und bring mir ihn." Ich brachte ihn und empfing von der Hand meines Vaters die wohlverdiente Züchtigung. Ob diese sonst so schwere und starke Hand mich wenig züchtigte oder viel, das weiß ich nicht mehr. Das weiß ich aber, daß mir die Strafe von des Vaters Hand nicht so wehe that, als das Gefühl, daß ich Gott und meinen Vater betrübt und belogen habe.

Dieses Katechismus-Examen wirkte tief und lange in meiner jungen Seele nach. Das Lügen war mir schändlich erschienen. Gott gab auf viele Jahre meinem jungen Herzen eine Aufrichtigkeit, welche oftmals, wenn ich gefehlt hatte, die liebe schwere Hand des züchtigenden Vaters entkräftete, so daß er den Stab „Wehe" aus der Hand legte und zu mir sagte: „Weil du so aufrichtig bist und deinen Fehler treulich bekennst und bereuest, so will ich dir für diesmal noch die Strafe erlassen."

170. General Schmettau.

Während eines Gebirgsmarsches in Schlesien ging der fromme General Schmettau neben Friedrich II. Der König wollte sich den Unmuth über die Langsamkeit des Marsches durch Scherze und Spottreden über die Frömmigkeit des Generals vertreiben. Schmettau konnte erst gar nicht zu Worte kommen, da aber der König einen Augenblick schwieg, nahm er ganz dreist und ruhig das Wort: „Eure Majestät sind viel witziger, als ich, und auch viel gelehrter. Ueberdies sind Sie mein König; der Kampf zwischen Ihnen und mir ist also in jeder Rücksicht ungleich. Aber dennoch können Sie mir meinen Glauben nicht nehmen. Und gelänge es Ihnen auch, je nun, so hätten Sie mir zwar unermeßlich geschadet, aber auch Sich selbst mit."

Der König blieb stehen und sagte mit Blitzen des Unwillens in den Augen: „Was soll das heißen, Monsieur Schmettau? Ich sollte mir schaden, wenn ich Ihm Seinen Glauben nehme?" Schmettau erwiederte: „Eure Majestät glauben jetzt einen guten Officier an mir zu haben, und ich hoffe, Sie irren Sich nicht. Könnten Sie mir aber meinen Glauben nehmen, dann hätten Sie ein erbärmliches Ding an mir, ein Rohr im Windsturm, darauf nicht der mindeste Verlaß wäre." Friedrich war erst still, dann fragte er freundlich: „Sage Er mir doch, Schmettau, was ist denn eigentlich Sein Glaube?"

„Ich glaube an die göttliche Erlösung von allen meinen begangenen Sünden. Ich glaube an eine göttliche Vorsehung, die jedes Haar auf meinem Haupte zählt, und an ein ewiges, herrliches und seliges Leben nach dem Tode." „Und das glaubt Er wirklich so recht mit aller Zuversicht?" „Ja, wahrhaftig, Euer Majestät!" Da faßte der König bewegt Schmettau's Hand, drückte sie und sagte: „Schmettau, Er ist ein glücklicher Mensch!"

Dann ging er nachdenkend weiter, und nie hat er Schmettau's Glauben wieder zum Gegenstande eines Scherzes gemacht.

171. Spruch.

Wenn alle Leute wären gleich
Und allesammt gesund und reich,
Und wären all zu Tisch gesessen:
Wer sollt auftragen Wein und Essen?

172. Die Unschuldigen und der Bösewicht.

Der Großherzog von Toscana, derselbe, welcher nachmals als Kaiser Leopold I. in Deutschland regierte, war so menschenfreundlich, daß er selbst auf die Galeeren ging, sich mit den Missethätern zu unterhalten. So viele er aber um ihre Verbrechen befragte, betheuerten ihre Unschuld. Ganz zuletzt kam er an einen, der frei bekannte, daß er die gerechten Strafen mit seinen großen Sünden verdient habe. „Fort mit diesem von den Galeeren!" sagte der Großherzog zu dem Commandanten, der ihn begleitete, „der Bösewicht könnte mir alle diese Unschuldigen verführen." Und er erhielt seine Freiheit.

173. Bekehrung durch das Lesen der Bibel.

Zu Anfange des 17. Jahrhunderts lebte zu Recklingshausen in Westphalen ein Jude, mit Namen Gerson. Neben der Sünde des Wuchers, die ihn gänzlich beherrschte, lebte in seinem Herzen eine bittere Feindschaft wider das Christenthum, die oft in Lästerungen wider Christum sich Luft machte. Auch er schien unter dem Gerichte der Verstockung zu liegen, womit das unselige Israel nach Verwerfung und grausamer Ermordung seines Messias nun seit 1800 Jahren gestraft ist. Doch was geschah? Einstmals kam eine arme christliche Wittwe zu dem Wucherer, um von ihm einige Stüber gegen hohe Zinsen zu lehnen. Sie hatte aber nichts, was sie dafür verpfänden konnte, als ein schönes Exemplar der neu=testamentlichen Schriften in lutherischer Uebersetzung. Gerson nahm endlich das Pfand an. Als er aber sieht, daß es das Buch der Christen sei, entsteht in ihm eine Begierde, zu wissen, was doch wohl für närrische Sa=

chen darin stehen möchten. Er nimmt noch zwei andere Juden zu sich und lies't mit denselben das heilige Buch durch. Anfangs schütten alle arge Lästerungen über das Gelesene aus. Doch Gerson wird, je tiefer er hineinkommt, immer unruhiger. Er empfindet Regungen in sich, die er vormals nie empfunden hat. Er schlägt die Stellen der Propheten nach, in welchen nach den Zeugnisse der Evangelisten von dem Jesus von Nazareth, als dem Messias des Volkes Israel und aller Völker der Erde, ge= weissagt sei. „Da fand ich," schreibt er selbst in einem später von ihm herausgegebenen Buche über den Talmud, „ein solch Licht, daß ich billig Gott dafür zu danken habe." Er war von der Wahrheit überwunden. Er ging daher nach Halberstadt, wo er ein Jahr lang bei einem gottseligen Prediger Unterricht nahm und sich hierauf taufen ließ. Nachdem aber Gott an ihm Barm= herzigkeit gethan und ihn aus großer höllischer Finsterniß so gnädig errettet hatte, entstand in ihm das Verlangen, ein Werk= zeug zu werden, durch welches auch Andere dieser Gnade theil= haftig werden könnten. Er studirte daher in Helmstedt die Theologie, unterrichtete viel vornehme Personen in der hebräi= schen Sprache, die er gründlich verstand, gab mehrere Schriften zur Aufdeckung der jüdischen Irrthümer heraus und starb endlich als Pastor im Fürstenthum Anhalt, den 25. September 1627.

---

174. Sprüchwörter.

1. Wen Gott schickt, den macht er auch geschickt.
2. Leere Fässer klingen am meisten.
3. Fromm aus Zwang währt nicht lang.
4. Eigener Heerd ist Goldes werth.
5. Es sind nicht alle Köche, die lange Messer tragen.
6. Viele Hunde sind des Hasen Tod.
7. Rastest du, so rostest du.
8. Es ist nichts so fein gesponnen,
   Es kommt doch endlich an die Sonnen.

---

175. Der Kranich.

Die Kraniche erreichen eine Länge von 4 Fuß und darüber, sind aschgrau mit nacktem, rothem Scheitel, schwarzer Kehle und zerschlissenen, hintern Flügel = Deckfedern, welche aufgerichtet werden können. Sie wandern in großen Schaaren und zwar immer in zwei Reihen, die vorn in einem Winkel zusammen= stoßen, wo einer der Stärksten den Anführer macht, der öfters abgelös't wird. Bei diesen Zügen lassen sie ihre weittönende Stimme hören, die wie Jre=gorr klingt. Ihr Flug ist leicht und schön und öfters so hoch, daß man nur ihr Geschrei vernimmt, ohne sie selbst zu erblicken. Auf ihren Weideplätzen und wenn sie schlafen, wird einer als Wache aufgestellt, der einen Stein in den aufgehobenen Fuß nimmt und auf einem Beine steht. Wit= tert er Gefahr, so läßt er den Stein fallen und durch das Ge= räusch aufgeweckt, fliegen dann alle davon. Deshalb galt er schon bei den Alten als Sinnbild der Wachsamkeit. In der Gefangen= schaft werden sie außerordentlich zahm.

Der Besitzer eines Landguts in der Nähe von Dresden in Sachsen, Freiherr von Seiffertitz erhielt im Jahre 1822 zwei junge Nestkraniche, die sich in einem Stalle sehr bald an die Nah= rung von Fröschen und Brod, in langen Stücken in Wasser ge= worfen, gewöhnten. Allmählig lernten sie, sich beim Namen rufen zu lassen, mischten sich unter menschliche Gesellschaft und nahmen selbst von Fremden, was ihnen gereicht wurde, ohne Scheu an. Außer Gemüse und Obst verzehrten sie Brod, Fleisch, Zwieback, kleine lebendige Thiere, und zumal gern Insecten. Doch rupften sie auch wohl Blätter ab. Sie tranken sehr viel. Mit der Zeit verloren sie alle Scheu, machten den Bewohnern des Orts Besuche, kamen in die Wohnzimmer und fraßen mit großen Hühnerhunden aus einer Schüssel. Der Besitzer des Guts ließ ihnen die Flügel nicht nehmen, sondern nur einige Schwungfedern verschneiden, so daß sie sich immer noch auf funfzig Schritte hoch in den Lüften herumtummeln konnten. Zuweilen waren sie halbe Tage verschwunden, stellten sich aber jedesmal in der Nacht in ihrem Stalle wieder ein.

Wahrscheinlich durch Bosheit wurde dem Männchen der Flügel zerschmettert. Seine Schwester bezeugte sich sehr theilnehmend und als treue Wärterin, auch ließ sie niemand nahe zu dem Kranken. Durch geschickten Verband wurde der Bruch glücklich geheilt. Kaum war jedoch dieser Vogel hergestellt, als seine Schwester ein gleiches Schicksal traf, aber sie überlebte die Verletzungen nicht. Während der Krankheit betrug sich der Bruder eben so theilnehmend; als sie aber todt war, gerieth er ganz außer sich, kam mit schneidendem Geschrei zu dem Hausherrn gelaufen, suchte die Schwester mit dem Schnabel aufzurichten und auf alle Weise seinen Schmerz zu beweisen. Herr von Seiffertitz ließ ihn entfernen und den todten Vogel wegtragen. Kaum war er wieder frei, als er alles im ganzen Hause zu durchsuchen anfing. Er drang auch darauf, daß ihm verschlossene Zimmer des Erdgeschosses geöffnet werden mußten. Ebenso eilte er die Treppe hinauf. Endlich verschwand er auf mehrere Tage; am dritten Morgen fand man ihn traurig und unbeweglich auf einer Stelle und nur auf eine Drohung ging er in seinen Stall, den er in dem ganzen kommenden Winter nicht mehr verließ.

Er ertrug die Kälte ganz gut und im darauf folgenden Frühjahr wurde er kräftiger und suchte wieder Gesellschaft. Hier wählte er sich denn einen ganz eigenen Freund, den großen Ochsen des Guts. Die starke Baßstimme dieses Thieres schien auf ihn einen besondern Eindruck gemacht zu haben. Er begleitete seinen gehörnten Freund auf die Weide, besuchte ihn oft im Stalle, benahm sich mit aller Ehrfucht gegen ihn und betrachtete ihn völlig als seinen Vorgesetzten. Im Stalle stand er aufgerichtet neben ihm, als wenn er seine Befehle erwartete. War der Ochse unter anderem Vieh auf dem Hofe, so machte er förmlich seinen Adjudanten, ging zwei Schritte hinter ihm her, tanzte oft um ihn herum, machte ihm Verbeugungen und benahm sich so drollig, daß es nicht ohne Lachen anzusehen war. Auch der Ochse fing allmählig an, einiges Interesse für ihn zu beweisen und ihn wenigstens zu rufen. Doch nur vor ihm bewies der

Kranich wahren Respect, über alle anderen Thiere des Dorfes maßte er sich die Oberherrschaft an. Vorzüglich auf dem Gute machte er den Aufseher und hielt streng auf Ordnung; bei der Viehheerde vertrat er die Stelle des Hirtenhundes. Unter dem Hausgeflügel litt er durchaus keinen Streit, bei der geringsten Fehde desselben stellte er sich als Schiedsrichter ein und strafte nach Gebühr. Enten und Hühner wurden weit schonender als Gänse und Truthühner behandelt. Sogar Pferde, Kühe und Schafe bekamen derbe Hiebe mit dem Schnabel. Eine besondere Furcht zeigte er vor aller schwarzen Farbe, selbst vor schwarzen Truthühnern, insbesondere aber vor dem Schornsteinfeger; auch zeigte er große Angst vor einem Messer, dagegen beschaute er sich gern im Spiegel, indem er einen Kameraden darin zu erblicken glaubte. Da die Ochsen des Guts immer wieder verkauft wurden, so übertrug er seine Zuneigung stets auf den Nachfolger, wurde aber einmal von einem Mastochsen, den er zur Ordnung bringen wollte, im Stalle niedergestoßen und getreten, so daß er starb.

176. Wider Gott ist bös streiten.

Als wenige Jahre vor der Reformation der Graf von Beichlingen auf den erzbischöflichen Stuhl von Magdeburg erhoben worden, fing der Herzog von Sachsen wegen einer Streitigkeit Krieg mit ihm an. Der Bischof aber, obwohl er von den Rüstungen des Herzogs Kunde hatte, rührte sich doch nicht, that, als ob er schliefe, besorgte seine Kirche, machte Verbesserungen, las, predigte und wartete mit allem Fleiße seines Amts. Als nun verkündet ward, der Herzog ziehe schon heran, sagte der Bischof: „Das thut nichts, ich werde meine Kirche besorgen; Gott aber wird für mich streiten." Dieses Wort vernahm der Kundschafter des Herzogs, der sich am bischöflichen Hofe insgeheim aufhielt und meldete es seinem Herrn. Da stellte der Fürst sogleich alle Feindseligkeiten ein und entließ die Kriegsleute, „denn," sagte er, „ich bin viel zu geringe, als daß ich gegen einen solchen kämpfen sollte, der Gott zum Mitstreiter hat."

177. Die Katzen.

Ein Junker spürte viele Ratzen
Auf seinem Schloß;
Er kaufte sich ein Dutzend Katzen
Und ließ sie los.

Sie packten flugs mit wildem Schnauben
Und scharfem Zahn —
Die Ratzen? ... Nein, des Junkers Tauben
Und Schinken an.

---

178. Böse Schrift — Seelengift.

Vor etlichen Jahren starb in Neu=Hartmannsdorf in Preußen der Vorsteher der dortigen lutherischen Gemeinde, Ch. F. Vorholz, seines Gewerks ein Schiffer, der an den Ufern der Spree, Havel, Oder, Warthe und Netze seine Arbeit gethan. Als junger, lebenslustiger Schifferknecht fragte er einmal in Berlin eine alte Frau, welche Bücher zu verkaufen hatte: „Mütterchen, habt Ihr nicht einen Eulenspiegel?" Sie antwortete: „Ei, Ihr seid ein so prächtiger junger Bursche, Schade um Euch, daß Ihr nichts besseres als den Eulenspiegel zu kaufen wißt! Ich könnte Euch für dasselbe Geld bessere Bücher verkaufen." — Er schämte sich und nahm den guten Rath und die alten Bücher willig an: es war ein altes gutes Gesangbuch und ein paar kleine körnige Erbauungsschriften. Und die lebendigen Samenkörner, die in ihnen steckten, haben sich an seinem Herzen kräftig und fruchtbar erwiesen: er suchte seitdem seiner Seelen Seligkeit.

---

179. Was einer selbst erheben kann,
Das soll er selbander liegen la'n.

Die Lerche hatte ihr Nest in die grüne Saat gemacht und hatte sich mit ihren Jungen da den Sommer über bis gegen die Erntezeit aufgehalten. Da nun die Ernte bald herbei kam, flog die Mutter aus, Futter für ihre Jungen zu suchen und vermahnte sie, sie sollten ja fleißig Achtung geben, wenn sie etwa etwas Neues hörten und sollten es ihr sagen, wenn sie wieder käme. Indeß kommt der Herr, dem das Feld gehört, mit seinem Sohne und spricht: „Siehst du, mein Sohn, das Getreide ist reif, gehe hin zu unsern Freunden und bitte sie, sie sollen es morgen mit dem Frühesten helfen schneiden und einernten." Da sie nun beide weggegangen waren und die Lerche kommt zu ihren Jungen, erzählen sie ihr die böse Zeitung, es würde nun über ihr Nest hergehen, denn die guten Freunde wären schon bestellt, die dem Herrn sollten helfen, das Getreide hauen. Die alte Lerche sagt: „Lieben Kinder, seid ohne Sorgen, wenn sich der Herr auf seine guten Freunde verläßt, so wird morgen noch nichts daraus." Da nun den Morgen darauf die Lerche wieder ausfliegt und will Speise holen, da stellet sich der Herr ein, die Freunde aber bleiben aus. Da spricht er zu seinem Sohne: „Ich sehe, daß die Freunde guten Theils nachlässig sind; wir wollen hingehen zu unsern Schwägern, Anverwandten und Nachbarn und sie ansprechen, daß sie uns morgen helfen einernten." Die jungen Lerchen hören es und sagen es der Alten, da sie wieder zu ihnen kommt, mit Zittern und Beben. Da spricht sie: „Laßt Euch auch das nicht anfechten, denn wenn es zum Arbeiten kommt, gehen die Schwäger und Anverwandten unnöthen*) daran. Nehmet euch nur sonst in Acht und gebt fleißig Achtung, was man nun wird gutes Neues sagen." Da nun der Herr mit seinem Sohne wiederum hinaus aufs Feld kommt, spricht er: „Ich sehe wohl, es ist mit Schwägern und Anverwandten auch wenig auszurichten. Laß sie gehen und bringe du morgen mit dem Frühesten zwei Sicheln heraus, eine für mich und die andere für dich, wir wollen das Getreide selbst schneiden und einernten." Da das die jungen Lerchen hören und ihrer Mutter sagen, da sprach die alte: „Nun ist es Zeit, ihr Kinder, daß wir unsern Abschied nehmen und unsern Stab weiter fortsetzen," und bauete also ihr Nest anders wohin.

---

*) d. h. nicht ohne Noth.

180. Sprüchwörter.

1. Wenn man die Saite zu hoch spannt, so reißt sie.
2. Was nicht säuert, süßt auch nicht.
3. Viele Köche verderben den Brei.
4. Gewalt geht für Recht, das klagt jetzt mancher Knecht.
5. Man muß das Eisen schmieden, weil es heiß ist.
6. Vom Verräther frißt kein Rabe.
7. Viel Schätze, viel Netze;
   Viel Ehr, viel Beschwer.
8. Der Fuchs ändert den Balg und behält den Schalk.
9. Wer an dem Wege bauet, hat viel Meister.
10. Eine Liebe ist der andern werth.
11. Maß ist zu allen Dingen gut.
12. Uebermaß thut selten gut.

---

181. Bekenntnißtreue.

In dem großen Kriege, welchen im Jahre 1717 die Oester=
reicher unter Anführung des frommen und tapfern Prinzen Eugen
mit den Türken führten, befanden sich Hülfstruppen aus aller
Herren Länder bei dem kaiserlichen Heere, unter andern auch aus
Herrmannsburg im Hannoverschen der Besitzer des dortigen
Guts, Herr von Staffhorst, mit zwei Reiterknechten, von denen
der eine Peter Paasch und der andere Hans Püffel hieß. In der
großen Schlacht bei Belgrad, welche die Deutschen gewannen,
hatte Hans Püffel seinen Tod gefunden, indem er seinen hart
bedrängten Herrn aus den Händen der Türken loshieb. Bei
dem darauf folgenden Sturm auf Belgrad war der Herr von
Staffhorst gefallen, nachdem er bereits in die Stadt gedrungen
war. Peter Paasch, voll Schmerz über den Tod seines geliebten
Herrn, hatte die fliehenden Türken so unvorsichtig verfolgt, daß
er außerhalb der Stadt von den Fliehenden umzingelt und ge=
fangen genommen wurde. Sie banden ihn an den Schweif sei=
nes Pferdes, ein Türke setzte sich auf das Pferd und Paasch

mußte nackt und barfuß nebenan laufen, denn die Türken hatten ihm Alles abgenommen. Spät Abends machten sie in einem Walde Halt, wo an dem Christen eine ausgesuchte Rache genommen werden sollte, denn sie hatten gesehen, wie er mehrere Türken im Kampfe niedergehauen hatte. Sie legten zuerst zwei Stecken in Form eines Kreuzes über einander, spieen das Kreuz an und wollten Paasch durch Schläge und Martern zwingen, auch das Kreuz anzuspeien. Paasch aber, der vom Pferde losgebunden war und von dem man sich keines Widerstandes versah, schlug jeden Türken, der das Kreuz anspie, ritterlich hinter die Ohren, bis man ihm wieder Hände und Füße zusammen band. Nun wurde er mit Messern und Dolchen gestochen, um ihn zum Anspeien des Kreuzes zu zwingen, und, als das alles nicht half, nagelte man ihm beide Hände über dem Kopfe an einem Baumstamm fest und wollte ihn mit Peitschenhieben, Stockschlägen und beigebrachten Wunden zwingen, den Namen Muhamed auszusprechen. Aber so oft man ihm diesen Namen vorsprach, sagte er: „JEsus Christus." Da entschlossen sich die Feinde Christi, zu seinen Füßen ein Feuer anzuzünden und ihn so entweder zum Verleugnen zu bringen, oder unter Feuerqualen sterben zu lassen. Da nun Paasch sahe, daß sein Tod nahe war, so betete er mit andächtiger Stimme ein Vater Unser und dann den Glauben, und Gott gab dem tapfern Kriegsmanne einen solchen Frieden in's Herz, daß er sogar für seine Mörder beten konnte, wie der HErr gethan und der heilige Stephanus. Kaum aber hatte er ausgebetet, so ward er mit so hoher himmlischer Freudigkeit erfüllt, daß er sich nicht enthalten konnte, mit mächtiger, alles übertönender Stimme den alten herrlichen Passionsgesang anzustimmen: „O Lamm Gottes unschuldig." Eben hatte er den dritten Vers zu Ende gesungen und mit den Worten: „Gieb uns deinen Frieden, o JEsu" geschlossen, da ertönte draußen vor dem Walde heller Trompetenklang, deutsche Reiter brachen in den Wald, die Türken stoben aus einander und mit Staunen sahen die Reiter den angenagelten Paasch und das Feuer zu seinen Füßen. Sie machten ihn eilends los und ohnmächtig fiel er in ihre Arme.

Nachdem sie seine vielen Wunden verbunden, ihn gereinigt und mit Kleidern versehen hatten, kam er wieder zu sich und seine erste Frage war: „Wie hat Gott euch grade zur rechten Stunde hergesandt?" Sie antworteten: „Wir waren zur Verfolgung der Türken ausgesandt, da hörten wir im Walde den Gesang: O Lamm Gottes unschuldig. „Das ist ein Christ," riefen wir, und jagten hinein in den Wald; siehe das Lamm Gottes, dem du vertrautest, hat dich gerettet." Sie brachten nun Paasch nach Belgrad. Die Geschichte kam vor die Ohren des frommen Prinzen Eugen; der ließ ihn aufs beste verpflegen, besuchte ihn selbst einigemal, freute sich an seinem einfältigen, kindlichen Glauben und schickte ihn dann, da er zum Kriegsdienste nicht mehr taugte, in sein Vaterland zurück. Hier hat er noch über 10 Jahr gelebt und die Wundenmale des HErrn JEsu an seinem Leibe getragen zur Stärkung der Gemeinde im Glauben und ist im Jahre 1728 im Glauben gestorben, nachdem er eben gesungen: „O Lamm Gottes unschuldig."

182. Gott lebet noch.

H. hatte, da er noch practischer Arzt in A. war, einen Schneider, Namens H., der ein gar lieber Mann und, was noch mehr ist, allem äußern Anschein nach ein Christ war. Er war aus Göttingen gebürtig. Nach seinen Wanderjahren hatte er sich in A. verheirathet und war nach manchen Hindernissen Meister geworden. Aber wer kannte in A. den armen, fremden Meister? Niemand ließ bei ihm arbeiten; die kleine Summe, die der gute Mann zum Anfang gehabt hatte, ging gar bald auf und H. hatte nun kein Brod und keine Arbeit. So lange der Mensch noch allein auf der Welt steht, thut ihm wohl der Hunger auch wehe, aber es ist doch nur ein körperlicher Schmerz; hat er einmal Frau und Kinder, dann brennen ihm die Thränen, die der Hunger seinen Lieben auspreßt, wie Feuer auf der Seele: die Noth wird dann ein den innern Menschen fast erdrückender, Herz durchbohrender Schmerz.

In dieser Lage war mein armer H. Die gute Frau, von langer Noth und Kummer krank; das Töchterchen, obgleich es seit einigen Tagen die einzige Person in der armen Familie war, die, weil ja die Eltern lieber ganz hungerten, um nur dem Kinde etwas geben zu können, ein wenig Brod bekommen hatte, auf der Thürschwelle sitzend und vor Hunger weinend; der Vater, der wohl vor Mattigkeit kaum mehr aufrecht stehen konnte, drängt sein bleichgehärmtes Gesicht an's Fenster, und sieht hinaus. Aber draußen war finstre Nacht und sehr starker Regen und Sturm, in seinem armen Herzen sprach es immer: ohne Hülfe, ohne Hülfe! Da wurde das arme geängstigte, zerschlagene Herz auf einmal von seinen Banden frei, es konnte recht innig, und mit tausend milden Thränen zu Dem flehen und um Hülfe seufzen, der unsere Zuflucht und Zuversicht noch sein will, wenn keine Menschenhülfe mehr nützen kann. Aber wer soll ihm denn noch heute — und sein Herz mußte in dieser äußersten Noth bitten: „noch heute" — in diesem Regenwetter und Sturm Brod bringen?

Da kommt auf einmal noch Jemand auf der finstern, stillen Treppe herauf, sucht an der Thüre. Es war der Hausknecht aus dem gegenüberstehenden Gasthofe. Ein dort weilender Fremder hatte einen Schneider begehrt, der ihm schnell, noch in dieser Nacht, ein Paar Beinkleider fertigen solle; der Hausknecht hatte in dem schlimmen Wetter nicht erst weit nach einem ihm bekannten Meister gehen mögen und rief dann den armen H.

Da dieser zu dem Fremden in seiner armen Kleidung und mit seiner von langem Kummer schüchternen Miene hineintritt, mißt ihn der mit großen Augen, fragt ihn, ob er sichs wohl getraue, das verlangte Kleidungsstück zu fertigen? er (der Fremde), sei überaus eigensinnig und ihm habe noch kaum ein berühmter Meister Kleidungsstücke dieser Art zur vollen Zufriedenheit, und doch auch mit der nöthigen Bequemlichkeit gefertigt. Das dazu bestimmte Tuch sei sehr fein und theuer, es sei deshalb sehr Schade, wenn es verdorben würde, er wolle ihm lieber einige Groschen für sein Herbemühen geben und einen andern Meister rufen lassen. Der arme, in seinem Handwerke wirklich geschickte

H. fühlt sich über jenen Mangel an Zutrauen tief gekränkt, ver=
sichert, er wolle den Fremden wohl zufrieden stellen, und dieser,
dem etwas in der Miene des H. Liegendes, oder sonst auch ein
andrer Grund nachgiebig macht, giebt ihm das Tuch mit der
Aeußerung, nun er wolle das nur einmal an eine sehr wahr=
scheinlich mißlingende Arbeit wagen.

Die Liebe giebt dem armen, aus Hunger sehr müden H.
Kraft, die ganze Nacht hindurch zu arbeiten. Er sitzt ja bei dem
Bette seiner lieben Frau und seines schlafenden Kindes, die er
morgen beide wird erquicken können. Wenn die Kräfte nicht
mehr aushalten, wenn die Augenlider zusammensinken wollen,
sieht er die beiden Schlafenden an; die matte Hand erhält neue
Kraft, wenn er sie auf die kranke, heiße Hand seiner lieben Frau,
oder auf die heute recht bleich aussehende Wange des Kindes
legt — so ist gegen Morgen die Kleidung fertig.

Er trägt sie zur bestimmten Stunde dem Fremden hin, und
dieser findet jene Kleidung so vollkommen nach seinem Wunsche,
daß er dem armen Schneider mehr giebt, als gewöhnlich, und
da er die Freudenthränen sieht auf der bleichen Wange, noch
mehr. Der Arme geht und erquickt sich und die Seinigen.

Aber sein gestriges Abendgebet aus dem geängstigten und
zerschlagenen Herzen war auf eine Weise erhört worden, wie er
sichs heute, so sehr auch seine Seele voll Freude und Hoffnung,
sein Mund voll Dankes war, nicht träumen konnte. Der Fremde
blieb diesen Tag noch in A. Bei einem gar sonderbaren Zufall,
der in einer vornehmen Gesellschaft, wobei der Fremde war, sich
ereignete, fand er eine sehr gute Gelegenheit, den armen Schnei=
der, als einen in seinem Handwerk ganz vorzüglich geschickten
Meister, anzuempfehlen. Mehrere Anwesende merkten sich Woh=
nung und Namen, und von nun an fand H. so viele Arbeit, daß
er sich nie mehr mit den Seinigen hungrig schlafen legen durfte,
und daß er später sein Auskommen sehr gut hatte, wenn auch
äußere Leiden ihn freilich nie ganz verließen.

------

183. Gute Antwort.

Einst fragte ein Jesuit einen Lutheraner mit höhnischer Miene: „Wo war denn eure Kirche vor Luther?" Der Lutheraner antwortete schnell: „Wo war denn dein Gesicht, ehe du dich diesen Morgen gewaschen hattest?" — Der Jesuit schwieg. Er hatte genug.

---

184. Der eigensinnige Handelsmann.

Für einen solchen wurde einmal Jakob Häuser aus Hessen, gehalten, da er in Cassel auf der Messe war. Und doch war das, was alle Leute für einen ganz nach Willen leicht aufzugebenden Eigensinn hielten, ein felsenfester Glaubenssinn, der unter Gebet und inneren Stürmen so fest gewurzelt war.

Nachdem Häuser den Dienst im Hause eines Generals und hiemit sein Brod verloren, fing er auf den Rath seiner christlichen Freunde einen kleinen Handel an, besonders mit brabanter Spitzen. Auf diesen Handel legte Gott einen solchen Segen, daß Häuser gut davon zu leben hatte und immer mehr neue Waare für den Erlös der alten kaufen und absetzen konnte.

Einmal, als er auch von seiner Handelsreise nach Hause geht, alle Waaren abgesetzt hat und dafür das baare Geld bei sich trägt, womit er die Kaufleute, deren Spitzen das waren, zu bezahlen und noch viel übrig zu behalten hofft, wird ihm bei Nacht sein Wanderbündel sammt dem Gelde gestohlen. Jetzt ist er übler dran, als da er den Dienst bei dem General verlor. Denn damals war er zwar auch ohne Brod, hatte aber dabei auch keine Schulden; jetzt ist er auch brodlos, aber zugleich voller Schulden. Traurig zieht er in dem großen Amsterdam ein. Dennoch wagt er es, er geht in seine alte Wohnung in dem Hause des reichen Kaufmanns, der sein Hauptcreditor ist, weil aus seinem Waarenlager die meisten Spitzen für seine letzte Handelsreise genommen waren. Da will er ruhig einige Tage warten. Bietet der Kaufmann ihm von selber, ohne darum gebeten zu sein, neue Waaren an, so ist es Gottes

Wille, daß er sein Geschäft forttreibt, wie bisher; wo nicht, so will er sich als Krankenwärter auf ein holländisches Schiff verbingen, um im Dienste des Nächsten sein eigenes, ehrliches Brod zu essen.

Nach einigen Tagen redet der Kaufmann ihn an, fragt ihn, warum er nicht schon, wie er das früher gethan, gekommen sei, und sich neue Waare ausgesucht habe? Jakob klagt ihm nun seine Noth; erzählt ihm, daß sein kleines, mühsam erworbenes Vermögen ihm gestohlen und daß er jetzt sogar außer Stande sei, seine Schuld zu zahlen, geschweige einen neuen Handel anzufangen, denn er könne keinen Bürgen noch sonst eine äußere Sicherheit stellen.

„Wenn es nur das ist,“ sagte der Kaufmann, „so ist mir eure Ehrlichkeit Bürge und Sicherheit genug. Kommt nur getrost und wählt Euch Waaren aus, so viel Ihr wollt.“ Jakob kam denn und nahm sich von Neuem Spitzen. Andere Kaufleute, welche den Unfall des ehrlichen Mannes vernommen hatten, machten ihm dasselbe Anerbieten und drangen ihm die besten, ausgesuchtesten Waaren, wie er sie sich nur auswählen wollte, fast auf. Noch niemals hatte er so viele, so schöne Güter beisammen gehabt. Die sind es wohl werth, daß er, nach dem Rathe eines Freundes, sich damit auf die Messe nach Cassel begiebt. Freilich sind die Kosten der Reise dahin größer, dagegen auch die Preise der Waaren, auch wenn man sie verhältnißmäßig aufs billigste setzt, viel höher.

*　　*　　*

Er reis't ab. Auf der Reise fällt es ihm wie eine Felsenlast aufs Herz: „Du hast bisher bei deinen Preisen immer eine etwas höhere Summe angesetzt, als die war, für welche du die Waaren lassen konntest und auch wirklich ließest, wenn Leute da waren, die das Handeln verstanden. Manche haben aber doch nicht gehandelt und den geforderten Preis bezahlt. War das auch recht von dir, daß du die Forderung machtest und eine solche Bezahlung nahmst? Ein Christ soll nicht lügen noch betrügen, das war aber beides. Wohlan, mein Gott, vor deinem heiligen Angesicht gelobe ich es: es soll nicht mehr geschehen; gieb du mir Kraft, meinem Vorsatze treu zu bleiben."

Er kommt nach Cassel. Das Logis so theuer, das Essen auch. Doch der Absatz solcher Waaren soll ja sonst hier so groß sein. Er bezieht die gemiethete Bude. Gleich am ersten Tage kommen viele Leute, die seine Waare besehen, nach dem Preise fragen und dann handeln wollen. Da er aber erklärt, das sei wirklich der äußerste Preis, um welchen er die Spitzen lassen könne, und er habe keinen Heller vorgeschlagen, mag Niemand mit diesem eigensinnigen Menschen etwas zu thun haben, sie wenden ihm den Rücken und er verkauft an diesem Tage auch nicht eine Elle.

Abends, im Wirthshaus, kann er vor Traurigkeit nicht essen. „Das ist also," denkt er, „der Lohn christlicher Treue und christlichen Ernstes in der Welt: Spott und Noth, ja Hungertod. So ist dirs doch nicht gegangen, da du noch, wie man sagt, bei der Welt warst. Gott will ja nicht, daß wir verhungern, sondern essen und leben wie jede Creatur; dein Weg ist am Ende doch ein verkehrter, weil dirs dabei so schlimm geht." — „Ein verkehrter?" sagt die bessere Stimme, „ein verkehrter Weg kann das nicht sein, der so ganz mit Gottes Wort und Gebot übereinstimmt. Sei getrost mein Herz, Gott, vor dessen Angesicht du so gern wandeln möchtest; Gott, dessen Geist dir im ernstesten Gebet den Vorsatz selber ins Herz gab, wahr zu sein, wie er will, daß wir es sein sollen, kann helfen und wird helfen." — Er schläft ruhig und erwacht getrosten Muthes.

Aber es geht an den beiden folgenden Tagen wieder eben so. Abends, wenn die andern in seinem Wirthshaus wohnenden Kaufleute fröhlich sind, essen und trinken und zählen das eingenommene Geld, hat der arme Jakob auch nicht einen Heller gelöst, er ißt sein Stückchen trocken Brod heimlich — mit Seufzen.

*   *   *

Noch ist Hoffnung auf eine Käuferin, die gewöhnlich nicht handelt, die Jakobs schöne Waare und Billigkeit wohl anerkennen wird. Sie war bisher noch nicht auf dem Markte. Endlich), am vierten Tage, kommt die Frau Landgräfin wirklich und kommt unter allen Spitzenbuben zuerst an Jakobs. Diesem klopft das Herz hoch auf vor Freude und Erwartung, da die Frau Landgräfin jetzt eine Menge Spitzen aussucht und bei Seite legt. Sie fragt nach ihrer Rechnung, will ein Mäßiges abhandeln. Jakob erklärt traurig, er habe schon das äußerste Gebot gethan, keinen Heller könne er davon zurückgehen. Die Frau Landgräfin, welcher dieses Benehmen neu war, geht schweigend hinweg, ohne nur ein einziges Stück zu nehmen.

In diesem Augenblick, da die Noth aufs höchste gestiegen, ist auch Gottes Kraft und Gnade am mächtigsten in ihm. „Wohl," denkt er, „ich ergebe mich ganz in deinen Willen, du getreuer Gott. Ich weiß jetzt keine Hülfe mehr; mit meinem Handel ist es aus. Nun sorge du nach deinem Rath und auf deine Weise." Da wird das Herz so ruhig und fröhlich, wie es in diesen ganzen Tagen nicht gewesen. Er weiß es: Gott wird sorgen und helfen.

Die Frau Landgräfin hatte sich indeß auch bei den andern Spitzenhändlern umgesehen. Die Waare, die sie da fand, war viel schlechter, die Preise unverschämt viel höher gestellt als bei Jakob. Sie, als Kennerin, bemerkt dies gegen ihre Damen und beschließt, zur ersten Bude zurückzukehren. Hier kauft sie denn nun mehr noch, als sie erst gewollt hatte und lobt gegen ihre Damen das Benehmen des ehrlichen Mannes, der wirklich nichts vorschlage; nennt das löblich. Alle Damen des Hofes und der Stadt wollen nun auch bei Jakob kaufen. Am Abend hat er auch nicht eine Viertelelle mehr. Alles ist verkauft.

„Konnte ich," erzählt er, „an den ersten drei Abenden der Messe vor Kummer und Sorge nicht essen, so konnte ich nun vor Freude nicht essen. Meine Seele war voll Lobes und Dankes gegen Gott."

Ja, der Treue und Wahrhaftige lohnt jede Treue, sei sie im Geringsten oder Größesten geübt.

185. Märtyrerlied.

Ein neues Lied wir heben an,
  Das walt Gott unser HErre,
Zu singen, was Gott hat gethan
  Zu seinem Lob und Ehre;
Zu Brüssel in dem Niederland
  Wohl durch zween junge Knaben
Hat er sein Wundermacht bekannt,
  Die er mit seinen Gaben
  So reichlich hat gezieret.

Der erst recht wohl Johannes heißt —
  So reich an Gottes Hulden —
Sein Bruder Heinrich nach dem Geist,
  Ein rechter Christ ohn Schulden,
Von dieser Welt geschieden sind;
  Sie ha'n die Kron erworben,
Recht wie die frommen Gottes Kind
  Für sein Wort sind gestorben,
  Sein Märtyrer sind worden.

Der alte Feind sie fangen ließ,
  Erschreckt sie lang mit Dräuen;
Das Wort Gotts man sie leugnen hieß,
  Mit List auch wollt sie täuben.
Von Löwen der Sophisten viel,
  Mit ihrer Kunst verloren,
Versammelt er zu diesem Spiel;
  Der Geist sie macht zu Thoren,
  Sie konnten nichts gewinnen.

Sie sungen süß, sie sungen sau'r,
  Versuchten manche Listen,
Die Knaben stunden wie ein Mau'r,
  Verachten die Sophisten;
Den alten Feind das sehr verdroß,
  Daß er war überwunden.
Von solchen Jungen, er so groß,
  Er ward voll Zorn von Stunden,
  Gedacht sie zu verbrennen.

Sie raubten ihn'n das Klosterkleid,
  Die Weih sie ihn'n auch nahmen;
Die Knaben waren deß bereit,
  Sie sprachen fröhlich: Amen!

Sie dankten ihrem Vater, Gott,
   Daß sie los sollten werden
Des Teufels Larvenspiel und Spott,
   Darin durch falsch Geberden
Die Welt er gar betreuget.
Da schickts Gott durch sein Gnad also,
   Da sie recht' Priester worden,
Sich selbst ihm mußten opfern dar
   Und gehn in Christi Orden,
Der Welt ganz gestorben sein,
   Die Heuchelei ablegen,
Zum Himmel kommen frei und rein,
   Die Möncherei ausfegen,
   Und Menschentand hie lassen.
Man schrieb ihn'n für ein Brieflein klein,
   Das hieß man sie selbst lesen:
Die Stück sie zeichn'ten alle drein,
   Was ihr Glaub war gewesen;
Der höchste Irrthum dieser war:
   „Man muß allein Gott glauben,
Der Mensch leugt und treugt immerdar,
   Dem soll man nichts vertrauen;"
   Deß mußten sie verbrennen.
Zwei große Feu'r sie zündten an,
   Die Knaben sie herbrachten;
Es nahm groß Wunder Jedermann,
   Daß sie solch Pein verachten,
Mit Freuden sie sich gaben drein,
   Mit Gottes Lob und Singen;
Der Muth ward den Sophisten klein,
   Für diesen neuen Dingen,
   Daß sich Gott ließ so merken.
Der Schimpf sie nun gereuet hat,
   Sie wolltens gern schön machen,
Sie durften nicht rühmen sich der That,
   Sie bergen fast die Sachen:
Die Schand im Herzen beißet sie,
   Und klagens ihren Genossen,
Doch kann der Geist nicht schweigen hie,
   Des Abels Blut vergossen,
   Es muß den Cain melden.

Die Aschen will nicht lassen ab,
　　Sie stäubt in allen Landen;
Hier hilft kein Bach, Loch, Grub noch Grab,
　　Sie macht den Feind zu Schanden:
Die er im Leben durch den Mord
　　Zu schweigen hat gedrungen,
Die muß er todt an allem Ort
　　Mit aller Stimm und Zungen
　　Gar fröhlich lassen singen.

Noch lassen sie ihr Lügen nicht,
　　Den großen Mord zu schmücken;
Sie geben für ein falsch Gedicht,
　　Ihr Gewissen thut sie drücken;
Die Heiligen Gotts auch nach dem Tod
　　Von ihn'n gelästert werden,
Sie sagen, in der letzten Noth
　　Die Knaben noch auf Erden
　　Sich sollen haben umkehret.

Die laß nun lügen immerhin,
　　Sie habens keinen Frommen;
Wir sollen danken Gott darin,
　　Sein Wort ist wieder kommen:
Der Sommer ist hart vor der Thür,
　　Der Winter ist vergangen,
Die zarten Blümlein gehn herfür;
　　Der das hat angefangen,
　　Der wird es wohl vollenden.
　　　　Amen.

------

186. Trost durch ein Bild.

Der selige Herr Dr. Hieronymus Weller verfiel einmal zu Wittenberg in schwermüthige Gedanken und Anfechtung, welches ihm denn nicht seltsam war. Da er nun zu einem christlichen Manne ging, mit demselben ein gottseliges Gespräch aus Gottes Wort zu führen, so erblickte er bei dem ersten Schritte in dessen Stube ein Gemälde, worauf die Auferstehung des HErrn abgebildet war. Hierüber fing er an auszurufen: „Gewonnen! Gewonnen!" Der Hausherr wunderte sich über solchen Gruß und fragte, was er mit diesen Worten meine? Dem gab der Doctor zur Antwort, daß sein Herz mit großen Anfechtungen gar sehr beklemmt und bedrängt gewesen, darüber er kaum habe können Athem holen. Als er aber das Bild seines auferstandenen Hei= landes JEsu Christi erblickt und gesehen, wie grausamlich Sünde, Tod, Teufel und Hölle unter seinen Füßen gelegen und sich krümmeten, so sei sein Geist wieder lebendig geworden.

187. Sprüchwörter.

1. **E**inen leeren Schlauch bläset der Wind auf, einen leeren Kopf der Dünkel.
2. Der Milde giebt sich reich, der Geizhals nimmt sich arm.
3. Verzeihe dir nichts, aber andern viel.
4. Nach den Blättern fallen die Bäume.
5. Ein Stein, der viel gerollt wird, bemoos't nicht.
6. Gott läßt sich die Uhr von keinem Menschen stellen.
7. Große Würden, große Bürden.
8. Keiner mag wohl Herr sein, er sei denn zuvor Knecht gewesen.

188. Kurze Regeln.

Es ist eine kurze Regel: Willst du Niemand gefallen, so laß dir Niemand gefallen; willst du Jedermann gefallen, so laß dir Jedermann gefallen; so ferne doch, daß du Gottes Wort nicht drob lässest; denn da höret alles Gefallen und Mißfal= len auf. Was aber ohne Nachlassung Gottes Worts mag nach= gelassen werden, das laß, auf daß du gefällig seiest Jedermann.

189. Der Reichstag der Dohlen und Krähen.

Im Jahre 1530 ist bekanntlich ein großer deutscher Reichs= tag zu Augsburg in Baiern gehalten worden, auf welchem die Papisten, Kaiser Karl V. an der Spitze, große Dinge ausrichten zu wollen vorgaben. Luther, der noch immer in des Papstes Bann und in des Kaisers Acht war, durfte auf diesem Reichstage nicht erscheinen. Damit er aber in der Nähe wäre und schnell guten Rath geben könnte, befahl ihm der Kurfürst von Sachsen, sich während des Reichstages in der Nähe, nämlich auf dem Schlosse zu Coburg aufzuhalten. Luther wußte wohl, wie es auf solchen Reichstagen herging, wo so viele vornehme Herren zusammenkamen, die noch dazu meist Feinde des Evangeliums waren. Er wußte, man würde zwar viel reden und viel verzehren, aber am wenigsten des Volkes und der Kirche Wohl dabei suchen. So groß nun auch die Gefahr war, die damals Luther und allen Lutheranern drohete, so war doch Luther nicht nur unverzagt, sondern ganz fröhlich und guter Dinge; und auf Gott vertrauend, spottete er aller Drohungen der Feinde. Als sich daher der Reichstag verzögerte und Luthers Tischgesellen in Wittenberg gern wissen wollten, wie es stände, schrieb er am 28. April eine Scherzschrift an sie, in welcher er den zu erwartenden Reichstag mit der Versammlung von Dohlen und Krähen verglich, die vor den Fenstern des Schlosses Statt fand, in welchem er sich aufhielt. Diese Schrift ist gar lustig zu lesen. Sie lautet folgendermaßen *):

„Gnade und Friede in Christo, lieben Herren und Freunde! Ich hab euer aller Schreiben empfangen, und wie es allenthalben zustehet, vernommen. Auf daß ihr wiederumb vernehmet, wie es hie zustehet, füge ich euch zu wissen, daß wir, nämlich ich, Magister Veit und Cyriacus, nicht auf den Reichstag gen Augsburg ziehen; wir sind aber sonst wohl auf einen andern Reichstag kommen.

Es ist ein Rubet **) gleich für unserm Fenster hinunter, wie ein kleiner Wald, da haben die Dolen und Krähen einen Reichstag hingelegt, da ist ein solch Zu- und Abreiten, ein solch Geschrei Tag und Nacht ohne Aufhören, als wären sie alle trunken, voll und toll; da keckt Jung und Alt durch einander, daß mich wundert, wie Stimm und Odem so lange wären möge. Und möcht gern wissen, ob auch solches Adels und reisigen Zeugs

---

*) Ganz buchstäblich nach der Erlanger Ausgabe Bd. 54, S. 113, abgedruckt, um eine Probe von Luthers Schreibart auch im Kleinsten zu geben.

**) soviel als Gartenbeet.

auch etliche noch bei euch wären; mich dünkt, sie seien aus aller Welt hieher versammelt.

Ich hab ihren Kaiser noch nicht gesehen, aber sonst schweben und schwänzen der Adel und großen Hansen immer für unsern Augen; nicht fast köstlich gekleidet, sondern einfältig in einerlei Farbe, alle gleich schwarz und alle gleich grauaugig; singen alle gleich einen Gesang, doch mit lieblichem Unterscheid der Jungen und der Alten, Großen und Kleinen. Sie achten auch nicht der großen Pallast und Saal: denn ihr Saal ist gewölbet mit dem schönen weiten Himmel, ihr Boden ist eitel Feld, getäfelt mit hübschen grünen Zweigen, so sind die Wände so weit als der Welt Ende. Sie fragen auch nichts nach Rossen und Harnisch, sie haben gefiederte Räder, damit sie auch den Büchsen empfliehen und eim Zorn entsitzen können. Es sind große mächtige Herren; was sie aber beschließen, weiß ich noch nicht.

So viel ich aber von einem Dolmetscher habe vernommen, haben sie für einen gewaltigen Zug und Streit wider Weizen, Gersten, Hafern, Malz und allerlei Korn und Getraidig, und wird mancher Ritter hie werden und große Thaten thun.

Also sitzen wir hie im Reichstag, hören und sehen zu mit großer Lust und Liebe, wie die Fürsten und Herrn sampt andern Ständen des Reichs so fröhlich singen und wohlleben. Aber sonderliche Freude haben wir, wenn wir sehen, wie ritterlich sie schwänzen, den Schnabel wischen, und die Wehr stürzen, daß sie siegen und Ehre einlegen wider Korn und Malz. Wir wünschen ihnen Glück und Heil, daß sie allzumal an einen Zaunstecken gespießet wären.

Ich halt aber, es sei nichts anders, denn die Sophisten und Papisten, mit ihrem Predigen und Schreiben, die muß ich alle auf eim Haufen also für mir haben, auf daß ich höre ihre liebliche Stimme und Predigten, und sehe, wie sehr nützlich Volk es ist, alles zu verzehren, was auf Erden, und dafür kecken für die lange Weil.

Heute haben wir die erste Nachtigall gehöret; denn sie hat dem April nicht wöllen trauen. Es ist bisher eitel köstlich Wetter gewest, hat noch nie geregnet, ohne gestern ein wenig. Bei euch wirds vielleicht anders sein. Hiemit Gott befohlen und haltet wohl Haus.

Aus dem Reichstag der Malztürken, d. 28. Apr., Anno 1530.

Martinus Luther, Dr."

---

190. Gott erhält die Welt und Kirche.

Als der bekannte Reichstag zu Augsburg im Jahre 1530 zu Ende war und der Kaiser ein überaus scharfes Edict gegen die Lutheraner ausgehen ließ, da waren Viele in großen Sorgen, was nun werden solle. Luther aber war getrost. Er dachte: Gott, der des Himmelsgewölbe trägt ohne sichtbare Stützen und der den großen Wasserwolken wehrt, daß sie nicht auf uns herabstürzen und uns ersäufen können, obwohl sie nur auf dem Regenbogen zu ruhen scheinen, der wird auch die Kirche erhalten, obwohl wir niemand sehen, der sie stützen könnte. Um nun zu zeigen, wie thöricht es sei zu verzagen, wenn keine Menschenhülfe mehr da ist, schrieb er am 5. August 1530 von Coburg aus unter anderm folgendes an den frommen kursächsischen Kanzler Brück*):

„Ich hab neulich zwei Wunder gesehen: das erste, da ich zum Fenster hinaus sahe, die Sterne am Himmel und das ganze schöne Gewölb Gottes und sahe doch nirgend keine Pfeiler, darauf der Meister solch Gewölb gesetzet hatte; noch fiel der Himmel nicht ein und stehet auch solch Gewölb noch fest. Nu sind Etliche, die suchen solche Pfeiler und wollten sie gern greifen und fühlen. Weil sie denn das nicht vermögen, zappeln und zittern sie, als werde der Himmel gewißlich einfallen, aus keiner andern Ursachen, denn daß sie die Pfeiler nicht greifen noch sehen. Wenn sie dieselbigen greifen könnten, so stünde der Himmel feste.

Das ander, ich sahe auch große dicke Wolken über uns schweben mit solcher Last, daß sie möchten einem großen Meer zu vergleichen sein; und sahe doch keinen Boden, darauf sie rugeten oder fußeten, noch keine Kufen, darein sie gefasset wären; noch fielen sie dennoch nicht auf uns, sondern grüßeten uns mit einem

*) Ebenfalls buchstäblich abgedruckt, Erlanger Ausgabe Bd. 54, S. 184.

fauren Angesicht und flohen davon. Da sie fürüber waren, leuch=
tet herfür beide, der Boden und unser Dach, der sie gehalten hatte,
der Regenbogen. Das war doch ein schwacher, dünner, geringer
Boden und Dach, daß es auch in den Wolken verschwand und
mehr ein Schemen (als durch ein gemalt Glas zu scheinen pflegt),
denn ein solcher gewaltiger Boden anzusehen war, daß einer auch
des Bodens halben wohl so sehr verzweifeln sollte, als der großen
Wasser=Laste. Dennoch fand sich's in der That, daß solcher
amächtiger*) (anzusehen) Scheme die Wasserlast trug und uns
beschützet. Noch sind Etliche, die des Wassers und der Wolken Dicke
und schwere Last mehr ansehen, achten und fürchten, denn diesen
dünnen, schmalen und leichten Schemen; denn sie wollten gern
fühlen die Kraft solches Schemens, weil sie das nicht können,
fürchten sie, die Wolken werden ein ewige Sündfluth anrichten.“

---

191. Die Wetterhähne.

Der Kaiser Constantius Chlorus, der Vater Kaiser Constan=
tin's, hatte zwar selbst das Christenthum noch nicht angenommen,
war aber den Christen sehr geneigt, und Viele derselben hatten
Staatsämter und Ehrenstellen in der nächsten Umgebung des
Kaisers erhalten. Er beschloß einst, diese auf die Probe zu stel=
len, berief sie zu sich und erklärte ihnen, daß er doch keine andere
Leute in seinem Dienste haben könne, als solche, die dieselbe Re=
ligion mit ihm theilten; er habe zwar gegen die Christen nichts,
aber diejenigen unter ihnen, welche Christen bleiben wollten, seien
hiemit ihrer Aemter entlassen. Da verleugneten die meisten
Hofleute den Christus, den sie kurz zuvor, als nichts dabei auf
dem Spiele stand, bekannt hatten und drängten sich zu dem heid=
nischen Götzenaltar, um durch Darbringung von Opfern einen
Beweis für ihren Uebertritt zum Heidenthum zu geben; nur we=
nige blieben standhaft, erklärten dem Kaiser, sie wollten lieber
mit Christo arm und verachtet, als ohne Christum reich und ge=
ehrt sein, und verließen, zwar unter dem Spotte der Abtrünnigen,

---

*) d. h. ohnmächtiger.

aber fröhlich und getrost, ihre Aemter und Güter. Kaum ist jedoch dies geschehen, so versammelt der Kaiser die Abgefallenen um sich, eröffnet ihnen, daß dies nur eine Maßregel gewesen, um ihre Treue auf die Probe zu stellen und giebt ihnen den Bescheid: „Ihr Elenden, wie solltet ihr mir treu sein, da ihr eurem Gott nicht treu seid? Hebt euch von dannen und kommt mir nicht wieder unter die Augen!" Dagegen wurden die Treugebliebenen eilends wieder an den Hof gerufen und von nun an vom Kaiser des höchsten Vertrauens gewürdigt.

192. Sprüchwörter.

1. Hinter dem Berge wohnen auch Leute.
2. Wessen Brod ich esse, dessen Lied ich singe, ist Schmeichlers Rede.
3. Man muß nicht über sich sehen, sondern unter sich.
4. Wenn einer getrunken hat, wendet er dem Brunnen den Rücken.
5. Wen das Glück zu wohl hält, den bethörts.
6. Man muß den Bären nicht eher verkaufen, als bis man ihn hat.
7. Des Herrn Fußtapfen düngen den Acker.
8. Der Weg zur Hölle ist mit guten Vorsätzen gepflastert.

193. „Sein Unglück wird auf seinen Kopf kommen, und sein Frevel auf seinen Scheitel fallen." Ps. 7, 17.

Alexius Croßner war zur Zeit Herzog Georg's der einzige evangelische Hofprediger in Dresden. Nachdem derselbe drei Jahre das Evangelium lauter gelehrt und damit Hohe und Niedrige, Priester und Laien erzürnt hatte, war endlich sein Lohn, daß er angefeindet und seines Dienstes entlassen wurde. Als er nun (1527) von Dresden mit seinen Mobilien abzog, begegnete ihm unterwegs der berüchtigte papistische Bibelübersetzer Emser, des Herzogs Rath und Secretair zu Pferde, der ihm zurief: „Nun diesen Tag sehe ich mit Freuden an, daß doch endlich einmal des Ketzers Predigen ein Ende gemacht worden. **Fahr hin ins Teufels Namen**, ich bleibe hier." Croßner erwiderte: „In Gottes Namen wäre auch ein Wort. Ich bin vor dir in Meißen gewesen und werde darin bleiben, wenn du nicht mehr bist." Dies traf auch schnell ein. Noch an demselben Abend ging Emser zu einem reichen Bürger zu Gaste, war mit andern Gästen lustig und zechte wohl, setzte sich nach der Mahlzeit auf einen Sessel und gab hier, nachdem er schändliche Reden ausgestoßen, unter greulichen Geberden plötzlich seinen Geist auf.

194. Gottes Ruthe soll man küssen.

Im Jahre 451 nach Christi Geburt fiel der furchtbare Hunnenkönig, Attila, auf seinem Raub- und Eroberungszuge mit seinen zügellosen Horden auch in Gallien ein. Der fromme Bischof Lupus von Troyes wartete nicht, bis Attila die Stadt erreicht hatte, sondern zog ihm entgegen und richtete die Frage an ihn: „Wer bist du?" Attila antwortete: „Ich bin Gottes Geißel, die sündigen Menschen zu züchtigen." Der Bischof antwortete: „O du gesegnete Ruthe meines HErrn und Gottes, sei willkommen!" und läßt dem Wütherich und seinem ganzen Heere alle Thore der Stadt weit aufthun. Dieser aber wird durch dieses Benehmen des ehrwürdigen Bischofs so ergriffen, daß er nicht nur mit seinen Schaaren still durch die Stadt zieht und keinem Einwohner ein Haar krümmen läßt, sondern daß er auch auf seinem Rückzuge den Bischof als einen Freund mitnimmt und ihn endlich mit der Bitte, er möge für ihn beten, wieder entläßt.

195. „Glauben wir nicht, so bleibet er treu; er kann sich selbst nicht leugnen." 2. Timoth. 2, 13.

Der Kirchenvater Augustinus erzählt in seinen Briefen unter andern folgende merkwürdige Geschichte:

Ein heidnischer Arzt, mit Namen Dioscurus, hatte eine einzige Tochter, welche an einer außerordentlichen Krankheit litt.

Er that daher das Gelübde, ein Christ zu werden, wenn dieselbe ihre Gesundheit wieder erlangen würde. Sie wurde gesund, er aber dachte nun nicht daran, zu erfüllen, was er versprochen hatte. Was geschieht? Plötzlich erblindet er, und sogleich kommt es ihm in den Sinn, warum ihm dieses widerfahren sei, bekennt öffentlich seine Schuld und thut das Gelübde noch einmal, zu erfüllen, was er versprochen habe, wenn ihm das Licht seiner Augen wieder geschenkt werden sollte. Sein Wunsch geht in Erfüllung, und er thut nun auch, was er versprochen hat, doch nicht von Herzen: er will nämlich nicht das apostolische Glaubensbekenntniß hersagen, was damals alle thaten, welche die christliche Religion annahmen; ja er will seinen Glauben nicht öffentlich bekennen, unter dem Vorwande, daß er Alters halber das Symbol nicht auswendig lernen könne. Und siehe! plötzlich wird er durch einen Schlaganfall an allen seinen Gliedern, auch an der Zunge, gelähmt. Nun bekennt er, durch einen Traum dazu ermahnt, vermittelst eines schriftlichen Aufsatzes, daß ihn dieses Gericht deswegen getroffen habe, weil er das Symbolum nicht habe hersagen wollen. Nach diesem Bekenntniß bekommt er nun zwar den Gebrauch aller seiner Glieder wieder, nur die Zunge bleibt ihm gelähmt. Doch thut er nun das schriftliche Bekenntniß, daß er das Symbolum gelernt habe.

Opfre Gott Dank, und bezahle dem Höchsten deine Gelübde. Pf. 50, 14.

---

196. Vernunft und Glaube.

Die Vernunft spricht:
Ich lebe und weiß nicht wie lange,
Ich sterbe und weiß nicht wann,
Ich fahre und weiß nicht wohin:
Mich wunderts, daß ich fröhlich bin.

Der Glaube spricht:
Ich lebe und weiß wohl wie lange,
Ich sterbe und weiß wohl wann,
Ich fahre und weiß Gott Lob! wohin:
Mich wunderts, daß ich noch traurig bin.

197. Luther, ein ungelehrter Mönch.

Als die Mönche zu Löwen im Anfang der Reformation gegen Margaretha, Königin von Belgien, heftig klagten, daß durch die Schriften Luther's die ganze Christenheit mit Untergang bedroht werde, fragte die Königin die Mönche: „Was für ein Mann ist denn der Luther?" Sie antworteten: „O, es ist ein ungelehrter, einfältiger Mönch." „Nun denn," erwiderte die scharfsichtige Königin, „so hat es ja keine Noth: so schreibet nur ihr v i e l e n Gelehrten gegen den e i n e n Ungelehrten, so wird doch ohne Zweifel die Welt euch v i e l e n Gelehrten mehr glauben, als e i n e m Ungelehrten."

198. Der Ernst und die Güte Gottes gegen einen ungehorsamen Sohn.

Im Jahre 1731 starb ein wohlhabender Bauer, der ein fleißiger Kirchgänger und ein Mann von gutem Rufe gewesen war. Er hinterließ eine Wittwe und mehrere Kinder, von denen der älteste Sohn, 15 Jahr alt, sehr störriger Gemüthsart war. So lange der Vater lebte, hatte ihn dieser in Zucht gehalten, nach dessen Tode aber brach seine Wildheit und Widerspenstigkeit offen heraus: er wollte das Hausregiment führen und die Mutter sollte ihm unterthan sein. Diesem gottlosen Wesen zu steuern, fehlte es der Mutter leider ebenso an Willen als an der Kraft.

Längere Zeit war so hingegangen, als die Mutter es für nöthig hielt, sich zum zweiten Male zu verehelichen. Ihren Sohn deshalb um Rath oder Erlaubniß zu fragen, hielt sie natürlich nicht für nöthig. Aber diese Sache brachte nun bei diesem die Störrigkeit und Widersetzlichkeit bis auf den höchsten Grad; er hatte gefragt sein wollen, ohne seine Zustimmung sollte es nicht geschehen. Fortan war auch die letzte Spur des Gehorsams verschwunden und als endlich einmal der Mutter doch die Sache zu viel wurde und sie ihm mit Schlägen drohte, riß er ihr den Stock aus der Hand und schlug sie damit. Aber was geschah? der Arm, mit welchem er die Mutter geschlagen hatte, wurde plötzlich voll Löcher und zugleich sein ganzer Körper siech und krank.

Die Mutter, um den Sohn nicht zu beschimpfen, verhehlte das Vorgefallene sorglich, und suchte ärztliche Hülfe. Aber diese Wunden, die die Hand des allmächtigen Gottes geschlagen, konnten menschliche Mittel nicht heilen; sie verschlimmerten sich, in kurzer Zeit trat der kalte Brand hinzu und man sah das baldige Ende des Kranken voraus.

Da ging endlich der Bräutigam der Mutter zu dem Pfarrer, und erzählte diesem die ganze Sache. Bestürzt eilte dieser in das Haus, strafte erst die Mutter, die über sein Kommen erschrocken war, und hielt ihr mit ernsten Worten vor, wie sie mit ihrer falschen, sündlichen Zärtlichkeit an dem Sohne gesündigt und ihn, statt ihn mit Ernst und Strenge zum Gehorsam zu treiben, in seinem Ungehorsam und in seiner Sünde gegen Gottes Gebot bestärkt hätte, somit an dem Unglücke und dem Elende selbst Schuld wäre, das sie und ihren Sohn jetzt betroffen. Dann ging er zu dem Kranken hinein. Anfangs wollte dieser auf die Frage, was ihm fehle, keine rechte Antwort geben; sein Arm thue ihm weh, mehr war nicht herauszubringen. Da ließ der Pfarrer ihm den Verband von dem Arme abnehmen und als er noch nicht gestehen wollte, woher die vielen Löcher kämen, mit denen der ganze Arm von der Hand bis zu der Schulter bedeckt war, fragte er ihn gradezu, ob er nicht mit diesem Arme seine Mutter geschlagen hätte? Trotzig bejahete er es und fügte auf die Frage, warum er es gethan? hinzu: „Ei, warum wollte meine Mutter mir nicht folgen?“ ja setzte, als er weiter gefragt ward, ob er der Mutter, oder die Mutter ihm folgen solle? hinzu: „Meine Mutter sollte mir folgen.“ Auf die Frage, ob er denn nicht einsehe daß er unrecht gethan und ob es ihm denn nicht leid sei? schwieg er trotzig stille.

Der Pfarrer stellte ihm dann mit nachdrücklichen und beweglichen Worten die furchtbare Sünde vor, deren er sich schuldig gemacht, aber vergeblich. Ohne ein Wort zu reden lag er da, nur wilde feindselige Blicke warf er zuweilen seiner Mutter und dem Pfarrer zu. Fast schien es, als ob es am gerathensten sei, alle Versuche aufzugeben. Da begann der Pfarrer noch einmal, und stellte ihm nun vor, daß er in dieser Krankheit gewiß sterben werde und nur ja keinem Gedanken an Genesung Raum geben möge, ja daß der Tod noch heute komme und dann durchaus keine Zeit zur Bekehrung mehr sei, sondern seine Seele aus diesem elenden Leibe gradezu in die Hölle fahren werde. Als er so eine Zeitlang geredet und ihm die Höllenqual nach den Worten der Schrift beschrieben hatte, fing der Kranke an zu schwitzen und sagte endlich: „Herr Pfarrer, mir wird angst." „Du böser Bube," antwortete dieser, „diese Angst ist nichts gegen die Angst, die in der Hölle auf dich wartet. Denke, wie wird dir so angst werden, wenn du in wenigen Stunden in die Hölle fahren wirst" und fuhr dann in seiner vorigen Weise fort, bis er merkte, daß das Herz des Kranken wirklich von Angst und Schrecken sichtlich ergriffen war. Dann verließ er ihn mit der Bemerkung, daß er ihn auf eine halbe Stunde verlassen würde, um ihm Zeit zu geben, über seine Sünden in der Stille recht nachzudenken, und ging in den Garten, wo er herzlich für ihn betete.

Zu der bestimmten Zeit trat er wieder in das Krankenzimmer. Bei seinem Eintritt rief ihm der Kranke, auf dessen Angesicht sich Schrecken und Entsetzen malten, entgegen: „Ich bin verdammt! ich bin verdammt!" Da begann denn der Pfarrer, damit er nicht sowohl über die Strafe, als vielmehr über die Sünde erschrecken sollte, nochmals ihm die Größe und Abscheulichkeit seiner Sünde und das ganze Verderben, welches in ihm steckte, vorzuhalten. Jetzt war der vorige Trotz verschwunden, er gab in allem Recht und verdammte sich selbst, so daß nun auch die Gnade der Versöhnung in Christo JEsu ihm gepredigt und er vermahnt werden konnte, sie auf sich zu ziehen und zu glauben. Das kostete erst einen heißen Kampf, er achtete sich ihrer unwerth. Aber endlich kam es auch dahin, er bat seine Mutter und deren Bräutigam mit vielen Thränen um Verzeihung und stimmte von Herzen in das Bußgebet ein, welches der Pfarrer ihm vorsagte.

Darüber war es Abend geworden und der Pfarrer entfernte sich mit dem Versprechen, am folgenden Tage zeitig wieder zu kommen. Als er wieder kam, hörte er von dem Bräutigam der

Mutter, welcher die Nacht hindurch nicht von dem Bette hatte weichen dürfen, daß der Kranke die Nacht meistens mit Beten zugebracht, herzliche Reue gezeigt und der Vergebung seiner Sünden sich getröstet habe. So war denn auch die folgende Unterredung eine gesegnete. Erinnerte der Pfarrer ihn an seine Sünde, so flossen die Thränen des Schmerzes; redete er zu ihm von der Gnade des HErrn JEsu, der auch ihm seine schweren Sünden vergeben habe, ja ihn nun bald zu sich in den Himmel nehmen werde, so wurde er voller Freude, erklärte, daß er der Vergebung seiner Sünde fest versichert sei, und an das Evange-lium, welches ihm dieselbe verkündige, glaube. Nun begehrte er endlich das heilige Abendmahl und nach Empfang desselben konnte er abermals die Erquickung bezeugen, die ihm der HErr durch das Darreichen Seines Leibes und Blutes bereitet habe. In der Kraft, die er hier empfangen, überwand er denn auch die Stürme etlicher Anfechtungen des Zweifels, die sich noch wieder einstellen wollten, bis er nach Verlauf einiger Stunden in seinem Heilande sanft und selig verschied.

199. Die drei bedenklichen Dinge.

Das Auge, der gute Name und der Glaube sind drei Dinge, die nicht mit sich scherzen lassen.

200. Lehrgedicht von einem, der alles besser wissen wollte.

Hans Pfriem war ein armer Fuhrmann, dem von Gott erlaubt war, im Paradies zu sein und aller Freude und Lust, die im Paradies ist, zu genießen, doch unter der Bedingung, daß er keine Einrede thun sollte in irgend einer Sache, sondern still-schweigen und sich gefallen lassen, was er im Paradies hören und sehen würde. Da er nun im Paradies war, sah er Etliche, die schöpften Wasser mit einem Faß, das keinen Boden hatte. Dar-über ward er unwillig und dachte bei sich selbst: wie seltsam und närrisch geht's hier zu. Er hätte gern darüber geredet, gedachte aber an die Bedingung, unter welcher er in's Paradies gekommen

war, ging vorüber und schwieg stille. Als er weiter ging, ward er
gewahr, wie zwei Zimmerleute einen großen langen Balken der
Quere nach auf der Schulter trugen und an allen Seiten anstie=
ßen und nicht fortkommen konnten. Er dachte in seinem Herzen:
welche ungeschickte Tölpel sind doch das! Er konnte sich schwer=
lich enthalten, daß er sie nicht anredete, doch enthielt er sich, ging
fort und schwieg still. Da er weiter ging, traf er einen Fuhr=
mann, der hatte vier Pferde vor einem Wagen und war im Koth
stecken geblieben. Der nahm zwei von seinen Pferden, spannte
sie hinten an den Wagen und trieb die hintersten eben so sehr wie
die vordersten. Als solches Hans Pfriem sahe, daß es seines
Handwerks war, konnte er sich nicht mehr enthalten, schalt den
Fuhrmann und sprach: „Ei, du großer Narr! Was machst du
da? Willst du den Wagen in Stücken reißen und die Pferde
muthwillig ohne alle Noth verderben? Spanne die Pferde alle
vier vor den Wagen und treib sie mit Gewalt an, so bringst du
den Wagen aus dem Koth." Hans Pfriem hatte gemeint, mit
seiner Klugheit dem Fuhrmann aus dem Koth geholfen zu ha=
ben, aber er hatte wie ein Narr gehandelt und verdient, daß er
aus dem Paradies gestoßen würde. Darum ward zuerst Petrus
von Gott zu ihm gesandt, daß er ihm den Befehl bringen sollte.
Derselbe kam und sprach: „Hörest du, Hans Pfriem, der HErr
läßt dir sagen, weil du die Bedingung nicht gehalten, sondern
Gottes Gebot übertreten hast, so solltest du das Paradies räu=
men." Hans Pfriem antwortete: „Wie? soll ich das Paradies
räumen und habe es doch um Gott nicht so sehr verschuldet als
du? Wie kann das recht sein? Hast du doch unsern HErrn
Gott verleugnet und bleibst dennoch im Paradies, und ich soll
um eines Wortes willen hinausgestoßen werden? Nein, nicht
also!" Petrus schämte sich und zog ab. Da sandte Gott Pau=
lum, der sprach: „Hans Pfriem, du sollst das Paradies räu=
men." Aber Hans Pfriem wies auch Paulum gröblich ab und
sprach: „Du hast die Gemeinde Gottes verfolgt und den Sohn
Gottes geläftert und geschmäht und bleibst gleichwohl im Para=
dies, und ich habe ein Wort geredet oder zwei und soll heraus."

Paulus schämt sich auch und läßt von ihm ab. Da ward gesandt Maria Magdalena; derselben antwortet Hans Pfriem gleicherweise und spricht: „Du bist eine öffentliche Sünderin gewesen und heißest mich das Paradies räumen." Es ward gesandt der heilige Mann Moses, als den er billig fürchten sollte, weil ihn die Feinde fürchten mußten. Aber Hans Pfriem blieb auf seiner Meinung und sprach zu Mose: „Willst du mich aus dem Paradies treiben? Weißt du nicht, daß du unsern HErrn Gott durch Unglauben und Zweifel verunehret hast vor den Kindern Israel, da du den Fels solltest schlagen, daß er Wasser gäbe?"

Als nun Hans Pfriem keinen Gesandten hören wollte und sie alle zu tadeln wußte, sandte Gott zu ihm die unschuldigen Kindlein. Da dachte Hans Pfriem: awe, das will arg werden! Wie will ich mich nun aufhalten, daß ich im Paradies bleibe. Die unschuldigen Kindlein kann ich nicht tadeln. Wäre ich nur auf dies Mal los, ich wollte hinfort wohl still schweigen und wider das Regiment im Paradies keine Einrede mehr machen. Er dachte bei sich selbst: ich weiß, was ich thun will, ich will mit den Kindern spielen und versuchen, wie ich sie mit Gutem von mir bringe. Und ehe die unschuldigen Kindlein nahe zu ihm kamen, stieg er auf einen Baum und schüttelte viel Aepfel herab, rief den Kindlein zu und sprach: „Kommt her, lieben Kindlein, kommt her, leset getrost auf. Wenn ihr die Aepfel unter diesem Baum aufgelesen habt, so will ich auf einen andern steigen und mehr herab schütteln." Solches gefiel den Kindlein wohl und geriethen also an die Aepfel und vergaßen des Befehls, um welches willen sie ausgesandt waren, und las ein jedes Kindlein seine Schürze voll, gingen davon und ließen Hans Pfriem bleiben. Also blieb er im Paradies und schwieg hernach still und ließ sich alles gefallen, was im Paradies durch Gottes Regierung geschah.

Wer in Gottes Reich und Kirche sein und bleiben will, der muß zu Gottes Regierung, Wort und Werken still schweigen und sich gefallen lassen, was Gott redet und thut, ob es schon närrisch scheinet vor der Vernunft. Will er aber Gott einreden in sein Regiment, so wird er aus dem Paradies und Himmelreich gestoßen. Es ist auch keine größere Sünde, denn Gott einreden in seinem Wort und Werken. Andere Sünden kann Gott eher dulden und will sie vergeben, wie Petrus, Paulus, Maria Magdalena, Moses unter göttlicher Geduld erhalten und im Paradies geblieben sind. Aber diese Sünde, wenn man ihn will meistern und ihm in sein Regiment einreden, will Gott nicht dulden noch leiden.

---

201. Sprüchwörter.

1. **W**as nicht ist, kann werden.
2. Wie die Alten sungen, so zwitscherten die Jungen.
3. Selbst ist der Mann.
4. Was man nicht kann meiden, soll man billig leiden.
5. Ein Keil treibt den andern.
6. Untreue schlägt ihren eigenen Herrn.
7. Müh und Fleiß bricht das Eis.
8. Man sucht keinen hinter der Thür, man habe denn selbst dahinter gestanden.

---

202. Gott läßt an seinem Wort nicht mäkeln.

„**M**an muß sich nicht so ängstlich an dem Buchstaben halten," erwiederte Jemand dem Pfarrer, der ihn mit Gottes Wort eintrieb. Darauf fragte dieser jenen gescheidten Mann: „Wenn euch Jemand 3000 Thaler schuldig wäre und sagte: es kommt nicht auf eine Null oder mehrere an, die gelten doch für sich nichts, wir wollen sie wegstreichen, und ich will euch 3 Thaler geben; sagt, würdet Ihr damit zufrieden sein?" „Da würde ich mich schön bedanken," sagte der Gefragte, „ich wollte wohl auf meinen ganzen 3000 Thalern bestehen." „Nun seht," sagte der Pfarrer, „so wird auch Gott sein ganzes Wort halten und keinen Buchstaben nachlassen."

---

203. Prediger, keine Menschenknechte.

Als im Jahr 1558 ein spanischer Gesandter bei Herzog Ernst von Grubenhagen in Herzberg war, bat ersterer den Herzog, derselbe möge doch seinem Hofprediger verbieten, das Lied: „Erhalt uns, HErr, bei deinem Wort und steur des Papsts und Türken Mord ꝛc.," singen zu lassen. Der Herzog gab dem Legaten folgende schöne christfürstliche Antwort: „Mein Prediger ist nicht darum berufen, daß ich ihm sagen müßte, was er in der Kirche singen, lehren oder thun sollte; sondern dazu ist er berufen, daß er aus Gottes Befehl und anstatt unsers HErrn Christi mir und allen den Meinen predigen und lehren soll, was dem Einen sowohl, als dem Andern, und dem Allergeringsten am Hofe zur ewigen Seligkeit zu wissen und zu erlernen nütz und nöthig ist, und daß er mich und einen jeden, niemanden ausgenommen, warne vor allem dem, was an der Seligkeit hinderlich und schädlich sein möchte, auf daß man sich dafür zu hüten wisse. Weiß derhalben in diesem Stück meinem Prediger nichts zu heißen, noch zu verbieten; wollt Ihr derentwegen nicht in die Kirche gehen, so habt Ihr Macht herauszubleiben."

204. Ein Wort an seinem Ort.

Der selige Silberschlag hatte in seiner Gemeinde einen Trunkenbold, dem er vergebens die Gefahr, ewig verloren zu gehen, vor Augen gestellt hatte. Einst sah er ihn wieder aus dem gewohnten Trinkhause kommen, und wollte noch einen Versuch machen, ihn auf bessere Wege zu bringen. Allein der Mann taumelte, völlig betrunken, auf ihn zu und sagte: „Ja, ja, Herr Pastor, so muß es alle Tage gehen!" Jetzt sah Silberschlag wohl ein, daß jedes Wort an diesem Manne in solchem Zustande vergebens sein würde; bedauernd klopfte er ihm also bloß auf die Schulter und sagte nur: „Er hat recht. Er kann nicht anders!" Damit ließ er ihn. — Was? dachte der Betrunkene: ich könnte nicht anders? Das wollen wir doch sehen! Seinem Seelsorger also gleichsam zum Trotz wollte er sich

beſſern; allein mehr als je würdigte er ſich durch dieſes Laſter
herab. Das demüthigte ihn. Mit Thränen kam er nun ſelbſt
zu Silberſchlag und geſtand ihm alles. Dieſer wies ihn zu
Chriſto, der auch dieſen Sündenſklaven zu einem freien, ſeligen
Menſchen umſchuf.

205. Das war Gottes Finger.

Den 29. April 1848 zog über Altheim, Landgerichts Windsz=
heim, ein Gewitter, bei deſſen Ausbruch ein daſelbſt arbeitender
Zimmergeſelle aus J...... unter Fluchen in das Hirtenhaus
ſich begab, und auch dort nicht aufhörte, Fluchworte auszuſtoz=
ßen. Da ſagte er unter anderm nach einem heftigen Donner=
ſchlag wieder läſternd: „Hört, wie der da droben herumpoltert!"
worauf ihm einer der Anweſenden dergleichen gottesläſterliche
Reden verwies, mit dem Beifügen: „In deiner Haut möcht ich
nicht ſtecken." Aber kaum waren dieſe Worte geſprochen, als ein
Blitzſtrahl herab fuhr, und den Zimmergeſellen, der rückwärts
an einem Fenſter gelehnt auf der Bank ſaß, ſo traf, daß ihm ſo=
gleich der Kopf zu dem zerſchmetterten Fenſter hinaus hing und
im Winde ſeine Haare herum flatterten. Hiedurch aufmerkſam
gemacht, eilten die Nachbarn in das Haus und fanden den Zim=
mergeſellen todt, während von ſämmtlichen vier bis fünf Anwe=
ſenden, die betäubt auf dem Boden lagen, auch nicht Einer ver=
letzt war, obgleich der Ofen, um welchen dieſelben ſaßen, in
tauſend Stücke zerſchmettert, und einem Mädchen ſelbſt der Schuh
von den Füßen geriſſen war. Das Haus ſelbſt war auf eine
furchtbare Weiſe zerſtört, indem ein Theil des Daches ganz abge=
deckt war, und der zur Hälfte eingeſtürzte Schornſtein in weiter
Entfernung zerſtreut umher lag. Dagegen war die Schafſcheuer,
wiewohl deren Dach mit dem Hirtenhauſe nur Eines bildete und
auch im untern Raume nur ein ſchmaler Gang beide trennte, ganz
unbeſchädigt, und auch von den darin befindlichen 3000 Stück
Schafen auch nicht Eines verletzt.

206. Lied am Abend.

Der Mond ist aufgegangen,
Die goldnen Sternlein prangen
Am Himmel hell und klar.
Der Wald steht schwarz und schweiget,
Und aus den Wiesen steiget
Der weiße Nebel wunderbar.

Wie ist die Welt so stille,
Und in der Dämmrung Hülle
So traulich und so hold!
Als eine stille Kammer,
Wo ihr des Tages Jammer
Verschlafen und vergessen sollt.

Seht ihr den Mond dort stehen?
Er ist nur halb zu sehen,
Und ist doch rund und schön!
So sind wohl manche Sachen,
Die wir getrost belachen,
Weil unsre Augen sie nicht sehn.

Wir stolze Menschenkinder
Sind eitel arme Sünder,
Und wissen gar nicht viel.
Wir spinnen Luftgespinnste
Und suchen viele Künste,
Und kommen weiter von dem Ziel.

Gott, laß uns dein Heil schauen,
Auf nichts Vergänglichs trauen,
Nicht Eitelkeit uns freun!
Laß uns einfältig werden,
Und vor dir hier auf Erden
Wie Kinder fromm und fröhlich sein.

Wollst endlich sonder Grämen
Aus dieser Welt uns nehmen
Durch einen sanften Tod!
Und wenn du uns genommen
Laß uns in Himmel kommen,
Du unser HErr und unser Gott!

So legt euch denn, ihr Brüder,
In Gottes Namen nieder;
Kalt ist der Abendhauch.
Verschon uns, Gott, mit Strafen,
Und laß uns ruhig schlafen
Und unsern kranken Nachbar auch!

207. Das unselige Kind.

Das ist ein unseliges Kind, welches die Blüte seiner schö=
nen Jugend dem Teufel und die Hefe seines Alters dann Gott
geben will.

208. Christlicher Muth.

Als der ehemalige Superintendent zu Brandenburg, Nico=
laus Lange, noch Hausprediger bei dem Grafen von Horn auf
dessen Gütern bei Demmin in Pommern war, hatte er die täg=
lichen Betstunden im Hause des Grafen zu halten, welche er unter
andern auch dazu sorgfältig benutzte, das unwissende Gesinde, so
viel als möglich, im Christenthum zu unterrichten. Bei diesen
Bemühungen sah sich der eifrige Mann von Gott sichtbar geseg=
net. Nur einem einzigen frechen und wollüstigen Menschen wa=
ren die Betstunden die größte Last, und gleichwohl durfte er aus
Furcht, die Ungnade des Grafen sich zuzuziehen, dieselben nicht
versäumen. Gleichwie nun Lange auf alle Hausgenossen genau
achtete, damit sie sich an Gott nicht muthwillig versündigen möch=
ten, also merkte er auch bald die bösen Wege des erwähnten Men=
schen. Daher sprach er bei jeder vorfallenden Gelegenheit wider
die Sünden gegen das sechste Gebot. Weil nun jener dadurch be=
ständig in seinem Gewissen gestraft wurde, fragte er einst nach der
Betstunde in Gegenwart der Uebrigen mit grimmiger Miene den
Prediger, er rede immer von Hurerei, wen er denn damit meine?
Worauf ihn dieser auf die Prüfung seines Gewissens führte.

Als Lange am folgenden Tage mit einigen Gliedern der Fa=
milie des Grafen nach Stettin fuhr und rückwärts im Wagen
saß, sah er den, welchen er gestern zur Buße aufgefordert hatte,

in vollem Galopp nachgeritten kommen, und da er sehr gut in die Ferne sehen konnte, bemerkte er schon die grimmigen Geberden des Reiters, und vermuthete sogleich, daß dieser etwas Böses im Sinne habe. Er ließ deshalb den Wagen still halten, sprang herunter und redete den erbitterten Menschen, ohne die mindeste Furcht oder Verlegenheit an sich blicken zu lassen, also an: „Du Kind des Zorns, halt! Wie hat dich der Mordgeist hieher geführt? Siehe, hier stehe ich im Namen JEsu, thue, was du nicht lassen kannst! Doch Trotz sei dir geboten, daß du nur eine Pistole heraus ziehest!" Ueber diesen Muth gerieth der Mensch, der auf dem Pferde schäumte, in solche Verwirrung, daß er zwar immer nach der Pistole greifen wollte, sie aber nicht herausbringen konnte, weil er zu sehr betroffen war. Darauf ging Lange zu ihm, ergriff mit der einen Hand das Pferd beim Zaume, mit der andern ergriff er die Rechte des Reiters und sprach: „Du elender Mensch, steig herab vom Pferde, wir wollen mit einander zwischen das Korn gehen." Der Tiger wurde jetzt wie ein Lamm, und stieg herab. Lange band darauf das Pferd an den Wagen, bat seine Begleiter, daß sie ein wenig verziehen möchten, und ging darauf mit jenem in das Korn. Hier setzten sie sich beide nieder und Lange redete nun dem armen Menschen beweglich zu, zeigte ihm nicht nur, wie groß seine Sünden seien wider Gottes heiliges Gebot, sondern wies ihn auch auf die große Gnade des Heilandes aller Sünder hin, die er verachte und an deren Statt er einer Lust nachgehe, die ewige Unlust nach sich ziehe. Und siehe, das harte Herz zerschmolz; der Sünder fing an bitterlich zu weinen, und bekannte, daß jene Bestrafungen ihm bisher unerträglich gewesen wären. Indessen sei es doch die Wahrheit gewesen; er habe sich sehr versündigt, und es reue ihn nun von Herzen. Hierauf zeigte er zwei Pistolen, welche er im Rock noch außer den zweien in dem Halfter verborgen hatte, und 500 Thaler Geld, weil er sich vorgenommen habe, seinen Seelsorger zu erschießen, und dann in die weite Welt zu reiten. Er preise aber nun Gott, der ihn daran gehindert und ihm entgegen gewandelt sei. Er versprach, von seinen Sündenwegen hinführo umzukehren.

Sie knieeten darauf beide nieder, und Lange betete herzlich zu Gott. Hierauf gingen sie wieder zurück, und jener ritt nach vielen Liebeserweisungen nach Hause, änderte seinen bisherigen Lebenswandel und wurde von nun an Langen von Herzen zugethan.

209. Euch ist heute der Heiland geboren.

Ein reicher Mann schickte einmal seinen Diener zu Melanchthon, und ließ ihn fragen, warum es in dem Weihnachtsgesang hieße: Ein Kindelein so löbelich ist uns geboren heute? Melanchthon antwortete bloß: „Frage deinen Herrn, ob er auch noch heute einen Heiland braucht?"

210. Sprüchwörter.

1. **W**ill man Vögel fangen, so darf man nicht mit Prügeln dazwischen werfen.

2. Gute Tage wollen starke Beine haben.

3. Wenn dem Esel zu wohl ist, so geht er auf's Eis und bricht ein Bein.

4. Wo Rauch, da Feuer.

5. Man muß subtil (leise) in die Asche blasen, sonst fliegen einem die Funken in das Gesicht.

6. Wer den Pfennig nicht ehrt, ist des Thalers nicht werth.

211. „Die Thoren sprechen in ihrem Herzen: Es ist kein Gott." Pf. 14, 1.

„**W**omit wollen Sie mich vom Gegentheil überzeugen, wenn ich Ihnen in's Angesicht behaupte: Es ist kein Gott?" So fragte einst ein frecher Gottesleugner den ehrwürdigen Bischof Borowsky in Königsberg. „Ich weiß nicht, ob ich mir dieserhalb sonderliche Mühe geben und nicht vielmehr die Antwort der heiligen Schrift überlassen soll, in der ja ohnehin schon von Ihnen die Rede ist." — „Von mir?" — „Ja, ja, von Ihnen und zwar Pf. 14, 1." Die Bibel wurde gebracht und laut vorgelesen: „Die Thoren sprechen in ihrem Herzen: Es ist kein Gott."

212. Der Bruder Redner.

Auch in das Steinthal im Elſaß, wo damals der ſelige
Oberlin als Pfarrer in vollem Segen wirkte, kam in den
Schreckenszeiten der franzöſiſchen Revolution der Befehl der
Regierung, die gewöhnliche gottesdienſtliche Feier ſolle auf=
hören, die Steinthaler ſollten ſich einen Präſidenten wählen,
dieſer einen Bruder Redner ernennen und dann ſollten zu gewiſ=
ſen Tagen Verſammlungen gehalten werden, bei denen der Bruder
Redner gegen die Tyrannen ſprechen und mit der Gemeinde ſich
über die Mittel berathen ſolle, die Tyrannen abzuſchaffen. Selbſt
im Steinthale fehlte es nun wohl damals nicht an Einzelnen,
denen dieſe neue Sache gar verführeriſch, neu und anlockend vor=
kam und die auch gerne das mit= und nachgemacht hätten, was
die große Nation ihnen vormachte.

Der Pfarrer Oberlin ließ mithin ſeine Gemeinde unter
der Linde zuſammenkommen. Er las ihr das eingegangene
Schreiben vor und fügte hinzu, das ſei Befehl ihrer welſchen
(ſo nannte man im Steinthale die Franzoſen) Regierung, und
da es die Obrigkeit gebiete, müſſe man auch gehorchen. Er halte
es für gut, noch heute gleich zu den nöthigen, vorläufigen Be=
rathungen zu ſchreiten. Zuerſt müſſe ein Präſident erwählt
werden, und da er, als der bisherige geweſene Pfarrer des Ortes,
für heute wohl noch einmal ſich das Recht nehmen dürfe, ſeine
Meinung zuerſt zu ſagen, ſo gebe er ſeine Stimme dem bisheri=
gen Schulmeiſter des Ortes und ſchlage dieſen zum Präſidenten
vor. Der Schulmeiſter ſträubte ſich zwar etwas gegen die Wahl,
aber Oberlin beſtimmte ihn bald, ſie anzunehmen, und ſo wurde
denn die Wahl des Bruder Schulmeiſters zum Bruder Präſi=
denten einſtimmig von den Bauern beſtätigt. Jetzt war nun die
Reihe an dem Präſidenten, aus der Mitte der Verſammlung
Jemand zum Bruder Redner zu ernennen. Wer paßte ſich aber
dazu beſſer, als der bisherige Pfarrer Oberlin? Die Wahl wurde
mit lautem Beifallrufen der Verſammlung beſtätigt.

„Jetzt iſt nun die Frage,“ ſagte Oberlin, „welches Haus

und welchen Tag wir zu unseren Versammlungen (Clubbs) wäh=
len wollen? Das Haus des Bruder Präsidenten hat nur eine
große Stube, die Schulstube. Da geht aber kaum die Hälfte
von uns hinein, besonders da auch die Weiber gern werden zu=
hören wollen; im bisherigen Pfarrhause ist auch der Raum ge=
ring, und so wüßte ich eben doch im ganzen Steinthale kein schick=
licheres Haus zu unseren Clubbs, als die bisherige, gewesene
Kirche." — Die Bauern gaben hiezu allgemein ihren Beifall. —
„Was nun den Tag der Versammlung betrifft," sagte Oberlin,
„so ist der Montag unschicklich, weil da Viele nach Straßburg
zu Markte fahren, eben so Mittwoch und Freitag. Ich dächte
aber doch, der schicklichste und bequemste Tag zu unsern Ver=
sammlungen wäre der bisherige und gewesene Sonntag, und zwar
vorzüglich die Vormittagszeit von 9 Uhr an." — Die Bauern
gaben auch hiezu ihren allgemeinen Beifall.

Als nun die Bauern am Sonntage in die Kirche kamen,
stand der Bruder Redner in der Nähe des Altars auf der ebenen
Erde. „Was dünkt euch," sagte er zu den sich Versammelnden,
„sollte es nicht besser sein, ich stellte mich auf die bisherige Kan=
zel? Wir sind hier zu arm, uns einen besonderen Rednerstuhl
machen zu lassen und da oben könnt ihr mich besser sehen und
hören." Die Bauern billigten das.

Der neue Bruder Redner trat jetzt auf die Kanzel. Er zog
abermals den Befehl der Regierung aus der Tasche und las ihn
vor. „Die Welschen," sagte er, „wollen also, wir sollen gegen
die Tyrannen reden und über ihre Abschaffung uns berathen.
Tyrannen sind nun in der alten Zeit solche und solche gewesen,
und die haben dies und dies gethan. Hier in unserm stillen
Steinthale haben wir nun freilich keinen solchen Tyrannen, es
wäre also vergeblich, gegen einen solchen zu sprechen. Ich wüßte
euch aber dennoch Tyrannen zu nennen und zu beschreiben, die
nicht bloß im Steinthale und in euern Häusern, sondern sogar in
euern Herzen wohnen. Und gegen diese Tyrannen (Mord,
Ehebruch, Hurerei, Fleischeslust und alles gottlose Wesen) will ich
also hier reden, so wie ich euch denn auch das beste Mittel nennen

und beschreiben will, diese Tyrannen abzuschaffen, welches kein anderes ist, als das dargebotene Heil in Christo JEsu."

Als der Pfarrer eine Zeit lang fortgesprochen hatte, sagte er: „Sollte es nicht besser sein für mich und euch, dazwischen auch Eins zu singen. Und zwar, da wir keine anderen Lieder können, aus unserem bisherigen Gesangbuch, den und den euch allen wohlbekannten Psalm?"

So sangen und beteten die Bauern friedlich und in Gott vergnügt mit ihrem Pfarrer, und viele gute Seelen aus der Umgegend, denen diese Art der Versammlungen und das, was da gesprochen wurde, besser gefiel, als jene Clubbs, die man an andern Orten hielt, sammelten sich um Oberlin und seine Steinthaler und fanden da Erquickung und Trost in der Zeit jener großen äußeren und inneren Noth.

---

213. Schwert und Pflug.

Einst war ein Graf, so geht die Mähr,
　　Der fühlte, daß er sterbe:
Die beiden Söhne rief er her,
　　Zu theilen Hab und Erbe.

Nach einem Pflug, nach einem Schwert
　　Rief da der alte Degen,
Das brachten ihm die Söhne werth,
　　Da gab er seinen Segen:

„Mein erster Sohn, mein stärkster Sproß,
　　Du sollst das Schwert behalten,
Die Berge mit dem stolzen Schloß
　　Und aller Ehren walten."

„Doch dir, nicht minder liebes Kind,
　　Dir sei der Pflug gegeben,
Im Thal, wo stille Hütten sind,
　　Da magst du friedlich leben."

So starb der lebensmüde Greis,
　　Als er sein Gut vergeben;
Die Söhne hielten das Geheiß
　　Treu durch ihr ganzes Leben.

Doch sprecht, was ward denn aus dem Stahl,
 Dem Schlosse und dem Krieger?
Was ward denn aus dem stillen Thal,
 Was aus dem schwachen Pflüger?

O fragt nicht nach der Sage Ziel,
 Euch künden rings die Gauen:
Der Berg ist wüst, das Schloß zerfiel!
 Das Schwert ist längst zerhauen.

Doch liegt das Thal voll Herrlichkeit
 Im lichten Sonnenschimmer;
Da wächst und reift es weit und breit:
 Man ehrt den Pflug noch immer.

---

214. Schiffbruch.

Es war am 18. Februar 1827, als der „Kent," ein schönes, neues Schiff von 1350 Tonnen, unter der Leitung des Capitain Henry Cobb von der englischen Küste absegelte. Es war zur Fahrt nach Bengalen und Ostindien bestimmt; an Bord befanden sich 344 Soldaten mit 20 Officieren, 43 Frauen und 66 Kindern, 20 Passagiere und eine Schiffsmannschaft, welche mit Einschluß ihrer Officiere 148 Seelen betrug. Zehn Tage lang war die Fahrt ohne besondern Unfall vorwärts gegangen, da erhob sich in der Nacht vom 28. Februar ein starker Wind vom Westen, der sich nach wenig Stunden zum gewaltigen Sturmwinde steigerte. Die schwankende Bewegung des Schiffes war so gewaltig, daß selbst die gut befestigten Geräthschaften in den Kajüten durch einander stürzten und daß bei jedem Windstoße die großen Ankerketten in das Wasser tauchten. Einer der Officiere war ungefähr um Mitternacht in Begleitung zweier Matrosen in der wohlgemeinten Absicht, nachzusehen, ob alles fest sei, hinabgestiegen in den Kielraum. Er war mit einer Patentlaterne versehen und seine Vorsicht ging so weit; daß er, als er bemerkte, daß seine Lampe des Putzens bedürfe, die Laterne mit eigener Hand hinaufreichte auf das Mitteldeck, damit man dort das Geschäft besorgen möge. Als er in den untern Raum hinabkam, sah er, daß ein Faß mit Weingeist los geworden war; er sandte,

während er das Faß festhielt, die Matrosen hinauf auf das Ver=
deck, damit sie einige Scheite Holz herabholen sollten. Während
er so allein bei dem Fasse stand, erhielt das Schiff einen so ge=
waltigen Stoß, daß ihm seine Laterne auf den Boden fiel; wäh=
rend er nach dieser griff, ließ er das Faß los, aber die Laterne
war zerbrochen, der Spiritus, der aus dem herumgestürzten Fasse
auf den Boden verschüttet war, entzündete sich an der Lampe und
in einem Augenblick stand die ganze Kammer in Feuer.

Noch schien die Gefahr keine unabwendbare zu sein. Jener
Theil des untern Raumes, in welchem das Feuer ausbrach, war
von allen Seiten mit Wasserfässern umgeben. Bald aber sah man
außer den blauen Flammen des brennenden Weingeistdampfes,
welche das nächtliche Dunkel in furchtbarer Weise beleuchteten,
auch dicke schwarze Rauchwolken heraufsteigen, die einen ersticken=
den Pechgeruch verbreiteten: das Feuer hatte die Kammer er=
griffen, darinnen die Theerfässer und Ankertaue lagen.

Die Schrecknisse des furchtbaren Sturmes, vereint mit denen
des Feuers, das Angstgeschrei, namentlich der Frauen und Kin=
der, schienen geeignet, auch den stärksten Muth zu erschüttern;
der Capitain Cobb jedoch blieb bei ruhiger Fassung. Er gab
Befehl, daß die Zugänge zum Kielraume geschlossen, die untern
Luken aber geöffnet würden, damit die Wogen frei in den Zwi=
schenraum hereinstürzen könnten. Sein Befehl wurde durch die
Matrosen und Soldaten aufs schleunigste vollzogen; dennoch
waren schon zwei kranke Soldaten, ein Weib und etliche Kinder,
die das Verdeck nicht schnell genug erreichen konnten, in den
Rauchwolken erstickt, und nur mit Anstrengung aller geistigen und
leiblichen Kräfte konnten die Leute, welche den Befehl des Ca=
pitains vollzogen, in dem furchtbaren Pechdampfe einige Mi=
nuten aushalten. Doch schon in dieser kurzen Zeit war die le=
bensgefährliche Aufgabe durch die vielen zugleich ans Werk
gehenden Hände gelös't: die Luken waren geöffnet und die Mee=
reswogen brauseten mit solchem Ungestüm hinein in den Kiel,
daß sie alles, auch die schwersten Kisten zugleich mit den Quer=
wänden hinwegrissen.

Zu der Todesgefahr durch das Feuer war jetzt die andere durch das Wasser gekommen; abwechselnd mußte man mit vereinten Kräften bald gegen die eine, bald gegen die andere dieser Gefahren ankämpfen. Während man aber das Wasser, welches das Schiff zu versenken drohete, auspumpte und ihm den Zutritt verwehrte, nahm das Feuer wieder überhand; wollte man dieses durch eine neue Flut der eindringenden Wogen dämpfen, so sah man den Tod des Ertrinkens vor sich. Vergebens war das Bemühen des einsichtsvollen Capitains, dem Feuer eine andere Richtung zu geben, in welcher ihm durch die Wasserfässer des untern Raumes und durch die nassen Segel, mit denen man es bedeckte, Einhalt gethan werden sollte; Menschenrath und Menschenhülfe waren hier an ihrem Ende, nur Eins noch schien sicher: der nahe Tod.

Wer vermöchte das Bild der allgemeinen Verwirrung und der Todesschrecknisse zu beschreiben, das sich zuletzt auf dem Schiffe zeigte, welches, vom furchtbarsten Sturme hin- und hergeworfen, zugleich in Flammen stand. Ueber 600 Menschen waren auf dem Verdeck zusammengedrängt, manche von ihnen, so wie sie dem Lager, darauf die Seekrankheit sie hingeworfen hatte, entsprungen waren; Männer nach ihren Frauen, Mütter nach ihren Kindern und Männern rufend, Viele von Furcht und Schrecken wie erstarrt und stumm, Andere in wilder Verzweiflung schreiend und heulend, Einige betend auf ihren Knieen. Schon hatte sich eine Schaar der muthigsten Seeleute grade über die Gegend des Pulvermagazins hingesetzt, um hier durch die nahe Explosion einen schnelleren Tod zu finden; in anderer Weise aber, als diese Seeleute, schaute eine Gesellschaft von edlen Frauen (meist Gemahlinnen der Officiere) dem nahen Tode in das Auge, welche mit Weibern und Kindern der Soldaten in den hintern Cabinen des Verdecks sich zum gemeinsamen Gebet und zum Lesen in der Schrift versammelt hatten. In solchen Stunden wird der Glaubensmuth und der Trost des Christen bewährt; es ward einigen dieser Seelen ein Maß der zu Herzen dringenden Beredtsamkeit und der Freudigkeit gegeben, welches sich über Alle ergoß, und

Angst und Furcht mußten da einer zuversichtlichen Hoffnung des ewigen Lebens weichen.

Der Tag war angebrochen; sein Licht ließ jedoch die Gefahr von dem in allen Theilen des Schiffes glimmenden Feuer nur desto deutlicher sehen. Da gab mitten in der allgemeinen Bestürzung der Unterschiffmann einem der Matrosen den Befehl, auf den Vordermast zu steigen und sich umzuschauen, ob er etwa ein Schiff in der Nähe erblicken könne. Der Seemann schaute sich nach allen Seiten um, die Blicke Aller waren in stummer Erwartung auf ihn gerichtet — da auf einmal schwenkte er seinen Hut und rief laut: „Ein Segel! auf der Windseite!" Ein dreimaliger Freudenruf ertönte auf dem Verdeck, die Nothflagge wurde aufgesteckt, die kleinen Lärmkanonen gelös't, die beiden Schiffe näherten sich einander. Während dies geschah, gingen der Capitain und die Officiere darüber zu Rathe, in welcher Weise die Rettung der Schiffsgenossen durch das Aussetzen der Boote zu bewerkstelligen sei. Einer von der Mannschaft fragte, in welcher Ordnung das Einsteigen in die Boote geschehen solle. „In der Ordnung der Leichenbegängnisse," war die Antwort, „die jüngsten zuerst, die ältesten und vornehmsten zuletzt." „Vor allem aber," rief ein anderer Officier, „gilt es die Rettung der Frauen und Kinder. Diese führt man zuerst hinüber, und jeder wird augenblicklich niedergehauen, der sich in ein Boot drängen will, ehe die Hülfsbedürftigsten in Sicherheit sind."

Capitain Cobb hatte die Anordnung getroffen, daß die Frauen und Kinder, so viel ihrer darin Raum fanden, in das erste große Boot steigen sollten, noch ehe man es ins Meer hinab ließ. In tiefem Schweigen setzte sich der Zug der Gattinnen, der Mütter, der Kinder aus den Cabinen des Hinterdecks in Bewegung nach der Stückpforte bei der Kajüte des Steuerbords, an deren Außenseite das Boot hing. Selbst die Kinder folgten in stummer Ergebung ihren Müttern; wie zum Abschied auf ewig sahen die Frauen ihre Männer an, denen der nächste Augenblick den Tod durch die Explosion des Pulvers bringen konnte. Von den Meisten hörte man kein Wort, keinen Laut der Klage, nur einige

Wenige wurden von dem Schmerz der Trennung so ergriffen, daß sie flehentlich baten, man solle sie bei ihren Männern lassen. Doch bald war der Entschluß zur Trennung in Hoffnung des Wiedersehens gefaßt, das Boot war besetzt, es wurde hinabgelassen, und obgleich man zweimal von denen, die an der Kette standen, den Ausruf hörte, das überfüllte Fahrzeug werde Wasser schöpfen und sinken, so ward es dennoch durch die Macht Dessen über den Wogen erhalten, dem die Kräfte des Meeres, wie des Sturmes unterthan sind.

Nur nach ungemeiner Anstrengung gelang es, das kleinere Boot ins Wasser zu lassen. Bei dem Versuche, sich in dieses hinabzuretten, kamen mehrere Menschen um. Der Spankerbaum, der an einem so großen Schiff, wie der „Kent," 16 bis 18 Fuß über den Stern (das Hinterdeck) hinausragt, steht im Mittel etwa 19 bis 20 Fuß über der Wasserfläche; jetzt aber wurde er durch die mächtigen Wogen öfters bald zu einer Höhe von 30 bis 40 Fuß über dem Meer·hinaufgeschleudert, bald wieder tief hinabgerissen. Zugleich ward das Boot, trotz aller Anstrengungen der Ruderer, bald an das Schiff mit Gefahr des Zerschellens hingestoßen, bald wieder so weit davon hinweggeführt, daß man es kaum. noch hinter den aufgethürmten Wogen bemerken konnte. Dazu kam noch, daß man vorerst auf dem Spankerbaume in einer schwindelerregenden Weise hinausklettern oder hinausrutschen mußte, um zu dem Seile zu gelangen, das an dem Ende desselben befestigt war, und schon zum Hinablassen an diesem Seile in das hin und her schwankende Boot gehörte ungewöhnliche Kraft und Geschicklichkeit.

Noch ein Theil der Soldatenfrauen und Kinder mußten zuerst diesen todesgefährlichen Gang der Rettung wagen. Höchstens nur mit einem Kinde auf dem Arm konnte ihnen die schwere Aufgabe gelingen; die andern Kinder nahmen die Männer in ihre Arme, sprangen ins Wasser und reichten sie den Frauen in's Boot. Bei dieser That der Elternliebe kamen einige Väter und mehrere Kinder im Wasser um; ein edelmüthiger lediger Soldat, der sich der Rettung fremder Kinder unterzogen hatte, wurde mit Mühe gerettet. In einem Falle blieb dem Manne nur die Wahl zwischen der Rettung seines Weibes oder seiner Kinder; er ergriff jene, die Kinder versanken im Meer. Einem wurde durch das Zusammenschlagen des Bootes und des Schiffes der Kopf zerschmettert, und noch auf andere Weise kamen mehrere um. Eine edle Jungfrau, die sich durchaus nicht von ihrem alten Vater hatte losreißen lassen und deshalb aus dem ersten Boote zurückgeblieben war, hätte fast auch den Tod in den Wellen gefunden: sie hatte beim Hinabspringen das Boot verfehlt und war schon fünf bis sechsmal unter den Wogen versunken, ehe man sie herauszuziehen vermochte.

Als der größte Theil der gemeinen Soldaten übergeführt war in das andere Schiff, da kam endlich auch die Reihe der Rettung an die Officiere. In männlicher Haltung und ruhiger Ordnung, die jüngsten zuerst, die ältesten und vornehmsten zuletzt, bestiegen sie die Boote; die noch Zurückbleibenden eben so muthig gefaßt auf den vielleicht augenblicklich nahen Tod durch das Pulver, als die Vorangehenden auf den Tod im Wasser. Es gaben sich in diesen Stunden der Gefahr einige Züge von wahrhaft kindlicher Zärtlichkeit der gemeinen Soldaten gegen ihre Officiere kund. Unter andern hatten einige von jenen, vom heftigsten Durste gepeinigt, eine Kiste mit Orangen gefunden; sie brachten sie zu den Officieren, die sie mit ihnen theilten.

Es war jetzt fast Abend geworden und noch hielten einige der Männer, die durch Alter und höhern Stand die angesehensten waren, im Schiff, in dessen Innern die Flammen auf allen Seiten wütheten, muthig aus. Unter ihre Zahl gehörte auch der Augenzeuge, der uns die Geschichte dieser Stunden der Angst und der Gefahren erzählte. Als die Reihe an ihn kam, den Weg über den Spankerbaum auf allen Vieren hinaus bis zum Seile, das am Ende hing, anzutreten, da faßte er ein Anderes, das ewig steht, ins Auge, und dieser Blick auf ein unwandelbar Sicheres und Feststehendes bewahrte ihn vor dem Schwindel, den die empörten Wogen unten zu seinen Füßen und das Schwanken des Schiffes ihm erregen konnten. Er hing jetzt am Seile, ließ sich aber nicht, wie Viele aus Unvorsichtigkeit gethan hatten, in dem Augenblick ins Boot hinab, wo dieses auf einige Augenblicke unter seinen Füßen stand, sondern erst dann fing er an, hinabzusteigen, als das Fahrzeug auf etliche Augenblicke von der einen Meereswoge hinweggespült wurde, um gleich nachher an ihr wieder herabgleitend dem Schiffe sich zu nähern. Er allein von allen Officieren gelangte undurchnäßt zum Boote, während sein Freund, der Oberst Tearon, ins Wasser stürzte und hier, obgleich ein guter Schwimmer, mehrmals gegen das Boot geschleudert wurde, ja selbst unter dasselbe gerieth, bis einer der darin Sitzenden ihn an den Haaren heraus zog.

Capitain Cobb wollte der letzte von Allen sein, die in das Rettungsboot stiegen. Aber noch saßen einige der Schiffsgenossen, von Todesangst oder Schwindel gelähmt, auf dem Spankerbaume, ohne sich zu dem einzigen Wege der Rettung entschließen zu können. Er versuchte alle Mittel der Beredtsamkeit, um sie zu ermannen; sie blieben taub und starr. Schon waren die Kanonen vom Kanonendeck, dessen Boden verbrannt war, hinabgesunken in die Flammen; ihre Ladung entzündete sich und kündete den nahen Augenblick an, in welchem das Pulvermagazin losbrennen mußte. Da sah der edle Capitain seine Aufgabe als gelös't an; er ließ sich an dem Schwungtau, welches die Spiere des Treibsegels mit der Bramstange des Besanmastes verbindet, über den Köpfen der muthlos auf dem SpankerbaumeSitzenden, hinab zum Nothseil und gelangte an diesem glücklich hinunter in das Boot und in die Arme seiner treuen Mannschaft, welche in einer Reihe von bangen Stunden nach diesem Augenblicke der Wiedervereinigung mit ihrem Herrn sehnlich verlangt hatte. Gleich nachher entzündete sich das Pulvermagazin und das schöne große Schiff, noch einmal hell emporflammend, versanke zertrümmert im Meere.

Das Schiff, in welches der bei weitem größte Theil der Mannschaft des Kent sich rettete, war eine kleine englische Brigg, die Cambria, von nur 200 Tonnen, unter Capitain Cork, nach Vera Cruz bestimmt. Die Beschwerden der Rückreise in so engem

Raume waren groß, doch auch sie wurden überstanden und alle Ueberlebenden waren noch lange nachher und sind zum Theil noch jetzt ihren Zeitgenossen ein lautsprechender Beweis von der Wahrheit, daß so oft da, wo die Noth am größten, Gottes Hülfe am nächsten sei.

215. Sprüchwörter.

1. Frisch gewagt ist halb gewonnen.
2. Aufgeschoben ist nicht aufgehoben.
3. Unrecht Gut gedeiht nicht und kommt nicht an den dritten Erben.
4. Abends wird der Faule fleißig.
5. Besser ein Flicken als ein Loch.
6. Eile mit Weile.
7. Es ist noch nicht aller Tage Abend.
8. Der Apfel fällt nicht weit vom Stamm.
9. Faule Fische brauchen am meisten gute Würze.

216. Rechte Beichte.

Als der fromme König Christian III. von Dänemark zum ersten Male seinem Beichtvater, Magister Andreas Martinus, beichtete, und dieser bei der Absolution ihn anredete: „Allerdurchlauchtigster, Großmächtigster König und Herr!" fiel ihm der fromme Monarch liebreich ins Wort: „Magister Martinus, was macht Ihr? Soll ich Euch lehren, wie Ihr die Leute in der Beichte von Sünden lossprechen sollt? — Ich kniee hier nicht als ein König von Dänemark, sondern als ein armer Sünder, der durch das theure Verdienst seines HErrn und Heilandes von seinen Sünden los sein möchte. Darum müßt Ihr nicht mit mir handeln wie ein Unterthan mit seinem Regenten, sondern als ein Diener Christi, an dessen Stelle Ihr hier sitzet, mit einem Schäflein seiner Heerde, als ein Beichtvater mit seinem Kinde. Ich heiße hier nicht: Allergnädigster Herr, sondern schlechtweg Christian!"

Da Manche über ein solches Betragen des Königs gegen seinen Beichtvater ihr Befremden äußerten, gab ihnen der fromme Herr die schöne Antwort: „Ich bin diese Ehre Gott schuldig, und gebe sie Ihm gern. Denn ich liege nicht als ein König, sonder als ein Sünder da, und lasse mich nicht von einem Menschen, sondern von Gott absolviren."

---

217. Werth des Sacraments.

Kaiser Maximilian lag einst vor einer Festung und wollte Tages darauf dieselbe mit Sturm einnehmen; er hielt daher am Abend zuvor ein Banket mit seinen vornehmsten Kriegsräthen; alle waren fröhlich, nur Einer saß traurig und finster da. Der Kaiser spricht zu ihm: „Wie so traurig, Rittmeister?" Dieser antwortete: „Allergnädigster Herr, ich habe meiner Schwermuth große Ursache." Maximilian sagt: „Ist ihr denn auch zu rathen?" Der Rittmeister antwortet: „Ja, Eure kaiserliche Majestät könnte mir gar wohl helfen." Der Kaiser ermahnt ihn, zu sagen, was ihn drücke. Der Rittmeister spricht: „Ja, wenn Eure Majestät nicht zornig werden und einen Widerwillen auf mich werfen wollte?" Maximilian erwiederte: „Verlaß du dich auf mein kaiserliches Wort, es soll also sein. Nur sage geradezu." Da spricht der Rittmeister: „Allergnädigster Herr, wir sollen uns morgen mit dem Feinde schlagen; nun frißt das Schwert jetzt diesen, jetzt jenen, wie David sagt 2. Sam. 11. Niemand weiß, wer den Letzten begräbt. Ich habe aber ein bös Gewissen und bin bekümmert, wie ich im Fall der Noth möge selig werden, denn ich habe 30,000 Ducaten von der Kriegsleute Besoldung veruntreuet; wo mir diese Eure kaiserliche Majestät will schenken, und vergeben, so will ich fröhlich sein und mich morgen desto ritterlicher verhalten." Maximilian bedenkt sich, lächelt ein wenig und spricht: „Es ist wohl nicht ein Geringes, aber alles sei dir geschenkt, vergeben und vergessen, nur sei fröhlich, morgen kann eine kühne Heldenthat alles ersetzen." Der Rittmeister bedankt sich höchlich. Er ist aber mit diesen Worten nicht zufrieden, sondern spricht: „Eure Majestät sei so demüthig und trinke mir darauf einen guten Trunk zu, daß ich auch weiß, daß es verziehen und vergeben ist." Das that der Kaiser. — Ebenso handelt auch Gott in Gnaden mit uns: Er verkündet uns erstlich die Vergebung unserer Sünden durch Sein Wort und läßt uns dann auch noch Seine Barmherzigkeit in den hochwürdigen Sacramenten mit Augen sehen, damit unser Herz alles Unglaubens und Zweifels sich könne entschlagen.

218. Christi Klage.

In dem Kloster zu Volmirstedt werden auf einer Altartafel folgende mit goldenen Buchstaben geschriebene Reime in plattdeutscher Sprache noch aus der Zeit vor der Reformation gefunden, in welcher Christus über Verachtung seiner Herrlichkeit und Gnade klagend dargestellt wird. Diese Reime sind Stimmen evangelischer Erkenntniß aus finsterer Zeit. Wir hoffen, daß auch die, welche sonst der plattdeutschen Sprache unkundig sind diese Reime entziffern und verstehen werden. Wir geben sie daher wieder in ihrer ursprünglichen wunderlieblichen Form:

Ick bin schöne:
Men friet my nich.
Ick bin edel:
Men dienet my nich.
Ick bin riegke:
Men biddet my nich.
Ick bin en Lehrer:
Men fragt my nich.
Ick bin ewich:
Men söcht my nich.
Ick bin wahrhaftig:

Men glövet my nich.
Ick bin de Wech:
Men wandert my nich.
Ick bin dat Leven:
Men begeret my nich.
Ick bin barmhartich:
Men trüet my nich.
Ick bin rechtverrtig:
Men entsöcht my nich.
Werdet gy den verdömet,
Soen verwitet my nich.

219. Paul Gerhardt's Testament.

Kurz vor seinem Tode setzte Paul Gerhardt für seinen vierzehnjährigen Sohn Paul Friedrich seinen letzten Willen auf; er lautet also:

„Nachdem ich nunmehr das 70. Jahr meines Alters erreichet, auch dabei die fröhliche Hoffnung habe, daß mein lieber, frommer

Gott mich in kurzem aus dieser bösen Welt erlösen, und in ein besseres Leben führen werde, als ich bisher auf Erden gehabt habe, so danke ich ihm zuvörderst für alle seine Güte und Treue, die er mir, von meiner Mutter Leibe an bis auf jetzige Stunde an Leib und Seele, und an allem, was er mir gegeben, erwiesen hat. Darneben bitte ich ihn von Grund meines Herzens, er wolle mir, wenn mein Stündlein kommt, eine fröhliche Abfahrt verleihen, meine Seele in seine väterlichen Hände nehmen, und dem Leibe eine sanfte Ruhe in der Erden, bis zu dem lieben jüngsten Tag bescheren, da ich mit allen Meinigen, die vor mir gewesen, und auch künftig nach mir bleiben möchten, wieder erwachen, und meinen lieben HErrn JEsum Christum, an welchen ich bisher gegläubet, und ihn doch noch nie gesehen habe, von Angesicht zu Angesicht schauen werde.

„Meinem einigen hinterlassenen Sohne überlasse ich von irdischen Gütern wenig, dabei aber einen ehrlichen Namen, dessen er sich sonderlich nicht wird zu schämen haben.....

„Es weiß mein Sohn, daß ich ihn von seiner zarten Kindheit an dem HErrn, meinem Gott, zu eigen gegeben, daß er ein Diener und Prediger seines heil. Worts werden soll; dabei soll er nun bleiben, und sich daran nicht kehren, daß er wenig gute Tage dabei haben möchte, denn da weiß der liebe Gott schon Rath zu, und kann das äußerliche Trübsal mit innerlicher Herzenslust und Freudigkeit des Geistes genugsam ersetzen.

„Die heilige Theologiam studire in reinen Schulen und auf unverfälschten Universitäten, und hüte dich ja vor Syncretisten*), denn die suchen das Zeitliche, und sind weder Gott noch Menschen treu.

„In deinem gemeinen Leben folge nicht böser Gesellschaft, sondern dem Willen und Befehl deines Gottes.

„Insonderheit:

1. Thue nichts Böses, in der Hoffnung, es werde heimlich bleiben, denn es wird nichts so klein gesponnen, es kommt an die Sonnen.

---

*) d. h. Religionsmengern.

2. Außer deinem Amte und Berufe erzürne dich nicht. Merkst du denn, daß dich der Zorn erhitzet habe, so schweige stockstille, und rede nicht eher ein Wort, bis du erstlich die zehen Gebote und den christlichen Glauben bei dir ausgebetet hast.

3. Der fleischlichen sündlichen Lüste schäme dich, und wenn du dermaleinst zu solchen Jahren kommst, daß du heirathen kannst, so heirathe mit Gott und gutem Rath frommer, getreuer und verständiger Leute.

4. Thue Leuten Gutes, ob sie dir es gleich nicht zu vergelten haben, denn was Menschen nicht vergelten können, das hat der Schöpfer Himmels und der Erden längst vergolten, da er dich erschaffen hat, da er dir seinen lieben Sohn geschenket hat, und da er dich in der heiligen Taufe zu seinem Kinde und Erben auf- und angenommen hat.

5. Den Geiz fleuch, als die Hölle; laß dir genügen an dem, was du mit Ehren und gutem Gewissen erworben hast, obs gleich nicht allzu viel ist. Bescheret dir aber der liebe Gott ein Mehreres, so bitte ihn, daß er dich vor dem leidigen Mißbrauch des zeitlichen Guts bewahren wolle.

„Summa: bete fleißig, studire was Ehrliches, lebe friedlich, diene redlich und bleibe in deinem Glauben und Bekenntniß beständig, so wirst du einmal auch sterben und von dieser Welt scheiden willig, fröhlich und seliglich! Amen.“

220. Wahrsagen aus den Händen.

Zu Luthern, den man immer plagte,
Kam auch ein Frager einst und fragte,
Ob Leute wohl die Kunst verständen,
Zu prophezeien aus den Händen?
„Warum nicht,“ sprach er, „lieber Mann?
Ob du gern giebst, sieht man den Händen an.“

221. Die Sünde in den heiligen Geist.

Der berühmte lutherische Theologe, Dr. Aegidius Hunnius, (gestorben 1603 zu Wittenberg), erzählt von sich folgende merk-

würdige Erfahrung der gnädigen Regierung Gottes. Als er
noch im Knabenalter die lateinische Schule zu Adelberg im Wür=
tembergischen besuchte, habe er zwar viele böse Buben zu Comi=
litonen gehabt, doch habe ihn Gott aus großer Gnade vor Ver=
führung zu den Sünden der Jugend bewahrt. Als er z. B.
einst mit mehreren seiner Mitschüler zusammengesessen und ein
vertrauliches Gespräch gepflogen habe, habe unter anderen einer
der Sünde in den heiligen Geist Erwähnung gethan, die nicht
vergeben werden könne, weder in dieser noch in jener Welt, wie
Christus sage. Wie ein Pfeil seien diese Worte ihm in das Herz
gefahren, denn, weil er nicht gewußt habe, was eigentlich die
Sünde in den heiligen Geist sei, so habe der Teufel ihm alsbald
zugeraunt: „Wie? wenn du diese Sünde begangen hättest?" In
die tiefste Traurigkeit versunken, sei er an diesem Tage zu Bette
gegangen, aber kein Schlaf sei in seine Augen gekommen, die
ganze Nacht hindurch habe er geweint, geseufzt und Gott ange=
fleht, er wolle ihm doch seine Barmherzigkeit erzeigen und ihn
mit seinem Troste aufrichten; erst gegen Morgen sei er, von
Weinen und Seufzen ermattet, ein wenig eingeschlummert, aber
bald darauf mit desto größerer Betrübniß wieder erwacht und mit
bekümmertem Herzen in seine Lektion gegangen. Doch siehe!
kaum habe er sich an seinen gewöhnlichen Platz gesetzt, so sei er
eines vor ihm liegenden und aufgeschlagenen Buches ansichtig
geworden, von welchem er nicht wisse, wer es hingelegt habe.
Das Buch sei Johann Spangenberg's Margarita theologica (eine
Perlenschnur christlicher Wahrheiten) gewesen, und die Stelle,
die ihm sogleich in die Augen gekommen sei, habe gerade die
Antwort auf die Frage enthalten, was die Sünde in den heili=
gen Geist sei? Als er nun hier gelesen habe, daß zu dieser
Sünde, wie auch der heilige Augustinus bezeuge, eine beharr=
liche Unbußfertigkeit bis an den Tod gehöre, daß daher derjenige
diese Sünde gewiß noch nicht begangen habe, der noch die Re=
gungen der Buße in seinem Herzen spüre, da sei er von großer
Freude überströmt worden, augenblicklich sei seine Anfechtung
verschwunden gewesen, und er habe nicht im geringsten daran ge=

zweifelt, daß jenes Buch durch Gottes besondere gnädige Len=
kung, damit er aus seiner großen Seelennoth errettet und vor
Verzweiflung bewahrt würde, auf seinen Platz gelegt worden sei.

222. Ein fürstliches Wort.

Als einst der Herzog von Venedig Kaiser Karl dem Fünf=
ten alle Herrlichkeiten seines fürstlichen Hofes zeigte, in der
Erwartung, der Kaiser würde sich hoch verwundern und ihn darob
glücklich preisen, gab Kaiser Karl die Antwort: „Das sind die
Dinge, welche machen, daß man nicht gern stirbt."

223. Sprüchwörter.

1. Gott bleibt nicht außen, ob er gleich lange verzieht.
2. Getheilte Freude ist doppelte Freude, getheilter
   Schmerz ist halber Schmerz.
3. Es ist keiner so geschwind,
   Der nicht seinen Meister findt.
4. Eines Mannes Red ist keine Red,
   Man soll sie hören alle beed.
5. Eigenlob stinkt, Freundeslob hinkt, Feindeslob klingt.
6. Man muß den Topf klopfen, ehe man ihn lobt.
7. Einem trunkenen Menschen muß ein Fuder Heu
   ausweichen.

224. Gott sorgt, wir aber sollen arbeiten.

Da fliegen die Vöglein vor unsern Augen über, uns zu
kleinen Ehren, daß wir wohl möchten unsere Hütlein gegen sie
abthun und sagen: Mein lieber Herr Doctor, ich muß je beken=
nen, daß ich die Kunst nicht kann, die du kannst. Du schläfst
die Nacht über in deinem Nestlein ohne alle Sorge. Des Mor=
gens stehest du wieder auf, bist fröhlich und guter Dinge, setzest
dich auf ein Bäumlein und singest, lobest und dankest Gott. Pfui,
was habe ich alter Narr gelernt, daß ichs nicht auch thue, der
ich doch so viel Ursache dazu habe.

Kann das Vöglein sein Sorgen lassen und hält sich in sol=
chem Fall wie ein lebendiger Heiliger, und hat dennoch weder
Acker noch Scheunen, weder Kasten noch Keller; es singt, lobt
Gott, ist fröhlich und guter Dinge, denn es weiß, daß es einen
hat, der für es sorget, der heißt unser Vater im Himmel: warum
thun wirs denn auch nicht, die wir den Vortheil haben, daß wir
können arbeiten, das Feld bauen, die Früchte einsammeln, auf=
schütten und auf die Noth behalten? Dennoch können wir das
schändliche Sorgen nicht lassen.

Darum sollten wir dies Exempel von den Vöglein nicht
vergessen. Sie sind ohne alle Sorge, fröhlich und guter Dinge.
Und warum wollten sie auch sorgen? Sie haben einen reichen
Küchenmeister und Kellner, der heißt der Vater im Himmel, der
hat eine Küche, die so weit als die Welt ist. Darum, sie fliegen
hin, wo sie hin wollen, finden sie die Küche wohl bestellt. Der=
selbige himmlische Vater, sagt Christus, wollte euer Küchenmei=
ster und Kellner auch gern sein, wenn ihrs nur glauben wolltet,
oder haben könntet.

Aber der HErr will es bei dem nicht bleiben lassen und heißt
uns, wir sollen doch die Augen aufthun, wenn wir auf dem Felde
oder in einem Garten sind und die Blümlein ansehen; da wer=
den wir auch einen trefflichen Doctor finden, der uns gern die
höchste Kunst wollte lehren, daß wir Gott trauen und uns alles
Gutes zu ihm versehen könnten.

Denn da stehen Blümlein in allerlei Farbe, auf das aller=
schönste geschmückt, daß kein Kaiser noch König ihnen im Schmuck
gleich ist. Denn solcher Schmuck aller ist ein todt Ding; ein
Blümlein aber hat seine Farbe und Schöne, daß es ein natür=
lich lebendig Ding ist. Und hat die Meinung nicht, daß es un=
gefähr so wachse, denn Christus sagt rund: „Gott kleidet das
Gras auf dem Felde also." Eben, wie er sagt: Die Vöglein
finden ihre Nahrung nicht ungefähr, sondern Gott der Vater im
Himmel schaffets ihnen und ordnets, daß ein jegliches Vöglein
seine Pfründe habe und ernähret werde.

Also gehts mit den Blümlein auch, wie man sieht. Denn

wo es nicht Gottes sonderliche Ordnung und Schöpfung wäre, würde das nimmermehr können sein, daß eins dem andern so gleich wäre, gleiche Farbe, Blätter, Anzahl der Blätter, Aederlein, Kerblein und andere Maß hätte. So nun Gott solchen Fleiß auf das Gras leget, das nur darum da steht, daß man's essen und das Vieh sein genießen soll, ist's nicht Sünde und Schande, daß wir noch zweifeln, ob auch Gott uns Kleidung schaffen will?

Denn eben wir hier einen Vortheil haben vor den Vöglein; wir bauen das Feld, wir ernten, wir füllen die Scheuern und Keller und können uns einen Vorrath wenigstens auf einen Tag schaffen, da die Vöglein der keines haben und dennoch ernähret werden. Also, spricht der HErr, haben wir auch einen Vortheil der Kleidung halb. Da bauet man so viel Lein, Flachs, Hanf. Man zeucht so viel Schafe. Es ist in allen Häusern so viel Spinnens und Wirkens, wie kann denn ein Mensch so gar ohne Glauben sein, daß er nicht will hoffen, ihm sollte auch ein Theil daraus werden, sonderlich wenn er mit der Arbeit anhält?

Denn wir müssen hier einen Unterschied machen. Die Arbeit ist nicht allein nicht verboten, sondern auch zum höchsten geboten und also geboten, daß man allen Fleiß und Sorge darauf legen und nicht unfleißig, faul noch unachtsam damit sein soll. Aber sorgen, wie wir Essen, Trinken, Kleidung und anderes bekommen mögen, das ist zum höchsten verboten. Denn solche Sorge ist eine Anzeigung, daß wir das Vertrauen zu Gott nicht haben, daß Er uns erhalten wolle. Darum wird Gott damit am höchsten gelästert.

Daß es also beides mit einander sein und bleiben muß. Das erste, daß du mit allem Fleiß deiner Arbeit wartest. Denn solches hat Gott dem Menschen im Paradiese befohlen, wolle er essen, daß er auch arbeiten soll. Das andere, daß du auch ein Christ seiest und glaubest. Glauben aber heißt Gott trauen, Er sei unser Vater, Er wisse, was wir bedürfen und Er werde uns dasselbe gern und mildiglich widerfahren lassen. Mit solchem Sorgen kann sich der Glaube nicht vertragen, sondern alsbald das Sorgen angehet, so wanket der Glaube, ja es ist aus mit ihm. Darum verbietet es der HErr und saget: „Kurzum: sorget nicht!" Arbeiten sollt ihr, das ist euer Befehl, und lasset mich sorgen, denn solches ist mein Amt, daß ich euer Vater bin.

---

225. Roland Schildträger.

(Aus der Sage von Roland, dem Helden in dem Heere Kaiser Karls des Großen.)

Der König Karl saß einst zu Tisch
Zu Aachen mit den Fürsten,
Man stellte Wildpret auf und Fisch
Und ließ auch keinen dürsten.
Manch Goldgeschirr von klarem Schein,
Manch rothen, grünen Edelstein
Sah man im Saale leuchten.

Da sprach Herr Karl, der starke Held:
„Was soll der eitle Schimmer?
Das beste Kleinod dieser Welt
Das fehlet uns noch immer.
Dies Kleinod, hell wie Sonnenschein,
Ein Riese trägt's im Schilde sein,
Tief im Ardennerwalde."

Graf Richard, Erzbischof Turpin,
Herr Haimon, Naims von Baiern,
Milon von Anglant, Graf Garin,
Die wollten da nicht feiern.
Sie haben Stahlgewand begehrt
Und hießen satteln ihre Pferd,
Zu reiten nach dem Riesen.

Jung Roland, Sohn des Milon, sprach:
„Lieb Vater, hört, ich bitte!
Vermeint ihr mich zu jung und schwach,
Daß ich mit Riesen stritte,
Doch bin ich nicht zu winzig mehr,
Euch nachzutragen euren Speer,
Sammt eurem guten Schilde."

Die sechs Genossen ritten bald
Vereint nach den Ardennen,

Doch als sie kamen in den Wald,
Da thäten sie sich trennen.
Roland ritt hinterm Vater her;
Wie wohl war ihm, des Helden Speer,
Des Helden Schild zu tragen!

Bei Sonnenschein und Mondenlicht
Streiften die kühnen Degen,
Doch fanden sie den Riesen nicht
In Felsen und Gehegen.
Zur Mittagsstund am vierten Tag
Der Herzog Milon schlafen lag
In einer Eiche Schatten.

Roland sah in der Ferne bald
Ein Blitzen und ein Leuchten,
Davon die Strahlen in dem Wald
Die Hirsch und Reh aufscheuchten.
Er sah, es kam von einem Schild,
Den trug ein Riese groß und wild,
Vom Felsen niedersteigend.

Roland gedacht im Herzen sein:
„Was ist das für ein Schrecken?
Soll ich den lieben Vater mein
Im besten Schlaf aufwecken?
Es wachet ja sein gutes Pferd,
Es wacht sein Speer, sein Schild, sein Schwert,
Es wacht Roland, der junge.“

Roland das Schwert zur Seite band,
Herrn Milon's starke Waffen,
Die Lanze nahm er in die Hand
Und thät den Schild aufraffen.
Herrn Milon's Roß bestieg er dann
Und ritt ganz sachte durch den Tann.
Den Vater nicht zu wecken.

Und als er kam zur Felsenwand,
Da sprach der Ries' mit Lachen:
„Was will doch dieser kleine Fant
Auf solchem Rosse machen?
Sein Schwert ist zwier so lang als er,
Vom Rosse zieht ihn schier der Speer,
Der Schild will ihn erdrücken.“

Jung Roland rief: „Wohlauf zum Streit,
Dich reuet noch dein Necken!
Hab ich die Tartsche lang und breit,
Kann sie mich besser decken.
Ein kleiner Mann, ein großes Pferd,
Ein kurzer Arm, ein langes Schwert,
Muß eins dem andern helfen."

Der Riese mit der Stange schlug,
Auslangend in die Weite;
Jung Roland schwenkte schnell genug
Sein Roß noch auf die Seite.
Die Lanz er auf den Riesen schwang,
Doch von dem Wunderschilde sprang,
Auf Roland sie zurücke.

Jung Roland nahm in großer Hast
Das Schwert in beide Hände;
Der Riese nach dem seinen faßt,
Er war zu unbehende.
Mit flinkem Hiebe schlug Roland
Ihm unterm Schild die linke Hand,
Daß Hand und Schild entrollten.

Dem Riesen schwand der Muth dahin,
Wie ihm der Schild entrissen;
Das Kleinod, das ihm Kraft verliehn,
Mußt er mit Schmerzen missen.
Zwar lief er gleich dem Schilde nach,
Doch Roland in das Knie ihn stach,
Daß er zu Boden stürzte.

Roland ihn bei den Haaren griff,
Hieb ihm das Haupt herunter,
Ein großer Strom von Blute lief
Ins tiefe Thal hinunter,
Und aus des Todten Schild hernach
Roland das lichte Kleinod brach,
Und freute sich am Glanze.

Dann barg ers unterm Kleide gut
Und ging zu einer Quelle,
Da wusch er sich von Staub und Blut
Gewand und Waffen helle.

Zurücke ritt der jung Roland,
Dahin wo er den Vater fand,
Noch schlafend bei der Eiche.

Er legt sich an des Vaters Seit,
Vom Schlafe selbst bezwungen,
Bis in der kühlen Abendzeit
Herr Milon aufgesprungen:
„Wach auf, wach auf, mein Sohn Roland!
Nimm Schild und Lanze schnell zur Hand,
Daß wir den Riesen suchen.“

Sie stiegen auf und eilten sehr,
Zu schweifen in der Wilde,
Roland ritt hinterm Vater her
Mit dessen Speer und Schilde.
Sie kamen bald zu jener Stätt,
Wo Roland jüngst gestritten hätt:
Der Riese lag im Blute.

Roland kaum seinen Augen glaubt,
Als nicht mehr war zu schauen
Die linke Hand, dazu das Haupt,
So er ihm abgehauen.
Nicht mehr des Riesen Schild und Speer,
Auch nicht sein Schild und Harnisch mehr,
Nur Rumpf und blut'ge Glieder.

Milon besah den großen Rumpf:
„Was ist das für 'ne Leiche?
Man sieht noch am zerhau'nen Stumpf,
Wie mächtig war die Eiche.
Das ist der Riese! Frag ich mehr?
Verschlafen hab ich Sieg und Ehr,
Drum muß ich ewig trauern.“

Zu Aachen vor dem Schlosse stund
Der Kaiser Karl gar bange:
„Sind meine Helden wohl gesund?
Sie weilen allzu lange.
Doch seh ich recht, auf Königswort!
So reitet Herzog Haimon dort,
Des Riesen Haupt am Speere.“

Herr Haimon ritt im trüben Muth,
Und mit gesenktem Spieße

Legt er das Haupt, besprengt mit Blut,
Dem König vor die Füße:
„Ich fand den Kopf im wilden Hag
Und funfzig Schritte weiter lag
Des Riesen Rumpf am Boden."

Bald auch der Erzbischof Turpin
Den Riesenhandschuh brachte,
Die ungefüge Hand noch drin,
Er zog sie aus und lachte:
„Das ist ein schön Reliquienstück,
Ich bring es aus dem Wald zurück,
Fand es schon zugehauen."

Der Herzog Naims von Baierland
Kam mit des Riesen Stange:
„Schaut an, was ich im Walde fand,
Ein Waffen, stark und lange.
Wohl schwitz ich von dem schweren Druck,
Hei! bairisch Bier ein guter Schluck,
Söllt mir gar köstlich munden."

Graf Richard kam zu Fuß daher,
Ging neben seinem Pferde,
Das trug des Riesen schwere Wehr,
Den Harnisch sammt dem Schwerte:
„Wer suchen will im wilden Tann,
Manch Waffenstück noch finden kann,
Ist mir zu viel gewesen."

Der Graf Garin thät ferne schon
Den Schild des Riesen schwingen.
„Der hat den Schild, deß ist die Kron,
Der wird das Kleinod bringen!"
„Den Schild hab ich, ihr lieben Herrn,
Das Kleinod hätt ich auch gar gern,
Doch das ist ausgebrochen."

Zuletzt thät man Herrn Milon sehn,
Der nach dem Schlosse lenkte,
Er ließ das Rößlein langsam gehn,
Das Haupt er traurig senkte.
Roland ritt hinterm Vater her
Und trug ihm seinen starken Speer,
Zusammt dem festen Schilde.

Doch wie sie kamen vor das Schloß
Und zu den Herrn geritten,
Macht er von Vaters Schilde los
Den Zierath in der Mitten;
Das Riesenkleinod setzt er ein,
Das gab so wunderklaren Schein,
Als wie die liebe Sonne.

Und als nun diese helle Gluth
Im Schilde Milon's brannte,
Da rief der König wohlgemuth:
„Heil Milon von Anglante!
Der hat den Riesen übermannt,
Ihm abgeschlagen Haupt und Hand,
Das Kleinod ihm entrissen."

Herr Milon hatte sich gewandt,
Sah staunend all die Helle:
„Roland, sag an, du junger Fant!
Wer gab dir das, Geselle?"
„Um Gott, Herr Vater, zürnt mir nicht,
Daß ich erschlug den groben Wicht,
Derweil ihr eben schliefet!"

---

226. Wind- und Wasserhosen.

Diese Naturerscheinungen hängen mit der Electricität und
den Wirbelwinden zusammen. Eine Gewitterwolke senkt sich auf
die Oberfläche des Wassers herab und äußert auf dasselbe eine
anziehende Kraft. Trichterförmig nähert sich die Wolke dem
Wasser, welches rollt, tobt und brauset, bis es endlich sich gegen
die wirbelnde Säule erhebt und mit furchtbarer Kraft sich bewe=
gend, alles mit sich fortreißt. Segel und Masten gehen verloren
und die Schiffe selbst werden umgestürzt. Auf dem Lande ent=
stehen ähnliche Wirbel, welche Bäume entwurzeln, Sand und
Staub in die Höhe ziehen und oft arge Verwüstungen anrichten.

Bei Tabor in Böhmen entstand am 10. Mai 1818 bei einem
Gewitter eine Windhose, welche, zwanzig und mehr Klafter im
Umfange, sich wirbelnd von der Erde bis zu den Wolken empor=
hob. Sie wüthete fürchterlich auf dem Felde, nahm Steine,

Sand und Erde mit sich fort und schleuderte alles, gleich Rake=
ten, zischend in die Wolken. Dieses Toben dauerte 15 Minuten.
Endlich verwandelte sich die feurige Erscheinung in eine Staub=
wolke, die über das nahe Städtchen wegzog, Dächer abdeckte,
Bäume ausriß und das Laub der Bäume dörrte. Dann folgte
ein Regen von Sand, Erde, Baumästen, Steinen, und unter Blitz
und Donner ward dies schreckliche Schauspiel mit einem Hagel
beschlossen, dessen 2 bis 3 Pfund schwere Eisklumpen alle Dächer,
Fenster und Felder zerschlugen.

Am 22. October 1844 entlud sich eine Windhose über der
Stadt Cette in Frankreich. Sie zog sich zuerst über ein großes,
mit Zink gedecktes Gebäude, riß in einem Augenblicke das ganze
Dach ab, schleuderte es 2700 Fuß weit fort, und zertrümmerte
das ganze Gebäude mit einem daran stoßenden, ganz neuen vier=
stöckigen Hause bis auf den Grund. Während einiger Minuten
hörte man ein schreckliches Heulen in der Luft, die Dächer hoben
sich von den Häusern mit fürchterlichem Gekrach und wurden bis
in die entferntesten Stadttheile geschleudert, kein Fenster blieb
ganz. Zugleich stieg das Wasser in dem Kanal über seine Ufer
und der Sturm schleuderte die mit Wein beladenen Schiffe, so
wie die Fischerboote gegen einander, daß sie theils losrissen, theils
zerbrachen und sechs große und hundert kleine Schiffe untergin=
gen. Zweihundert und sechszehn Häuser wurden dachlos und
ihr Inneres ganz zertrümmert. Die Zahl der umgekommenen
und verwundeten Menschen war sehr groß. Ein Geistlicher stieg,
als das Gewölk sich zusammenzog, auf den Thurm der Haupt=
kirche, um das Wetter zu beobachten. Kaum auf der Höhe an=
gelangt, gewahrte er eine schwarze Wolke, welche sich wirbelnd
im Hafen niederließ. Anfangs hielt er sie für ein Dampfschiff,
als er aber sah, wie die Schiffe hin= und hergeschleudert wurden,
eilte er hinunter. Als er eben bis zur Hälfte des Thurmes hin=
abgestiegen war, bog sich die ganz neu gebaute Spitze über,
stürzte auf das Kirchendach hinab und durchschlug das Gewölbe;
er selbst kam unverletzt davon.

227. Getroste Antwort.

Als der vom Christenthum abtrünnig gewordene, höchst feindselige Kaiser Julian sich mitten auf seiner glänzenden Sieges-
laufbahn befand und viele Christen mit großer Bangigkeit den
ferneren Unternehmungen dieses mächtigen Mannes wider die
Christen entgegen sahen, da fragte einstmals der heidnische Philosoph Libanius einen Schulmeister aus Antiochien spöttisch:
„Sage, was macht doch euer Zimmermanns-Sohn?" (Er meinte
den Heiland.) Der Schulmeister erwiderte schnell: „Er macht für
Julian den Sarg." — Und was geschah? Kurz darauf kam der
Kaiser in einem Feldzuge gegen die Perser elendiglich ums Leben.

228. Wie einem Geizhals sein böser Wunsch erfüllt ward.

Ein armer Mensch sprach zu Zeiten bei einem wohlhaben-
den Verwandten und dessen Geldbörse zu. Einmal wurde letzterer so unwillig darüber, daß er sprach: „Kommst du auch wieder? Wenn ich nur dich nicht mehr sehen dürfte!" Dieser Wunsch
ward ihm bald darauf erfüllt; nicht aber so, daß der Arme gestorben wäre — auch nicht so, daß er selbst gestorben wäre —
nein! er wurde auf beiden Augen blind. Wie gern hätte der
reiche Vetter nun seinen armen Verwandten wieder gesehen!

229. Nicht die Menge macht die Kirche.

Als unter der Regierung des Kaisers Constantius fast alle
Lehrer der Kirche von der arianischen Ketzerei angesteckt waren,
rief dieser Kaiser, der auch arianisch gesinnt war, dem römischen
Bischof Liberius zu: „Der wie vielste Theil des Erdkreises bist
du, der du es allein mit dem gottlosen Menschen (dem Athanasius) hältst und den Frieden der ganzen Welt störest?" Hierauf
erwiderte der Bischof: „Daß ich allein stehe, das benimmt dem
Worte des Glaubens nichts, denn auch einstmals fanden sich nur
drei, die sich dem königlichen Befehle widersetzten." (Dan. C. 3.)

230. Richtiger Schluß.

Auf dem Reichstage zu Augsburg 1530 gerieth der Herzog Johann Friedrich von Sachsen, Sohn des Kurfürsten Johann, mit etlichen Papisten, unter welchen sich Dr. Eck am meisten hervorthat, in ein Gespräch über Religion. Der junge Herzog fragte, wie es käme, daß sie — nämlich die Papisten — den Laien den Kelch im heiligen Abendmahle vorenthielten, da doch der HErr Christus sagte: „Trinket alle daraus?" Was denn das Wort „alle" heiße? Hierauf antwortete Eck: „Alle, heißt die geweihten Priester; die sollen allein daraus trinken." „Wohl," sagte der Herzog, „daraus muß folgen, daß ihr geweihten Mönche und Pfaffen böse Buben und Schälke sein müßt, denn Christus sagt: „Ihr seid rein, aber nicht alle;" das heißt also nach eurer Erklärung des Wörtchens „alle" so viel als: Ihr Laien seid rein, aber nicht — die Priester und Pfaffen." Eine solche Schlußfolge hatten die Herren Papisten nicht erwartet.

231. Sprüchwörtliche Redensarten.

1. Oel ins Feuer gießen.
2. Zwei Fliegen mit einer Klappe schlagen.
3. Wider den Strom schwimmen.
4. Nicht wissen, wer Koch oder Kellner ist.
5. Hinter dem Berge halten.
6. Luftstreiche machen.
7. Mit fremdem Kalbe pflügen.
8. Durch eine fremde Brille sehen.
9. Aus anderer Leute Leder Riemen schneiden.

232. Beschämtes Vorurtheil.

Als Herzog Georg ein Exemplar von dem Buche Luthers: „Ob Kriegsleute auch in einem seligen Stande sein können," in die Hände bekam, auf welchem Luthers Name weggelassen war, gefiel ihm dasselbe so sehr, daß er zu Lucas Cranach, der für ihn damals zu Dresden arbeitete, sagte: „Siehe, Lucas, du rühmst immer deinen Mönch zu Wittenberg, den Luther, wie der allein so gelehrt sei und allein gut deutsch reden und allein gute Bücher schreiben könne; aber du irrst hierin sowohl, als in anderen Stücken mehr. Siehe, da habe ich auch ein Büchlein, das ist ja gut und besser, denn es der Luther nimmermehr machen könnte." Der Maler besieht das Buch, und ein anderes Exemplar desselben Buches aus der Tasche ziehend, spricht er: „Gnädiger Fürst und Herr, dies Büchlein hat Luther gemacht, nur daß sein Name nicht darauf steht. Hier ist eins, das er mir selbst gegeben, darauf sein Name gedruckt ist." Der Herzog sah ein, daß dem so sei; wurde zornig, fluchte und sprach: „Ist's doch Schade, daß ein so heilloser Mönch ein so gut Büchlein hat machen sollen!"

233. Frau Musika.

Für allen Freuden auf Erden
Kann niemand keine feiner werden,
Denn die ich geb mit mein'm Singen
Und mit manchem süßen Klingen.
Hie kann nicht sein ein böser Muth,
Wo da singen Gesellen gut;
Hie bleibt kein Zorn, Zank, Haß, noch Neid,
Weichen muß alles Herzeleid;
Geiz, Sorg, und was sonst hart anleit,
Fährt hin mit aller Traurigkeit.
Auch ist ein jeder deß wohl frei,
Daß solche Freud kein Sünde sei,
Sondern auch Gott viel baß gefällt,
Denn alle Freud der ganzen Welt.
Dem Teufel sie sein Werk zerstört,
Und verhindert viel böser Mörd',
Das zeugt David des Königs That,
Der dem Saul oft gewehret hat
Mit gutem, süßen Harfenspiel,
Daß er nicht in großen Mord fiel.
Zum göttlichen Wort und Wahrheit
Macht sie das Herz still und bereit.

Solchs hat Eliseus bekannt,
Da er den Geist durchs Harfen fand.
Die beste Zeit im Jahr ist mein,
Da singen alle Vögelein,
Himmel und Erden ist der voll,
Viel gut Gesang da lautet wohl;
Voran die liebe Nachtigall
Macht alles fröhlich überall
Mit ihrem lieblichen Gesang,
Deß muß sie haben immer Dank;
Vielmehr der liebe HErre Gott,
Der sie also geschaffen hat,
Zu sein die rechte Sängerin,
Der Musika ein Meisterin;
Dem singt und springt sie Tag und Nacht,
Seines Lobs sie nichts müde macht,
Den ehrt und lobt auch mein Gesang
Und sagt ihm ein'n ewigen Dank.

---

234. Ein bußfertiger Zachäus.

Kurfürst Johann Friedrich hatte einen Schösser, der hatte seinem Herrn mit Unrecht abgenommen bei vierzig Gulden. Deß trug er so ein eng Gewissen, daß er nicht wußte, wie er thun sollte, konnte keine Ruhe haben, bis er sie wieder zu Rechte gebracht hätte. Darum vertrauet er es heimlich dem Dr. Luther, giebt ihm solch Geld, bittet ihn, er möge es seinem gnädigen Herrn wieder zustellen, aber seines Namens verschonen. Dies thut Luther und präsentirt solch Geld dem Kurfürsten. Der hätte gern gewußt, von wem es sein möchte, und sagt, dem wollte er größere Gewalt und Amt zustellen, denn er wußte, es wären wenige, die ihm so treu wären und so enges Gewissen hätten. Aber Luther, wie er angelobt, wollte es nicht offenbaren, wie hart auch der Kurfürst solches von ihm begehrte. Der Kurfürst wollte das Geld nicht haben und schenkte es Luthern. Der nahm es wohl an, aber er vertheilte es unter die Armen.

---

235. Wie es einst in einem Dörflein zur Reformation gekommen ist.

In dem Dorfe Hermannsburg im Königreich Hannover lebte im Jahre 1529 ein junger katholischer Pfarrer aus vornehmen Geschlecht, Namens Christoph Grünhagen. Zu ihm kommt eines Tages ein Handwerksbursche und bittet um einen Bissen Brod. Es war Winterszeit und der arme Mensch war ganz erstarrt. Der Pfarrer hat Erbarmen, läßt ihm Speise und Trank reichen und weiset ihm einen Platz neben dem Heerde an, damit er seine kalten Glieder wärmen kann. Nachdem der Bursche gegessen und auch das Beten nicht vergessen, streckt er sich neben dem Feuer nieder und zieht ein geschriebenes Büchlein aus der Tasche, worin er eifrig und andächtig lies't. Grünhagen wundert sich, daß ein Handwerksbursche lesen kann — denn das war in damaliger Zeit etwas Seltenes; nicht einmal alle Priester konnten es — tritt neugierig hinzu und fragt ihn: „Was liesest du denn?" Statt aller Antwort reicht jener ihm das Buch hin. Grünhagen lieset und lieset und je mehr er lieset, desto begieriger verschlingt er den Inhalt. Es war eine Abschrift von Luthers kleinem Katechismus. Wie ein Blitz fährt es ihm durch die Seele: das ist die Wahrheit, was in diesem Buche steht. Er fragt nun seinen Gast, woher er komme? und dieser antwortet: „Von Wittenberg, da habe ich Luther predigen hören und mir diesen Katechismus mitgebracht." Grünhagen lieset immer weiter und ist so entzückt von dem köstlichen Büchlein, daß er zu dem Handwerksburschen spricht: „Freund, du mußt so lange bei mir bleiben, bis ich mir den Katechismus abgeschrieben habe, denn eher kriegst du ihn nicht wieder." Das ließ sich der Fremde denn gern gefallen und sie tauschten nun redlich mit einander. Denn der Pfarrer pflegte den armen, verhungerten und erfrorenen Leib des Burschen, und der Bursche pflegte die arme, verhungerte und erfrorene Seele des Pfarrers, und erzählte Tag für Tag immer feuriger und begeisterter von Luthers gewaltigen Predigten, von den vielen Tausenden, die

nach Wittenberg strömten, den Mann Gottes zu hören, von der
deutschen Bibel, die Luther übersetzt hätte, von den herrlichen
Lobgesängen der Lutherischen, von dem reinen Abendmahle in
beiderlei Gestalt, nämlich daß in Wittenberg den Abendmahls=
leuten beides, Leib und Blut Christi, dargereicht werde, grade
wie es der HErr Christus eingesetzt hätte und nicht bloß der Leib
des HErrn, wie es bei den Päpstlichen gegen des HErrn Gebot
geschehe; wie Luther auch bei allem Grimm der Feinde so fröh=
lich und tapfer wäre, daß er einst, als der Kurfürst von Sachsen
bange geworden, gesagt habe: „Ich begehre Euer kurfürstlichen
Gnaden Schutz gar nicht, denn ich stehe unter einem viel höhern
Schutze, der meine Sache wohl bewahren wird." Von diesen
Erzählungen wird Grünhagens ganzes Herz bewegt. Nach meh=
reren Tagen entläßt er den Handwerksburschen, reich beschenkt
und mit Thränen in den Augen, denn er hat ja durch ihn die
Wahrheit kennen gelernt. Aber nun geht es an das Studiren.
Der kleine Katechismus sitzt bald fest im Kopf und Herzen, nun
verschafft er sich aber auch die andern Schriften Luthers, vor
allen Dingen das Neue Testament. Da kann er es sich denn
nicht mehr verhehlen, daß in der päpstlichen Kirche das Wort
Gottes und das Sacrament schnöde verfälscht ist, und daß er
selbst so lange, ohne es zu wissen, ein Verführer des Volks ge=
wesen, da er doch als Pfarrer ein Diener Gottes sein sollte.
Das brennt ihm in seine innerste Seele hinein, so daß er erst
ganz tiefsinnig wird. Aber bald findet er Gnade im Glauben an
das theure Blut JEsu Christi. Und nun geht auch an ihm das
Wort in Erfüllung: „Ich glaube, darum rede ich." Er fängt
an das reine Wort Gottes zu predigen in Beweisung des Geistes
und der Kraft; er fängt an, den Abendmahlsleuten das ganze
völlige Abendmahl, den Leib und das Blut JEsu Christi, zu rei=
chen; er lehrt auch die Kinder den Katechismus. Und wie konnte
da die Frucht ausbleiben! Die Gemeinde wird lebendig, die
Umgegend wird wach und Tausende kommen, Gottes Wort zu
hören. Das ist eine selige Zeit gewesen, als so der heilige Geist
die Todtengebeine anblies und das Licht hervorleuchtete aus der

Finſterniß. Aber da konnte auch das Kreuz nicht ausbleiben, denn auf die Geiſtestaufe folgt ja immer die Kreuzestaufe und David fügt ſchon im obigen Spruche den Worten: „ich glaube, darum rede ich," die folgenden bei: „ich werde aber ſehr geplagt." Es war damals ein Amtsvoigt, d. h. ein fürſtlicher Beamter in Hermannsburg, der hieß Andreas Ludwig von Feuerſchütz, ein raſcher entſchloſſener Mann, aber ein Eiferer für die alte päpſt= liche Kirche. Mit Schreibereien hielt er ſich nicht viel auf, ſon= dern geht kurzweg zu dem Pfarrer, verbietet ihm das Predigen der lutheriſchen Ketzerei und ſagt: „Wenn Ihr es nicht laſſet, ſo ſchließe ich Euch die Kirchthür vor der Naſe zu." Als nun Grünhagen dieſe Forderung als eine ungebührliche abwies und ihm ſagte, er habe ſich um ſein Amt zu bekümmern, die Kirche aber dem Pfarrer zu überlaſſen, wurde der Amtsvoigt zornig, ſchalt Grünhagen ſogar einen abtrünnigen Ketzer, beſetzte wirk= lich am nächſten Sonntage die Kirchthüren mit ſeinen Knechten und verweigerte dem Pfarrer und ſeiner Gemeinde den Eintritt in die Kirche. Die Tauſende, die dem Pfarrer folgten, hatten nicht übel Luſt, Gewalt zu gebrauchen gegen den gewaltthätigen Mann, aber Grünhagen verhindert es und verſucht in ſeinem Hauſe und, als auch das gehindert wird, in den Bauerhäuſern Gottesdienſt zu halten. Allenthalben jedoch kommt der Amts= voigt mit ſeinen Leuten hin und ſtört den Gottesdienſt. Das dauert mehrere Wochen und ſo viel vermag Grünhagen über die Gemeinde, daß keine Gewaltthat gegen die Tyrannen vorkommt. Da kommen eines Tages fünf Bauern aus Hermannsburg und einigen umliegenden Dörfern zu Grünhagen und ſagen, ſie wüßten einen Ort in der Heide, Tiefenthal geheißen, ſtill, ein= ſam und abgelegen, dahin kein Fußpfad und keine Heerſtraße führe, den ſolle der Amtsvoigt nicht leicht ausſpüren; dahin möge er mit ihnen des Sonntags ziehen, damit ſie Gottes Wort aus ſeinem Munde höreten. So geſchieht es: Einer ſagt es heimlich dem Andern, niemand verräth es. Am nächſten Sonn= tag öffnen ſich noch in der Nacht allenthalben heimlich die Haus= thüren, die Bewohner kommen einzeln hervor und pilgern bei

Nacht und Nebel auf abgelegenen Pfaden durch Moor, Heide und Busch nach dem Tiefenthale. Grünhagen kommt und mit ihm sein Küster, auch Gottlob! ein gläubiger durch seinen Pastor bekehrter Mann und diesem mit inniger Liebe zugethan; der trägt die süße Last der heiligen Gefäße. Da unter dem blauen Himmel schallten denn lange Zeit die Lobgesänge und beugten sich die Kniee, da wurden die Kinder getauft auf den Namen des dreieinigen Gottes, die Erwachsenen mit dem Leibe und Blute des HErrn gespeiset und getränket, und empfingen dadurch neue Kraft, in den Prüfungen auszuharren, die über sie noch kommen sollten. Dem Amtsvoigt war indessen die plötzliche Stille auffallend; er hatte neue Versuche erwartet, wieder in die Kirche hinein zu kommen, er ahnt wohl etwas und weiß es doch nicht. Da müssen denn seine Knechte Spürhunde werden und sie spüren denn auch sehr gut, daß sie alles entdecken. Sie überbrachten es dem gestrengen Herrn und er will sich selbst überzeugen. Da steht er denn eines Sonntags Morgens früh auf und sieht mit verbissenem Grimme, wie aus allen Häusern die Leute, Männer, Weiber, Jünglinge, Jungfrauen, Greise, Kinder, still und doch so fröhlich in ihren Sonntagskleidern nach dem Tiefenthale eilen. Er geht ihnen heimlich nach, hört sie an ihrem Zufluchts= orte predigen, singen, beten. Plötzlich hört er seinen Namen nennen, das erschüttert ihn durch und durch; er hört, daß der Pfarrer für seine Bekehrung betet und die Gemeinde spricht Amen. Da wogt und kämpft es mächtig in seiner Brust. Aber noch ist seine Zeit nicht da. Er unterdrückt die Thräne, die ihm ins Auge treten will. Entschlossen, die verhaßte Ketzerei, die ihn beinahe weich gemacht hätte, zu unterdrücken, aber zu schwach, um es mit seiner Macht durchzusetzen, zeigt er dem Burgvoigt in Celle den Vorfall an und verlangt Hülfe. Dieser nicht faul, läßt zum nächsten Sonntage 200 Landsknechte von Celle abmarschiren, die sich im Walde versammeln, bis die Ge= meinde versammelt ist. Dann brechen sie hervor, fallen zunächst über Grünhagen und die Schaar her, die sich um ihn drängt, packen ihn und schleppen ihn und Hunderte mit ihm unter rohen

Mißhandlungen nach Celle. Da müssen die Gefangenen auf dem Hofe der Burgvoigtei in Schnee und Eis — denn es war im November — drei Tage und drei Nächte zubringen und bekommen nur mit Mühe ein Stücklein Brod zu essen. Dann werden sie in das Gefängniß gebracht und da haben sie lange Zeit mit ihrem treuen Pfarrer Bande und Kerker theilen müssen, aber kein Drohen, keine Schmach, keine Noth hat sie zum Abfalle von der erkannten Wahrheit bewegen können. Endlich, als die Herzöge Ernst und Franz von dem Reichstage zu Augsburg zurück kommen, wo sie das gute Bekenntniß mit unterzeichnet und abgelegt hatten, schlägt die Stunde der Erlösung, sie werden sogleich freigelassen und kehren mit Dankesthränen in ihre Heimath zurück, auch die Kirche wird ihnen wieder geöffnet und mit neuer Kraft predigt Grünhagen wieder das Evangelium. Da schlägt auch für den Amtsvoigt die Gnadenstunde, er wird weich und überwunden von der Macht des theuren Evangelii, und war er früher ein Eiferer für den falschen Gottesdienst gewesen, so wurde er jetzt einer der mächtigsten Eiferer für die reine lutherische Lehre. Aus Dankbarkeit aber schenkte die Gemeinde das Tiefenthal mit dem dazu gehörigen waldigen Berge für alle Zeiten an die Pfarre in Hermannsburg, deren Eigenthum es noch ist bis auf den heutigen Tag.

---

236. Die Mittelstraße.

Man ruft nicht übel: halte Maß,
Und wandele die Mittelstraß! —
Nur sei zu keinem Gang gewinkt,
Da man nach beiden Seiten hinkt.

---

237. Die verweigerte Taufe.

Als Caspar Aquila zu Anfang der Reformation das aus dem Schutte der Irrlehren wieder hervorgezogene Evangelium in Jenga bei Augsburg geprediget hatte, wurde er alsbald auf Befehl des Bischofs von Augsburg auf einem Karren nach Dillingen gebracht und hier gefangen gesetzt. Nach einer halbjährigen harten Gefangenschaft bei Wasser und Brod wurde er jedoch wieder entlassen. Hierauf floh er nach Wittenberg und fand sodann bei Franz von Sickingen auf dessen Schloß Ebernburg eine Zufluchtsstätte. Doch auch hier sollte der theure Mann viele und große Angst erfahren. Die in dem Schlosse liegende militairische Besatzung verlangte nämlich von ihm, daß er eine Stückkugel taufen solle, wie damals häufig der Gebrauch oder vielmehr der schändliche Mißbrauch war. Aquila verweigerte natürlich entschieden diese gottlose Entweihung des heiligen Sacraments. Die Soldaten wurden darüber so wüthend, daß sie ihn in einen großen messingenen Feuermörser steckten, den sie mit Pulver gefüllt hatten, in der Absicht, ihn so über die Mauer hinaus schleudern zu lassen. Aquila blieb beständig. Was geschah nun? Zweimal zündeten die Soldaten an und das dritte Mal brannte das Zündkraut an, ohne das Pulver in dem Bombenmörser zu entzünden. Hiedurch in seinem Gewissen getroffen, ließ denn der Befehlshaber den treuen Zeugen herausziehen und in Freiheit setzen, worauf derselbe nach Eisenach floh.

238. Scheintod.

Vor etwa 70 Jahren starb die Tochter des damaligen Rittergutbesitzers zu Dörflas, eines Hauptmanns von Böllenbach, an den Kinderblattern, in einem Alter von 6¼ Jahren. Sie lag drei volle Tage auf dem Brette, und wurde dann in dem zu dem Rittersitze gehörigen Erbbegräbniß zu Chispendorf begraben. Einige Jahre darauf stirbt der nachherige Besitzer dieses Dorfes, und als man die vermauerte Gruft zu seiner Beerdigung öffnet, was seit der Zeit nicht geschehen war, findet man den Sarg jenes Kindes umgeworfen und an das Luftloch geschoben, das Gerippe des Kindes aber nicht weit davon in einem Winkel zusammengeneigt. Wahrscheinlich, da der Deckel des Sarges noch am Orte lag, wo der Sarg beigesetzt war, hat das unglückliche Mädchen den umgekehrten Sarg an das Luftloch geschoben, um darauf zu treten und eher durch dieses Loch mit dem Flehen um Rettung gehört zu werden.

239. Sprüchwörtliche Redensarten.

1. **Wasser** ins Meer tragen.
2. Den Mantel nach dem Winde hängen.
3. Auf einen grünen Zweig kommen.
4. Die Pferde hinter den Wagen spannen.
5. Alles über einen Leisten schlagen.
6. Den Bock zum Gärtner setzen.
7. Das Kind mit dem Bade ausschütten.
8. Aus dem Regen in die Traufe kommen.
9. In ein Horn blasen.
10. Sich nach der Decke strecken.

240. Todesstrafe.

Ludwig XI., König von Frankreich, sprach sich einst mit großer Entrüstung in einer Gesellschaft darüber aus, daß ein Missethäter nun schon den dritten Mord begangen habe. Sein Hofnarr, der dies hörte, erwiderte hierauf: „Dieser Mensch hat nur den ersten Mord selbst begangen, den zweiten und dritten hast du begangen, König! Denn hättest du ihn nicht nach der ersten Mordthat begnadigt, so hätte er nicht noch die anderen begehen können."

241. Heinz von Lüder.

Während Philipp, Landgraf von Hessen, gefangen saß, überschwemmte feindliches Kriegsvolk seine Länder. Auch wurden die Festungen geschleift außer Ziegenhain, denn darin lag der ehrbare Hauptmann Heinz von Lüder und hielt es seinem Herrn mit fester Treue. Als nun Landgraf Philipp erledigt wurde, befahl ihm der Kaiser, wenn er nach Hessen gekommen, diesen Mann, der ihm so trotzig gewesen, am Thore zu Ziegenhain in Ketten aufhängen zu lassen. Es war auch ein Gesandter des Kaisers mitgegeben, welcher als Augenzeuge der Hinrichtung beiwohnen sollte. Da nun Philipp nach Ziegenhain gekommen, versammelte er den Hof und die Ritterschaft, nahm eine güldene Kette, ließ seinen treuen Hauptmann an einer Wand zum Schein aufhängen, ohne ihm wehe zu thun, dann gleich wieder abnehmen und schenkte ihm die güldene Kette unter großen Lobsprüchen. Der kaiserliche Abgesandte protestirte; Philipp aber sagte standhaft, sein Versprechen, ihn aufhängen zu lassen, habe er gehalten, und nichts werde ihn bewegen, anders als so zu handeln.

242. Bestrafte Treulosigkeit.

Der Papst Eugenius und der Cardinal Julianus bewogen den König Wladislaus von Ungarn, daß er den mit dem türkischen König Amurath II. geschlossenen zehnjährigen Waffenstillstand aufhob, indem er denselben mit Krieg überzog und so sein gegebenes Versprechen brach. Als man von beiden Seiten handgemein geworden war und mit furchtbarer Erbitterung gekämpft wurde, begann die türkische Schlachtlinie zu weichen und sich zur Flucht zu wenden. Indem Amurath, fast außer sich vor Verzweiflung, dieses erblickte, schrie er das Bild des gekreuzigten JEsu im Heere der Christen mit lauter Stimme an: „Gekreuzigter, wenn du Gott bist, so räche die Treulosigkeit deines Volkes, welches den in deinem Namen geschworenen Eid so schändlich bricht." Bald darauf wandte sich das Glück, das Heer der Christen wurde niedergehauen, der König selbst in der Schlacht vom Pferde gestürzt und getödtet, und Julian auf der Flucht von Straßenräubern umgebracht.

243. Ein gottseliges Weib.

Als im Jahre 1551 die Papisten in den meisten lutherischen Städten wieder zur Gewalt gekommen waren, wurde auch der lutherische Prediger Bertlin zu Memmingen auf den Reichstag zu Augsburg zur Verantwortung vorgefordert. Da er nun hier die Wahrheit unerschrocken bekannte, so mußte er schwören, nie wieder in der Stadt Memmingen sich betreten zu lassen und das

Land für immer zu meiden. Er bat, daß man ihm wenigstens zwei bis drei Tage Frist geben möge, sein Hauswesen in Ordnung zu bringen, da seine Gattin bald wieder Mutter werden würde. Dies wurde ihm abgeschlagen. So ging er denn, Weib und Kind zurücklassend, in das Exil. Sein ihm so theures Weib aber nahm in einem Briefe mit den Worten von ihm Abschied: „Leb wohl, mein herzlieber Eheherr, und hüte dich, daß du nicht um meinet- und unserer Kinderlein willen die Vertheidigung der Wahrheit verlassest."

244. Erholung.

Einst begegnete ein Jäger dem Apostel Johannes, der ein zahmes Rebhuhn in seinen Händen hielt, und es streichelnd liebkos'te. Der Jäger verwunderte sich, daß so ein großer, heiliger Mann daran Wohlgefallen haben könne. „Was trägst du da in deiner Hand?" fragte Johannes.—„Einen Bogen." — „Aber warum ist er nicht gespannt?" — „Weil die Sehne erschlaffen würde, wenn ich ihn immer gespannt hätte." — „Nun, so laß es dich nicht befremden," sprach der Apostel, „wenn auch ich meinen Geist ein wenig ruhen lasse, um ihn zu neuer Arbeit zu stärken."

245. Der Trunkenbold.

In einem Dorfe bei Crossen in Preußen lebte ein Mensch, welcher dem Trunke sich aufs äußerste ergeben hatte und trotz aller Ermahnungen und Vorhaltungen immer tiefer in das Laster verfiel, dazu auch in Spott über Religion und Bibel gerieth. Er sagte einst zu einem christlichen Freunde, welcher seine Seele gern aus dem Verderben gerettet hätte und ihm manchmal mit den beweglichsten Worten zuredete, mit Hohnlachen: „Ich werde jenseits Einheizer werden und es dann den Seelen recht warm machen." Und siehe, was begab sich mit diesem Menschen? Er hatte die üble Gewohnheit, in Backöfen zu kriechen und darin zu schlafen, wenn sie noch recht warm waren. Das that er eines Tages wieder, nahm ein Bündel Stroh mit sich, um darauf zu .

liegen, und kroch in den noch heißen Ofen, in der Absicht, sich recht gut und warm zu betten und vortrefflich zu schlafen. Aber vermuthlich waren noch Kohlen zurückgeblieben, welche das Stroh entzündeten, denn der elende Mensch ging in Flammen auf und mußte bei lebendigem Leibe in seinen Sünden verbrennen.

---

246. Die Weihnachtsreise.

Wohin, ihr Kinderlein, wohin?
Ihr seid ja auf der Reise.
   Nach Bethlehem steht unser Sinn,
   Wir tragen Blumensträuße.

Was wollt ihr denn in Bethlehem?
Wozu die Blumen alle?
   Dort ist ein Kripplein angenehm
   In einem dunkeln Stalle.

Was sucht ihr in dem Kripplein dort?
Was wollt ihr Kinder? Saget!
   Im Kripplein lieget Gottes Wort;
   Daß ihr noch lange fraget!

Welch Gottes Wort? O sprechet! O
Ihr Kindlein gebt uns Kunde!
   Das JEsulein auf Heu und Stroh
   Mit kleinem, süßem Munde.

Das wollen herzen, küssen wir,
Das wollen wir umarmen;
   Dem schenken wir die Blumen hier,
   Es schenkt uns sein Erbarmen.

Es ist der Heiland, Christ der HErr,
Und doch ein Kindlein kleine,
   Wie wir so klein, so klein ist Er,
   Nur ach so rein, so reine!

Er zieht uns unsre Hemdlein aus
Und giebt uns weiße Kleider,
   Dann gehn wir fröhlicher nach Haus
   Und ziehn mit Jauchzen weiter.

Er zeigt uns, wo die Heimath ist,
Er weiß uns auch zu führen,
Der süße Heiland JEsus Christ,
Daß wir uns nicht verlieren.

Nun gut! wir wollen mit euch gehn
Und mit euch niederknieen
Am Kripplein und das Kindlein sehn,
Und so zur Heimath ziehen.

247. Sprüche.

Mit Gott fang an, mit Gott hör auf,
Das ist der schönste Lebenslauf.

Früh aufstehn gereuet nicht,
Almosengeben armet nicht,
Kirchengehen säumet nicht,
Unrecht Gut gedeihet nicht,
Gottes Wort treuget nicht.

Bitt Gott um Gnad zu jeder Stund,
Denn ohn sein Hülf geht Alls zu Grund.

248 „Antworte dem Narren nach seiner Narrheit, daß er sich nicht weise lasse dünken." Spr. 26, 5.

Als der Fürstlich = Schönburgische Hofprediger zu Harten=stein, Niedner, einstmals bei seinem Fürsten zur Tafel war, wen=dete sich ein schnippisches adeliges Fräulein mit den Worten an den ehrwürdigen Greis: „Sagen Sie mir doch, Herr Hofpre=diger, glauben Sie denn wirklich auch das, daß Bileams Esel geredet habe?" Der Gefragte antwortete schnell: „Nein, mein Fräulein, denn es steht geschrieben, es sei eine Eselin gewesen, die geredet habe." — Das Fräulein schwieg.

249. Die bekehrten Judenkinder.

Es war im Jahre 1716, als eines Tages drei Kinder, Schwestern von 8 bis 12 Jahren, bei dem Prediger an der Ma=

rienkirche in Berlin M. Kamann eintraten und um Gehör baten.
„Hier komme ich, mein lieber Herr Prediger," hob die älteste
an, „mit meinen zwei Schwestern, und bitte inständigst, Sie
wollen uns in Ihren Schutz nehmen, denn wir alle drei wollen
Christinnen werden, damit auch wir Theil haben an dem JEsu
von Nazareth, der als wahrer Gott für aller Menschen Sünde
und also auch für uns am Kreuz gestorben ist. Uns bringt nichts
als die Liebe zu dem gekreuzigten JEsu, und diese Liebe wollen
wir nicht länger unterdrücken; deswegen bitten wir Sie, erbar=
men Sie sich über uns arme Kinder!" Wer waren die drei Kin=
der? Judenkinder warens; die hatten im Umgange mit christ=
lichen Nachbarskindern vernommen, wie der Sohn Gottes vom
Himmel auf die Erde gekommen, ein Kindlein gewesen und den
Namen JEsu empfangen bei der Beschneidung; wie er von Maria
und von seinem Pflegevater Joseph von Nazareth erzogen wor=
den und, nachdem er im dreißigsten Jahre von Johannes getauft
gewesen, die Menschen öffentlich gelehrt habe, wie sie selig wer=
den sollten, wobei er viele Wunderthaten verrichtet und in seinem
34. Jahre als das Lamm Gottes, aller Menschen Sünde, Schuld
und Strafe auf sich genommen und durch sein bitteres Leiden
und Kreuzestod getragen und gebüßt habe, wie es von seinem
himmlischen Vater durch den Mund der Propheten zuvor geweis=
sagt war, daß er die Menschen versöhnen und selig machen sollte,
so daß nun Jeder, der an ihn glaubt und sein Verdienst an=
nimmt, dadurch ewig selig werden kann. — Das hatten jene drei
Schwestern von ihren Gespielen, den Christenkindern, gehört
und mit Aufmerksamkeit geforscht und dazu den christlichen Glau=
ben, Vaterunser und viele biblische Sprüche gelernt und nichts
lieber vernommen, als daß der HErr JEsus große Liebe auch zu
den Kindern habe und sie gern selig machen wolle. So hatte
nun der heilige Geist in ihnen ein herzliches Verlangen gewirkt
nach unserm HErrn JEsu und nach seiner seligmachenden Gnade,
daß sie alle drei sich entschlossen, die Taufe zu begehren und
wahre Christinnen zu werden. Der Prediger aber meinte, sie
hätten etwa zu Hause bei ihren Eltern etwas versehen und scheue=

ten die Strafe und wollten ihr auf diese Weise entgehen; darum ermahnte er sie, nach Hause zu gehen und den Eltern unterthan zu sein nach dem vierten Gebote. Da fielen die Kinder auf ihre Knice und bezeugten, daß nichts in der ganzen Welt sie zu ihm geführet habe, als die große Liebe zu dem gekreuzigten JEsu, darum möge er sie doch nicht verstoßen, denn sie wollten eher sterben als von JEsu lassen, der auch sie an seinem Kreuz versöhnt habe; dessen Eigenthum wollten sie sein und bleiben, es gehe ihnen nun wie es wolle; darum bäten sie den Herrn Prediger sehr, er wolle sie nicht von sich weisen, sondern ihnen vielmehr behülflich werden, daß sie durch die Taufe dieses JEsu und seines Verdienstes theilhaftig würden. Und wie sie auf ihren Knieen lagen, so standen sie nicht eher auf, als bis er ihnen versprochen, er wolle sie annehmen. Konnte er auch anders vor tiefer Bewegung seines Herzens? Bald erfahren die Eltern, wo ihre Kinder sind, kommen zum Prediger, sie abzuholen; allein, nachdem die Obrigkeit bereits zum Bleiben der Kinder Einwilligung gegeben, mußte Befehl vom König erwartet werden. Derselbige hieß die Sache durch vier Prediger untersuchen, die reformirten Jablonsky und Achenbach, die lutherischen Poffart und Thering, und entscheiden, ob man diese Kinder ohne Verletzung der väterlichen Gewalt wider den Willen der Eltern in Schutz nehmen, im Christenthum unterrichten und durch die Taufe in die christliche Kirche aufnehmen könne. — So ward ein Tag angesetzt, an welchem die drei Kinder vor diesen verordneten Commissarien über ihren Vorsatz geprüft werden sollten; die Eltern durften die Unterredung in einem Nebenzimmer mit anhören; aber auf Befragen jedes einzelnen für sich, warum es von seinen Eltern weggegangen und ob es nicht wieder zu ihnen wolle? erklärten sie einmüthig: „Nichts in der Welt hat uns bewogen von unsern Eltern wegzugehen, als die Liebe zu JEsu, durch welchen allein wir selig werden können, und wir suchen nichts anderes, als selig zu werden durch JEsum." „Aber eure Eltern werden euch verstoßen, wenn ihr Christen werden wollt; Haß von den Eurigen, schwere Arbeit, Noth und Elend habt ihr zu gewarten!" Freudig antworteten sie: „Arbeiten wollen wir gern, sollte es uns auch blutsauer ankommen, wenn wir nur Kinder der Seligkeit werden; nach Spott und Verachtung fragen wir auch nicht; wenn wir nur des HErrn JEsu theilhaftig werden, so wollen wir gern alles dulden; im Himmel ist doch keine Schmach mehr!" — Man bemühte sich, durch allerlei Versprechungen sie wankend zu machen; sie antworteten: „Was helfen schöne Kleider? die achten wir nicht, denn die müssen in der Welt bleiben, wir aber wollen Kinder der ewigen Seligkeit werden. Im Himmel bekommen wir bessere Kleider, die uns unser Heiland geben wird. Zu unsern Eltern gehen wir nicht, denn wir wollen Christinnen und durch JEsum selig werden"*). Nun ließ man die Eltern zu den Kindern treten. Umarmungen und Thränen, Versprechungen, Ermahnungen, Drohungen waren vergeblich; die Kinder weinten mit, blieben aber beharrlich: sie wollten Christinnen und durch JEsum selig werden, dem hätten sie ihre Herzen schon gegeben, und sie wollten lieber alles Elend erdulden, als ihre Liebe zu JEsu verleugnen; wollten ihre lieben Eltern sich entschließen, Christen und also Freunde JEsu zu werden, so wollten sie alsbald mit ihnen gehen und ihnen in allen Dingen unterthan sein; wollten sie aber Juden bleiben, so könnten sie sich nicht mehr als ihre Kinder betrachten, und kein Bitten und Drohen könnte ihren Vorsatz ändern. Da versuchte die Mutter es an ihrem Liebling, der zweiten Tochter, besonders, und bezeugte ihr die Größe ihres mütterlichen Schmerzes unter heftigen Thränengüssen, ja sie wandte sich an die Umstehenden, daß sie sich doch mit ihr vereinigen möchten, dem Kinde zuzureden, daß es mit ihr heimgehe. Das geschah, allein keines der drei wankte, sondern sie wiederholten ihr voriges Bekenntniß und daß sie bereit seien, Freiheit und Leben zu wagen, wenn sie nur das Glück erlangten, durch die Taufe ein Eigenthum JEsu und Mitgenossen der ewigen Seligkeit zu werden. Die Prediger

---

*) Die Kinder hatten deswegen Recht, die Rückkehr in das elterliche Haus abzuweisen, weil sie daselbst an ihrer Bekehrung gehindert worden wären. Es wird aber durch diesen unter ganz besondern Umständen eingetretenen Fall die Regel nicht aufgehoben, daß die gläubigen Kinder ihren ungläubigen Eltern den Glauben grade durch den Wandel nach dem vierten Gebot zeigen sollen.

äußerten, was sie denn machen wollten, wenn man sie doch nicht annähme? sie könnten ja keinen zwingen, so müßten sie dann doch zu ihren Eltern zurückkehren. Die eine Tochter erwiderte: „Weigert ihr euch, mich aufzunehmen, so wird doch mein HErr JEsus, der für mich gestorben ist, sich meiner annehmen und mich nicht verlassen, denn er hat die Kinder lieb und ich habe ihn auch lieb und die Liebe soll in meinem Herzen nicht erlöschen." Und so baten sie alle drei wiederum, die Herren Prediger sollten ihnen die Liebe erzeigen, sie im Christenthum zu unterrichten; der am Kreuz gestorbene JEsus sollte ihr liebster Heiland bleiben, von dem würden sie nicht mehr lassen. Die Prediger mußten selbst weinen, als die Kinder so herzlich flehend zu ihren Füßen knieeten. — Nochmals baten die Eltern um Erlaubniß, einen Versuch mit den Kindern allein ohne Zeugen machen zu dürfen; es ward ihnen gewähret, und sie erneuerten an Bitten und Vorstellungen, was nur irgend die elterliche Liebe eingeben kann; aber die Kinder erklärten: „Wir sind euch keinesweges feind, nur die große Liebe zu JEsu dringt uns, daß wir nicht anders können." Und als die Prediger den Kindern zum letzten Male zuredeten, daß sie doch mit ihren Eltern heimgehen möchten, fielen sie wieder auf ihre Kniee und baten mit heißen Thränen, man solle nur ihre Eltern entlassen, und betheuerten aufs neue, daß nichts in der ganzen Welt sie bewogen habe, ihrer Eltern Haus zu verlassen, als einzig und allein die Liebe zu JEsu, der für sie am Kreuz gestorben wäre, und nichts in der Welt solle sie nun wieder von Ihm scheiden! Es seien auch noch mehr Judenkinder, die sich entschlossen hätten, Christen zu werden; allein sie würden von ihren Eltern genau beobachtet und gehindert, doch werde der Heiland auch für diese seine Zeit ersehen. Als man sich nun sattsam überzeugt hatte, daß der Entschluß der drei Schwestern unerschütterlich feststand, nahmen die Eltern wehmüthig Abschied und es ward verordnet, daß die Kinder öffentlich in der Kirche im Christenthum unterrichtet würden, und sowohl die Eltern als andere Juden empfingen die Erlaubniß, in die Kirche zu kommen und ihre vermeinten Einwürfe gegen die Wahrheit des Evangeliums den Kindern zu machen. M. Kamann unterwies sie aus den Schriften des Alten und Neuen Testaments, daß JEsus von Nazareth wirklich der verheißene Messias sei, der da kommen sollte, und daß man keines anderen warten dürfe, daß auch in keinem Andern Heil und kein anderer Name den Menschen gegeben sei, darin sie könnten selig werden, denn allein in dem Namen JEsu — und zwar nicht durch des Gesetzes Werk, sondern ohne Verdienst aus freier Gnade, durch die Erlösung, so durch Christum geschehen ist. Am zweiten Sonntag nach Ostern 1717 wurden sie ihres sehnlichsten Wunsches theilhaftig: nachdem sie vor zahlreicher Versammlung ihr Glaubensbekenntniß abgelegt, empfingen sie die heilige Taufe und wurden genannt, die älteste: Constantine Friederike, die zweite: Sophie Johanna, die jüngste: Marie Christiane. Diese hatte sich ihren Namen selbst gewählt und wurde zuerst getauft, und alle drei empfingen den Zunamen: Hirtentreu. Wenn sie ein Blättchen fanden, darauf der Name JEsus stand, küßten sie es; sahen sie ein Buch, so durchblätterten sie es nach dem Namen JEsus und drückten es an die Brust und weinten Thränen brünstiger Liebe zu Ihm. — Was ist weiter aus diesen Kindern geworden? Das Kirchenbuch der Marienkirche in Berlin weist nach, wie sie als Jungfrauen sich mit christlichen Bürgern in Berlin verehelicht und den Segen des Glaubens und der Beständigkeit genossen haben.

250. Sprüche.

Es ist auf Erden kein beßre List,
Als wer seiner Zunge Meister ist.

Gottes Mühlen mahlen langsam, mahlen aber trefflich klein,
Was mit Langmuth er versäumet, bringt mit Schärf er alles ein.

Laß deine Arbeit ein Gebet sein und dein Gebet eine Arbeit.

Das reichste Kleid
Ist oft gefüttert mit Herzeleid.

251. „Ist unser Evangelium verdeckt, so ist es denen, die verloren werden, verdeckt." 2. Cor. 4, 3.

Dr. Taylor von Norwich sagte zu Newton: „Freund, ich habe jedes Wort in der Bibel siebzehnmal verglichen, nach dem Grundtexte, und es befremdet mich, daß ich die Versöhnungslehre, die Sie lehren, darin nicht gefunden habe." „Ich wundere mich nicht darüber," antwortete Newton. „Ich wollte einmal mein Licht anzünden, während das Lichthütchen darauf war." — So bilden die durch Erziehung und Bildung angenommenen Vorurtheile ein Lichthütchen. Es ist nicht genug, das Licht zu bringen; man muß auch das Hütchen abthun.

---

252. Schwacher Glaube.

Einst klagte ein Weib Dr. Luthern, sie könne gar nicht mehr glauben. Der Doctor fragte sie: „Könnt ihr auch euren Kinderglauben?" „Ja," sagt das Weib. Und wie sie nun die drei Artikel des Glaubens andächtig hersagt, fragt sie Luther weiter: „Haltet ihr dies auch für wahr?" Die Frau spricht: „Ja, freilich!" „Wahrlich," versetzt hierauf Luther, „liebe Frau, haltet ihr im Glauben diese Worte für wahr, wie sie denn nichts als die Wahrheit sind, so glaubet ihr stärker, denn ich; denn ich muß noch alle Tage um Mehrung des Glaubens bitten." Auf diese Worte dankt die Frau Gott und geht mit Fried und Freude hinweg.

---

253. Wie lieblich sind deine Wohnungen, Herr Zebaoth!

Die kleine Rosina war das einzige Kind sehr armer, aber gottesfürchtiger Eltern. Der Vater lebte als Tagelöhner zu Nickern, in der Pfarrei Lockwitz bei Dresden. Er hatte zwar ein eigenes Häuslein, aber nichts darin, als was seine Hände von Tage zu Tage, von Woche zu Woche erwarben, so viel, als eben zur Nahrung und Kleidung für ihn und die Seinen hinreichte. Aber diese seine fleißigen Hände hatten nicht bloß gelernt, zu arbeiten, sondern auch sich gern zum Gebet zu falten. Er betete oft und aus Herzensgrunde mit den Seinen, denn er war fromm.

Dieser gute Vater war erst dreißig Jahr alt, da führte ihn Gott zum Krankenlager, von welchem er nicht wieder aufstand. Die Krankheit dauerte etliche Wochen. Der Pfarrer Gerber und sein Sohn besuchten ihn oft in seinen letzten Tagen, um ihn zu trösten und zu stärken. Ihm selber war der Trost nicht so von Nöthen, als seiner armen Frau; denn er war ruhig und Gott ergeben, die Frau aber sollte von dem lieben Manne und Versorger scheiden, und es war weder Geld noch Brod im Hause, als was mit- leidige Seelen ins Haus brachten. In dieser Zeit der Leiden war das Töchterlein des Tagelöhners, damals noch nicht acht Jahre alt, den armen Eltern zum besondern Trost. Wenn der Seel- sorger weg war, blieb das Kind an des Vaters Bette sitzen, sang ihm Lieder vor und betete ihm die Sprüche, die es vom Pfarrer gehört oder in der Schule gelernt hatte.

Der Vater starb. Die Wittwe trauerte sehr um ihren from- men fleißigen Ehemann und weinte oft viel. Da tröstete das Mägdlein immer die Mutter, wenn sie diese so weinen sah, mit schönen Trostsprüchen aus der heiligen Schrift, die sie in der Schule gehört hatte, oder mit Versen aus guten christlichen Lie- dern, zum Beispiel aus dem kinderfrommen Liede des Hans Sachs: „Warum betrübst du dich, mein Herz," mit dem Verse: „Ach Gott, du bist noch heut so reich, als du gewesen ewiglich; mein Trauen steht zu dir," und mit dem Verse aus Paul Gerhardt's Liede: „Schickt uns Gott ein Kreuz zu tragen, bringt herein Angst und Pein, sollt ich drum verzagen?" Oder sie sagte zu der sorgenden Mutter: „Liebe Mutter, weinet nur nicht, wir wollen recht beten und arbeiten; wenn ich aus der Schule komme, will ich fleißig Strohhüte flechten, der liebe Gott wird uns nicht verlassen."

So verging fast ein Jahr nach des Vaters Tode, die Wittwe hielt mit ihrem einigen Kinde sparsam und treulich Haus, und beide hatten durch Gottes Segen keinen Mangel. Das Mägd- lein ging fleißig zur Schule, flocht nach der Schule eben so fleißig Stroh zu Hüten; seine einzige äußerliche Unterhaltung und Freude war eine Henne, die sich die kleine Waise vom Küchlein aufer- zogen und mit den abgesparten Brodkrumen ernährt hatte. Eines

Tages, in der Erntezeit, geht die Mutter zu einem Bauer in dem nächsten Dorfe, um bei diesem Hafer rechen zu helfen; das Mädchen aber geht nach seiner Gewohnheit in die Schule, und setzt sich, sobald es nach Hause gekommen, vor die Thür seiner Hütte hin, um Stroh zu Hüten zu flechten. Da kommt ein Nachbarsmädchen von zwölf Jahren, ein Kind von sehr wilder Art, und will Rosinen nöthigen, mit ihr herumzuspringen und Muthwillen zu treiben. Die kleine fromme Waise will das nicht. Hierüber erzürnt, reißt das stärkere Nachbarmädchen sie zu Boden und kniet ihr auf den Leib, bis das Kind vor Schmerzen laut aufschreit. Als die Mutter Abends von der Arbeit nach Hause kommt, klagt ihr die Kleine, was ihr geschehen sei. Die Mutter aber meint, es werde ihr wohl nicht viel Schaden gethan haben und geht mit dem Kinde schlafen. Am Morgen aber klagt dieses sehr über Schmerzen in seinem Leibe, kann schon nicht mehr aufstehen, und auch durch die von einem guten Arzte in Dresden verordneten Arzneimittel werden die Schmerzen nicht gelinder, sondern immer nur größer. Da bittet das Mägdlein seine Mutter, sie solle ihm doch den Seelsorger holen lassen, daß er mit ihr bete, wie mit ihrem Vater, denn sie werde sterben. Die Mutter sagte: „Mein liebes Kind! wen hätte dann ich? Du bist noch mein Trost. Du wirst ja nicht sterben wollen!" Das Kind antwortet: „Liebe Mutter! Gott muß euer Trost sein, vertraut nur ihm. Wisset ihr nicht, wie wir singen: „„Weil du mein Gott und Vater bist, dein Kind wirst du verlassen nicht?"" — Laßt mir nur den Herrn Pfarrer holen."

Die Mutter erfüllte dann des Kindes Wunsch; der Pfarrer kam. Das arme Waislein bezeugte eine große Freude über des Seelsorgers Gegenwart, betete sehr herzlich, ja wahrhaftig brünstig und gab dem Pfarrer zu erkennen, daß es ein innig beständiges Verlangen nach dem Himmel habe. Da fragte die Mutter abermal: „Liebes Kind, warum willst du denn so gerne sterben? du bist ja noch so jung." Das Kind antwortete: „Es ist ja im Himmel besser, dort komme ich zu meinem lieben HErrn JEsu, und ihr werdet schon auch nachkommen. Indessen lobe ich mit meinem Vater den lieben Gott und den HErrn JEsum. Weinet ihr nur nicht um mich."

Die Krankheit währte bis an den neunten Tag. Der Pfarrer Gerber und sein Sohn besuchten in dieser Zeit das selige Kind oft. Ja wahrhaft selig, schon auf seinem Lager der Schmerzen. Denn sie fanden es immer betend und wie es glaubensfroh seine Mutter tröstete, dabei mitten in den sehr großen Schmerzen der Entzündung geduldig und still wie ein Lämmlein. Am Tage vor seinem Ende sagte es zu seiner Mutter: „Der Herr Pfarrer hat mich so oft besucht und mit mir gebetet, und ihr habt nichts, das ihr ihm geben könnt. Ach, schenkt ihm doch meine Henne, wenn ich todt bin, und ich lasse ihn bitten, er soll immer damit vorlieb nehmen."

Am neunten und letzten Tage der Krankheit waren etliche christliche Nachbarinnen bei dem Mägdlein: Da bittet dieses, man sollte ihm doch das Lied vorsingen: „Wie schön leuchtet der Morgenstern." Und als das Lied fast zu Ende, schläft das Kind darüber sanft und süß ein.

---

254. Sommerlied.

Geh aus, mein Herz, und suche Freud
In dieser schönen Sommerzeit
An deines Gottes Gaben;
Schau an der schönen Gärten Zier
Und siehe, wie sie mir und dir
Sich ausgeschmücket haben.

Die Bäume stehen voller Laub,
Das Erdreich decket seinen Staub
Mit einem grünen Kleide,
Narcissus und die Tulipan,
Die ziehen sich viel schöner an
Als Salomonis Seide.

Die Lerche schwingt sich in die Luft,
Das Täublein fleucht aus seiner Kluft
Und macht sich in die Wälder,

Die hochbegabte Nachtigall
Ergötzt und füllt mit ihrem Schall
Berg, Hügel, Thal und Felder.

Die Glucke führt ihr Völklein aus,
Der Storch baut und bewohnt sein Haus,
Das Schwälblein speis't ihr Jungen,
Der schnelle Hirsch, das leichte Reh
Ist froh und kommt aus seiner Höh
Ins tiefe Gras gesprungen.

Die Bäche rauschen in dem Sand
Und malen sich und ihren Rand
Mit schattenreichen Myrthen,
Die Wiesen liegen hart dabei
Und klingen ganz von Lustgeschrei
Der Schaf und ihrer Hirten.

Die unverdroßne Bienenschaar
Zeucht hin und her, sucht hier und dar
Ihr edle Honigspeise,
Des süßen Weinstocks starker Saft
Kriegt täglich neuen Saft und Kraft
In seinem schwachen Reise.

Der Weizen wächset mit Gewalt,
Darüber freut sich Jung und Alt
Und rühmt die große Güte
Deß, der so überflüssig labt
Und mit so manchem Gut begabt
Das menschliche Gemüthe.

Ich selber kann und mag nicht ruhn:
Des großen Gottes großes Thun
Erweckt mir alle Sinnen.
Ich singe mit, wenn alles singt,
Und lasse, was dem Höchsten klingt,
Aus meinem Herzen rinnen.

Ach, denk ich: bist du hier so schön,
Und läßt du's uns so lieblich gehn
Auf dieser armen Erden —
Was will doch wohl nach dieser Welt
Dort in dem reichen Himmelszelt
Und güldenem Schlosse werden.

Welch hohe Luft, welch heller Schein
Wird wohl in Christi Garten sein?
Wie muß es da wohl klingen,
Da so viel tausend Seraphim
Mit eingestimmtem Mund und Stimm
Ihr Halleluja singen?

O wär ich da! O ständ ich schon,
Ach süßer Gott, vor deinem Thron
Und trüge meine Palmen!
So wollt ich, nach der Engel Weis',
Erhöhen deines Namens Preis
Mit tausend schönen Psalmen.

Doch will ich gleichwohl, weil ich noc
Hier trage dieses Leibes Joch,
Auch nicht gar stille schweigen;
Mein Herze soll sich fort und fort
An diesem und an allem Ort
Zu deinem Lobe neigen.

Hilf nur und segne meinen Geist
Mit Segen, der vom Himmel fleußt
Daß ich dir stetig blühe!
Gieb, daß der Sommer deiner Gnad
In meiner Seele früh und spat
Viel Glaubensfrücht erziehe.

Mach in mir deinem Geiste Raum,
Daß ich dir werd ein guter Baum,
Und laß mich wohl bekleiben;
Verleihe, daß zu deinem Ruhm
Ich deines Gartens schöne Blum
Und Pflanze möge bleiben.

Erwähle mich zum Paradeis
Und laß mich bis zur letzten Reis'
An Leib und Seele grünen:
So will ich dir und deiner Ehr
Allein, und sonsten keinem mehr,
Hier und dort ewig dienen.

255. Rechte Toleranz.

So unduldsam und verfolgungssüchtig einst Kaiser Ferdinand II. im dreißigjährigen Kriege sich gegen die Lutheraner bewies, so weit war König Gustav Adolph von Schweden, der den Lutheranern zu Hülfe geeilt war, davon entfernt. Merkwürdig ist ein großes Wort, welches dieser wahrhaft große Mann einst nach Einnahme einer katholischen Stadt aussprach, als man ihn aufforderte, nun zur Bekehrung der Katholischen Gewalt zu brauchen. Er sprach: „Im Staate ist jeder rechtgläubig, der den Gesetzen gemäß lebt; die Menschen vor der Hölle zu bewahren, ist Sache der Prediger, und nicht der Könige!" —

256. Die keusche Anna.

Im Jahre 1453 hatte Muhamed II. bereits Constantinopel gestürmt und erobert und aus einer christlichen in eine türkische Residenzstadt verwandelt. Sein Plan war, die ganze christliche Welt sich zu unterwerfen. Aus Gottes Gericht drang er auch fast allenthalben, wohin er zog, siegreich vor. Im Jahr 1469 wandte er sich unter andern auch gegen die schöne griechische Insel Negroponte. Hier galt es vor allem, eine starke Festung zu nehmen, deren Besatzung ein Mann, Namens Paul Erizo, befehligte. Nach kurzer Belagerung nahm sie Muhamed ein und ließ hierauf den tapfern Vertheidiger derselben zur Strafe für seine Amtstreue zersägen. Dieser Paul Erizo hatte eine eben so schöne als gottselige Tochter, mit Namen Anna. Als die Janitscharen der Jungfrau ansichtig wurden, umringen sie dieselbe und führen sie wie im Triumph zum Sultan, um sie ihm als eine, wie sie hoffen, besonders angenehme Beute zu übergeben. Kaum hat dieser sie erblickt, so erklärt er auch alsbald, daß sie in dem Palast seiner Frauen ein eigenes Zimmer erhalten und in alle Herrlichkeit einer Sultanin eingesetzt werden solle. Eben so wenig von Furcht vor dem ihr auf der einen Seite drohenden Schicksale, als von Verlangen nach der ihr auf der andern Seite angebotenen Herrlichkeit bewegt, antwortet sie: „Bemühet euch nicht, ich bin eine Christin, und ziehe daher den Tod einem unkeuschen Leben vor." Muhamed ließ sich aber hiedurch nicht abschrecken und befahl, sogleich die kostbarsten Kleider und schimmernde Kleinodien zu holen, vor ihr auszubreiten und ihr den irdischen Himmel zu beschreiben, den sie haben würde, wenn sie sich ihm ergäbe. Es geschieht, sie aber erwidert: „Ich habe einen größern Schatz und Schmuck, als ihr mir hier zeigt, das ist meines Herzens Glaube und Reinigkeit." Als nun auch alle ferneren Versprechungen und Liebkosungen bei dieser Glaubensheldin nichts verfangen wollten, gerieth endlich Muhamed aufs äußerste in Zorn und Wuth. Es war seinem Stolze unerträglich, nach Ueberwindung der mächtigsten Herrn großer Reiche an einem jungen schwachen Mädchen einen Felsen zu finden, den er mit allen seinen Hunderttausenden nicht überwältigen konnte. In höchster Erbitterung zog er daher seinen Säbel und zerhieb nun den keuschen Leib der standhaften Christin mit eigener Hand in Stücke.

257. Man muß das Herz treffen, nicht den Pelz.

Als einstmals ein gottseliger Hofprediger am Hofe des Landgrafen von Hessen in Cassel die Sünden des Hofes in Gegenwart des Landgrafen ernstlich gestraft hatte, ließ dieser ihn sammt vielen Hofleuten zur Tafel laden. Der Landgraf war ziemlich mürrisch während der Mahlzeit und schon hofften die andern Gäste, daß er den Prediger wegen seiner Kühnheit zur Rede stellen werde. Endlich ergriff er ein Glas und reichte es dem Prediger mit den Worten: „Ihr habt mir heute was Tüchtiges auf den Pelz gegeben." Der Hofprediger antwortete, sich verneigend: „Gnädigster Fürst und Herr, das ist mir von Herzen leid." Der Fürst fiel ein: „Warum ist's euch leid? Thut euer Amt, es sind des Tages zwölf Stunden, werden wir heute nicht frömmer, so werden wirs etwa morgen." „Ja," sagte der Prediger, „ich wollte eben gern mein Amt thun, allein es ist mir leid, daß es heute früh so übel abgelaufen ist, denn ich habe Euer Fürstlichen Gnaden nach dem Herzen gezielt und es ist nur in den Pelz gegangen."

258. Paulus, ein Lutheraner.

Ein Bischof von Augsburg fand das Neue Testament in einem Wirthshause hinter dem Tische. Da er's aufmacht, kommen ihm die Worte St. Pauli vor, Röm. 3, 28: „So halten wir es nun, daß der Mensch gerecht werde, ohne des Gesetzes Werk, allein durch den Glauben." Da er das lieset, spricht er: „Siehe, bist du auch lutherisch?" und wirft das Buch auf die Bank.

259. Die Gottheit Christi.

Um das Jahr 395 lebte ein Bischof, Amphilochius, zu Iconium in Kleinasien, der mit einem redlichen aufrichtigen Herzen zugleich ein unermüdetes Studium der heiligen Schrift und einen großen Eifer für die Wahrheit verband. Er war ein entschiedener Vertheidiger des nicänischen Glaubensbekenntnisses und ein gefürchteter Gegner der Arianer, jener Ketzer, die die Gottheit Christi leugneten. Einstmals wendete er sich an den Kaiser Theodosius, bei welchem er auch seines hohen Alters wegen in großem Ansehn stand, mit der Bitte, er möge doch die Arianer, von denen Manche in des Kaisers nächster Umgebung sich befanden, aus seiner Nähe entfernen und die Gemeinschaft solcher ketzerischen Menschen meiden. Aber Theodosius willigte in diese Bitte nicht, weil sie ihn zu hart dünkte. So ergriff denn Amphilochius eine andere Gelegenheit, um den Kaiser zu einer andern Ueberzeugung zu bringen. Er begab sich mit andern Bischöfen in den kaiserlichen Palast, wo außer dem Theodosius auch dessen Sohn Arcadius, den jener kürzlich zu seinem Mitregenten ernannt hatte, gegenwärtig war, erwies dem Kaiser hier alle Ehren, die ihm zukamen, ließ aber den Sohn gänzlich unbeachtet. Theodosius in der Meinung, er unterlasse aus Vergessenheit nur die dem Arcadius schuldigen Ehrenbezeugungen, erinnerte ihn daran, auch diesem sie zu erweisen, erhielt aber zur Antwort, es sei genug, wenn ihm selbst die gebührliche Ehrfurcht bezeigt würde. Das nahm der Kaiser als eine Beschimpfung seines Sohnes auf und gab voll Zorn Befehl, den Bischof mit

Schande aus dem Palaste zu jagen. Das aber hatte Amphilo=
chius gewollt. Ruhig trat er vor den Kaiser und sprach: „So
trägst du also, Kaiser, die Verachtung deines Sohnes mit höch=
stem Unwillen? Nun ich bitte dich, zu bedenken, daß Gott auch
diejenigen hasse, welche lästerlicherweise Seinem eingeborenen
Sohne die Ehre nehmen und daß Er heftig auf die zürne, welche
sich als Undankbare und Verächter gegen denselben Seinen Sohn
benehmen." Theodosius fühlte sich durch diese Worte getroffen,
beugte sich vor der Freimüthigkeit des greisen Bischofs, bat ihn
um Vergebung, bekannte, daß er recht und wahr gesprochen, und
entfernte die Arianer aus seiner Nähe.

---

260. Die Scheindemuth.

Der lutherische Pastor Rauschenbusch kam an ein Kranken=
bett, und der Kranke konnte nicht aufhören, sich in den stärksten
Ausdrücken als den größten aller Sünder zu schildern. „So ist
es denn wirklich wahr, was ich von euch gehört habe?" sagte der
Seelsorger. Bei diesen Worten richtete der Kranke sich auf:
„Was haben Sie von mir gehört, Herr Pastor? mir kann Niemand
mit Grund etwas Schlechtes nachsagen" — und nun ergoß sich
der vorhin so demüthige Sünder in eine Lobrede über sein ver=
gangenes Leben, und in Verwünschungen über die Feinde und
Verläumder die ihn mit böser Nachrede gekränkt hätten. „Nicht
von Feinden und Verläumbern," antwortete Rauschenbusch,
„sondern von euch selbst habe ich es gehört, daß ihr ein so böser
Mensch wäret, ich sehe aber nun wohl, daß ihr es selbst nicht
glaubt." —

---

261. Predigten, die zu Herzen gehen.

Luther wurde einst gefragt, wie er doch so kräftig predigen
könne, daß es den Leuten so tief zu Herzen gehe? Er antwortete:
„Das haben mich meine Anfechtungen gelehrt."

---

262. Sprüche.

Noch geboren werden soll der Mann,
Ders jedermann recht machen kann.

Schweig und leid,
Es kommt die Zeit,
Da dies dein Leid
Wird werden Freud.

Je höher Gott begnadet dich,
Je mehr halt dich demüthiglich.

---

263. Große Herren, große Sünder.

Als Bogislav, Herzog von Pommern, im Jahre 1523 durch
Wittenberg reiste und hier Luthern hatte predigen hören, ging er
nach der Predigt zu Luther und trug ihm die Bitte vor: „Herr
Vater, ich möchte euch wohl gerne beichten." Luther erwiderte:
„Ja wohl, es kann geschehen; aber Ew. Fürstliche Gnaden ist mir
ein großer Herr: wird auch ohne Zweifel ein großer Sünder
sein." Weit entfernt jedoch, daß diese Freimüthigkeit des treuen
Knechtes dem Herzog mißfiel, antwortete vielmehr letzterer: „Ja,
das ist gewiß wahr."

---

264. Trost und christliches Verhalten bei schweren Todesfällen.

An einem See in der Schweiz liegt auf hohem Berge ein
schönes adeliges Schloß. Hier lebte vor Zeiten ein alter christlicher
Herr mit seinem Gemahl recht in Gott vergnügt. Gott hatte
beide immer in Seilen der Liebe geführt; insonderheit hatten sie
ihre große Freude an zwei wohlgerathenen Söhnen, die ihnen
Gott beschert hatte. Doch Gott hatte vor, die Eltern hart zu
prüfen. Eines Tages nämlich bei großer Sonnenhitze gehen
die beiden Söhne, der älteste ein Jüngling von 20, der jüngste
von 18 Jahren, nach dem Mittagessen hinab an den See, sich
daselbst zu baden und abzukühlen. Da beide schwimmen konnten
und schon öfter sich dieses Vergnügen im See gemacht hatten, so

faß der Vater ihnen ohne alle Besorgnisse von der Höhe herab
zu. Doch was geschah? Der jüngste Sohn begiebt sich beim
Schwimmen an einen gefährlichen Ort, wo ihn ein Strudel ergreift, so daß er mehrmals untersinkt und wieder hervorkommt.
Der ältere Bruder sieht dies und schwimmt eilends herzu, den
jüngern zu retten; dieser ergreift ihn zwar, jedoch so stark und
krampfhaft, daß er ihn mit sich in die Tiefe zieht. Der Vater,
der von diesem allem Augenzeuge ist, wartet mit steigender Angst
darauf, seine Söhne wieder auftauchen zu sehen, aber vergeblich:
das Wasser hat sie verschlungen, sie kommen nicht wieder hervor; erst später werden ihre Leichname ans Land gespült. Was
für ein Schmerz jetzt den alten Vater ergriff, läßt sich besser
fühlen als aussprechen. Er schloß sich sogleich ein, um vor allem ungesehen seinen Schmerz recht auszuweinen; nachdem aber
hierüber eine Stunde verflossen, war nun des Vaters größte
Sorge, wie er die erschreckliche Botschaft der Mutter auf das ge-
schickteste überbringen und es abwenden möchte, daß dieselbe dadurch nicht ganz zu Boden geschlagen würde. Was thut er?
Er geht, nachdem er sich das Angesicht gewaschen und etwas in
ruhigere Fassung gesetzt hat, hinab in ein unteres Zimmer, wo
seine Gemahlin eben ein häusliches Geschäft verrichtet, und
spricht zu ihr: „Liebes Weib, als ich jetzt oben in der Stube
allein saß und in allerlei Gedanken gerieth, kam ich unter andern
auch auf den Gedanken, wie du wohl einen Menschen trösten und
aufrichten würdest, der unversehens in ein großes Herzeleid
gerathen und einen solchen Schaden erlitten, der mit keiner
Menschenhülfe abgewendet, und mit keinem Geld noch Gut er-
stattet werden könnte.“ Hierauf versetzte die christliche Dame
freundlich: „Mein lieber Mann, wie bist du doch auf solche Gedanken gekommen? Doch wenn es sich ja so begäbe, so wüßte ich
keinen besseren Trost, als den: ein solcher Mensch müßte bedenken, daß er ein Christ und ein Kind Gottes sei; daß ohne Gottes
Willen kein Härlein von seinem Haupte könne gerissen werden,
ja daß ohne Gottes, seines himmlischen Vaters, heiligen und weisen Rath ihm nicht das Geringste widerfahren könne; daher er

sich dem Willen Gottes unterwerfen, seinem Gott still halten und sein Kreuz als ein Christ tragen müsse." Auf diese Worte konnte sich nun der alte Herr nicht länger halten, brach in ein lautes Jammergeschrei aus und rief seiner christlichen Gemahlin zu: „Ach, so gebe Gott, daß wir diesen Trost, den du jetzt angegeben hast, beide zu Herzen fassen und uns standhaft daran festhalten, denn die Zeit ist da, wo wir dessen bedürfen. Ich muß dirs nur heraussagen: ach, unsere herzlieben Söhne liegen drunten in dem See; mit meinen eigenen Augen habe ich zusehen müssen, wie sie ertrunken sind, ohne ihnen helfen zu können!" — Obwohl nun diese Worte der Mutter wie ein Schwert durch ihr mütterliches Herz gingen, so hatte sie sich doch mit dem von ihr selbst ausgesprochenen Troste gefangen, hielt sich nun auch daran und verlebte hierauf mit ihrem Gatten ihre noch übrige Zeit zwar einsam und unter manchen Thränen, aber ohne Murren gegen Gott und in desto innigerer Sehnsucht nach der bleibenden Stätte, dahin die frommen Söhne, wie sie fest hofften, ihnen vorangegangen waren.

---

265. Der demüthige Hochmuth.

Antisthenes ging zerlumpt, um zu zeigen, daß er ein Philosoph sei, der auf so geringe Dinge, wie die Kleider sind, nicht achte. Als er einstmals dem Philosophen Socrates begegnete, kehrte er schnell gerade den zerrissenen Theil seines Mantels heraus, damit Socrates seine Erhabenheit über alles Irdische sehen möchte. Dieser aber sagte zu Antisthenes: „Ich sehe deinen Ehrgeiz gar wohl aus deinem Mantel hervorgucken."

---

266. Sprüche.

Nichts behält, wer allzuviel
Auf einmal ergreifen will.

Leichter träget, was er trägt,
Wer Geduld zur Bürde legt.

---

267. Ein Gleichniß.

Es war einmal ein Edler, deß Freunde und Angehörige durch ihren Leichtsinn um ihre Freiheit gekommen und in fremdem Lande in eine harte Gefangenschaft gerathen waren. Er konnte sie in solcher Noth nicht wissen, und beschloß, sie zu befreien.

Das Gefängniß war fest verwahrt und von inwendig verschlossen, und Niemand hatte den Schlüssel.

Als der Edle sich ihn nach vieler Zeit und Mühe zu verschaffen gewußt hatte, band er dem Kerkermeister die Hände und Füße und reichte den Gefangenen den Schlüssel durchs Gitter, daß sie aufschlössen und mit ihm heimkehrten. Die aber setzten sich hin, den Schlüssel zu besehen und darüber zu berathschlagen. Es ward ihnen gesagt, der Schlüssel sei zum Aufschließen, und die Zeit sei kurz. Sie aber blieben dabei, zu besehen und zu rathschlagen, und einige fingen an, an dem Schlüssel zu meistern und daran ab- und zuzuthun.

Und als er nun so nicht mehr passen wollte, waren sie verlegen, und wußten nicht, wie sie ihm thun sollten. Die andern aber hattens ihren Spott, und sagten, der Schlüssel sei kein Schlüssel, und man brauche auch keinen.

---

268. Schätze der römischen Kirche.

Als einst Papst Innocentius III. (im Jahre 1215) dem berühmten Theologen Thomas von Aquino das bei ihm aufgehäufte Gold und Silber mit den Worten zeigte: „Siehe, jetzt kann die Kirche nicht wie vormals sagen: „Silber und Gold habe ich nicht," versetzte Thomas: „Es ist wahr, allein sie kann auch nicht zum Lahmen sprechen: „Stehe auf und wandle.‘‘" Apost. 3, 6.

---

269. Ist und hat.

Wer da gläubt, der ist versehn;
Wer nicht gläubt, der hat's versehn.

---

270. Verzage nicht, du bist getauft.

Luther wurde einmal von einem lieben Freunde, Hierony=
mus Weller, besucht. „Wie geht es?" fragte Luther. „Ach,
betrübt," antwortete Weller, „ich weiß nicht, wie es kommt."
„Seid ihr denn nicht getauft?" fragte Luther weiter. Durch
diese unerwartete Frage wurde Weller mehr getröstet, als durch
eine ganze Predigt, wie er nachher selbst gestanden hat.

271. Gott ist der rechte Ackermann.

Gott ist ein Ackermann und du sein Körnlein, das er in die
Erde wirft, auf daß es wieder viel schöner und herrlicher hervor=
komme. Er ist aber viel ein besserer und größerer Ackermann,
denn ein Bauer auf dem Felde und hat einen Sack am Halse voll
Samens, das sind wir Menschen, so viel unserer auf Erden kom=
men, von Adam an bis an den jüngsten Tag; dieselben streuet er
um sich in die Erde, wie er sie ergreift, Weib, Mann, Groß,
Klein, Jung und Alt u. s. w. Denn es ist ihm Einer wie der
Andere und die ganze Welt nicht anders, denn wie einem Bauern
das Tuch, das er am Halse trägt. Darum, wenn er die Leute
sterben läßt, sonderlich mit Haufen durch Pestilenz, Krieg oder
sonst, das heißt er hinein in (den) Sack gegriffen und eine Hand
voll um sich gestreut.

Nun, was thut und denket ein frommer Bauer oder Acker=
mann, wenn er sein Korn so dahin streuet, daß es scheinet, als
sei es nur lauter verlorene Arbeit und Schade und müsse ein thö=
richter Mann sein, daß er so muthwillig sein Korn verlieret?
Aber frage ihn selbst, so wird er bald sagen: „Ei Lieber, ich werfs
nicht darum weg, daß ich's will verlieren und verderben lassen,
sondern daß es soll auf das Schönste wieder hervorwachsen und
viel mehr tragen und geben für diese Handvoll. Jetzt scheinets
wohl, als sei es vergebens in Wind gestreuet für die Vögel und
Würmlein; aber laß es hinauskommen, daß es Sommer wird;
so sollst du sehen, wie es wird daher wachsen, daß aus einer Hand=
voll zehn, aus einem Scheffel sechs andere werden." Das sind

seine Gedanken, die sehen nicht dahin, wie das Korn in die Erde
fällt und verderben muß, daß es dabei bleiben solle; sondern er
siehet und wartet auf den künftigen Sommer, der es ihm völlig
und reichlich wieder bringen soll; und ist desselben Korns so sicher
und gewiß, das wachsen soll, als sähe ers bereits da stehen, ja
viel sicherer, denn das er da vorhanden hat, sonst wäre er ja nicht
so toll, daß ers wollte umsonst und vergeblich wegwerfen.

Siehe, demnach sollten wir auch lernen und gewöhnen, also
zu denken, daß es vor Gott auch eben so sei, wenn er hier einen,
dort auch einen Haufen auf den Kirchhof schleudert, oder heute
mich, morgen auch einen Andern ergreifet, und also immer Einen
vor, den Andern nach als seine Körnlein oder Samen in die Erde
wirft. Das sieht uns nicht anders an, als sei es nun gar aus
und sollt ewiglich verderben. Aber er siehet und denket viel anders und thuts allein darum, daß solche seine Körnlein auf den
schönen künftigen Sommer nach diesem elenden Wesen sollen aufs
allerschönste wieder hervorkommen und ist bei ihm eben so gewiß,
als wäre es bereits geschehen und ausgerichtet. Uns aber wird
es darum geschrieben und so lieblich vorgemalet, daß wir auch
dieselben Gedanken fassen sollen, wenn wir da liegen auf dem
Todtbette und uns nicht daran kehren, ob wir wohl nichts sehen
noch fühlen, denn daß man uns in die Erde soll scharren; und
nichts hören, denn Heulen und Weinen, als sei es gar aus mit
uns; sondern solche menschliche Gedanken aus dem Herzen reißen und diese himmlischen göttlichen Gedanken darein pfropfen,
daß es nicht heißt: begraben noch verdorben, sondern: gesäet oder
gepflanzet von Gott selbst als ein Körnlein oder Samen.

Denn es gilt hier nicht nach unserm Sehen und Fühlen richten, sondern nach Gottes Wort, gleichwie wir von dem leiblichen
Körnlein, das gesäet wird, nicht denken, wie wirs sehen in die
Erde geworfen und verwesen, sondern nach dem wir wissen, daß
künftig daraus werden soll, obwohl noch gar nichts davon zu
spüren ist. Denn solche Gedanken sind nicht unser eigen Gedicht,
sondern gleichwie wir in dem zeitlichen Wesen unsere Gedanken
schöpfen und fassen aus Gottes Werk, das wir jährlich vor Augen

fehen, alfo reden wir hier auch von dem zukünftigen Wefen aus und nach Gottes Wort, welches auch wahrhaftig und gewiß ift, und eben fo wenig fehlen muß, wenn die Zeit kommen wird, fo wenig fein jetiges Gefchöpf und Werk auf Erden fehlet.

---

272. Sprüche.

Viel verthun und wenig erwerben
Ift ein guter Weg zum Verderben.

oder:

Wer mehr will verzehren
Als fein Pflug kann ernähren,
Der muß zuletzt verderben,
Ja wohl am Galgen fterben.

Es fcheint ein Mann oft fehr gering,
Durch den Gott doch fchafft große Ding.

---

273. Die Auferftehung der Todten.

Gehe hin zum Kirfchbaum, greif fein Reislein an um Weihnachten, fo findeft du an dem ganzen Baum kein grün Blättlein, keinen Saft noch Leben, fondern findeft einen dürren kahlen Baum, der eitel todt Holz hat. Kommft du aber nach Oftern wieder, fo beginnet der Kirfchbaum wieder lebendig zu werden, das Holz ift faftig und die Reislinge gewinnen Aeuglein und Knötlein; näher Pfingften werden aus den Aeuglein Sträuchlein, diefelben thun fich auf und aus den Sträuchlein kommen weiße Blümlein. Wenn fich das Blümlein aufthut, fo fieheft du ein Stielchen; aus dem Stielchen kommt ein Kern, welcher härter ift, denn ein Baum; inwendig in dem harten Kern wächft ein anderer Kern, nicht fo hart wie der erfte Kern, fondern etwas weicher, fo daß er zu effen dienet, gleich wie das Mark im Beine wächft. Auswendig um den harten Kern herum wächft die Kirfche mit einer Haut überzogen, wie das Fleifch um das Bein wächft, und mit der Haut umgeben ift; und wächfet die Kirfche fo fein luftig rund, daß fie kein Drechsler fo rund machen kann.

Wie gehet das zu, daß durch das Reislein am Kirschbaum, welches um Weihnachten dürr und todt ist wie Besenreis, wächst ein Knötlein und aus dem Knötlein kommt ein weiß Blümlein, aus dem Blümlein kommt ein Stielchen und durch das Stielchen wächset ein Kern, der bringet inwendig wieder einen Kern und auswendig eine Kirsche? Das Stielchen ist erstlich ein klein Spitzlein im Blümlein, also daß man kaum mit einer Nadelspitze hindurchstechen könnte; dennoch wächset herdurch ein Kern, derselbe hat sein Mark, Fleisch, Blut und Haut. Ist das nicht ein wunderbar Geschöpf Gottes? Keine Creatur kann solch Geschöpf also machen; kein Mensch, kein König, wie mächtig er auch sei; kein Doctor, wie gelehrt, weise und klug er auch sei, kann ein einiges Kirschlein schaffen. Und wenn wirs nicht jährlich vor unseren Augen sähen, so glaubten wir es nicht, daß aus einem dürren Reislein solche schöne liebliche Frucht so wunderbarlich wachsen sollte.

Woher kommt nun der Kirschbaum? Kommt er nicht aus einem dürren todten Kern? Wenn die Vögel die Kirschen abfressen auf dem Baume und die Kerne stehen bleiben auf dem Stielchen, so werden sie welk und dürre, fallen herab unter den Baum, oder werden auch sonst im Garten gestreut, da geht man überhin mit Füßen und achtet es nicht. Ueber ein Jahr schießt aus dem Kern ein Bäumlein; dasselbe wird von Jahr zu Jahr größer, daß es über zehn, zwanzig Jahr ein großer Baum ist und für einen Kern, daraus er gewachsen ist, viel tausend Kirschen trägt. Sprichst du um Ostern: „Ho, wie sollte aus dem Aeuglein eine Kirsche und aus dem Kern ein Baum werden?" Du Narr, hast du es zuvor nie gesehen? Laß Margarethentag kommen, so will ich dir die Kirschen zeigen, welche aus den Aeuglein gewachsen sind. Und siehe über ein Jahr, zwei, fünf, zehn darnach, ob nicht ein großer Baum stehen werde, da jetzt ein kleiner Kern liegt.

Darum, lieber Hans Pfriem, thue die Augen auf, siehe den Kirschbaum an, derselbe wird dir predigen von der Todten Auferstehung und dich lehren, wie das Leben aus dem Tode kommt. Wenn der Kirschbaum reden könnte, so würde er dir sagen.

ıch mich an zur Winterzeit, wie dürre, wie kahl,
, wie gar todt ich bin; du findest an mir weder
ht, weder Saft noch Leben; aber komm wieder
habe ich Saft und Leben, bin weiß von Blüte,
ırn; komm um Margaretha wieder, so habe ich
nd ist mir alle Welt hold; wer mich ansieht, ver=
r mich und spricht: Siehe dort, wie voll hängt
wie eine wunderbare Creatur Gottes ist das!"
hst du, „das mit dem Kirschbaum ist alles gemein
eht jährlich, darum kann ich es für kein Wunder
sehe es vor meinen Augen; daß aber die Todten
n, das sehe ich nicht." Deß danke dir Hans
Gottes Wunderwerk aus den Augen thust und so
tändig von seinem Geschöpf redest. Ist es nicht
ande, daß du vor Gottes Creaturen und Werken
, als wärest du ein Kloß und Stein, so keinen
Du hast Augen, Ohren, Vernunft und Sinne,
ht so klug und verständig als ein Kirschbaum.
ı mit dem Munde: Ich glaube an Gott, allmäch=
himmels und der Erden, aber du glaubst nicht
giebst keine Achtung auf sein Geschöpf und Werk.
ıein Ding ist mit dem Kirschbaum und jährlich
hiehet es doch nicht ohne Gottes Kraft, Geschöpf
ıit, daß Kirschen aus einem dürren, todten Reise
e aus kleinen todten Kernen hervorwachsen.
ı Anfang der Creatur gesprochen 1 Mos. 1, 12:
de aufgehen Gras und Kraut, das sich besame,
Bäume, da ein jeglicher nach seiner Art Frucht
einen eigenen Samen bei ihm selbst auf Erden."
das der Schöpfer gesprochen hat, bringet die
aus dem dürren Reis, und den Kirschbaum aus
n. Und gehet Gottes Werk und Creatur so ge=
aus seiner Art tritt, sondern ein jegliches trägt
er Art, es werde denn in eine andere Art versetzt
sonst gehets alles so gewiß, daß es nicht fehlet.

Also predigt uns Gott täglich von der Todten Auferstehung und hat uns so viel Exempel und Erfahrung dieses Artikels vorgestellt, wie viel Creaturen sind, so wir darauf Achtung geben. Woher kommen Hühner, Enten, Gänse? Kommen sie nicht aus todtem Dinge? Eine Matrone (Hausfrau) nimmt Eier, dieselben legt sie unter eine Henne, Ente, Gans u. s. w. Kommt Hans Pfriem und spricht: „Was nimmst du für, du närrisches Weib, daß du die Henne, Gans u. s. w. über die Eier setzest? Sie werden dir die Eier zertreten und zerbrechen; iß viel lieber die Eier mit deinen Kindern, das ist dir viel besser, als daß sie zertreten und zerbrochen werden.“ „Nein,“ spricht die Matrone, „laß mich nur zufrieden, ich will sie nicht essen; du bist ein Narr und weißt nicht, was ich mache. Ueber vierzehn Tage, über einen Mond, über sechs Wochen will ich dir die Schalen von den Eiern zeigen und sollen dafür in dem Neste sitzen junge Hühnlein, Enten, junge Gänslein; da soll mir denn ein Ei von den Eiern, so ich jetzt unter die Henne lege, ein ganz Schock Eier legen.“

Solches sehen wir in der Erfahrung, daß es geschieht. In der Fasten sind es Eier, um Ostern sind es junge Gänse; dieselben legen über ein Jahr wieder Eier. Was macht das? Das Wort macht es, daß Gott die webenden und lebendigen Thiere im Wasser, desgleichen die lebendigen Thiere auf Erden und die Vögel unter dem Himmel gesegnet hat, und gesagt 1 Mos. 1, 28: „Seid fruchtbar und mehret euch und erfüllet das Wasser und die Erden.“ Dasselbe Wort thut es, daß Gott zur Henne, Gans u. s. w. gesagt hat: Setze dich auf die Eier und brüte junge Hühner, Gänse u. s. w. aus. Und über ein Jahr legen dieselben Hühner, Gänse u. s. w. wieder Eier.

Also ist unser Haus, Hof, Acker, Garten und alles voll Bibel, da Gott durch seine Wunderwerke nicht allein predigt, sondern auch an unsere Augen klopfet, unsere Sinne rühret und uns gleichsam ins Herz leuchtet, so wirs haben wollen, daß wir sollen aufmerken und wahrnehmen, wie dieser Artikel von der Todten Auferstehung in die Creaturen gebildet und in ihnen vorgemalet ist. Das Ei muß so werden, daß es weder zu sieden noch zu braten, weder zu essen noch zu trinken tauge. Es verliert seine Gestalt, daß man weder Dotter noch Weißes darin unterscheiden kann, und alles, was darin ist, wird dotterweiß, eben als wäre es faul; dennoch kriecht aus demselben Ei, welches seine Gestalt verloren hat und zu nichts mehr taugt, ein junges lebendiges Hühnlein. Ist das nicht Todte auferweckt? Ja, es ist mehr denn Todte auferweckt. Denn zuvor war es noch nicht so viel als ein todt Huhn, sondern ein bloß Ei, und dazu ein solch Ei, welches keine Gestalt eines Eies mehr hatte. Nun aber wirds nicht wieder ein Ei, sondern ein lebendig Huhn. Sind das nicht eitel Wunderwerke Gottes? Und gehet doch alle Welt dahin und achtet solches gar nicht.

Daß Christus mit fünf Gerstenbroden und zween Fischen speiset fünf tausend Mann, Joh. 6, 11., ist ein groß Wunder= werk, darüber man sich billig verwundert. Was ist es aber gegen das Wunderwerk, daß Gott alle Jahr mit neuem Korn, so er wachsen läßt aus der Erde, speiset nicht etliche hundert tausend, sondern viel tausend mal tausend, das ist Menschen ohne Zahl, Ps. 104, 24. u. ff. Darum auch St. Augustinus spricht: „Quo- tidiana miracula Dei non facilitate sed assiduitate viluerunt": Gottes Wunderwerke, so täglich geschehen, werden geringe ge= achtet, nicht deshalb, daß sie so leicht wären, sondern daß sie so stets und ohne Unterlaß geschehen. Daß Gott die Welt regiert und die Creaturen erhält, des Wunderwerks sind die Leute ge= wohnt, und weil es täglich im Schwange geht, so scheinets geringe und achtets niemand werth sein, daß er darauf merke, und es für Gottes Wunderwerk halte, ob es schon ein größer Wunderwerk ist, denn daß Christus mit fünf Broden fünf tausend Mann gespeiset, Joh. 6, 11., und aus Wasser Wein gemacht hat, Joh. 2, 9.

---

274. Du hasts geredt, drum ist es wahr.

Der fromme und gütige Kurfürst August von Sachsen, welcher von 1553 bis 1586 regierte, pflegte zu sagen: „Weil des HErrn Christi Worte der Einsetzung des Heiligen Abendmahls baſtehen, ſo will ich es glauben; meine Vernunft ſage dazu, was ſie wolle. Er iſt allmächtig und wahrhaftig, darum habe ich ihm in ſein Wort nichts zu reden, und iſt die Frage nicht, wie das zugehe? ſondern allein davon, ob es Chriſti Wort und Befehl ſei? Sinds nun ſeine Worte, ſo ſchweige ich ſtill und wills Ihm laſſen gelten. Er weiß es wohl zu erfüllen. Wenn mein HErr Chriſtus ein ſolch Wort geſetzet hätte: Siehe in dieſem Stock, in dieſem Stein, in dieſem Holz haſt du meinen Leib und mein Blut, ſo hätte ichs doch geglaubt und ſollte mich meine Vernunft davon im wenigſten nicht abwendig machen. Und wenn mein HErr Chriſtus noch etwas Unmöglicheres befohlen hätte, ſo wollte ich es doch glauben, wenn nur ſein Wort da ſtehet.“

275. Der Separatiſt.

Einen Separatiſten nennt man denjenigen, welcher ſich von einer chriſtlichen Gemeinde, die die rechte Lehre hat, darum abſondert, weil ihm die Glieder derſelben nicht heilig genug ſind, oder weil er denkt, er bedürfe keines Predigers.

Ein ſolcher falſcher Heiliger und Verächter des heiligen Predigtamtes kam einſtmals zu einem rechtſchaffenen lutheriſchen Prediger in Lübeck und begehrte von dieſem, ſich mit ihm einige Stunden über vielerlei Scrupel zu unterreden, die er in Betreff des Predigers habe. Dieſer erklärte dem Separatiſten, daß er zwar bereit ſei, mit ihm über ſeine Bedenken zu ſprechen, aber jetzt ſei eben die Stunde, in welcher er Amts halber in dem Lazareth erſcheinen müſſe; wenn er ihn in das Hospital begleiten wolle, könnten ſie vielleicht unterwegs ſogleich das Nöthige beſprechen. Der Scrupulant läßt ſich das gefallen und geht mit dem Paſtor bis in die Krankenſtube, wo gerade mehrere Patienten lagen, welche mit höchſt ekelhaften und anſteckenden Krankheiten behaftet waren. Der treue Seelenhirte nahte ſogleich freundlich den Elenden, betete mit ihnen und erquickte ſie in ihren großen Nöthen mit dem Troſte des ewigen Lebens. Kaum hatte der Separatiſt einige Minuten zugehört, ſo zog er ſein Schnupf-

tuch aus der Tasche, wischte sich den Angstschweiß von der
Stirn, und öffnete das auf dem Tische liegende Balsam-Büchs-
chen, sich anzustreichen, da er sich einer Ohnmacht nahe fühlte.
Endlich aber wandte er sich zu dem Prediger mit den Worten:
„Ach, lieber Herr, ich kann es hier vor dem abscheulichen Ge-
stank unmöglich länger aushalten. Ich muß gestehen, ich habe
nimmermehr geglaubt, daß es im Predigtamte also hergehe. Ich
sehe, ich habe mich daran leider schwer versündigt. Es soll hinfort nicht weiter geschehen." — Von seiner gefährlichen Seelen-
krankheit geheilt, verließ der Separatist das Spital und wurde
nun eins der eifrigsten Glieder der Gemeinde, welche jene treue
Knecht Gottes weidete.

---

276. Wie Bugenhagen zur Erkenntniß kam.

Als Bugenhagen, geb. 1485 zu Wollin in Pommern, der
später Luthers Beichtvater und ein wichtiges Werkzeug zur Be-
förderung der Reformation wurde, noch Schulrector in Treptow
war und in päpstlicher Finsterniß steckte, wurde er einstmals, gegen
das Ende des Jahres 1520, von dem Kirchen-Inspector daselbst,
Otto Slutovius, nebst seinen Collegen zu Gaste geladen. Kurz
zuvor hatte Slutovius die Schrift Luthers, „Von der babyloni-
schen Gefangenschaft der Kirche unter dem Papstthum," aus
Leipzig von einem guten Freunde erhalten. Diese Schrift wurde
denn über Tische den Gästen vorgezeigt, und insonderheit Bu-
genhagens Urtheil über dieselbe begehrt. Letzterer las nun während des Essens etliche Seiten flüchtig durch, und brach bald
darnach in die Worte aus: „Seitdem der Welt Heiland gelitten,
haben zwar viele Ketzer die Kirche beunruhigt und hart angegrif-
fen, keiner aber hat es so arg gemacht, als dieser Luther." Doch
Bugenhagen konnte nicht umhin, das Buch mit nach Hause zu
nehmen und es ganz durchzulesen. Und was geschieht? Je
weiter er darin lies't, desto mehr gehen ihm die Augen auf; tief
bewegt geht er daher wenige Tage darnach wieder in die Gesellschaft seiner Collegen, und unter sie tretend und das Buch ihnen

entgegen haltend, ruft er ihnen zu: „Was soll ich euch viel sagen? Die ganze Welt ist blind und steckt in großer Finsterniß. Dieser einige Mann sieht, was wahr ist." Bestürzt hören dies die Versammelten; es entsteht eine lebhafte Unterredung, Bugenhagen versicht die Schrift Stück für Stück, und siehe! in kurzem hat er die meisten und darunter den Abt selbst auf seine Meinung gebracht, so daß sie von nun an mit ihm anfangen, des Papstes Greuel den Leuten öffentlich zu entdecken und sie allein auf Christi Verdienst zu weisen. Aber als nun der Bischof zu Camin, Erasmus Manteuffel, (der sich jedoch später auch noch zur Augsburgischen Confession bekannte) eine harte Verfolgung wider die evangelischen Bekenner erregte, zerstreuten sich dieselben, und Bugenhagen ging nun, begierig, Luthern zu sehen und zu hören, 1521 nach Wittenberg. Er trat also mit Luthern in Bekanntschaft kurz ehe dieser nach Worms abreis'te. Als hierauf Carlstadt die Bilderstürmerei anfing, widersetzte sich ihm Bugenhagen am eifrigsten und wurde daher nach Luthers Zurückkunft von der Wartburg einstimmig von der Universität und dem Stadtrath zum Pastor an der Kirche zu Wittenberg berufen, welcher er auch, außer vielen anderwärts geleisteten wichtigen Diensten, 36 Jahre lang mit Treue und Segen vorstand.

---

277. Todesnoth, die rechte Probe des wahren Trostes.

Herzog Johannes, der erstgeborne Sohn Georgs, des unversöhnlichen Lutherfeindes, war Luthern und seiner Lehre nicht weniger feind. Derselbe ließ daher einstmals Luthern durch den Maler Lucas Cranach sagen, wäre sein Vater gegen ihn, Luthern, eisern gewesen, so wollte er künftig, wenn er ins Regiment käme, stählern gegen ihn sein. Luther antwortete lachend, er besorge sich für ihn gar nicht und es wäre wohl besser, Herzog Johannes bekümmere sich um ein seliges Ende, als daß er solche vergebliche Gedanken führe und gleichsam den Himmel erpochen wolle. „Denn ich weiß," setzte er hinzu, „daß er seines Vaters Tod nicht erleben wird." Ueber diese Antwort, als ihm solche Cranach hinterbrachte, entsetzte sich Johannes sehr, gerieth in eine Schwermuth und bald darauf in Todesnoth. Hier tröstete ihn nun sein Vater mit den Worten, daß er allein auf Christum, der Welt Heiland, sehen und aller seiner Werke, wie auch der Heiligen Anrufung vergessen solle. Da dieses die Gemahlin des Sterbenden hörte, sagte sie: „Lieber Herr Vater, warum lässet man dieses nicht öffentlich im Lande predigen?" Georg antwortete: „Liebe Frau Tochter, man solls nur den Sterbenden zum Trost sagen, denn wenn die gemeinen Leute wissen sollten, daß man allein durch Christum selig würde, so würden sie gar zu ruchlos werden, und sich gar keiner guten Werke befleißigen."

278. Sprüche.

Gewonnen mit Schand
Verschwindt in der Hand;
Gewonnen mit Ehr,
Das wird immer mehr.

Treue ist ein seltner Gast:
Halt ihn fest, wo du ihn hast.

Freund in der Noth,
Freund im Tod,
Freund hinter dem Rücken —
Das sind drei starke Brücken.

279. Eine gute Antwort.

Ein Protestant und ein Katholik saßen im Wirthshause bei einander, tranken Branntwein und plauderten über Religion. Der Protestant behauptete, seine Religion sei die wahre und bessere; der Katholik dagegen wollte für die seinige den Vorzug haben. Während sie so plauderten, stritten und zankten, leerten sie ein Glas Branntwein nach dem andern, bis sie gänzlich betrunken waren. In diesem Zustande wandte sich der Protestant an den inzwischen eingetretenen frommen Pfarrer Neff mit den

Worten: „Nicht wahr, Herr Pfarrer, unsere Religion ist die
beste?" Neff antwortete: „Ihr lieben Leute habt wohl Unrecht,
so in Zank zu gerathen, denn ihr scheint eine und dieselbe Reli=
gion zu haben: Ihr seid beide Branntweinsäufer."

---

280. Irdischer Sinn.

Als einmal der alte löbliche Kurfürst von Sachsen, dem
das Gesetz Gottes lieber war, denn viel tausend Stück Gold und
Silber (Ps. 119, 72.), mit einem Adeligen, der dem Wucher
und Geldmachen ganz ergeben war, über Gottes Wort und Re=
ligionssachen reden wollte, so war dem Junker ein solch Gespräch
dermaßen zuwider, daß er dem Kurfürsten seine Meinung ganz
offen darlegte. Er sagte nämlich: „Gnädigster Herr, solche
Sachen gehen Ew. Gnaden nichts an; Ew. Kurfürstl. Gnaden
haben sich wohl um wichtigere Sachen zu bekümmern und nöthi=
gere Dinge zu bestellen." — Luther erfuhr diese Zurechtweisung
des gottseligen Kurfürsten von einem Weltkinde, das freilich im=
mer wichtigere Sachen zu thun hat, als sich um Gottes Wort und
sein Seelenheil zu bekümmern, und fragte alsbald: „Waren
auch Kleien da?" Hierauf erzählte er folgende Fabel: „Der
Löwe, als der König, lud alle Thiere zu Gaste. Da er nun ihnen
ein köstliches Mahl zugerichtet hatte, ihnen gütlich that und herr=
lich auftragen ließ, so kommt die Sau und fragt: Sind denn
auch Kleien da?" — Von dieser Fabel machte nun der selige
Luther folgende treffende Anwendung: „Also sind unsere Epicu=
rer auch. Wir tragen ihnen in der christlichen Kirche durch Got=
tes Wort auf und setzen ihnen vor köstliche Gerichte oder Speisen
von Gottes Gnade, Vergebung der Sünden und vom ewigen
Leben und Seligkeit, so werfen unsere Epicurer den Rüssel auf
und scharren nach Joachimsthalern, Goldgülden und sprechen:
„Sind auch Kleien da?"" Was soll man viel sagen? In eine
Sau gehören Trebern, und was soll einer Sau Muscate?"

281. St. Bernhardus.

Der berühmte Abt Bernhard zu Clairvaur, gestorben 1153, ist ein merkwürdiges Beispiel, wie die Frömmsten und Besten unter dem Papstthum, wenn sie in große Anfechtungen kamen, alles Vertrauen auf eigene menschliche Werke und Verdienste, oder auf die Fürbitte der Heiligen im Himmel von sich geworfen und sich allein des vollgültigen Verdienstes JEsu Christi zu ihrer Seligkeit getröstet haben.

Obgleich Bernhard in seinem Leben sich der strengsten Heiligkeit beflissen und dem Mönchsstande ein so hohes Verdienst zugeschrieben hatte, daß er denselben für die andere Taufe hielt, so bekannte er dennoch, da er einstmals in eine schwere Anfechtung seiner Seligkeit halber gerieth: „Ich bekenne, daß ich für mich selbst nicht würdig bin, noch durch eignes Verdienst den Himmel erlangen kann. Aber mein HErr JEsus Christus hat ein doppeltes Recht zum Himmel: erstlich, weil er der natürliche Erbe ist, und sodann, weil er es durch sein verdienstliches Leiden erworben hat. Das erste Recht behält er für sich, das andere schenkt er mir; durch dieses Geschenk wird der Himmel von Rechtswegen mein eigen, darum kann ich nicht verloren gehen.“

282. Sprüche.

Sei mild,
Gott vergilt,
Hier zeitlich,
Dort ewiglich:
Darnach richte dich.

Dorn und Disteln stechen sehr,
Scharfe Zungen noch viel mehr.

Um eines bösen Buben Schand
Wird oft gestraft das ganze Land.

---

283. Das letzte Wort.

Ein vornehmer Herr, welcher mit dem Pfarrer N. in einer Gesellschaft zusammentraf, erzählte demselben, daß er selber, wenn er Zeit hätte, auch zuweilen in seine Predigten käme. An diesen sei ihm aber Eins besonders auffallend, daß nämlich die Predigten so viele Jahre hin immer nur einen Hauptinhalt hätten; immer und in jeder spräche er von der Sündhaftigkeit und dem natürlichen Elende des Menschen und von der Erlösung durch Christum. Da die Evangelien und Episteln so schönen Stoff zur Abwechselung und so mannigfaltige Themata an die Hand gäben, wundere er sich oft im Stillen, wie ers doch anfange, daß er in jeder Predigt, und wäre es auch nur am Schlusse, auf diesen seinen Lieblingsgegenstand hingerathen könne, und wie es ihm gelingen könne, das immer, auch wo man es kaum vermuthet hätte, anzuknüpfen.

Hierauf antwortete N., er erinnere sich einmal von einem Pfarrer gelesen zu haben, welcher auch in jeder Predigt, deren er viele hielt, den Weg des Lebens, das den Sündern in Christo dargebotene Heil, verfündete und vor dem Weg des Todes und der Hölle warnte. „Denn," sagte jener Pfarrer, „diese Predigt könnte die letzte sein, die entweder ich halte, oder die der eine und der andere vielleicht seinem Abschiede nahe Mensch aus meiner Gemeinde hörte. Da will ich denn nicht die letzte Gelegenheit versäumen, den Sünder zur Buße zu rufen und auf JEsum Christum hinzuweisen, damit nicht eine der mir von Gott befohlenen Seelen mich dereinst vor seinem Richterstuhle verklagen und sagen könnte: „Ich war einst, ich war das letzte Mal in deiner Predigt, mit der stillen Frage in meinem Herzen: Was soll ich thun, daß ich selig werde? Aber du hast mir diese Frage nicht beantwortet.'' —„Diese Worte," fuhr N. fort, „habe ich mir zu Herzen genommen und thue auch nach ihnen. Ich knüpfe nicht, wie Sie sagten, an jede meiner Predigten den Grundstein des Christenglaubens nur gelegentlich an, sondern auf ihn sind alle meine Ermahnungen und Belehrungen gegründet. Man sagt von manchen

Menſchen, die immer Recht haben wollen: ſie müßten immer das letzte Wort behalten. Ich aber will wenigſtens thun was ich kann, um zu bewirken, daß der, welcher allein Recht hat, während alle Menſchen Lügner ſind, noch das letzte Wort an das Herz und Ohr des ſterbenden Sünders behalte. Denn man darf nur an das Sterbebette gehen, da wird man lernen, was am Ende der letzte Stachel und Troſt ſei."

Der vornehme Herr ſchwieg nachdenkend, und wurde ſeitdem öfter und viel aufmerkſamer in N—'s Predigten geſehen.

---

284. Die Herzöge Georg und Heinrich von Sachſen.

Unter den regierenden Häuptern war der in Dresden reſidirende Herzog Georg von Sachſen einer der heftigſten Gegner der Reformation, welche Gott durch den Dienſt des ſeligen Luthers vor 300 Jahren bewerkſtelligen ließ. Dieſer Georg hatte einen Bruder, mit Namen Heinrich, welcher, in Freiberg reſidirend, nur einen ſehr kleinen Landesantheil hatte, der aus nicht mehr als zwei Aemtern beſtand. So viel ärmer jedoch Heinrich an irdiſchen Gütern war, als Georg, ſo viel reicher war er an Erkenntniß der evangeliſchen Wahrheit, als dieſer. Was aber Heinrich durch Gottes Gnade erkannte, das bekannte er auch und ſuchte daher auch in ſeinem kleinen Ländchen ſo viel als möglich die Kirche von den eingeſchlichenen Mißbräuchen zu reinigen. Sein Bruder Georg geſtand ihm zwar auch in Briefen die ſtattfindenden Mißbräuche ein, aber er bat ihn, mit Abſtellung derſelben bis auf den Beſchluß einer allgemeinen Kirchenverſammlung zu warten. Als aber Heinrich antwortete, das zu thun, wozu ihn Gottes Wort und ſein Gewiſſen verbinde, könne er nicht aufſchieben, bis ihm Menſchen Erlaubniß gegeben haben würden, ſo verlor er hiemit ſeines Bruders Freundſchaft gänzlich.

Doch Georg wurde endlich im Jahr 1539 todtkrank und ſah ſelbſt ein, daß ſein Ende herannahe, und da ihm kurz zuvor ſein einziger Sohn geſtorben war, ſo mußte er fürchten, daß, wenn er nicht Vorkehrungen treffe, ſein evangeliſch geſinnter Bruder

Heinrich sein Nachfolger werden und dann gewiß auch in seinem Lande die von ihm so gehaßte Reformation einführen werde. Georg setzte daher ein Testament auf, nach welchem Heinrich nur unter der Bedingung zur Regierung über seinen Landestheil zugelassen werden sollte, wenn er der evangelischen Lehre entsagen und bei der alten (papistischen) Religion verbleiben würde. Zugleich wurden einige Räthe an Heinrich abgesendet, welche von diesem die Einwilligung in jene Bedingungen verlangen sollten. Sie thaten, dies und führten dem Herzog dabei zu Gemüthe, welches bedeutende Privatvermögen sein Herr Bruder noch außerdem hinterlasse. Heinrich aber antwortete: „Es gemahnt mich euer Anerbieten eben wie des Teufels gegen Christum, da er ihm alle Reiche der Welt zeigte und sagte: „Siehe, das Alles will ich dir geben, so du niederfällst und mich anbetest.“ Meinet ihr denn, daß ich die Reichthümer dieser vergänglichen Welt größer achte, als Gottes ewigwährendes Wort und Reich? Lieber wollte ich und meine Katharina mit dem Stecken in der Hand ledig davon gehen, als Gott und sein Wort verleugnen.“ Die Räthe, die hieraus nun wohl abnahmen, daß hier nichts auszurichten sei, unterließen nun alles weitere Eindringen in den glaubenstreuen, redlichen Herzog, und traten unverzüglich ihre Rückreise nach Dresden an.

Unterdessen hatte sich die Krankheit Georgs bedeutend verschlimmert und, von seiner Todesnoth übereilt, hatte er, ohne an die völlige Ausfertigung seines Testaments zu denken, nur nach seinem Beichtvater, dem Pater Eisenberg, geschickt. Dieser bemühte sich nun bestens, den sterbenden Herzog auf sein eigenes Verdienst und die Heiligen zu weisen, besonders befahl er ihm die Anrufung seines Schutzheiligen, St. Jacobus, ernstlich an. Als man nun aber wohl sah, wie dieser Trost den Beängstigten nicht beruhigen wollte, so faßte sich Dr. Rothe, sein Leibarzt, der evangelisch gesinnt war, ein Herz, schlang die Arme um den in den letzten Zügen Liegenden und schrie ihm zu: „Gnädiger Herr! Ihr habt ein Sprüchwort: „Geradezu giebt die besten Renner!“ darum so achtet nicht, was man Euch von verstorbenen Heiligen und

andern Fürbittern sagt, sondern richtet Euer Herz geradezu auf
den gekreuzigten JEsum, welcher für unsere Sünden gestorben
und unser einiger Fürbitter und Seligmacher ist, so seid ihr Eurer
Seligkeit gewiß." Mit lallender Zunge antwortete hierauf der
mit dem Tode ringende Herzog: „Ei, so hilf mir, du treuer Heiland JEsu Christe, erbarme dich über mich und mache mich selig
durch dein bitter Leiden und Sterben. Amen." Noch einmal
wollte er sprechen, aber seine Stunde war gekommen, er verschied,
— und so blieb denn das Testament ununterschrieben.

Als daher noch an diesem Tage spät Abends sein Bruder
Heinrich, der bereit gewesen war, um Gottes Worts willen das
Herzogthum des Verstorbenen auszuschlagen, in Dresden ankam, so wurde er hier sogleich von dem Volke mit Frohlocken
empfangen und als der neue Landesherr begrüßt. Die Priester
und Mönche waren sehr bestürzt und betrübt über die unerwartete
Wendung, die die Verhältnisse in diesem Theile Sachsens hiemit genommen hatten. Die Vornehmsten bei Hof, Georgs vor-
malige Schmeichler, die sich bei dessen Lebzeiten hoch verschworen
hatten, eher alles verlieren und sich lieber ins Elend jagen lassen
zu wollen, ehe sie die alte Religion verlassen wollten, bezeugten
nun ebenfalls eine große Freude über ihren neuen Herrn und
waren bei der Ankunft desselben so geschäftig, daß seine eigenen
Bedienten nicht an den Wagen kommen und ihm beim Aussteigen
helfen konnten.

So hatte denn Gott Herzog Heinrich, der sich im Kleinen
treu bewiesen hatte, nach Matth. 25, 21. schon hier bald über
viel gesetzt und ihm die im Vergleich mit den seinigen mehr als
zehnmal größeren Lande seines Bruders durch eine merkwürdige
Fügung der Umstände zugetheilt. Der Erfolg war herrlich.
Heinrich verfuhr zwar gütig und gelinde gegen Professoren,
Pfaffen und Mönche, und versorgte und trug sie so lange bei
ihren alten Irrthümern, bis sie selbst die Wahrheit erkannten
oder auswanderten; doch ließ er sogleich auf Luthers Rath eine
Kirchenvisitation im Lande halten und alle abgöttischen Ge-
bräuche, insonderheit die Messe und die Communion unter Einer

Gestalt abschaffen, und borgte sich von vielen Orten her einst=
weilen eifrige und begabte Prediger der Augsburgischen Con=
fession, welche allenthalben im Lande dem Volke das reine Evan=
gelium predigen mußten. So kam es denn dahin, daß nachdem
am Osterfeste des Jahres 1539 Alles im sogenannten Meißner=
lande noch papistisch gewesen war, am Pfingstfeste desselben Jah=
res schon in allen Kirchen des Landes evangelische Predigt und
Gottesdienst gehalten wurde. In Leipzig insonderheit, wo der
verstorbene Georg entsetzlich wider die Lutheraner gewüthet hatte
(er hatte hier u. A. den Buchhändler Herrgott 1521 sogleich auf
öffentlichem Markte enthaupten lassen, weil er die Schriften
Luthers verkauft hatte), da nahm fast die ganze Bürgerschaft
das Evangelium mit Frohlocken an, ja als Luther am zweiten
Pfingstfeiertage in der Stadtkirche predigte, sind die Zuhörer
auf ihre Kniee niedergefallen und haben Gott mit vielen Thränen
für die erlangte Wahrheit der reinen evangelischen Predigt ge=
dankt. Damit war denn erfüllt, was Luther schon viele Jahre
vorher mit den Worten verkündigt hatte: „Ich sehe, daß Herzog
Georg nicht aufhört, das Wort Gottes und die Prediger desselben
sowohl, als die armen Lutheraner zu verfolgen, ja daß er noch alle
Tage heftiger und tobender wird; ich werde es aber gewiß noch
erleben und sehen, wie sein ganzer Name und Stamm von Gott
vertilgt werde, und ich werde noch selbst zu Leipzig predigen."

285. Erprobte Weise, Schwärmer wieder zurechte zu bringen.

Im Sommer des Jahres 1692, als der Prediger N. Lange
sich eben in Berlin aufhielt, fand sich in dieser Stadt ein Mensch
ein, welcher mit einem langen Rocke und einem langen Stabe auf=
gezogen kam und sich für den zweiten Propheten Elias ausgab.
Dieser hielt sich des Tages über auf dem dasigen Nicolaikirchhofe
unter der Linde vor der Thür einer Pfarrwohnung auf. Er
überlief die Prediger, schalt sie Babelsbauer und Heuchler, die
nicht durchbrechen und den Fuchs nicht beißen wollten u. s. w.
Diesen wunderlichen Menschen nahm Lange eines Morgens mit

sich auf die Stube, schloß die Thür hinter sich zu, und redete den vermeinten zweiten Elias mit ernsten Worten an, wie es ganz wider Gottes Ordnung sei, sein Brod in solchem Eigensinne und Müssiggange zu essen. Er würde ihn nicht eher von der Stube lassen, bis er ihm verspräche, mit unten auf den Hof zu gehen und Holz zu sägen, was denn endlich auch geschah. Sie fingen also um 8 Uhr an zu arbeiten bis 11 Uhr. Dem vermeinten Elias kam zwar diese Arbeit wunderlich vor, und er sagte oft stöhnend: „Der Prophet Elias muß Holz sägen! O tempora! o mores!" (O Zeiten! o Sitten!) Lange aber erwiderte: „Fort, fort, mein Freund, hier ist nicht Zeit zu stöhnen! Nur frisch ge= arbeitet! Der erste Elias ist kein Müssiggänger und Faullenzer gewesen, warum wollte es denn der zweite sein?" Nachdem sie nun bis 11 Uhr gearbeitet hatten, sagte Lange: „Nun, mein Freund, haben wir miteinander gearbeitet, nun gönnt uns Gott auch, daß wir einen Bissen Brod miteinander essen." Er nahm ihn darauf mit sich zu Tische, und sprach viel über unordentliches Leben und über den Betrug des Fleisches. Nach geendigter Mahlzeit ließ er den Mann mit dem langen Rocke von sich, mit der Bemerkung, wenn dieser sich morgen nach seiner Gewohnheit unter der Linde vor der Kirche wieder einfinden würde, er ihn, geliebte es Gott, wieder zu sich rufen wollte, um die gesegnete Arbeit fortzusetzen. Allein unserm Elias hatte das nicht ge= fallen, sondern er hatte sich noch an demselben Tage aus dem Staube gemacht.

286. Reformation durch das Volk.

Unter der Regierung Churfürst Friedrich des Andern (starb 1556) ward in der Pfalz das Verlangen nach Reformation unter dem Volke so groß, daß die geistlichen und weltlichen Obersten nicht mehr widerstehen konnten. Als einstmals in der Heiligen= Geist=Kirche in Heidelberg wieder Messe gelesen werden sollte, fing das versammelte Volk, sobald der Priester am Altare begon= nen hatte, mit lauter Stimme an, das lutherische Rechtfertigungs= lied zu singen:

Es ist das Heil uns kommen her
Von Gnad und lauter Güte;
Die Werk, die helfen nimmermehr,
Sie mögen nicht behüten.
Der Glaub sieht JEsum Christum an,
Der hat gnug für uns all gethan:
Er ist der Mittler worden.

*   *   *

So hielten auch einst zu Frankfurt die lutherischen Fürsten eine Versammlung, um sich zu berathen, was in Sachen der Reformation geschehen müsse, und wollten eines Tages von einem dazu bestellten lutherischen Prediger eine Predigt in einer der dortigen Kirchen hören. Viel Volks hatte sich auch dazu eingefunden. Aber ein katholischer Pfaffe hatte sich Eingang zu verschaffen gewußt und erschien auf der Kanzel. So lange er das Evangelium verlas, blieb alles ruhig; als er aber darnach anhob, auf Luther und die Reformation zu schelten, stimmte das Volk plötzlich wie aus einem Munde an: „Nun bitten wir den heiligen Geist," und es war dem Priester unmöglich, sich Gehör zu verschaffen. Zornig verließ er die Kanzel und wandte sich an den in der Kirche anwesenden Fürsten von Jülich mit dem Begehren, Ruhe zu stiften, damit er seine Predigt halten könne, er werde es sonst am jüngsten Tage zu verantworten haben. Aber der Fürst entgegnete, daß man seine Dienste nicht verlangt, er sich vielmehr eingeschlichen habe und deshalb auch nur getrost den Platz räumen möge; und was den jüngsten Tag anbelange, so würden sie hoffentlich dann so weit von einander stehen, daß sie sich nicht zu Gesichte bekämen. — Ergrimmt zerriß der Priester sein Gewand und lief zur Kirche hinaus; das Volk aber begann nochmals fröhlich und von Herzensgrunde hinter ihm her zu singen: „Nun bitten wir den heiligen Geist."

287. Ernst gegen Ketzer.

Als einst der Ketzer Marcion (welcher unter andern lehrte, daß der wahre Gott nicht im Alten, sondern allein im Neuen Testament geoffenbaret sei) dem heil. Märtyrer Polycarpus, einem Schüler des Apostels Johannes und Bischof von Smyrna, in Rom auf der Straße begegnete, redete Marcion den letzteren mit den Worten an: „Erkennest du mich an?" (nämlich für einen Glaubensbruder.) Polycarpus antwortete: „Ja, ich erkenne dich an, nämlich für einen Erstgebornen des Satans." Der Kirchengeschichtschreiber Eusebius, der dies erzählt, setzt hinzu: „So große Vorsicht gebrauchten damals die Apostel und ihre Schüler in Sachen der Religion, daß sie mit denen, welche von der Wahrheit abgewichen waren, auch nicht mit einem Worte Gemeinschaft haben wollten. Wie auch Paulus sagt: Einen ketzerischen Menschen meide, wenn er einmal und abermal ermahnt ist, und wisse, daß ein solcher verkehrt ist und sündigt, als der sich selbst verurtheilt hat."

---

288. Sprüche.

Den Gulden am Klang,
Den Vogel am Gesang,
Den Menschen an Geberden und Worten
Erkennt man aller Orten.

Der Herr muß selber sein der Knecht,
Will ers im Hause haben recht;
Die Frau muß selber sein die Magd,
Will sie im Hause schaffen Rath.

---

289. Getroffen.

Während des Reichstags zu Augsburg 1530 hatte der Weihbischof zu Würzburg, Namens Marius, in einer Zusammenkunft öfters wiederholt, er wolle bei der Mutter bleiben. Unter der Mutter verstand er nämlich des Papstes Kirche. Darauf sagte einmal der fromme Brentius: „Ei, lieber Herr! Ihr müßt doch des Vaters, des lieben Gottes, daneben auch nicht vergessen." Das war getroffen. — Die Papisten bleiben bei ihrer Mutter, aber nicht bei dem rechten Vater, dem lieben Gott und seinem heil. Wort. — Der Weihbischof wollte aus der Haut fahren.

---

290. Wahre Liebe.

Der Kirchengeschichtsschreiber Eusebius (starb 340 n. Chr.) hat uns folgende rührende Erzählung aus dem Leben des heil. Apostels Johannes aufbewahrt.

Bei einer Kirchen-Visitationsreise zu den christlichen Gemeinden Kleinasiens traf Johannes einen Jüngling an, dessen einnehmende Gestalt und edles Benehmen die Zuneigung des Apostels erweckte. Er nahm den Jüngling zu sich und übergab ihn der Aufsicht des Bischofs jenes Orts, mit der dringenden und mehrmals wiederholten Ermahnung: „Ich empfehle dir diesen Jüngling in der Gegenwart Christi und dieser Gemeinde, daß du mit allem Fleiße seiner wahrnehmen und, so viel dir nur immer möglich ist, für ihn sorgen wollest.“

Der Bischof nahm darauf den Jüngling in sein Haus, unterrichtete ihn sorgfältig und taufte ihn endlich. Als dies geschehen war, glaubte der Bischof, in seiner Sorgfalt und Aufsicht über den jungen Menschen etwas nachlassen zu dürfen. Aber dieser mißbrauchte die ihm verstattete Freiheit, gerieth in böse Gesellschaft, durch welche er zu einem ruchlosen, leichtfertigen Leben verleitet ward, bis er endlich, an Gottes Barmherzigkeit verzweifelnd, sich in allen Schanden und Lastern herumwälzte und zuletzt sogar das Haupt einer Bande von Straßenräubern ward, unter denen er sich bald wie an Macht und Ansehen, so auch an Grausamkeit und Tyrannei auszeichnete.

Einige Zeit nachher besuchte der Apostel Johannes jenen Ort wieder und, nach Vollendung seiner andern Geschäfte, forderte er von dem Bischof das Pfand zurück, welches er seinen Händen anvertraut hätte. Dieser verwundert sich, als verstände er nicht, was Johannes meine. „Ich meine,“ antwortete der Apostel mit heiligem Ernste, „den Jüngling, den ich dir anvertraute, und will nun wissen, wie es um meines Bruders Seele stehe.“ Da ward der alte Greis traurig und sagte mit Thränen: „Ach! er ist todt.“ — „Und welches Todes ist er gestorben?“ fragte der heil. Apostel wieder. „Ach! er ist Gott gestorben, und

also ein geistlich Todter," antwortete der Bischof, „denn er ist
leider ein gottloser Bösewicht geworden; anstatt daß er hätte sollen
zum Hause Gottes gehen, hat er sich mit seinen Gesellen hinauf
aufs Gebirge begeben und übt Raub und Mord." Als das der
heil. Apostel hörte, zerriß er seine Kleider und bejammerte die
Seele seines Bruders, die der Bischof übel in Acht genommen
hatte, ließ sich auf der Stelle ein Pferd und einen Boten geben
und ritt eilig nach dem Gebirge zu. Hier angekommen, wurde
er von den Vorposten der Räuber gefangen genommen; er aber
begehrte, zu ihrem Hauptmann geführt zu werden. Dieser stand
gewaffnet in einiger Entfernung, und in dem Augenblicke, da er
den heil. Johannes wieder erkannte und ihn gerades Weges auf
sich zu kommen sah, ergriff Scham und Bestürzung den wilden
Räuber, so daß er eilig floh, um ihm aus den Augen zu kommen.
Der Apostel, ungeachtet er sehr alt und schwach war, verfolgte
ihn, so schnell er konnte; da aber die Füße des Greises den Jüngling nicht einzuholen vermochten, rief er ihm mit beweglichen
Worten zu: „O mein Sohn, warum fliehest du doch vor deinem
alten wehrlosen Vater? Erbarme dich doch meiner und fürchte
dich nicht: es ist noch Hoffnung deines Heils vorhanden. Ich
will Christum für dich bitten, ja wenn es nöthig wäre, bin ich
gern bereit, auch selbst den Tod für dich zu leiden und mein Leben
niederzulegen, damit ich nur das deine erhalten möge. Ach!
stehe doch nur stille, und glaube mir, denn ich bin von Christo
hieher gesandt." Da blieb der Jüngling stehen und warf voller
Scham, die Augen zur Erde gesenkt, seine Waffen von sich,
zitterte und bebte und zerfloß in Thränen. Mit zerbrochenem
Herzen umarmte er den greisen Apostel und weinte so sehr an
seinem Halse, als wollte er ihn mit seinen Thränen taufen. Der
heiltge Apostel versicherte ihn, daß er Gnade bei Christo hätte,
und nachdem er mit ihm gefastet, für ihn gebetet und sein zer-
knirschtes Gemüth durch viele trostreiche Zusprüche erquickt hatte,
brachte er ihn mit sich zurück und schenkte ihn der Kirche wieder.

291. Freimüthige Bestrafung.

Als einst der Kaiser Julian, der von der christlichen zur heidnischen Religion abgefallen war, in Constantinopel öffentlich am Gözendienste Theil nahm, ließ sich der alte blinde Bischof Maris von Chalcedon zum Kaiser führen und erklärte ihn hier öffentlich für einen Apostaten (Abtrünnigen) und gottlosen Atheisten. Der Kaiser antwortete ihm hierauf spöttisch: „Kann dich doch dein Gott, der Galiläer, nicht einmal (von deiner Blindheit) heilen!" Maris erwiederte: „Für meine Blindheit danke ich meinem Gott, denn er hat sie nur darum geschickt, daß ich dich Gottlosen nicht sehen müsse." Ohne ein Wort zu sagen ging der Kaiser hinweg. Der Kirchengeschichtsschreiber Sozomenus bemerkt hiebei: „Denn damit glaubte er das Heidenthum zu empfehlen, wenn er sich geduldig und sanftmüthig gegen die Christen bewiese."

292. Gericht über einen Abgefallenen.

Zur Zeit der Reformation kam ein römischer Priester zu Baußen in der sächsischen Oberlausitz, mit Namen Urban Nicolai, zur Erkenntniß der Wahrheit von der lutherischen Lehre und bekannte sich auch hierauf dazu öffentlich. Nicht lange darauf aber fällt derselbe, nach den Fleischtöpfen Egyptens sich zurücksehnend, wieder ab, und wird nun aus einem Bekenner ein Lästerer. Einst am Sonntage Trinitatis im Jahre 1537 tritt er auf die Kanzel, lästert wie gewöhnlich und spricht endlich die vermessenen Worte aus, wo Lutheri Lehre recht wäre, solle ihn der Donner erschlagen. Was geschieht? Noch am Abend desselbigen Tages zieht ein furchtbares Gewitter auf; Blitze auf Blitze durchkreuzen die Luft und wie tausend Stimmen des göttlichen Zornes rollt der Donner. Der Elende, an seine Herausforderung der göttlichen Gerechtigkeit denkend, läßt jetzt schnell mit allen Glocken läuten, eilt in die Kirche und wirft sich zitternd und bebend vor den Altar und betet. Aber siehe! ein Blitzstrahl fährt auf den Knieenden herab und wirft ihn betäubt zu Boden. Die Bauern des Dorfes (er war jetzt in dem Dorfe Kunewalde) laufen herzu und tragen ihn als todt heraus, doch ein zweiter Blitzstrahl fährt herab und tödtet ihn jetzt auf der Stelle, worauf die Träger seines Leichnams in höchster Bestürzung, aber unverletzt hinweg eilen. In dortiger Gegend machte dies entsetzliche Gottesgericht einen so tiefen Eindruck, daß sich nun ganze Schaaren zur lutherischen Kirche wandten und viele Lästerer verstummten.

---

293. „Da ich es wollte verschweigen, verschmachteten meine Gebeine durch mein täglich Heulen." Ps. 32, 3.

Zur Zeit des dreißigjährigen Krieges brachte es ein vornehmer Mann zu Rostock durch allerlei Ränke dahin, daß mehrere rechtschaffene treue Prediger der Stadt in's Elend vertrieben wurden. Jedermann wußte, daß er die Schuld davon trug; er selbst aber suchte sich den Schein zu geben, als ob er der Prediger bester Freund gewesen wäre und als ob ihm die Vertreibung derselben eben so leid sei, wie andern rechtschaffenen Christen. Was geschieht? Der heuchlerische Mensch wird schwer krank und auf seinem Siechbette überfällt ihn große Angst und Qual des Gewissens. Er läßt seinen Beichtvater, den damaligen Prediger zu Rostock, M. Andreas Martini, zu sich fordern und bittet diesen, ihn zu trösten. Martini ermahnt ihn zur Buße, und wenn ihn sein Gewissen etwa wegen einer schweren Sünde sonderlich drücke, sein Herz durch ein aufrichtiges Bekenntniß zu erleichtern. Die Ermahnung ist vergeblich. Hievon will der Kranke nichts hören, sondern reicht dem Prediger einen aufgeschlagenen Psalter, mit der Bitte, ihm hieraus etwas vorzulesen. Es begiebt sich aber, daß der Kranke bei Ueberreichung des Psalters durch Gottes Lenkung den Daumen seiner Hand gerade auf den Worten des 32. Psalms hat: „Da ichs wollte verschweigen, verschmachteten meine Gebeine durch mein täglich Heulen 2c." Dies sehend und Gottes Lenkung hierin mit Bewunderung erkennend, hält der Prediger dem Kranken den Daumen auf dem Buche fest, also, daß der Kranke ihn nicht wegziehen kann, zeigt ihm die Stelle und spricht: „Sehet ihr, Herr, was ihr mir selbst für Worte zeigt, die ich euch vorlesen soll? Meint ihr, daß dies ohne sonderliche Schickung Gottes geschehen sei? Sehet da die Ursache, warum nun euch eure Gebeine jetzund verschmachten und warum euer Herz auch so unruhig ist. Schweiget nicht länger, Herr, sondern gebet Gott die Ehre, bekennet frei heraus eure Sünde und bittet um Gnade dafür durch JEsu Blut und Wunden, so wird er euch gnädig sein, vermöge des theuren Eides, den er allen bußfertigen Sündern geschworen hat. Wie soll euch Gott eine Sünde vergeben, die ihr nicht gethan haben wollet? Ihr wisset aber, was St. Johannes schreibt: So wir unsere Sünde bekennen, so ist Gott treu und gerecht, daß er uns die Sünde vergiebt und reinigt uns von aller Untugend. 1 Joh. 1, 9.“ Hierüber fängt der Kranke an bitterlich zu weinen, daß ihm die Thränen häufig über die Wangen fließen, und spricht: „Ach, ach, ich fühle es, daß mir die Hand des HErrn zu schwer wird. Ich fühle, daß meine Gebeine verschmachten und meine Kraft verzehret wird, darum, daß ich meine Missethat verschweigen und mich vor den Leuten gern entschuldigen wollte. Ich sehe, es will nicht anders sein: ich muß die Sünde bekennen, will ich nicht gar verzehret werden. Darum bekenne ich vor Gott, vor seinen Engeln im Himmel und vor euch, seinem Diener, daß ich daran Schuld habe, daß die Prediger vertrieben worden sind. Ich bitte euch um Gottes willen: lasset es auf allen Kanzeln abkündigen, daß ich euch diese meine Sünde bekannt und darüber herzliche Reue und Leid habe. Sehe ich doch, wie David, Matthäus, Paulus und andere ihre Sünden in ihren Schriften öffentlich bekannt und Gnade gefunden haben.“ Da dies geschehen war, sprach nun der Kranke: „Ach, siehe, wie ist mir doch nun so wohl! Nun bin ich in meinem Gewissen zufrieden und danke meinem Gott, daß es mit mir so weit gekommen ist.“ Wenige Tage darauf, da er die Absolution und das heilige Abendmahl empfangen, entschläft er ruhig und selig in dem HErrn, und die mit ihm ausgesöhnte Gemeinde folgt, durch das Exempel seiner Buße getröstet und erbaut, in großer Zahl seinem Leichnam zu seiner Ruhestätte

294. Sprüche.

Wie einer liefet in der Bibel,
So steht seines Hauses Giebel.

$$\left.\begin{array}{l}\text{Glaube}\\\text{Thue}\\\text{Sage}\\\text{Brauche}\\\text{Begehre}\end{array}\right\}\text{nicht alles, was du}\left\{\begin{array}{l}\text{hörst,}\\\text{magst,}\\\text{weißt,}\\\text{hast,}\\\text{siehst,}\end{array}\right.$$

sondern in allem deinen Thun und Laſſen erwäge den Anfang, erforſche das Mittel und rechne aus das Ende.

---

295. Ein vom Atheismus Bekehrter.

Johann Wilmot, Graf von Rocheſter, hatte eine chriſtliche Erziehung genoſſen; deſſenungeachtet aber ließ er ſich in die ſchrecklichſten Sünden und Laſter hineinreißen, und wurde daher ein Gottesleugner. Endlich aber wurde eine Krankheit die Gelegenheit zu ſeiner Rettung; er beweinte und verabſcheute aufs tiefſte ſein ehemaliges Leben. Um aber das der Welt gegebene Aergerniß, ſo viel als möglich, wieder aufzuheben, hinterließ er eine ſchriftliche Erklärung, welche er kurz vor ſeinem Tode unterſchrieb und verſiegelte, und die bei ſeiner Leichenpredigt, ſeinem ausdrücklichen Verlangen gemäß, öffentlich vorgeleſen werden mußte. — Sie lautet alſo: „Allen denen zum Beſten, welche ich durch das Beiſpiel meines Lebens zur Sünde gereizt haben mag, hinterlaſſe ich dieſe meine Erklärung, welche hiemit vor dem Angeſichte des großen Gottes, der das Innere aller Herzen kennt, und vor deſſen Gericht ich nun treten ſoll, abgelegt wird. Ich verfluche und verabſcheue mein ganzes bisheriges Leben. Ich kann mich über die Güte Gottes nicht genug verwundern, daß er mich meine ſchändlichen Meinungen und böſes Leben hat einſehen und erkennen laſſen; denn ich habe bisher ohne Gott in der Welt gewandelt und bin ein Verächter des Geiſtes der Gnade geweſen. Das wichtigſte Zeugniß meiner Liebe zu Gott ſoll ſein, Andere im Namen Gottes zu ermahnen, die Wohlfahrt ihrer unſterblichen Seelen zu bedenken, ſein Daſein, oder ſeine Vor sehung nicht zu leugnen, seine Güte nicht zu verachten, mit der Sünde nicht zu scherzen, und den reinen und herrlichen Glauben meines gebenedeieten Erlösers nicht zu verspotten, als durch dessen Verdienst ich, als einer der allergrößten Sünder, Gnade und Vergebung zu erhalten hoffe. — Versiegelt in Gegenwart von John Rochester, Anna Rochester, Robert Parson, den 19. Juni 1680."

296. „Die auf den HErrn hoffen, die werden nicht fallen, sondern ewiglich bleiben wie der Berg Zion." Ps. 125.

Julius, Heinrichs des Jüngern, Herzogs von Braunschweig, jenes so unruhigen Kriegers und katholischen Eiferers dritter Sohn, wagte es, sich öffentlich zum lutherischen Glauben zu bekennen, wider welchen sein Vater bereits 20 Jahre gearbeitet und gefochten, und der ihm schon Freiheit, Ehre und Länder gekostet hatte. Der Vater warf den tödtlichsten Haß auf ihn, und Julius wagte in der That sein Leben. Umgeben von lauter Feinden seines Glaubens, von den heftigsten Eiferern wider denselben beständig begleitet, mußte er jeden Augenblick fürchten, getödtet zu werden. Sein Vater, seine Brüder, der Hof, ganz Wolfenbüttel haßte ihn. Man schmähte, fluchte und erklärte ihn für einen Abtrünnigen. Die Bedürfnisse des Lebens, alle Bequemlichkeiten und Bedienung versagte man ihm. Er durfte nicht öffentlich erscheinen, ja nicht einmal die nöthige Kleidung erhielt er. Oft ließen ihn seine Schwestern im Verborgenen speisen. Dessenungeachtet blieb Julius standhaft in seinem Glauben. — Wer Vater und Mutter mehr liebt, denn Christum, der ist Sein nicht werth, und wer sein Leben um Christi willen verliert, der wird es finden. — Er gerieth endlich in die äußerste Gefahr. Man wollte ihn zwingen, seinem Glauben zu entsagen. Man wollte ihn lebendig vermauern lassen. — Wenn die Noth am größten, ist Gottes Hülfe am nächsten. Die auf den HErrn hoffen, die werden nicht fallen, sondern ewiglich bleiben, wie der Berg Zion. — Es fand sich am Hofe zu Wolfenbüttel ein treuer Diener, welcher dem Prinzen von der bevorstehenden Gefahr Nachricht gab. Da dies nicht anders geschehen konnte, so schrieb er in Gegenwart des Prinzen mit einer Feuerzange die Worte: „fuge, fuge,“ — zu Deutsch: „Fliehe, fliehe!“ — in die Kohlen im Kamine. Der Prinz sah es, verstand es, und floh. Bei seinem Schwager, Markgrafen zu Brandenburg, Johann dem Weisen, fand er sichere Zuflucht und gute Herberge zu Cüstrin. Noch war des Vaters Zorn aber keineswegs gestillt, wenn auch aus der Ferne Bitten kamen, dem einzigen Sohn doch Gnade zu ertheilen. Vielmehr that er alles Mögliche, nachdem selbst seine beiden ältesten Prinzen, Karl und Philipp, in der Schlacht bei Sievershausen gefallen waren, ihn von der Regierung auszuschließen. Allein umsonst. Der HErr war mit seinem Sohne. Der Gottlosen Scepter wird und kann auch nicht bleiben über dem Häuflein der Gerechten; denn der HErr ist der Gerechten Schild, und der Heilige in Israel ihr König. Alle Versuche des Vaters mißlangen. Dabei wurde er älter und schwächer. Sein Ende kam näher. Da schickte er einstmals an seinen Sohn einen Herrn von Quitzow, und ließ ihn nach Wolfenbüttel laden. Der Prinz war zweifelhaft, ob er folgen sollte. Endlich fragte er den Herrn von Quitzow, ob er ihn auf Treue und Eid versichern könne, daß die Einladung ohne Gefahr sei? Quitzow kann das nicht versichern, aber er bekräftigte seine Hoffnung. „Wohlan,“ sagte Julius, „mein lieber Dietrich von Quitzow, ich traue nicht allein euren, sondern meines Vaters Worten, und zuvörderst Gott im Himmel und meiner gerechten Sache. Ich will nach Wolfenbüttel mit euch ziehen im Namen der heiligen Dreieinigkeit, und meines Herrn Vaters Befehl befolgen als ein gehorsames Kind; es gehe mir darüber, wie es wolle. Mein Leben oder Tod steht in den Händen Gottes. Der kann meines Vaters Herz lenken. Aber bei Gott und seinem reinen Evangelio will ich trotz Teufel und der Welt, bis an mein Ende bleiben, und darauf leben und sterben.“ Also ging er nach Wolfenbüttel und ward geneigt aufgenommen. Nicht als ob der alte Haß verschwunden wäre; man hoffte jetzt durch Güte und Lindigkeit zu gewinnen, was offene Feindschaft nicht errungen hatte. Alles umsonst. An dem treuen Bekenner des Evangeliums, der männlich und stark geworden war durch Gottes Gnade, hafteten weder die feindlichen Pfeile des Hasses, noch die glatten und schmeichlerischen Worte der Verführung. Julius blieb standhaft. Sein Vater starb 1568; er kam zur Regierung, und sein Regiment war ebenso glücklich, als gesegnet.

297. Frühlingslied.

Der Frühling kommt in's Land herein,
Er fliegt auf Schwalbenschwingen,
Und vor ihm her und hinterdrein
Die Vögel alle singen,
Und schweigend wohl, doch froh genug
Umflattert ihn mit leisem Flug
Und Zug auf Zug
Ein Heer von Schmetterlingen.

Da wirds dem Wald so jugendlich,
Er faßt ein neu Gemüthe:
Die ält'sten Berge stecken sich
Nun Reiser auf die Hüte;
Ja, wo auch nur ein schmaler Spalt
Gesprengt den Felsen grau und kalt,
Da alsobald
Hängt eine frische Blüte.

Die schaut mit heiterm Angesicht
Weit über alle Thale,
Entgegen da dem Morgenlicht
Und nach dem Abendstrahle;
Und wenns mit kühlem Thaue graut,
Und wenn die Nacht hernieder thaut,
So beut vertraut
Und füllt auch sie die Schale.

Und Erd und Himmel blickt verschönt
Aus ihrem Kelche wieder,
Derweil im Walde drunten tönt
Ein maienfroh Gefieder.
Und lächelnd schwebt in blauer Luft
Der Frühling hoch ob Berg und Schluft
Und träufelt Duft
Aus vollen Locken nieder.

298. Ein verdächtiger Handel.

Während Jakob von Moser, der durch seine merkwürdigen Schicksale und durch seine Frömmigkeit berühmte Staatsmann, in Wien weilte, verkehrte er auch mit dem Benediktiner-Abte, Gottfried von Göttweig, der nichts Geringeres zur Absicht hatte, als Mosern zum Katholicismus zu verführen. Der Reichs= kanzler, sprach der Abt, wünsche ihm gerne eine ansehnliche Be= dienung zu geben; aber der Kaiser nehme keinen in Dienst, der mit der lutherischen Erbsünde behaftet sei. Könne Moser glau= ben, die katholische Religion sei so gut, als die lutherische, so sei die Sache schon in Richtigkeit. Lächelnd antwortete Moser dem Prälaten: „Euer Handel kommt mir verdächtig vor; ihr bietet mir gleichbald freiwillig auf meinen Luther so viel auf. Hättet ihr gesagt: ob ich nicht tauschen wolle? so hätte ich es in Ueberlegung ziehen können; da ihr mir aber, gegen Vertau= schung meiner Religion mit der eurigen, zu der eurigen so viel zulegt, muß eure Waare offenbar schlechter sein, als die mei= nige."—„Halte, was du hast, daß niemand deine Krone nehme." Offenb. 3, 14.

299. Der rechtmäßige Bann.

Als einst Otto II., Markgraf und Kurfürst von Branden= burg, von dem Erzbischof von Magdeburg aus gerechten Ursachen ordentlich in den Bann gethan worden war, trieb ersterer damit nur seinen Scherz. Einstmals bei einer frohen Mahlzeit der Sache gedenkend, spricht Otto: „Ich habe oftmals gehört, daß man im Sprüchwort sagt: „Wer im Bann ist, von dem nimmt auch der Hund kein Stück Fleisch;" wohlan, wir wollen sehen, obs wahr ist." Mit diesen Worten nimmt er denn ein Stück Fleisch von seinem Teller und wirfts seinem Hunde vor. Was geschieht? Der Hund beriecht das Fleisch, läßt es liegen und geht davon. Bestürzt sieht das der Kurfürst. Er hofft noch, die Ursache sei, daß der Hund schon übersättigt sei. Er befiehlt daher seinem Kammerdiener, den Hund drei Tage in eine Kam=

mer zu schließen, ihm sonst nichts zu fressen zu geben und nur jenes Stück Fleisch vor ihn hinzulegen. Es geschieht. Nach drei Tagen öffnet Otto selbst die Kammer und sieht, daß der Hund fern von dem unberührten Fleische in einer Ecke liegt. Darüber sich entsetzend und erkennend, daß Gott seiner nicht spotten lasse, und daß die Kirche wirklich die Schlüssel des Himmelreichs habe, unbußfertige Sünder zu binden, macht sich der Gebannte alsbald auf, dem Erzbischof seine Schuld einzugestehen und um Absolution und Versöhnung mit der Kirche demüthigst nachzusuchen, welche er denn auch alsobald erhält.

---

300. Die Apostel und ihre Statthalter

Als der berühmte Maler Raphael (der mit Luther dasselbe Geburtsjahr hatte) einst in Rom die Bildnisse Petri und Pauli über die Gebühr roth gemalt hatte und deswegen von mehreren Cardinälen zur Rede gesetzt wurde, erklärte er, er habe dies darum gethan, weil die heiligen Apostel, wenn sie die Schande und Laster ihrer Nachfolger in Rom ansähen, gewiß von Schamröthe übergossen würden.

---

301. Sprüche.

Schweigen bis zu rechter Zeit
Uebertrifft Beredtsamkeit.

Wo Glück,
Da Tück:
Sieh, daß dichs nicht berück.

Wer auf jede Feder acht't,
Nie das Bette fertig macht.

---

302. Der beste Liebesdienst gegen tödtlich Kranke.

Als dem Baron von Dyhern, der in der Schlacht bei Bergen, den 13. April 1759 sehr gefährlich verwundet worden war, die Wundärzte das Leben abgesagt hatten, wollte ihm sein Kammerdiener, der um das wahre Heil seines Herrn bekümmert war, diese Nachricht auf eine behutsame Weise hinterbringen. In dieser Absicht fragte er ihn, ob er nicht einen Geistlichen kommen lassen wolle? Der Herr, welcher ein Naturalist war, antwortete hastig, er solle ihn ja mit dergleichen Anmuthungen verschonen. Der Kammerdiener ließ sich jedoch durch diese rauhe Antwort nicht abhalten, noch weiter in den Patienten zu dringen. „Herr General," sprach er, „so lange ich bei Ihnen in Diensten stehe, haben Sie auch jemals eine Untreue an mir gefunden?" Und als der Kranke mit Nein antwortete, fuhr er dann ferner fort: „Nun so wäre dies die erste und allerabscheulichste Untreue, wenn ich nicht für Ihre Seele sorgte, eine Untreue, die ich weder vor Gott, noch vor Ihnen am jüngsten Gerichte, noch vor Ihrer Frau Mutter, noch vor dem Richterstuhle meines eigenen Gewissens verantworten könnte. Die Wundärzte, welche Ihnen bisher immer gute Hoffnung gemacht, geben Sie verloren. Jedermann scheut sich, Ihnen diese betrübte Botschaft zu bringen, daher muß ich es Ihnen sagen. Sie stehen vor den Pforten der Ewigkeit, und haben keine Zeit zu versäumen; darum bitte ich Sie: lassen Sie einen Diener Gottes rufen, und sorgen Sie für Ihre Seele." — Diese eben so freimüthige, als sichtlich von herzlicher Liebe eingegebene Anrede, machte auf den bisher ungläubig gewesenen General einen tiefen Eindruck. Er lag eine Zeitlang still und war in sich selbst gekehrt; endlich aber reichte er dem Kammerdiener die Hand, dankte ihm in den freundlichsten Ausdrücken für die große Treue, wozu ihn die Sorge für seine Seele bewegt habe, und ertheilte ihm den Auftrag, den Dr. Fresenius rufen zu lassen. Dieser erschien, und Gott segnete die Unterhaltung desselben mit dem sterbenden Freigeiste dermaßen, daß er noch in seinen letzten Tagen von seinem Irrwege umkehrte, zur Einsicht und Reue über seinen Abfall von seinem Gott und Schöpfer kam und endlich im Glauben an JEsum selig aus der Welt ging.

303. Luthers Petschaft.

(Brief Luthers an Lazarus Spengler, Rathsschreiber zu Nürnberg,
vom 8. Julius 1630.)

Gnade und Friede in Christo! Ehrbar günstiger lieber
Herr und Freund! Ihr begehret zu wissen, ob mein Petschaft
recht troffen sei, will ich euch mein erste Gedanken anzeigen zu
guter Gesellschaft, die ich auf mein Petschaft wollt fassen als ein
Merkzeichen meiner Theologie. Das erst sollt ein Kreuz sein,
schwarz im Herzen, das seine natürliche Farbe hätte, damit ich
mir selbst Erinnerung gäbe, daß der Glaube an den Gekreuzig=
ten uns selig macht. Denn so man von Herzen gläubt, wird
man gerecht. Obs nun wohl ein schwarz Kreuz ist, mortificiret,
und soll auch wehe thun, noch läßt es das Herz in seiner Farbe,
verderbt die Natur nicht, das ist, es tödtet nicht, sondern behält
lebendig. Justus enim fide vivit, sed fide crucifixi (denn der
Gerechte lebt im Glauben, aber im Glauben an den Gekreuzig=
ten). Solch Herz aber soll mitten in einer weißen Rose stehen,
anzuzeigen, daß der Glaube Freude, Trost und Friede giebt und
kurz in eine weiße fröhliche Rosen setzt, nicht wie die Welt Fried
und Freude giebt, darum soll die Rose weiß und nicht roth sein,
denn weiße Farbe ist der Geister und aller Engel Farbe. Solche
Rose steht im himmelfarben Felde, daß solche Freude im Geist
und Glauben ist ein Anfang der himmlischen Freuden zukünftig;
jetzt wohl schon darinnen begriffen und durch Hoffnung gefasset,
aber noch nicht offenbar. Und in solch Feld einen güldenen
Ring, daß solche Seligkeit im Himmel ewig währet und kein
Ende hat, und auch köstlich über alle Freude und Güter, wie das
Gold das köstlichste Erz ist. Christus unser lieber HErr sei mit
eurem Geist bis in jenes Leben, Amen. Ex eremo Grubok,*)
8. Julii 1530.

---

*) d. h. „aus der Wüste Koburg.‟ Von Koburg aus ist der Brief geschrie=
ben, wo Luther während des Reichstages zu Augsburg sich aufhalten mußte und er
nennt den Ort deshalb eine Wüste, weil er dort getrennt von seinen Freunden und
Gehülfen sich befand.

304. „Rufe getrost, schone nicht, erhebe deine Stimme wie eine Posaune, und verkündige meinem Volk ihr Uebertreten, und dem Hause Jakobs ihre Sünde." Jes. 58, 1.

Samuel Urlsperger (gest. 1772), ein Freund A. H. Franke's, war seit 1714 Hofprediger in Stuttgart. Es ging zu jener Zeit am würtembergischen Hofe sehr ausschweifend zu, was den Hofprediger sehr schmerzte, aber Menschenfurcht und Menschengunst banden seine Zunge. Franke, der 1717 eine Reise nach Süddeutschland machte, erfuhr dies; er ging in seine Predigt, und nach der Predigt voll Wehmuth zu Urlsperger, und sagte: „Ich höre, Bruder, daß deine Vorträge evangelisch sind, aber die Sünden deines Hofes berührst du mit keinem Worte. Ich komme also, dir im Namen Gottes zu sagen, daß du ein stummer Hund bist (Jes. 56, 10.), und wenn du nicht umkehrst und als öffentlicher Lehrer die Wahrheit frei heraussagst, so gehst du verloren, trotz aller deiner Erkenntniß." — Betrübt nahm Franke Abschied und ging. Sonntags darauf redete der Hofprediger mit viel Ernst und Freimüthigkeit. Der Herzog ließ ihm sagen, er sei schon willens gewesen, ihn von der Kanzel zu schießen; wenn er künftigen Sonntag seine Predigt nicht widerrufe, so werde er sich beim Reichskammergericht beschweren, und da könnte er, weil er ein Majestätsverbrechen begangen habe, leicht den Kopf verlieren. Urlsperger ließ antworten, widerrufen könne er auf keinen Fall, er müsse daher Sr. Durchlaucht überlassen, zu thun, was dieselben für gut fänden. Nun wurde er arretirt, und alle Veranstaltungen zu seiner Verurtheilung gemacht. Nachdem man ihn noch einmal befragt hatte, wurde ihm für künftige Woche sein Todestag bestimmt.

Darauf ließ er seine Frau und vier Kinder kommen, und fragte sie, was sie zu seiner Sache sagten?— Die Frau antwortete: „Lieber Mann, dein Tod wird mich und unsere Kinder in das größte leibliche Elend stürzen, ich bitte dich aber um Gottes willen: verleugne die Wahrheit nicht, sonst bliebe der Fluch auf mir und meinen Kindern liegen." Getröstet über diese Antwort, ließ er dem Herzog sagen, sein Kopf stände ihm alle Tage zu Dienste.

Dieser legte nun das Todesurtheil seinem Minister zur Unterschrift vor, allein der Minister übergab sein Amt und seinen Degen, und sagte: „Euer Durchlaucht! Hier ist mein Amt und meine Ehre, ich unterschreibe keine Blutschulden!" Der Herzog erstaunte, und um seinen ersten Rath nicht zu verlieren, setzte er den Hofprediger bloß ab, aber nicht nur ohne alle Versorgung, sondern sogar mit dem Verbote, auswärtige Dienste zu suchen, und gleich darauf wurde ein anderer Hofprediger gewählt.

Einige Jahre darauf war derselbe Minister mit dem Fürsten bei der Wachtparade, als eben der ehemalige Hofprediger vorbeiging. Der Minister machte den Fürsten aufmerksam auf ihn, und sagte: „Eure Durchlaucht hatten, so lange dieser Mann noch im Amte war, Glück und Segen; aber seitdem wir einen Schmeichler hier haben, geht ·alles unglücklich. Wollen Sie das Böse wieder gut machen, so suchen Sie ihn wenigstens zu versorgen." Dies geschah. Urlsperger ward Dekan in Herrenburg, und bald darauf erster lutherischer Prediger in Augsburg.

---

305. Die heldenmüthige Keuschheit.

Unter dem römischen Kaiser Decius wendete man nicht nur alle ersinnliche Grausamkeit, sondern auch die ausgesuchteste List an, die Christen zum Abfall von Christo zu bewegen. Ein Beispiel solcher List war folgendes. Als einst ein kräftiger Jüngling vor den heidnischen Richter gestellt worden war und durch keine Drohung zur Verleugnung seines Heilandes bewogen werden konnte, wurde derselbe endlich auf Befehl des Richters in einen Garten geführt und zwischen Lilien und Rosen an einem sanft rauschenden Flusse und unter Bäumen, die der Wind bewegte, niedergelegt. Hierauf legte man ihn in ein weiches Bett, schnürte ihn mit seidenen Binden ein und führte ihm eine unzüchtige Dirne zu, die ihn nun durch allerlei Künste des unsaubern Geistes zur Wollust reizen mußte. Der Jüngling seufzte nun zwar zu Gott um Stärke, diesen Reizungen zu widerstehen; als er aber endlich kein anderes Mittel sah, den furchtbaren Kampf siegreich zu bestehen, biß er sich mit den Zähnen die Zunge ab und spie sie sammt dem in Strömen hervordringenden Blute der ehrlosen Metze ins Gesicht. Der Schmerz, der ihn nun peinigte, befreite ihn von den Aufwallungen der Lust, und selbst die feile Dirne bebte nun vor dem keuschen Joseph zurück.

306. Böses Gewissen.

Dietrich, der König der Gothen in Italien, neigete sich in den späteren Jahren seines sonst ruhmvollen Lebens zur Grausamkeit und ließ unter andern unschuldigen Leuten den Symmachus und Boethius hinrichten, zwei berühmte, bei Jedermann hochgeliebte Männer. Als er nun eines Abends Mahlzeit hielt und ihm unter andern köstlichen Gerichten der Kopf eines großen Fisches vorgesetzt ward, da däuchte ihn, es wäre der Kopf Symmachi und als regete der die Zunge, ihn zu verklagen des unschuldigen Todes wegen. Darum schrie er laut über sein Verbrechen, sprang auf vom Tische, lief in seine Kammer, weinete und schrie, bis ihm die Nacht noch die Seele ausging.

307. Sprüche.

Willst du fremde Fehler zählen? Fang bei deinen an zu zählen,
Ist mir recht, so wird die Zeit dir zu den fremden Fehlern fehlen.

Die Einsamkeit ist noth, doch sei nur nicht gemein,
So kannst du überall in einer Wüste sein.

Die Ros' ist ohn Warum? Sie blühet, weil sie blüht,
Sie acht't nicht ihrer selbst, fragt nicht, ob man sie sieht.

---

308. Verzweiflungsvolles Ende eines Verleugners der Wahrheit.

Es ist bekannt, unter welchen entsetzlichen Seelenqualen der italienische Rechtsgelehrte Francesco Spiera dahin gefahren ist, nachdem derselbe die evangelische Religion, von deren Wahrheit er in seinem Gewissen überzeugt gewesen war, abgeschworen und sich zu der römisch-katholischen Religion bekannt hatte. Ein Seitenstück hiezu ist das Beispiel Dr. Moritz Krausens. Dieser war ein Rath des Kurfürsten Albrecht von Mainz und Erzbischofs von Magdeburg, kam im Jahr 1527 zu einer lebendigen Ueberzeugung von der evangelischen Wahrheit und bekannte sie nun auch durch Wort und That. Obgleich der Erzbischof ein Mandat anschlagen ließ, daß keiner seiner Unterthanen, so lieb ihm sein Leben wäre, Luthers Lehre billigen sollte, so achtete doch jetzt Dr. Krause Christi Befehl höher und nahm, trotz des Verbotes, das heilige Abendmahl unter beiderlei Gestalt. Endlich aber, als immer mehr Bekenner hohen und niedrigen Standes um der Wahrheit willen theils hingerichtet, theils weggejagt wurden, ergriff Krausen die Furcht, es möchte die Reihe nun auch bald an ihn kommen, so sehr, daß er die erkannte Wahrheit wieder verleugnete und wider sein Gewissen das heilige Abendmahl nach der antichristischen Verkehrung allein unter Einer Gestalt annahm. Als jedoch ungeachtet aller Verfolgungen die evangelische Wahrheit immer mehr Bekenner erhielt, und Krause sehen mußte, wie viele um derselben willen Ehre und Gut, ja Leib und Leben fröhlich daran setzten, da erwachte dem Verleugner endlich sein schwer verletztes Gewissen. Aber vergeblich war es jetzt, daß man ihn zur Buße ermahnte; vergeblich, daß man ihm viele theure göttliche Verheißungen von der Vergebung aller Sünden durch Christum vorhielt; vergeblich, daß man ihn ermahnte, zu seinem Heilande und Sündentilger um Gnade zu seufzen; seine Antwort war: „Awe meines Leides, was habe ich gethan? Ich habe Christum, meinen HErrn, verleugnet; darum ist er nun nicht mehr mein Mittler und Fürsprecher, sondern er steht nun vor Gott dem Vater im Himmel und klagt mich bei ihm an und spricht: Mein Vater, sei ja nicht diesem Moritz Krause gnädig und vergib ihm nimmermehr die Sünde der Gotteslästerung und Verleugnung, damit er mich vor dem Bischof verleugnet hat."

In diesem Zustande völliger Verzweiflung verblieb er denn, und als man ihn eines Tages in seiner Schreibstube allein gelassen hatte, fand man ihn hernach, durch seine eigne Hand entleibt, am Boden liegen. — So macht es der Satan: erst blendet er die Menschen, daß sie Christum, wie er für sie am Kreuze hängt, verachten, und wenn sie das gethan haben, so raunt er ihnen ein, daß er nun nur ihr Verkläger und Richter sei. Erst spricht er: Pecca! (Sündige!); dann ruft er: Persevera! (Fahre fort!) und endlich donnert er in das Gewissen: Despera! (Verzweifle!) Ach lieber Leser, höre nie auf seine Stimme. Bist du ihm aber vielleicht schon gefolgt, ja, hast du nicht etwa nur gesündigt, hast du wohl gar auch schon lange darin fortgefahren, so ist das freilich erschrecklich; aber auch dann sollst du nicht meinen, daß für dich nun keine Hülfe mehr sei; o, thue zu deinen Sünden nicht noch die schrecklichste hinzu, welche ist die Ver=zweiflung. Die Stimme, die dir sagt: Verzweifle! ist nie Gottes Stimme, sondern des Satans. Jesus nimmt alle, auch die größten Sünder an. Auch du, wenn du kommst, wirst nicht hinausgestoßen.

> Ob bei uns ist der Sünde viel,
>   Bei Gott ist viel mehr Gnade;
> Sein Hand zu helfen hat kein Ziel,
>   Wie groß auch sei der Schade.
> Er ist allein der gute Hirt,
> Der Israel erlösen wird
>   Aus seinen Sünden allen.

---

309. Wunderbare Fügung Gottes.

Als der bekannte Theolog Joachim Lütkemann noch Archi=diakonus in Rostock war, wurde er vielfältig angefeindet. Seine Feinde brachten es endlich dahin, daß er seines Amtes entsetzt wurde. Der Tag seines Abschieds erschien, Lütkemann wußte nicht, wohin er sich wenden solle. Eine ziemliche Anzahl seiner vormaligen Zuhörer gab ihm das Geleite unter vielem lauten Weinen und Wehklagen. Doch kaum ist der ganze Zug zum Stadtthore herausgekommen, so sprengt ein Postillon daher, redet die Leute an und spricht, ob sie nicht einen Prediger kenneten, der Joachim Lütkemann heiße? er bringe ihm eine Vocation, er solle Superintendent in Wolfenbüttel werden. Hierauf entsteht ein großes Freudengeschrei; Alles lobt den wunderbaren Gott, und wünscht Lütkemann zu dem neuen Berufe, den er auch ohne Widerrede annimmt, herzlich Glück.

310. Luther und der Graf von Erbach.

Die Geschichte, wie einst Saulus auszog von Tarsus, die Gemeinde Christi zu zerstören und gerade auf diesem Zuge in einen Paulus sich verwandelte, der dem JEsus sich zu einem Knecht und Apostel ergab, welchen er noch eben hatte verfolgen wollen, ist wunderbar, hat aber — wenn auch nur im Kleinen — seitdem noch öfter sich ereignet.

So ritt im Jahre 1518 am Abend des 18. April der Graf Eberhard über die Brücke seines Schlosses zu Erbach. Es hatte ihm Mühe gekostet, sich von seiner Frau loszureißen, denn sein jüngstes Töchterlein lag zum Sterben krank darnieder, und sein Weib hatte ihn nicht wollen ziehen lassen.

Die Leute zerbrachen sich den Kopf darüber, was der eilige Ritt des Grafen zu dieser Zeit bedeuten sollte. Man kannte ihn als einen heftigen Mann, der keinen Widerspruch ertragen mochte, dessen Herz aber gleichwohl weich und mitfühlend war. Der eine gab dies, der andere das als Vermuthung an, was den Grafen so plötzlich in Feuer und Flammen setzte. Aber keiner traf das Rechte. Der Grund war dies:

Im Herbste des verflossenen Jahres hatte Gott sein lang vergessenes Wort von der freien Gnade in Christo durch Martin Luther wieder an die Schloßkirche zu Wittenberg schreiben lassen. Dies Wort war innerhalb 14 Tagen in allen deutschen Landen gelesen und von vielen Herzen, von Hoch und Niedrig, verstanden worden. Aber unter den Großen und Klugen dieser Welt gab es auch viele, die es versuchten, wider den Stachel zu löcken. Zu diesen gehörte auch der Graf Eberhard. Er hatte mit stren=

gen Strafen die Abfälligen bedroht, und sein Hausgeistlicher, Johann Speckel, stand ihm nicht nur kräftig zur Seite, sondern schürte das Feuer immer mehr an, und wußte den Grafen so weit zu bringen, daß derselbe beschloß, Luthern auf seinen Reisen zu überfallen, ihn zum Widerrufe seiner Lehre zu zwingen, andernfalls ihn lebenslänglich in Ketten und Banden zu halten, wo dann bald, wie er hoffte, er selbst und seine Lehre vergessen und verschollen sein würde. — Und heute Abend hatte nun der Mönch Nachricht erhalten, daß Luther nach Miltenberg reisen werde, um dort zu predigen, und wußte den Grafen zu bewegen, sogar sein krankes Kind zu verlassen, um ein Ende mit dem Erzketzer Luther zu machen.

Es wurde nun Alles aufs feinste angelegt, um Luthern zu fangen. Dies sollte geschehen, wenn Luther am andern Morgen von Miltenberg weiter reisete. Alle Wege, die Luther einschlagen konnte, wurden mit einem Hinterhalt von Reisigen besetzt, der Graf selbst aber ritt in die Stadt Miltenberg hinein, wo Luther übernachtete, damit er selbst in der Nähe sei und Luther nicht entwischen könne. Zornig ritt der Graf durch das Thor in die Stadt hinein; es war spät Abends und Schaaren von Menschen wogten in den Straßen und sprachen von Luther und der gewaltigen Predigt, die er heute gehalten. Der Graf stieg im Gasthofe zum Schwert ab, in dessen Nähe Luther sein Quartier genommen haben sollte. „Ei, Herr Graf," sagte der Gastwirth, „hätte nimmer gedacht, daß der Luther auch Ew. Gnaden auf die Beine bringen könnte." — Der Graf aber, ermüdet von dem eiligen Ritte, warf sich auf sein Lager und fiel in einen tiefen Schlaf. Nachdem er einige Stunden geschlafen hatte, erwachte er, und weil der Schlaf sich nicht sobald wieder einstellen wollte, stand er auf und trat ans Fenster. Seine Gedanken nahmen den Weg heimwärts zu dem kranken Kinde, dann hoben sie sich aufwärts zum Vater im Himmel, der allein Macht hat über Leben und Tod, und wurden endlich zu einem herzlichen, innigen Gebete, mit dem er seine Wege in Gottes Hand stellte. Der Anschlag, mit dem er gekommen, lag hinter ihm wie ein Traum.

Da ward plötzlich ein Licht angezündet in dem Eckzimmer des Nachbarhauses, und eine tiefe, schöne Männerstimme, die im Schweigen der Nacht ganz laut und vernehmlich zu ihm herüber drang, sprach die Worte: „Das walte Gott, Vater, Sohn und heiliger Geist! Amen!" Weil der Graf im obersten Stocke wohnte, konnte er in das Zimmer des Nachbarhauses hineinsehen, und obwohl der Vorhang herunter gelassen war, sah er doch deutlich die dunkle Gestalt eines Mannes, der, wie es schien, zum Beten niedergekniet war; eine Weile schien er in einem Buche zu blättern, dann begann sein Gebet wieder: „Auf dich, HErr, traue ich; mein Gott, hilf mir von allen meinen Verfolgern und errette mich, daß sie nicht wie Löwen meine Seele erhaschen und zerreißen, weil kein Erretter da ist." So hatte der Graf noch nicht beten hören: alle einzelnen Worte wurden im Munde des Beters wie Hammerschläge, die an die Himmelsthür pochen, und namentlich die Schlußverse: „Mein Schild ist bei Gott, der dem frommen Herzen hilft. Siehe, der hat Böses im Sinn, mit Unglück ist er schwanger, er wird aber ein Fehl gebären." — Diese Worte sprach der Mann mit solcher Kraft und Zuversicht, daß der Graf sich nicht enthalten konnte, zu denken: Wahrlich, der hat einen besseren Schild, denn ich, und ein besseres Schwert, mit dem Manne möchte ich nicht anders reden, denn freundlich. Als nun der Mann auch noch aus seinem Herzen betete für die gesammte Christenheit, daß Gott ihr den hellen Schein des Evangeliums aufgehen lassen wolle, daß er die Herzen der Fürsten lenken wolle wie Wasserbäche und alle Menschen erkennen lassen das Eine, was noth thut — da geschahs mit solchen Worten, daß der Graf, als der Mann geendet, mit Thränen in den Augen die Hände faltete und laut dazu sprach: Amen! Amen!

Unruhig schritt der Graf auf und nieder, und nur ein Gedanke erfüllte ihn — den Mann zu sehen von Angesicht zu Angesicht, der so zu beten verstand, bis er endlich bemerkte, daß es Tag geworden und die Sonne bereits in sein Zimmer scheine. Da schellte er nach dem Wirthe. Dieser erschien sogleich. Der

Graf redete ihn heftig an: „Könnt ihr mir nicht sagen, wer der Mann ist, der da drüben wohnt in dem Zimmer mit dem herab= gelassenen Vorhange?" „'s ist Luther, der Erzketzer," antwortete der Wirth, „sein Licht brennt schon seit etlichen Stunden." Wie vom Donner gerührt stand der Graf: „Der Luther?" — „Ja, der Doctor Martin Luther," sagte der Wirth, und sah den Grafen verwundert an. „Haben Ew. Gnaden noch etwas zu befehlen?" — Und als er keine Antwort erhielt, schob er sich zur Thür hinaus.

Immer noch stand der Graf festgebannt auf derselben Stelle; dann ging er, ohne sein Frühstück zu berühren, rasch hinaus ins Nachbarhaus und stand im Augenblicke vor Luther. Dieser hatte bei seinem Eintritte sich vom Stuhle erhoben, und sah fragend den hochgewachsenen Mann an, der in voller Rüstung, das Schwert an der Seite, ihm gegenüber stand, ohne eines Wortes mächtig zu sein. Als Luther ihn aber endlich mit freundlichen Worten um sein Begehren fragte, fiel der Graf auf seine Kniee und rief: „Mann, ihr seid besser denn ich! Verzeih mir Gott, daß ich es gedachte, böse mit euch zu machen." Darauf erzählte er, mit wel= chen Gedanken er hiehergekommen, wie er ihn habe beten hören und wie sein Wort ihn überwältigt habe. „Nicht mein Wort," sagte Luther, „sondern des HErrn Wort, das ich armer, unwür= diger Mann wieder zu Ehren bringen soll in deutschen Landen. Ziehet in Frieden eures Weges, Herr Graf; der in euch ange= fangen hat das gute Werk, der wird es auch vollführen. Sein Wort können sie nicht dämpfen, denn des HErrn Wort bleibt in Ewigkeit."

Vor dem Thore harrten des Grafen Reisige und warteten seiner Befehle. Der Graf aber ritt an ihnen vorüber, schlug den Heimweg ein und sagte, zerstreut mit der Hand winkend: „Ziehet heim in Frieden, des HErrn Wort bleibt in Ewigkeit."

Als er in den Thorweg seines Schlosses einritt, kam ihm sein Weib entgegen und fiel ihm fröhlich in die Arme; das Kind hatte eine gute Nacht gehabt, hatte lange und gesund geschlafen, und saß jetzt spielend und des Vaters harrend in seinem Bettchen.

Von nun an sorgte der Graf dafür mit allem Ernst und Eifer, daß das Wort, welches er bisher verfolgt, rein und lauter von treuen Predigern seinen Unterthanen verkündigt wurde.

---

311. Mißlicher Grund für die Anrufung der Heiligen.

Ein Mann hatte einst lange versucht, durch Fürsprache Anderer Gehör bei seinem Könige zu finden; aber alle Mittel, die er zur Erreichung seines Zweckes angewandt hatte, waren vergeblich gewesen. Derselbe Mann fragte einst seinen Bischof, warum man sich doch nicht sogleich in seinem Gebete zu Gott zu wenden, sondern die Heiligen anzurufen pflege? Der Bischof erwiderte, ob er nicht wüßte, wie es bei großen Herren hergehe? Da müsse ja auch immer ein vornehmer Gönner eine Fürsprache für die Bittenden einlegen. Der Mann antwortete erschrocken: „Hilf Gott, geht es im Himmel bei Gott auch zu wie bei Hofe unter den Menschen, dann ists wahrlich um uns arme Menschen geschehen! Ich habs erfahren."

---

312. Der Tod eine gute Religionsprobe.

Als einst Valerius Herberger, der bekannte lutherische Prediger zu Fraustadt, zu einem alten Rathsherrn kam, der in der römischen Kirche aufgewachsen, aber immer in Herbergers Predigten gegangen war, da rief der Rathsherr, der in den letzten Zügen lag, dem Prediger zu: „Ich bin nie recht auf eurer Seite gewesen, denn ich bin im Papstthum erzogen; aber jetzt auf meinem Todesbette fühle ichs, daß euer Evangelium den besten Trost giebt."

---

313. Letzter Befehl einer christlichen Fürstin.

Die Kurfürstin Anna von Sachsen, Augusts I. Gemahlin, befahl auf ihrem Sterbebette, daß man bei Hofe und in der Stadtkirche nicht anders, als mit diesen Worten für sie bete: „Es wird begehrt, ein gemeines christliches Gebet zu thun für eine arme Sünderin, deren Sterbestündlein vorhanden ist, um Christi willen;

Gott wolle ihr gnädig sein um dieses seines lieben Sohnes willen. Amen." Sie starb den 1. October 1585 nach siebenwöchentlichem Krankenlager, an der Pest, im 53. Jahre ihrer Wallfahrt.

314. Fester Glaube.

Einst besuchte der fromme, im Jahre 1638 gestorbene Pastor zu Zörbing in Sachsen, M. J. Rübel, auf Ersuchen ein besessenes Mädchen, das sich in dem benachbarten Dorfe Gottwitz befand. Kaum war er eingetreten, da warf Satan aus dem Munde des unglücklichen Mädchens dem wider ihn betenden Knechte Gottes eine Sünde vor, von der Niemand etwas wußte, die aber der Pastor wirklich in seiner Jugend begangen hatte. Weit entfernt, dadurch bestürzt und zaghaft zu werden, antwortete Rübel: „Was rückst du mir, Teufel, meine Sünde vor, die mir Gott schon aus Gnaden vergeben hat? Und siehe, wenn er sie mir nicht vergeben, so beiße mir den Finger ab;" mit welchen Worten er den Zeigefinger seiner rechten Hand in den Mund des besessenen Mädchen steckte. Was geschieht? Das arme Mädchen, das bisher ihrer Glieder und namentlich ihres Mundes nicht mächtig gewesen und gegen andere oft in Wuth ausgebrochen war, behält hiebei nicht nur den Mund offen, so daß unserm Rübel kein Leid geschieht, sondern wird auch alsobald für immer von ihrer schrecklichen Plage befreit. —

315. Jesuitismus.

Als der reformirte Prediger Drabitius von Leibnicz, ein 83jähriger Greis, als Ketzer hingerichtet werden sollte, erklärten ihm die Jesuiten, sie wollten ihm das Leben erhalten, wenn er widerriefe. Drabitius that dies und ward doch zum Tode geführt. Als derselbe nun, da die Execution vor sich gehen sollte, die Jesuiten an ihr Versprechen erinnerte, erhielt er zur Antwort, sie hätten dies vom ewigen Leben verstanden.

316. Sprüche.

Der kleinste Halm, den Gott erschafft,
Geht über aller Welten Kraft.

Es ist gefährlich, ergründen wollen,
Was wir einfältig glauben sollen.

Was du nicht willst, das thu,
Und was du willst, das lasse:
Das ist zur Seligkeit
Für dich die rechte Straße.

Wer die Ehrenkrone will besitzen,
Muß sich die Dornen lassen ritzen.

---

317. Ein Zeuge Christi vor der Reformation.

Im Jahre 1463 ist in Leipzig ein erschreckliches Sterben
gewesen, daran in und außer der Stadt über 8000 Menschen,
und unter denselbigen allein im Pauliner Kloster 29 Mönche
gestorben. Da denn ein alter Mönch mit Namen Martinus
Dreußigk gewesen, welcher den Tag und die Stunde seines Ab-
lebens vorher verkündigt, und als er vom Abt gefragt worden,
woher er denn vermeinte, einen gnädigen Gott zu haben, geant-
wortet: „Lieber Vater, ich bin sehr ungelehrt, doch habe ich eine
Gewohnheit gehabt, daß, wenn die andern Brüder gesungen, ich
unterdeß einen Theil vom Leiden und Sterben Christi für mich
genommen, dasselbige herzlich betrachtet und meinem Erlöser und
Seligmacher für sein Verdienst inbrünstiglich Dank gesagt habe.
An desselbigen Gerechtigkeit und Genugthuung für der ganzen
Welt Sünde will ich allein gedenken. Ich halte alle meine Gerechtigkeit und guten Werke für Koth auf der Gassen gegen den
ewigen Schatz, den mir mein HErr Christus durch seinen Tod
erworben hat." Dem Abt sind die Augen übergegangen, als er
solches Bekenntniß von dem Mönche gehört, hat ihn darauf ferner
getröstet und gesagt: „Lieber Bruder du hast einen guten Grund

der Seligkeit, und weil du auf die Gerechtigkeit deines Heilandes dich inniglich verläſſeſt, wirſt du mit deiner Hoffnung gewiß nicht zu Schanden werden." — Und darauf iſt gedachter Mönch, als die von ihm zuvor verkündigte Stunde herbeigekommen, in Gott ſanft und ſelig verſchieden.

---

318. Die Abſolution durch Menſchen.

Als Kaiſer Conſtantin der Große im Jahre 325 alle Bi-ſchöfe der Chriſtenheit aufforderte, ſich in Nicäa zu einem allge-meinen Kirchenconcilium zu verſammeln, da lud derſelbe auch einen novatianiſchen Biſchof, mit Namen Aceſius, dazu ein. Aceſius erſchien und erklärte hier unter anderm dem Kaiſer, diejenigen, welche nach der Taufe in eine Todſünde fielen, dürften nicht wieder in die Kirchengemeinſchaft aufgenommen werden; man ſollte ſie zwar zur Buße ermahnen, aber die Hoff-nung der Vergebung dürften ſie nicht von den Kirchendienern durch das Wort Gottes, ſondern allein von Gott ſelbſt erwarten. Als der Kaiſer dies hörte, antwortete er dem Irrgeiſte:„Wohlan, mein Aceſius, ſo errichte du dir ſelbſt eine Leiter und ſteige dar-auf allein in den Himmel."

---

319. „Er (der HErr) iſt ein Erlöſer und Nothhelfer, und er thut Zeichen und Wunder, beide im Himmel und auf Erden." Dan. 6, 27.

Während des dreißigjährigen deutſchen Krieges hatten die ſchwediſchen Truppen unter andern auch am 4. Juli 1642 die Hauptſtadt des Markgrafenthums Mähren, Ollmütz, mit be-waffneter Hand eingenommen, und auf königlichen Befehl wurde das Commando in derſelben dem General-Major Winter über-tragen, der auch die Wachtpoſten der Feſtung gehörig beſetzte. Aber gar bald entſtand unter den Soldaten ein Gerücht, was die ſonſt ſo tapfern Schweden ſchüchtern machte. Auf dem Walle nämlich, bei einem ſogenannten Rondel, wollte eine Wache eine Stimme gehört haben, die einer Menſchenſtimme zwar ähnlich,

aber doch dabei so fremd- und geisterartig geklungen habe, daß
die Wache dadurch in einen unwillkürlichen Schauder versetzt
worden sei. Andere Soldaten, die nach und nach dahin postirt
wurden, wollten Aehnliches gehört haben, und so theilte sich zuletzt
allen ein Grauen vor jenem Wachtposten mit, und die Kunde davon gelangte endlich auch zu Ohren des Commandanten Winter.
Da so viele übereinstimmende Zeugnisse vorhanden waren, so
hielt derselbe die Sache einer nähern Untersuchung werth, und
trug einem Lieutenant auf, doch zuzusehen, ob die Soldaten wirklich
recht gehört, oder sich vielleicht einer durch den andern von einer
ungegründeten Furcht habe hinreißen lassen. Aber siehe da, auch
dieser furchtlose und unbefangene Beobachter vernahm jene Töne,
ohne jedoch genau sagen zu können, woher sie eigentlich kämen.
Treulich erstattete er dem Commandanten Bericht von dem, was
er mit eigenen Ohren gehört hatte, und dieser machte sich nun in
Begleitung seines Beichtvaters, des Feldpredigers, auf, um sich
auch noch persönlich von dem, was so viele bestätigten, zu überzeugen. Seine Erwartung wurde auch nicht getäuscht: die dumpfe
Stimme erklang, und bald bemeisterte sich auch seiner der Gedanke, daß ein Geist hier sein Wesen treibe.

Der Feldprediger jedoch behauptete, jene Töne wären einer
schwachen Menschenstimme vollkommen ähnlich, und nun kam der
gute Winter auf den nüchternen Gedanken, es könne doch vielleicht Jemand in dem Rondel des Walles vermauert sein. Er ließ
daher sofort den Stadt-Maurer holen und fragte ihn, wie lange
er schon in Ollmütz sein Handwerk getrieben habe? „Es werden
nunmehr wohl 26 Jahre sein," war die Antwort. „Habt ihr,"
fuhr der Commandant fort, „niemals Befehl bekommen, etwas
an diesem Rondel zu arbeiten?" „Nie," erwiderte der Maurer,
und blieb auch nach wiederholten Fragen bei seinem „Nein."
Er bekam aber dennoch Befehl in die Mauer einzuschlagen und
zu sehen, ob sich nichts da fände. Mit scheinbarem Eifer machte
er auch ein großes Loch in die Erde und in die Mauer, aber es
zeigte sich keine Spur, die zu einer Entdeckung hätte führen
können. Unterdessen mochte jedoch Winter gehört haben, der

Maurer sei ein Katholik und habe vielleicht gute Gründe, nichts zu einer Entdeckung beizutragen, wodurch etwas ans Licht gezogen würde, zu dem er wohl selbst bereitwillig die Hände geboten haben möchte. Der Commandant schickte ihn daher fort, und ließ statt seiner zwei von seinen Gesellen kommen, die der lutherischen Kirche angehörten. Er gab ihnen den Befehl, da zu suchen, bis sich etwas fände. Sie gehorchten, und wandten sich nach einer andern Seite der Mauer gegen die Stadt zu, und kaum hatten sie da einige Ziegel herausgenommen, als sie — wer beschreibt ihr Entsetzen? — in der Mauer einen alten eisgrauen Mann erblickten, der allerdings mehr einem Geiste als einem Menschen ähnlich sah, und daher auch wirklich anfangs für ein Gespenst gehalten wurde. Die Oeffnung in der Mauer wurde jedoch schnell vergrößert, dadurch aber drang der Luftzug zu sehr auf den Greis ein, und er fiel in eine Ohnmacht. Noch immer kämpften die Umstehenden mit banger Gespensterfurcht; doch der weniger befangene Feldprediger trat näher, berührte die anscheinend leblose Gestalt und überzeugte sich bald, daß es kein überirdisches Wesen, sondern ein Mensch sei, an dem er zu gleicher Zeit auch noch Spuren des Lebens bemerkte. Eilig suchte er daher einen stärkenden Balsam hervor, mit dem er den Ohnmächtigen bestrich, und wurde bald zu seiner großen Freude gewahr, daß derselbe athmete und bald darauf vermochte, auf einige vorgelegte Fragen mit schwacher Stimme zu antworten. Der General Winter näherte sich jetzt ebenfalls dem von Alter und schweren Leiden gebleichten ehrwürdigen Greise, und da er sich etwas erholt hatte, so fragte er ihn mit tiefer Rührung und gespannter Erwartung: „Wer seid ihr? und wie kamet ihr an diesen schaudervollen Ort?" Mit schwacher Stimme erwiderte der Greis: „Ich war ein evangelischer Prediger bei der Stadtkirche in Ollmütz, aber die römisch-katholische Behörde dieser Stadt wollte mich nicht länger dulden; mit Gewalt nahmen sie mir meine anvertraute Kirche und verboten mir bei exemplarischer Strafe, mein Amt ferner zu führen, ja sie jagten mich zur Stadt hinaus. Das letztere mußte ich nun zwar geschehen lassen, aber das getraute ich mir nicht gegen Gott zu verantworten und konnte es nicht über mein Gewissen bringen, die mir anvertraute Heerde ohne weiteres zu verlassen. Lieber wollte ich in den Tod, als von ihr gehen. Wenn mich daher die Papisten zu einem Thore hinausjagten, so kam ich zum andern wieder herein, und da uns die Kirche genommen war, so verrichtete ich mein Amt in Häusern. Als aber meine Feinde gewahr wurden, daß ich lieber sterben, als meine Heerde verlassen wollte, so faßte einer derselben, der Rector des Jesuiten-Collegiums, den blutgierigen Entschluß, mich in dieses Gefängniß vermauern zu lassen." Als man nun den alten ehrwürdigen Mann, dessen Name M. Joh. Gott-Treu Felsner war, fragte, wie lange dies wohl sei? so verlangte er die Jahreszahl zu wissen, und nachdem er die erfahren hatte, sagte er: „So sind es denn dreizehn Jahre, daß man mich hieher gebracht hat." — Völlig erschöpft schwieg er jetzt. Der General Winter hatte unterdessen nach einem Tragestuhle und einigen Erfrischungen geschickt, um den alten Herrn zu laben und in seine eigene Wohnung bringen zu lassen, was daher auch geschah. Es wurden nun noch mehr kräftige Stärkungsmittel angewendet, die gute Wirkung thaten, so daß der alte Vater Felsner wieder ein wenig zu Kräften kam. Jetzt fuhr daher der von tiefem Erstaunen ergriffene General Winter fort, zu fragen: „Sagt mir doch, wie ihr diese dreizehn Jahre über gelebt habt? Hattet ihr vielleicht einen heimlichen Zugang, durch den euch etwas Lebensmittel gereicht werden konnten?" — Felsner antwortete: „Nein. Anfangs zwar, etwa zwei oder drei Tage, fielen mich Hunger und Durst ein wenig an; aber wenn es schien aufs höchste gekommen zu sein, so fiel ich in einen sanften Schlaf, und als ich aus demselben erwachte, so merkte ich gar wohl, daß eine geraume Zeit mit dem Schlafe müsse verstrichen sein. Hunger und Durst hatten sich auch zugleich mit dem Schlafe verloren. So habe ich meine Zeit zugebracht, und allezeit, wenn ich erwachte, war auch Hunger und Durst weg. Manchmal wollte mir aber dennoch Zeit und Weile lang werden, ich verkürzte sie mir aber durch den Gesang eines Liedes." Felsner schwieg jetzt

still und der General bat ihn, sich für jetzt hinter eine Tapete zu
begeben; unterdessen schickte er nach dem Rector des Jesuiten=
Collegiums. Er erschien, und der General fragte, wie lange er
da Rector sei? Der Rector nennt die Zahl der Jahre, und wurde
nun noch weiter gefragt, was sich denn vor seiner Zeit in Ollmütz
für Geistliche befunden? Er antwortete, es wären lutherische Prä=
dicanten (Prediger) gewesen. Der General fuhr fort zu fragen,
wo sie hingekommen? Antwort: er wisse es nicht; sie haben auf
Befehl des Kaisers die Stadt und das Land räumen müssen.

Jetzt ließ der General den alten ehrwürdigen Prediger, der
bis jetzt hinter der Tapete verborgen gewesen war, hervortreten,
und fragte den Rector, ob er wohl diese Person kenne? worauf
er mit „Nein" antwortete. Als aber hierauf der alte Herr ihn
in lateinischer Sprache anredete, ergriff den Pater Rector plötz=
lich ein unbeschreiblicher Schrecken, alle Glieder zitterten ihm.
Ein aufgewachtes Gewissen, ein unleugbares Wunder und gewiß
auch bange Furcht vor dem, was ihm bevorstand, bemächtigte sich
seiner zu gleicher Zeit. Der General nahm jetzt das Wort und
redete ihn folgendermaßen an: „Sehet, ihr boshaftigen Leute,
wie ihr so grausam und barbarisch mit unsern Religions=Ver=
wandten umgehet! Könnte wohl ein Türke oder anderer Barbar
grausamer verfahren, als ihr? Wenn Gott an ihm nicht Wunder
gethan hätte, so würde er schon längst zu Staub und Asche ge=
worden sein; aber Gott hat sein Leben erhalten, und weiset euch,
daß er die Seinen, so ihm treu bleiben, zu erhalten und zu erret=
ten wisse. Damit ihr aber gleichwohl gewahr werdet, wo dieser
ehrliche Mann diese 13 Jahre über hat Haus halten müssen, so
sollt ihr, nicht wie er, 13 Jahre, sondern nur 13 Tage allda euer
Bleiben haben, wo er die 13 Jahre hat zugebracht; nach Ver=
fließung der 13 Tage sollt ihr eure Freiheit haben." Der General
schwieg. Sein Befehl wurde aber sofort vollzogen, der Rector
nach dem Rondel gebracht und daselbst so verwahrt, wie er und
seines Gleichen einst dem „Gott=Treu" Felsner gethan hatte. —
Von diesem haben wir noch etwas sehr Liebliches zu berichten.
Es nahete nämlich jetzt die österliche Zeit herbei, und da verließ

denn der HErr diesem seinem alten, treuen Knechte die große Gnade, daß er am heiligen Ostertage noch einmal eine Osterpredigt in der Ollmützer Stadtkirche in Gegenwart vieler tausend Menschen halten, und als ein wunderbarer lebendiger Zeuge von dem auferstandenen Siegesfürsten reden konnte, der durch sein allmächtiges Wort auch ihn in seinem Grabe lebendig erhalten hatte. Drei Wochen nachher brachte der HErr JEsus diesen frommen und getreuen Knecht zu seiner ewigen Ruhe.

Der General Winter ließ ihn in eine vor dem hohen Altare der Stadtkirche zu Ollmütz befindliche Gruft sehr prächtig begraben und ihm ein überaus kostbares Denkmal von Marmor verfertigen, auch sein Bild zum Andenken in der Kirche aufhängen. Als jedoch nach geschlossenem westphälischen Frieden (1648) die Schweden Ollmütz wieder verließen, so ist dies Alles von den Papisten zerstört und völlig ruinirt worden, so daß keine Spur mehr davon vorhanden ist.

Es braucht wohl kaum erwähnt zu werden, daß, als nach 13 Tagen das Rondel wieder geöffnet wurde, um den Rector, wenn er noch am Leben war, herauszulassen, derselbe todt und im verwesenden Zustande gefunden wurde.

---

320. Peter Schütt.

To'r Tiet, as Kaiser Karl in Dütschland regieren däh un Hertog Ernst in Lüneborch, da weer in Harmsborch 'n Mann, de heet Klaas Schütte. De harr sinen Namen darvon, dat he ünner'n Hertog sine Büssenschütten weer. De harr en lüttjen Jungen van seben Jahren, awerst sine Fru weer all lang dodt. Nu weer he Vader un Mutter bi em. He weer awerst en rechtschaffenen Vader, darum leer he sinen Jungen lesen un ünnerich em däglich in den lüttjen Kattjissn un de Jung künn em all ganz ornlich herbeden. Da keem up eenmal dat Geschricht, de Törk weer vör Wien un nu möss Klaas ok mit in den Krieg. He wuss erst gar nich, wat he mit den Jungen anfangen schull. Von sick laten wull he em nich, da harr he em to leb to. Also neem he em mit int Lager und övergeev em an'n Marketenterfch. Nu wetet ji wol nich, wat 'n Marketenterfch is, dat will ick ju seggen. Dat sünd Fruenslüd, de vör dat Kriegsvolk wascht un flickt, und toglick Speck un Brot un Beer un Brannwien verköpt. De Jung awerst härr jümmer finen Kattjissn bi sick in de Tasche un leer flitig darin, un wenn de Vader nir bi dat Volk to dohn harr, so keem he un besöchte finen lüttjen Jungen un seeg na, off he ok ornlich weer un god beden un leeren däh. As nu dat Kriegsvolk all tohop weer, da gungt na Wien un da geev dat blödige Köppe. De törksche Kaifer Suleiman harr an de 300,000 Mann vör de Stadt brocht, de makten en grüligen Larm mit Schecten un Störmen Dag un Nacht, as wenn se de Stadt mit Gewalt hendalriten wullen. Awerst de Christenheit bede un de General Salm in de Stadt wehr sick as en Keerl un van buten keem de Graf Friederich mit den Dütschen tor Hülpe un all slegen se so wacker to, dat den Törken de Kopp weh däh un leep darvon. Dat weer nu en grote Freud. Awerst dat Enn keem na. De Dütschen weeren to haftig achter jüm her un as se vör de Stadt Buda keemen, kreg de Törk wedder de Övermacht, un de Dütschen mussen torügge. Da full de Törk int dütsche Lager un neem allens weg, wat he funn, un Klaas sin lüttje Junge, Peter, mit sammt de Marketenterfch worrn ock mit wegsleppt. Nun künn ji ju denken, wat de arme Vader bedrömt weer, un he bede man Dag un Nacht, dat sin Jung doch bi finen Globen blieben müch, dat he finen Peter doch in'n Himmel wedder finnen kunn, denn dat he em hier up de Eer wedder finnen schull, dat harr he sick ganz ut'n Sinn slaen. Nu künn ji awerst sehen, wat dat vör'n Gnad is, wenn de Kinner den Kattjissn leert hewt. De Törken wulln den Jungen mit aller Gewalt to'n Muhamedaner maken, awerst se kunnen nir mit em anfangen. Toerst läs und bede he alle Dage in sin Bok, dat he bi sick in de Tasche harr, un als se em dat Bok wegenamen, da hulp jüm dat ok nir, denn he harr den ganzen Kattjissn in'n Kopp und bede alle Morgen und alle Awend den schönen Morgensegen und Abendsegen, den he leert harr, un sine Dischgebede un finen Globen un wat da noch

fünſt inne ſteit. Keemen ſe em denn darmit, da he en Törk
warrn ſchull, ſo ſäh he: „Ne, ick bin en Chriſt un bliv en Chriſt
und will nir van juen falſchen Profeten weten, ick glöve an den
dreenigen Gott, up den will ick lewen und ſtarbn.“ Un denn bede
he gans andächtig ſine dre Artikels her, dat dat en Luſt weer.
Wullen ſe denn noch nich aflaten, ſo ſpee he jüm int Geſicht.
Allens, wat ſe dähen, hülp jüm nir. Se ſmeicheln em, ſe ſlee=
gen em, ſe leeten em hungern; he bleev ſtandfaſt. Am Enne
warrn ſe dat möde un dachten, ſe wulln em unner de Janitſcharen
bringen, da wullen ſe em toleß doch wol kriegen. Awerſt de lewe
Gott harr dat anners utverſehn. Veer Jahr achternah full de
Törk mit all ſin Volk in dat Land Steiermark un de Dütſchen
keemen darnah ins mit em tohop. Da muſſ de Törk wedder lange
Beene maken, un de Dütſchen cröwern dat törkſche Lager un ge=
wunnen vele Gefangene, of Fruens un Kinner. Uu ünner de
Kinners weer of de lüttje Peter. O wat hatt de Jung vorn
Freud hatt, as he de düdſche Sprak wedder hören däh. Da hett
he jümmer na ſin Vader fragt, awerſt he wuſſ nich, wokeen ſin
Vader weer. Da frogen ſe em: „Wo heeſt du denn?“ He ſegt:
„Ick heet Peter;“ ſin annern Nam hett he nich mehr wuſſt. Da
frogen ſe em: „Wat heſt du denn vörn Globen?“ He ſegt: „Ick
bin en Chriſt, ick glöve an den dreenigen Gott.“ „Woneher biſt du
denn her?“ He ſegt: „Ut Dütſchland.“ „Wo heet din Vader
denn?“ „De heet Klaas.“ Da weern ſe nir klöker. As nu dat
Volk Awends tor Rauh gahn wull, da harrn ſe in eer Telt ’n
Marienbild un fullen up de Knee un beden dat an, he awerſt bleev
ſtahn. Da ſeegen ſe to em: „Wullt du nich mit beden?“ „Ne,“
ſegt he, „Biller bede ick nich an, ick bede den Heiland an, Gott will
nich hebben, dat wie Biller anbeden ſchüllt, dat hett he verbaden
int erſte Gebot.“ „O,“ ſeegen ſe, „denn biſt du’n Lutheriſchen.“
Nu harren ſe em geern katholiſch makt, awerſt he bleev ſtandfeſt bi
ſin Globen un bede jüm den ganzen Kattjiſſn vör. Wiel nu dat
dütſche Kriegsvolk ut gans Dütſchland ſammelt weer, ſo weeren of
mehrere lutherſche Förſten un Generals derbi. De kregen of von
den wunderligen Jungen to hören un leeten em to ſick herbringen

un as se hört harren, wat sik mit em todregen harr, küssen un drücken se em un seegen, se wullen em wedder na Hus bringen, denn se marken ut sine Sprak, dat he 'n Plattdütschen weer. As dat nu in usen Lanne bekannt makt weer, dat sik so'n Junge funnen harr, da hört ok Klaas Schütte darvon, meldt sik in Zell, un richtig, dat is sin Jung. Na enige Tit kummt de Jung ok würklich in Zell an. Klaas geiht hen, finnt sin lewen Peter un springt risch in de Höcht vör Freud; darup nimmt he den groten Jung upn Puckel un bringt em na Harmsborch, denn he is jümmer bang, dat he sinen Peter wedder verleeren schull. As se nu na Hus kamt, da freut se sik all, dat he wedder da is un dat he bi sinen Globen tru bleben is.

---

321. Sprüche.

Die Bibel ist ein Strom, in welchem ein Elephant schwimmt und ein Lamm watet.

Wer um diese kurze Zeit
Die ewige Freude geit,*)
Der hat sich selbst betrogen
Und zimmert auf dem Regenbogen.

Geld verloren: nichts verloren;
Ehre verloren: wenig verloren;
Zeit verloren: viel verloren;
Gott verloren: alles verloren.

Wer sonst einen nicht kennen kann,
Der seh sich nur seine Gesellschaft an.

So klein ist kein Häuslein,
Es hat sein Kreuzlein.

Gott läßt die Seinen sinken
Und doch nicht gar ertrinken;
Er läßt die Seinen drücken,
Aber nicht gar ersticken.

---

*) d. h. vergeudet, dahin giebt.

322. Heinrich vun Zütphen.

(11. December 1524.)

De Wächter reep. — Ganz Mölborp slöppt, de Regen patscht in Strom,
Vunt Kloster glinstert noch en Licht gel bör de Ipernböm.

Ant Finster treckt de Schatten lank, un Stimm und Schritt warb lut:
De Döhr störtt op — in bloten Kopp en Mann inn Regen rut.

Se hebbt em knewelt as ein Oß, he geit up blote Föt,
En Tropp vun Minschen folgt em na in Mantels, Röck un Höd.

Se treckt em langs den Klosterhof un langs de düstre Strat,
De Wächter steit vör Schrecken still, as se voröwergaht.

Sin Hornlüch gev en bleken Schien den Minschen int Gesich;
De Wächter stunn un nühl de Kopp un stöhn: Herr Heinerich!

De gung so still in düstern fort un weer so bleek un natt;
Stumm folg de ganze Minschentropp un stött em bör de Stadt.

En Ketzer finnt keen Gnad un Hülp! se stöt em ut den Ort,
Un benn mit Larm un mit Getös den Weg na Heide fort.

Se stöt em langs den depen Weg, se slat em wenn he fallt —
De Nordermöller hört mit Angst, wo't ut den Moorweg schallt.

Keen Hülp! Se jagt em bör de Nacht, inn Regen, dat dat strömt —
In Mölborp slöppt doch menni Hart, dat vun Herr Heinri brömt.

In Mölborp wakt doch menni Seel un dankt em fromm un stumm,
Un denkt an sin gewalti Wort vunt Evangelium: —

Un he mutt barfot bör den Frost, un wenn he fallt und bev,
So flucht se em un schellt se em un stöt em vunne Steb.

Int Swinmoor is nich Weg noch Steg, dar geit dat wild henbör,
Bi Hemmingsteb liggt he as dot, se binnt em achtern Perd.

Bi Braken slept se em verbi — an Hogenheid — nat Norn —
De Dag de graut, do seht se bleek de Heiber Karkenthorn.

Keen Gnad?! Herr Boje hett doch reb mit all sin Macht un Kunst!
Keen Hülp?! Sogar en rike Fru bo Geld un Gold umsunst!

Bi düstre Nacht — as Schelm un Dev — so heeln de Bösen Rath;
As Mölborp wak den annern Dag — do weer dat all to lat!

De Tropp heel still int Morgengrau to Süden anne Weid,
Denn brok he op to Osten um, dwer öwern Lüttjenheid.

De dar all wak, de seeg mit Schreck den Schinner op en Perd,
En Mann, de blött un kum noch lev, fastknewelt achtern Stert.

En Tropp in natte Mantels ſtött em vörwarts, wenn he funk,
Dat wag toleſt en ole Fru, broch em ſin leßten Drunk.

To Norn de Heid dar weer en Platz, dar legen Steen un Schutt,
Dar harrn ſe hoch ut Holt un Törf en Sünderhupen bu't.

Dar legen Minſchen bold tohop un brochen Spön un Stroh:
Gar menni meen en gute Dat un de ſin Deel darto.

En Geeſtbur fahr verbi na Marſch, de broch ſin Bündel Heid;
Herr Heinri bed: Vergev em Gott, he weet nich, wat he deit!

Herr Heinri bed: Vergev ſe Gott, ſe weet nich, wat ſe dot!
Do ſchin up Heid un up de Geeſt dat helle Morgenroth.

De Klot de qualm, de Regen ſtröm, de Himmel weer as Für.
Herr Heinri bed in Damp un Qualm: O Herr, vergieb auch mir!

In Qualm un Regen lur dat Volk — Gott wull nich, dat dat brenn,
Do keem en Smid un mit en Slag harr alle Qual en Enn!

*   *   *

In Möldorp ween Herr Voje lud, bet Sachſen ween ſe Thran,
Doch Docter Martin ſä: Das Wort, ſie ſollen laſſen ſtahn.

---

323. Geographie.

Das Wort Geographie heißt zu deutſch Erdbeſchreibung und
ſie lehrt wie die Oberfläche der Erde beſchaffen ſei, welche Meere,
Länder, Flüſſe, Seen, Städte u. ſ. w. ſich auf ihr finden, welche
Menſchen und Thiere auf ihr leben, welche Pflanzen auf ihr
wachſen u. ſ. w. Die Abbildungen der Erdoberfläche werden
Landkarten genannt. Legt man eine ſolche Landkarte gerade vor
ſich, ſo iſt die Gegend zur rechten Hand: Oſten; zur linken:
Weſten; oben: Norden und unten: Süden. Stellt man ſich
draußen im Freien der aufgehenden Sonne gegenüber, ſo hat
man zur Rechten Süden (Mittag), zur Linken Norden (Mitter=
nacht), vor ſich Oſten (Morgen), hinter ſich Weſten (Abend).

Die Oberfläche der Erde iſt ungefähr 200 Millionen eng=
liſche Quadratmeilen groß. Sie hat die Geſtalt einer Kugel, die
aber an dem oberen oder nördlichen und an dem unteren oder ſüd=
lichen Ende etwas abgeplattet iſt. Dieſe beiden Enden nennt man
den Nordpol und Südpol. Der Durchmeſſer der Erde oder die
Erdachſe d. h. die Linie von dem Nordpol nach dem Südpol queer

durch die Erde ist 1712 deutsche oder geographische Meilen (von denen eine jede zwei Stunden hat) oder etwa 8000 englische Meilen lang. Mitten um die ganze Erde geht eine Linie, der Aequator oder Gleicher genannt, deren Länge 5400 deutsche oder etwa 25,000 englische Meilen beträgt.

In gleicher Entfernung vom Aequator nach Norden und Süden sind zwei andere Linien gezogen, der Wendekreis des Krebses und der Wendekreis des Steinbocks; nördlich vom Wendekreise des Krebses ist der nördliche, südlich vom Wende= kreise des Steinbocks ist der südliche Polarkreis. Außerdem hat man vom Nordpol nach dem Südpol 360 Linien gezogen, welche man Längengrade nennt und von denen am Aequator eine jede grade 15 deutsche oder 70 englische Meilen von der andern ent= fernt ist. Je näher den Polen, desto enger laufen sie zusammen. Der erste Grad wird verschieden angegeben. Auf den amerikani= schen Karten wird der Grad als der erste bezeichnet, welcher durch Washington geht. Ebenso sind 90 Linien in immer gleicher Entfernung vom Aequator bis zum Nordpol gezogen, und eben so viele, welche vom Aequator bis zum Südpol laufen. Man nennt sie Breitengrade, und jede derselben ist einen Grad oder 15 deutsche Meilen von einander entfernt. Durch diese Längen= und Breiten= grade wird die Lage eines Orts angegeben, ob er auf der östli= chen oder westlichen, nördlichen oder südlichen Halbkugel, und wie weit er vom Aequator und dem ersten Grade entfernt liegt. Man nennt die Entfernung vom Aequator nach Norden oder Süden die nördliche oder südliche Breite, die vom ersten Grade nach Osten oder Westen die östliche oder westliche Länge.

Die Gegend zwischen den beiden Wendekreisen um den Aequator herum nennt man die heiße Zone; die Gegend zwischen dem Wendekreise des Steinbocks und dem südlichen Polarkreise die südlich=gemäßigte, die zwischen dem Wendekreise des Krebses und dem nördlichen Polarkreise die nördlich=gemäßigte Zone. Vom südlichen Polarkreise bis zum Südpol erstreckt sich die süd= lich=kalte, vom nördlichen Polarkreise bis zum Nordpol die nörd= lich=kalte Zone.

Kaum ein Drittheil der ganzen Erdoberfläche nimmt das feste Land ein, über zwei Drittheile sind vom Meere bedeckt. Das feste Land theilt man in fünf Haupttheile: Europa, Asien, Afrika, Australien und Amerika. Wird die Erdkugel vom Nord= nach dem Südpol in zwei Halbkugeln durchschnitten und zwar bei dem Grade, der durch die im Westen von Afrika liegende Insel Ferro geht, so liegen Europa, Afrika, Asien und Austra= lien auf der östlichen, Amerika auf der westlichen Halbkugel. Schneidet man die Erde bei dem Aequator queer durch, so ist nördlich vom Aequator die nördliche Halbkugel und umfaßt ganz Europa, einen großen Theil von Afrika, Asien und Amerika; südlich vom Aequator ist die südliche Halbkugel und begreift die übrigen Theile von Afrika, Asien und Amerika, so wie ganz Austra= lien. — Die Meere theilt man ebenfalls in fünf große Haupttheile ein: 1. das stille Meer zwischen Amerika und Asien; 2. das atlan= tische Meer zwischen Amerika und Europa; 3. das indische Meer zwischen Afrika, Asien und Australien; 4. das südliche Eismeer um den Südpol; 5. das nördliche Eismeer um den Nordpol.

Die See bedeutet das Meer oder den Ocean; der See ist ein Landsee, d. h. eine große mit Wasser gefüllte Vertiefung, welche ringsum von Land umgeben ist. Eine Meerenge ist ein schmaler Durchgang von einem Theile eines Meeres bis zum andern oder auch eine Verbindung zwischen zwei verschiedenen Meeren. Eine Bai oder ein Meerbusen ist ein Theil des Mee= res, welcher sich tief in das Land hinein erstreckt, an drei Seiten von Land umgeben ist und an der vierten mit dem Meere in Ver= bindung steht. Eine Landenge oder Landzunge ist ein schmaler Strich festen Landes, der sich weit in das Meer hinein erstreckt und an drei Seiten von Wasser umgeben ist, an der vierten mit dem festen Lande zusammenhängt. Ist eine solche Landenge breit, so nennt man sie eine Halbinsel, während solche Theile des festen Landes, die ganz von Wasser umflossen sind, Inseln ge= nannt werden. Ein Vorgebirge ist ein weit in das Meer vor= springender Endpunkt eines Gebirges, auch wohl nur ein Felsen, der an einer Spitze des festen Landes liegt, welche weit in das Meer hineinreicht.

324. Die Erde.

Nach dem Augenschein und nach dem allgemeinen Glauben wäre die Erde mit allen ihren Bergen und Thälern eine große runde Fläche gleich einer ungeheuren Scheibe. Am Rande derselben weiter hinaus kommt nichts mehr; dort ist gleichsam der Himmel an sie angehängt, der wie eine große hohle Halbkugel über ihr steht und sie bedeckt. Dort geht am Tage die Sonne auf und unter, bald früher bald später, bald links an einem gewissen bekannten Berge oder Hause, bald rechts, und bringt Tag und Nacht, Sommer und Winter, und bei Nacht ist da der Mond und die Sterne und sie scheinen gar nicht entsetzlich hoch über unsern Häuptern zu stehen.

Das wäre nun alles recht gut, wenns Niemand besser wüßte, aber die Sternseher wissens besser. Denn wenn Einer daheim weggeht und will reisen bis ans Ende der Erde, wo man einen aufgehenden Stern mit der Hand weghaschen und in die Tasche stecken kann, und er geht den ersten April vom Hause aus, so hat er den rechten Tag gewählt. Denn er kann reisen, wenn er will, durch Deutschland, durch Polen, durch Rußland nach Asien hinein, durch die Muhamedaner und Heiden, vom Lande aufs Wasser und vom Wasser wieder auf's Land, und immer weiter. Aber endlich, wenn er ein Pfeiflein Tabak einfüllt und will daran denken, wie lange er schon von den Seinigen weg ist und wie weit er noch zu reisen hat ans Ende der Erde und wieder zurück: auf einmal wirds ihm heimlich in seinem Gemüthe, es wird auch alles, wie es daheim war, er hört seine Landessprache wieder sprechen, zuletzt erblickt er von weitem einen Kirchthurm, den er auch schon gesehen hat und wenn er auf ihn zugeht, kommt er in ein wohlbekanntes Dorf, und hat nur noch zwei Stunden oder drei, so ist er wieder daheim und hat das Ende der Erde doch nicht gesehen. Nämlich er reis't um die Erde, wie man einen Strich mit Kreide um eine Kugel herumzieht und kommt zuletzt wieder auf den alten Fleck, von dem er ausging.

Es sind schon viele solcher Reisen um die Erde nach verschiedenen Richtungen gemacht worden. In zwei bis vier Jahren, je nach dem, ist alles geschehen. Ist nicht der englische Seecapitain Cook in seinem Leben zweimal um die ganze Erde herumgereis't und von der andern Seite wieder heimgekommen? Aber das dritte Mal haben ihn die Wilden auf der Insel Owaihi todtgeschlagen und gegessen (1779).

Daraus und aus mehreren sicheren Anzeichen erkennen die Gelehrten Folgendes: die Erde ist nicht bloß eine ausgebreitete, rund abgeschnittene Fläche, nein, sie ist eine ungeheuer große Kugel. Weiter: sie hängt und schwebt frei ohne Unterstützung, wie ihres Orts der Mond und die Sonne, in dem unermeßlichen Raume des Weltalls, unten und oben zwischen lauter himmlischen Sternen. Weiter: sie ist ringsum und um, wo sie Land hat und wo die Hitze oder der bittere Frost es erlaubt, mit Pflanzen ohne Zahl besetzt und von Thieren und vernünftigen Menschen belebt. Man muß nicht glauben, daß auf diese Art ein Theil der Geschöpfe abwärts hänge und in Gefahr stehe, von der Erde weg in die Luft herabzufallen. Dies ist lächerlich. Ueberall werden die Körper durch ihre Schwere angezogen und können ihr nicht entlaufen. Ueberall nennt man unten, was man unter den Füßen hat, und oben, was über dem Haupte hinaus ist. Niemand kann sagen, daß er unten sei. Alle sind oben, so lange sie die Erde unter den Füßen und den Himmel voll Licht und Sterne über dem Haupte haben und niemand kann die göttliche Allmacht begreifen, die diese ungeheure große Kugel schwebend in der unsichtbaren Hand trägt und jedem Pflänzlein darauf seinen Thau und sein Gedeihen giebt, und dem Kindlein, das geboren wird, einen lebendigen Odem in die Nase. Man rechnet, daß 1000 Millionen Menschen zu gleicher Zeit auf der Erde leben und bei dem lieben Gott in die Kost gehen, ohne das Gethier. Aber es kommt noch besser.

---

325. Die Sonne.

Die Sonne, so nahe sie der Erde zu sein scheint, wenn sie früh hinter den Bergen herauf kommt, so ist sie doch über 20 Millionen deutsche oder etwa 93 Millionen englische Meilen weit von ihr entfernt. Weil aber eine solche Zahl sich geschwinder aussprechen als erwägen oder ausdenken läßt, so merke: Wenn auf der Sonne eine scharf geladene Kanone stände und der Kanonier, der hinten steht und sie richtet, zielte auf keinen andern Menschen als auf dich, so dürftest du deswegen in demselben Augenblick, als sie losgebrannt wird, noch herzhaft anfangen, ein neues Haus zu bauen und könntest darin herzhaft essen, trinken und schlafen, auch deine Kinder noch ein Handwerk lernen lassen. Denn wenn auch die Kugel in schnurgerader Richtung und in gleicher Geschwindigkeit immer fort und fort flöge, so könnte sie doch erst nach Verfluß von ungefähr 25 Jahren von der Sonne hinweg auf der Erde anlangen, so doch eine Kanonenkugel einen scharfen Flug hat und zu einer Weite von 600 Fuß nicht mehr als den sechszigsten Theil einer Minute bedarf, nämlich eine Secunde.

Daß nun die Sonne auch nicht bloß eine glänzende Fensterscheibe des Himmels, sondern, wie unser Erdkörper eine schwebende Kugel sei, begreift man schon leichter. Aber wer vermag mit seinen Gedanken ihre Größe zu umfassen, nachdem sie aus einer so entsetzlichen Ferne solche Kraft des Lichtes und der Wärme noch auf die Erde ausübt und Alles segnet, was ihr mildes Antlitz bescheint? Der Durchmesser der Sonne ist 114 mal größer als der Durchmesser der Erde. Aber im Körpermaß beträgt ihre Masse fast anderthalb Millionen mal so viel als die Erde. Wenn sie inwendig hohl wäre, so hätte nicht nur unsere Erde in ihr Raum; auch der Mond, der doch 50,000 deutsche oder 230,000 englische Meilen von uns absteht, könnte darin ohne Anstoß auf- und untergehen, ja er könnte noch einmal so weit von uns entfernt sein, als er ist, und doch ohne Anstoß um die Erde herum spazieren, wenn er wollte. So groß ist die Sonne und geht aus der nämlichen, allmächtigen Hand hervor, die auf der Erde das Mohnsamenkörnlein in seiner Schale bildet und zur Reife bringt, Eins so unbegreiflich wie das Andere. Ich wenigstens wüßte keine Wahl, wenn ich eine Sonne oder ein Mohnsamenkörnlein machen sollte, mit einem fruchtbaren Keime darin.

———————

326. Die heiße Zone.

Auf dem Flächenraume derselben scheint die Sonne den Bewohnern fast immer senkrecht auf den Kopf, weshalb die Witterung sehr beständig, aber heiß ist. Nur zweimal im Jahre tritt eine kurze Regenzeit ein, die den Sommer unterbricht. Auch die Winde, Passatwinde genannt, haben dort eine immer gleichmäßige Richtung, nördlich vom Aequator eine nordöstliche, südlich von demselben eine südöstliche. Der Tag ist eben so lang wie die Nacht, die Sonne geht um 6 Uhr Morgens auf und um 6 Uhr Abends unter, nur an den äußersten Grenzen dieser Zone dauert der längste Tag 13 Stunden. Dort halten auf den quellenreichen Rasenplätzen der Wüsten Afrikas (den Oasen) die Karawanenführer ihre Rast im Schatten der Dattelpalmen, welche ihnen und ihren Kameelen die süße Frucht der Dattel als Nahrung bieten. Nachts zwar schreckt sie oft das Gebrüll des Löwen, dessen großes Reich das wüste Afrika ist, aus dem Schlafe, aber sie wissen ihn mit Feuer und Schüssen zu verscheuchen. Zwar holt er sich oft ein Stück aus den Heerden der Beduinen*), doch begnügt er sich auch mit den flüchtigen Gazellen am Rande der Wüste, die gern gesellig in Rudeln von Tausenden bei einander weiden. Auch die langhalsige Giraffe, die mit ihren langen Vorder- und unverhältnißmäßig kurzen Hinterbeinen in weiten Sprüngen sich fortbewegt, wird nicht selten seine Beute. An den Ufern des Ganges in Ostindien, in den menschenleeren Wildnissen, woher der Eingeborene sein Wildpret holt, hauset das grimmigste der Raubthiere, der Königstiger, von ungeheurer Stärke. Denn mit Leichtigkeit schleppt er ein Pferd im Rachen fort, ja sogar einen Pflugstier sammt dem Pfluge. Blut ist seine Lieblingsnahrung, tief in die zerrissene Beute steckt er seinen Kopf und saugt es gierig in sich. Friedlicher und leicht gezähmt ist der Elephant, der ebenfalls in Vorderindien, doch auch in Hinterindien in großen Heerden die Getreidefelder abweidet und niederstampft. In den pfadlosen dichten Wäldern dieser

---

*) Beduinen nennt man die Bewohner der Wüste, welche mit ihren Heerden umherziehen ohne bestimmten Wohnplatz.

Gegenden hüpfen an den kühlen Abenden in unzähliger Menge
die Affen von Ast zu Ast, bald neugierig mit ihren glänzenden
Augen durch das Laubgeflecht guckend, bald neckisch Blüten und
Nüsse auf den Wanderer herunterwerfend, wobei sie die wunder-
lichsten Grimassen und possierlichsten Sprünge machen. Nur
der größte ihres Geschlechts, der Orang-Utang auf Borneo ist
ernst und melancholisch, ein vorzüglicher Kletterer. Gewaltige
Thiergattungen wohnen in den Strömen Afrika's, Ostindien's
und Amerika's: das Flußpferd mit seinem riesenhaften Leibe,
der an Masse 4 bis 5 starken Ochsen gleichkommt, und der raub-
gierige Alligator, eine Amphibie in Gestalt einer Eidechse, aber
nicht selten länger als 20 Fuß. Von seinem Schuppenpanzer
prallen die Kugeln zurück und nur mit Harpunen ist das furchtbare Thier zu erlegen. In den Sümpfen kriechen die Riesen-
schlangen umher, die selbst mit Tigern und Elephanten zu
kämpfen sich nicht scheuen, und versteckt im Grase lauern die giftigen Hut-, Brillen- und Klapperschlangen. — Freundlicher ist die
Vogelwelt der tropischen Zone bevölkert. Die Ebenen Austra-
liens, über welche alle erdenkliche Farbenpracht und aller Blü-
tenduft, welcher nur zu finden, ausgegossen ist, wo die Ge-
würznelke und die Muskatnuß reifen, auch der Brodbaum gedeiht,
dessen große markige Frucht geröstet wie Weizenbrod schmeckt,
durchstreift der straußähnliche Casuar, und in den Felsgrotten
der Küsten von Java baut die Salangane, eine Schwalbenart,
ihr Nestchen, welches unter dem Namen des indianischen Vogel-
nestes besonders in China gern gegessen wird. In den Wäldern
von Neuguinea lebt auf den Gipfeln hoher Bäume der Paradies-
vogel, der nur in der Morgen- und Abendkühle herunterkommt,
um seine Nahrung zu suchen. Von der Hand des wilden Papua-
negers getödtet, dient er zum Kopfputz vornehmer Frauen, und
sein glänzendes Prachtgefieder ist allerdings ein seltener kostbarer
Schmuck. Die pfadlosen Urwälder Südamerika's hallen wieder
von den mannigfaltigsten Stimmen gefiederter Sänger. Vor
allem merkwürdig ist das weithin schallende Grunzen des zin-
noberrothen Tunqu, der in den zahlreichen Schlingpflanzen

hin= und herflattert, und der dem Gebrüll eines Stieres ähnliche
Ruf des Toropissu oder Stiervogels, der ein dunkelschwarzes
häßliches Gefieder hat. Und mitten unter diesen mehr schreck=
haften als freundlichen Klängen vernimmt man den einförmigen
aber reinen Gesang der Paucare oder Pirole, welche ihr beutel=
förmiges Nest zwischen den Zweigen der Bäume aufhängen, so
wie den entzückenden, dem Tone von Glasglocken ähnlichen
Gesang eines einfach braungefiederten Sängers, den die Perua=
ner den Flötenspieler oder Organisten nennen. Ueber den Eis=
gipfeln der Anden wiegt sich der Kundur, ein Riese unter den
Geiern, im majestätischen Fluge, und an dem Stamme der Pal=
men, an den Ufern des Maranhon, hämmert der Arras, wäh=
rend sein ellenlanger himmelblauer Schweif vom Baume herab=
hängt. Edelsteinen gleich schwärmen von Blüte zu Blüte in
den Urwäldern von Guiana und Brasilien die wenig scheuen
Colibris, diese kleinsten aller Vögel, mit ihren Rubin=, Topas=
und Smaragdenleibern, welche an Behendigkeit, Anmuth und
Zierlichkeit alle andern Vogelarten übertreffen. Unglaublich
reich bevölkert ist die Insektenwelt der heißen Zone. Alles über=
säend und zerfressend nahen oft die Termiten, eine weiße Amei=
senart, den Wohnungen der Südamerikaner, deren Schlaf die
lästigen Musquitos und andere Stechfliegen stören. Tödtlich
sind die Stiche des Scorpions und der Tarantel, von denen der
erstere, eben so schnell vorwärts als rückwärts laufend, mit
außerordentlicher Gefräßigkeit Spinnen, Fliegen, Grillen u. dgl.
verschlingt. Auf den saftig grünen Gebüschen glänzt eine Un=
zahl von vielfach gestalteten Rüsselkäfern, unter welchen sich der
Brilliantkäfer vor den übrigen auszeichnet; mit ihm wetteifern
die Prachtkäfer und die zahlreichen Geschlechter der Goldkäfer im
Schmelze ihres Metallglanzes. Lautes Zirpen ertönt auf der
sonnigen Flur der Prairieen, und im kühlen Urwalde umfängt
den Reisenden ein gellendes Schnarren der großen Grillen und
Cycaden mit endloser Eintönigkeit. Sinkt aber die Nacht mit
ihrem Schleier herab und wenden sich die meisten Thiere der
Ruhe zu, so entsteht in den Gebüschen das Heer leuchtender In=

seften und man sieht die dunkle Umgebung auf Augenblicke von diesen Thierchen erhellt. In den schattenreichen Wäldern gaukeln die prächtigen Schmetterlinge und wiegen sich in der sie umgebenden weichen Luft, und wenn um die Mittagsstunde diese mit seltener Farbenpracht geschmückten Geschöpfe in einer nur Bienenschwärmen zu vergleichenden Menge, theils mit zusammengefalteten, theils mit ausgebreiteten Flügeln auf den sehr erwärmten aber feuchten Schlammhaufen ausruhen, so erhöhen sie die lebhafte Färbung der Tropennatur in sonst nie gesehenem Strahlenglanze. Brasilien erzeugt auch die Baumwollenstaude und das Zuckerrohr, welches mit seiner blüten- und fruchtlosen Staude den schwülsten und feuchtesten Boden erfordert. Unter den Gräsern ist das riesigste das Bambus, aus dem der Indianer seine Dachsparren und mancherlei Hausgeräthe verfertigt und dessen dichtes und undurchdringliches Gebüsch seine Hütte gegen Ueberfälle der Raubthiere schützt.

327. Die gemäßigten Zonen.

Regelmäßig findet in ihnen der Wechsel der vier Jahreszeiten Statt, wogegen die Winde und die Witterung häufiger ungleichmäßiger Veränderung unterworfen sind. In den den Wendekreisen angrenzenden Landstrichen Süd-Europa's, Nord-Afrika's, Mittel-Asiens und Nord-Amerika's im Süden, kommen zum Theil noch die Gewächse der heißen Zone fort, so im Süden von Nord-Amerika die Baumwollenstaude und das Zuckerrohr. Aber vor allem sind diese Zonen die Heimath der Getreidearten. Besonders kräftig gedeihen der Weizen, der Mais und der Hafer in den fruchtbaren Niederungen, während die Gerste und der Roggen in dem höher gelegenen Lehmboden die besten Ernten geben. An den Abhängen der Ströme wird der Wein gebaut, und noch südlicher als dieser reift die Olive, aus welcher das Oel gepreßt wird. Die Cypresse ist der Waldbaum in den Gegenden, die den Wendekreisen zunächst liegen; nördlicher sind es die Eiche und Buche, die schattigen Laubhölzer überhaupt; ganz im Norden die Nadelhölzer. Die Obstbäume sind allgemein verbreitet; die saftreichen Früchte, wie die Orangen und Granatäpfel, auch die Feige, gedeihen in den Nachbarländern der tropischen Zone, nördlicher die Kirschen und Pflaumen, die Aepfel und Birnen. Auf den Gebirgen wachsen die schlanke Birke und Eiche, an den Gewässern die geschmeidige Weide, an den Grenzen der kalten Zone nur noch die Tanne und Birke. Nahrhafte Kräuter entsprießen überall den feuchten Wiesen und die sumpfigen Moore liefern den Torf, als ein herrliches Brennmaterial, reichlicher in den Gegenden, welche den Polarkreisen anliegen. Auch die Kartoffel, in die nördlich-gemäßigte Zone verpflanzt, bietet einen gesegneten Ertrag und eine nährende Speise. — Geringer an Zahl, aber auch weniger wild ist die Thierwelt. Auf den Hochgebirgen der europäischen Alpen und Pyrenäen lebt die flüchtige Gemse in zahlreichen Heerden, während der kräftigere Steinbock beinahe ganz ausgerottet ist. Ueberall ist der Stier verbreitet, im westlichen Amerika der Bison oder amerikanische Büffel in großen Rudeln von mehreren Tausenden, im Osten Europa's der seltnere Auerochs; auf der Südspitze Afrika's weiden die reichen Rinderheerden der Kaffern, und im westlichen Europa, so wie in den niederen grasreichen Regionen der Schweizer- und Tyroleralpen ist die Rindviehzucht allgemein zu Hause. Nicht weniger ist es die Schafzucht, die selbst noch an den kräuterarmen Strecken der Nordsee mit Erfolg getrieben wird, und das Pferd ist das allbekannte Hausthier der Bewohner der gemäßigten Zonen. Der Wolf, der Bär und der Luchs sind die wichtigsten Raubthiere, doch von Jahr zu Jahr vermindert sich ihre Zahl. Das schüchterne Reh, der schlaue Fuchs, der stolze Hirsch und der furchtsame Hase sind die Bewohner der Wälder und Holzungen selbst noch in der Nähe der menschlichen Ansiedlungen. Nur der Biber flieht die Nähe des Menschen und führt in Nord-Amerika, in Labrador, im nördlichen Canada, und in den Küstenländern der Hudsonsbai den kunstvollen Bau aus, in welchem er seine Wohnung aufschlägt. Eben daselbst leben in den Waldungen zahllose Schaaren von

Eichhörnchen, eine willkommene Beute für die Pelzjäger, welche auch den Mardern, den Feinden der Hühnerhöfe, den Dachsen, Füchsen und Fischottern nachstellen. Auf den unzugänglichen Felsspitzen der höchsten Gebirge horsten Adler und Geier, unter denen der Lämmergeier oder Bartgeier der größte ist; ausgezeichnet im Fliegen, mit scharfsichtigem Auge, legt er in kurzer Zeit viele Meilen zurück und ist ein großes Revier abzusuchen im Stande. Nicht wie andere Geier schwebt er langsam schraubenförmig herab, sondern stürzt, die Flügel zurückgelegt, mit Blitzesschnelle auf seine Beute nieder, es sei ein Schaf, eine Gemse oder ein Rind; ja selbst Menschen faßt er in seinen mächtigen Fängen. In den Wipfeln der höchsten Waldbäume nistet das Geschlecht der Falken, von denen der Edelfalke ehemals zur Jagd abgerichtet und theuer bezahlt wurde. Er ist der muthigste und schönste unter allen Falkenarten. Habicht und Sperber, die bei uns gewöhnlichsten Falkengattungen, rauben manche Taube und kleinere Vögel, doch verschmähen sie auch im Nothfalle Frösche und Insekten nicht. Gespensterhaft stiert mit ihren feuerrothen Augen aus hohlen Bäumen die große Ohreule (Uhu), die, wie alle ihres Geschlechts, das Tageslicht scheut und nur Nachts hervorkommt, um ihre Beute, besonders Ratten und Mäuse, zu fangen. Nord-Amerika's eingeborener Nationalvogel, den Franklin auch zum Wappenbilde der amerikanischen Freistaaten vorschlug, ist der stattliche Truthahn, der auf den Hühnerhöfen im zahmen Zustande nur noch ein Schattenbild des wilden in den tiefen Waldungen von Louisiana ist. Hier strahlen die lautkollernden Vögel, die auf den Wipfeln der Cypressen sitzen, in köstlicher Farbenpracht; ein glänzendes Bronze, in Blau, Violett und Grün hinüberspielend, bildet den Grundton ihres Gefieders; man findet sie oft 30 Pfund schwer. Ebendaselbst durchziehen ungeheure Schwärme der Zug- oder Wandertaube die Lüfte, so daß oft das Tageslicht verdunkelt wird, wenn sie, einer Wolke gleich, vorüberschweben. Man hat einen solchen Schwarm auf über 1000 Millionen Stück berechnet, denn seine Breite ist mehr als eine englische Meile. Welch einen ungeheuren Nah-

rungsbedarf hat ein solches Heer! Unzählig sind ferner die
Schwimm= und Sumpfvögel, besonders die ersteren, welche die
See= und Meerufer bevölkern, und die Stelzvögel in den großen
Niederungen und Sümpfen im Binnenlande von Amerika. Gans
und Ente sind das zahme, fast unentbehrliche Hausgeflügel jedes
Landmannes, und der langgeschnäbelte Storch bewohnt das Dach
des Bauerhauses, zieht im Herbst fort und kehrt im Frühjahr regel=
mäßig zu seinem alten Neste zurück, um es aufs neue zu bewohnen.
Das Geschlecht der Möwen, der wilden Schwäne, Gänse und
Enten bevölkert in zahlreichen Abarten die einsamen Küstendünen
und Inselufer Europa's, und der langgehalste Reiher steht oft
stundenlang bis an die Kniee im Wasser an den Strömen von
Nord=Afrika, ein Gefährte der stolzen Flamingo's, der Kraniche,
Pelikane und Strandläufer, deren Gesellschaft er jedoch flieht.
Lieblich ertönen die Wälder, Holzungen und Wiesen von dem
Gesange der Nachtigallen, Lerchen, Finken und Meisen, hallen
wieder von dem Hämmern der Spechte und von dem Rufe des
Kukuks und prächtig glänzt das Gefieder des scheuen Pirols
durch die Büsche. Aehnlich, wenn auch weniger melodisch, das
Girren der Taube, das Schnarren der Glanzstaare und das
Zwitschern der Schwalben, wie auf den Dächern in den Dörfern
von Europa, so auch in der südlich = gemäßigten Zone am Vor=
gebirge der guten Hoffnung. Die Wüsten Nordafrika's durch=
rennt der Strauß, jenes merkwürdige Zwischenglied zwischen
Vogel und Säugethier, und im Schlamm des Nils watet der
einst angebetete und noch jetzt verehrte Ibis. Unter den Am=
phibien gehören die Flußschildkröte und mehrere kleinere Schlan=
gengattungen der gemäßigten Zone an, sowie der Frosch, der
bekannte Bewohner unserer Teiche und Landseen, die Eidechse
und der bunte Salamander in den Sümpfen und feuchten Fel=
senklüften. Meer und Flüsse liefern zur Nahrung des Menschen
die bekannten Fische, den Dorsch, die Roche, den räuberischen
Hecht, den Barsch, den Lachs. In den Blumengärten, auf
Aeckern und Wiesen schwärmt das zahlreiche Heer der Insekten,
Schmetterlinge, auch an Farbenpracht denen der tropischen Zone

ähnlich, wie das Pfauenauge, der Todtenkopf, der Trauerman=
tel und besonders die Nachtfalter. Im Grase zirpen die Grillen
und an den buschigen Ufern der Bäche schweben die zarten Was=
serjungfern, während der Regen den Regenwurm aus dem Bo=
den hervorlockt.

---

328. Die kalten Zonen.

Die kalten Zonen umfassen diejenigen Räume der Erde,
welche innerhalb des 72. Grades nördlicher und südlicher Breite
liegen. Nur die nördlich=kalte umschließt einige Landstriche, die
südliche enthält nach den jetzigen Entdeckungen nur das südliche
Eismeer, einige unbedeutende Inseln ausgenommen. Aber auch
die Länder der nördlich=kalten Zone sind fast von ewigem Eise
umgeben. Ueber den nördlichen Polarkreis hinaus bescheint die
Sonne zwar ein halbes Jahr lang die Gegenden Lapplands, des
nördlichen Sibiriens und Amerika's, dann aber sinkt sie wieder
und verschwindet völlig und Nacht bedeckt im andern Halbjahr
diese Gefilde, die nur mitunter von den prachtvollen Nordlichtern
erhellt werden. Eisberge, durch Kanäle von mäßiger Breite ge=
schieden, oft meilenweit ausgedehnt in einer Höhe von 15 bis 20
Fuß, umgeben das nördliche Festland. Bald stehen sie regungs=
los still, bald treiben sie von den Winden und Strömungen be=
wegt, unstät und rastlos umher und schillern, wenn die Sonne
auf sie scheint, in dem prachtvollsten Farbenspiele. Oft werden
die Felsen, einer auf den andern, hinaufgetrieben, bis die Eis=
säule eine Entsetzen erregende Höhe erreicht und unter ihrer ei=
genen Wucht zusammenbricht, oder sie stoßen auf einander und
zertrümmern sich gegenseitig. Wunderbar sind die Luftspiege=
lungen in dieser einsamen Seegegend. Sie treten am häufigsten
am Mittage ein und zeigen dem Beobachter Fahrzeuge, die eine
halbe Meile weit von ihm entfernt liegen, ganz in der Luft schwe=
bend oder gar in umgekehrter Stellung, die Spitzen der Masten
nach unten und den Kiel nach oben gekehrt. Der felsige Boden
des nördlichen Festlandes erzeugt außer einigen krüppelhaften
Sträuchern nur Moose und Flechten. Im Süden gedeiht noch
die Birke, so wie Roggen, Gerste und Kartoffeln. Dort lebt der
Grönländer in seiner Erdhütte und das ergiebige Thier, das
Rennthier, bildet seinen ganzen Reichthum. Es ist äußerst ge=
nügsam, zugleich schnellfüßig, seine Milch und sein Fleisch geben
ein wohlschmeckendes Nahrungsmittel, sein Fell eine warme Klei=
dung. Der Robbenfang, die Jagd auf Eisbären und der Fisch=

fang find die Beschäftigungen der Bewohner. Im nördlichen Sibirien wird der Zobel gejagt, dessen Fell besonders geschätzt ist. Unter der ungeheuren Menge von Seevögeln ist besonders die Eidergans zu nennen, die ihr Nest an die steilsten Klippen hängt, wohin die Jäger mit Lebensgefahr klettern, um das flaumige Gefieder dieser Vögel zu erhalten, welches sie verkaufen. Der Hund ist auch hier noch der treue Gefährte des Menschen, der den Eskimo im wohlbespannten Schlitten eilends über die glatte Schneefläche hinzieht. Mächtige Walfische, begleitet von unzähligen Häringen, Schwert- und Sägefische, Meerfischottern und Seelöwen, bevölkern die eisigen Fluten und manches Schiff aus andern Zonen erscheint hier zum Fang dieser Thiere.

Und solches alles hat die Hand dessen geordnet, der sich sein Lob hat bringen lassen im 104. Psalm. Schlag ihn auf und lies ihn, um auch zu loben und zu danken dem HErrn für alle seine Wunder.

---

329. Die Menschenschläge.

Alle Menschen auf Erden, ihre Gesichtsfarbe mag die schwarze oder weiße, rothe oder gelbliche sein, sind von gemeinsamer Abstammung. Dieses beweisen nach dem übereinstimmenden Zeugnisse der größten Naturforscher, der äußere sowie der innere Bau, die Verwandtschaft der Sprachen und die gemeinsamen Anlagen der Menschen aller Erdtheile.

Wir wissen es aber vor allem durch das unwidersprechlich- gewisse Zeugniß der heiligen Schrift, daß alle Völker der Erde von einem gemeinsamen Elternpaare abstammen.

Durch den Einfluß des Klima's, so wie der Lebensweise, überdies durch die lange Absonderung mancher Völker von allen andern, sind gewisse Verschiedenheiten der Hautfarbe, des Haares und selbst der Gesichtsformen — gleichsam Familienzüge in größerem Maßstabe — hervorgetreten und erblich geworden, nach denen man die verschiedenen Völker der Erde in fünf Schläge oder Racen theilt.

Der kaukasische Menschenschlag unterscheidet sich durch eine mehr oder minder weiße Farbe der Haut, durch ein vollkommneres Ebenmaß der einzelnen Theile des Gesichts und durch gleichmäßigere Entwicklung aller Haupttheile des Leibes. Zu diesem Menschenschlage gehören alle Europäer, mit Ausnahme der Lappländer, dann die meisten Bewohner des westlichen Asiens diesseit des Ob, des kaspischen Meeres und des Gangesstromes,

ferner die Völker des nördlichen Afrika und die Millionen der in
Amerika einheimisch gewordenen Europäer. Man darf anneh=
men, daß dieser Menschenschlag nahe ein Drittheil aller Bewoh=
ner der Erde umfaßt.

Der mongolische Menschenschlag zeichnet sich durch seine
meist weizengelbe Gesichtsfarbe, das sparsame, schwarze straffe
Haar, enggeschlitzte dicke Augenlider, etwas schief nach innen
geneigte Augenhöhlen, plattes Gesicht und nach beiden Seiten
stark hervortretende Backenknochen aus. Zu ihm gehören die
seit Jahrtausenden in enger Abgeschlossenheit lebenden Völker
des östlicheren Asiens, mit Ausnahme der Malayen, dann in Eu=
ropa die Lappländer, im nördlichsten Amerika die Eskimo's. Bei
der außerordentlichen Bevölkerung der südöstlichen Länder von
Asien darf man voraussetzen, daß mehr denn ein Drittheil der
Erdbewohner der mongolischen Race angehören.

Der äthiopische Menschenschlag oder der der Neger ist
von mehr oder minder schwarzer Gesichtsfarbe, hat völlig gekräu=
seltes Haar, weit vortretende Kinnbacken, wulstige Lippen, breit=
gedrückte Nase. Hierhin gehören die Neger in Afrika und auf
den Südsee=Inseln, so wie die von den Europäern nach Amerika
verpflanzten Schwarzen. Ungefähr der achte Theil des Men=
schengeschlechts mag aus Schwarzen bestehen.

Der malayische Menschenschlag ist von bräunlicher Farbe,
hat dichtes schwarzlockiges Haar, breite Nase, großen Mund.
Er bildet den Uebergang von der äthiopischen Bildung zu der
Stammform des kaukasischen Schlages, nähert sich bald mehr der
einen, bald mehr der andern Form. Die Bewohner Hinterin=
diens, der asiatischen Inseln, so wie eines großen Theiles von
Australien sind Malayen, deren Gesammtzahl wohl nahe den
sechsten Theil der Bevölkerung der Erde betragen mag.

Der amerikanische Menschenschlag bildet einen Ueber=
gang von der kaukasischen zu der mongolischen Hauptform. Er
zeichnet sich vorherrschend durch röthlich=braune Gesichtsfarbe,
straffes schwarzes Haar und ein breites Gesicht aus, welches
jedoch nicht, wie bei den Mongolen, platt ist, sondern kräftig
hervortretende Züge hat. Zu diesem in beständiger Abnahme
begriffenen Menschenschlage gehören die noch übrigen Ureinwoh=
ner Amerika's, deren Gesammtzahl kaum den vierzigsten Theil
des jetzt lebenden Menschengeschlechts ausmachen wird.